ダルマ舎叢書Ⅲ

西暦二〇三〇年における協同組合

コロナ時代と社会的連帯経済への道

【共同編集】柏井宏之・樋口兼次・平山　昇

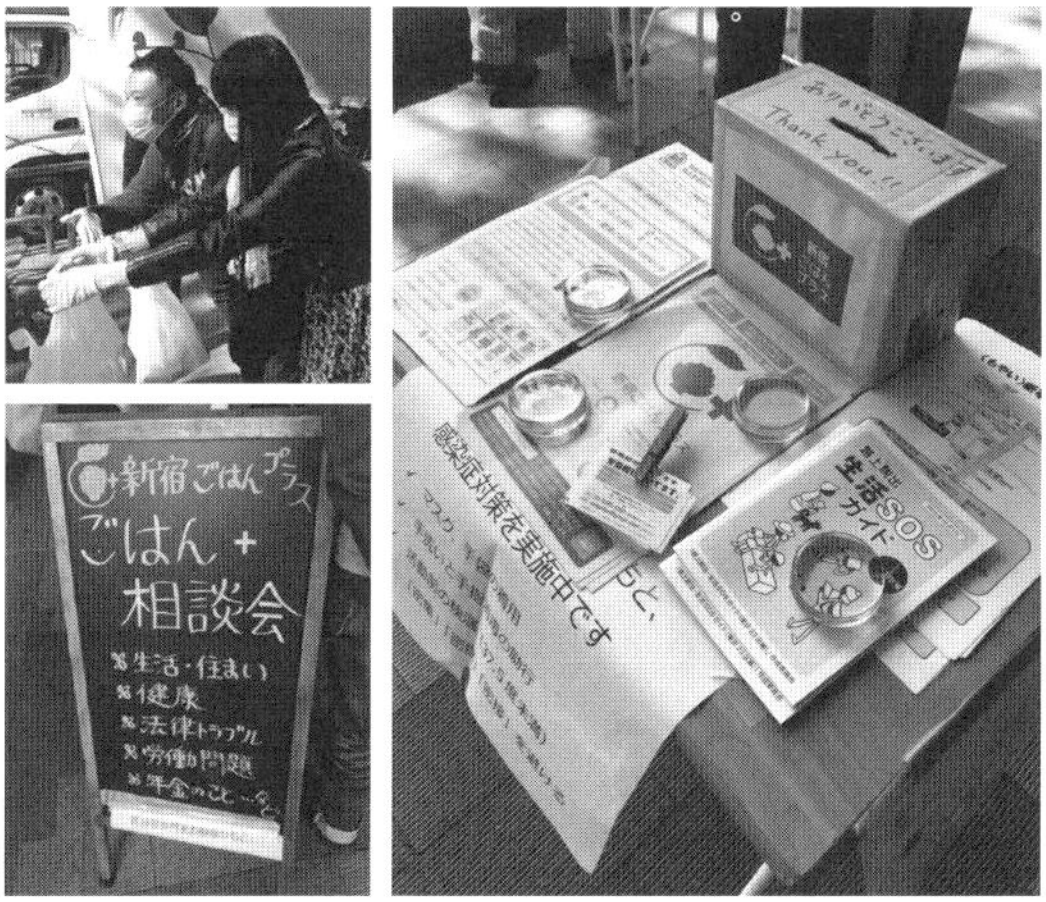

東京・新宿における「新宿ごはんプラス」による無料のごはん提供と生活・医療相談会活動の風景。

社会評論社

はじめに

本書のタイトル、『西暦二〇三〇年における協同組合―コロナ時代と社会的連帯経済への道』が、いわゆる「レイドロー報告」として知られる国際協同組合同盟（ＩＣＡ）モスクワ大会（一九八〇年）での『西暦二〇〇〇年における協同組合』に倣っていることは容易に想像がつくであろう（日本協同組合学会『西暦二〇〇〇年の協同組合』日本経済評論社、一九八九年）。その通りである。二〇世紀末から二一世紀始めの姿を語ったレイドロー報告が衝撃をもって受け止められたのは、協同組合の三つの危機が正面切って語られただけでなく危機への対案もまた真摯に検討されていたからである。つまりレイドロー報告は、二〇世紀末に向かう協同組合は信頼、経営そして思想の危機に直面している、が、ただ悲観ばかりしている必要はない、この危機を乗り越えようと労働者協同組合などの新たな協同組合が登場してきていること、そして人々の奮闘があることについて分析している。数多くの人々に大きな影響を与えた書である。本書は、この書に倣って、協同組合を通して、二〇三〇年という近未来の社会像を考えてみるというにとどまらず、二〇三〇年までの世界共通の持続可能な開発目標（ＳＤＧｓ）と協同組合との関係についても考えてみようという目論見をもっている。

一九八〇年代以降、とくにオイルショック後のスタグフレーションの進行に対してとられた新自由主義的な政策対応（サッチャリズム、レーガノミクス、臨調・中曽根政権）の結果、多くの国で格差や矛盾に直面する人々が出始め、従来理解されてきた社会的経済（伝統的な協同組合、共済組合、アソシエーションなどの共益組織）では対応しきれない事態が発生した。リピエッツは、一九八〇年代以降の福祉国家の弱体化に伴って、福祉国家の重要な補完者であった「制度化された」社会的経済、「フォーディズムという古典的な賃労働関係の中に『統合』されている賃金労働者たちだけに利益をもたらした」社会的経済が化石化し、社会的に不利な立場におかれ、社会的に排除されている人々への対人サービスという新たな社会的需要に対応できなくなっていたと分析している（Ａ・リピエッツ『サードセクター』藤原書店、二〇一一年）。このように市場経済に巻き込まれ消極的な意味で語られる傾向が強くなった伝統的な社会的経済に代わって、一九九〇年代以降、交換と再分配と互酬とを結合する可能性を持つ連帯組織として注目を集めるようになったのが、社会的協同組合や社会的企業などである。ラヴィルは、自発的な草の根の自助グループが数多く登場し社会が維持されるありようを「連帯経済」と名付け、従来の社会的経済をさらに充実させる存在と捉えている。とくに、連帯経済組織が、格差の是正、マルチステークホルダー型ガバナンス、資源の混合（市場的資源、公的再分配、互酬性）によって、これまで以上にコミュニティへの貢献を高めることになるとの議論を展開している（J・L・ラヴィル『連帯経済』生活書院、二〇一二年）。

市場での交換が万能であった一九世紀には競争のもつ弱肉強食の世界に耐え切れない人々が数多く生み出されたが、彼らが連帯することによって、すなわち労働組合や協同組合によって自らを支えようとした時代であった。これに対して、弱肉強食の結果としての貧困や格差を乗り越えようとする市民自らの社会運動や賃金労働者の労働運動・政治組織を通じて国家の所得再分配の仕組みを構築したのが二〇世紀であった。国家社会主義や福祉国家がその典型である。だが、一九八九年のベルリンの壁の崩壊により国家社会主義が崩壊する一方で、一九九二年に開催された地球環境サミット（環境と開発に関する国連会議）によって無限の経済成長を暗黙の前提とする福祉国家の限界も明らかとなった。二〇世紀末にはモデルとすべき姿が失われたのである。二一世紀初頭の今日はモデルなき時代だと言い換えてもいいであろう。

このモデルなき時代に世界各地で注目され始めているのが社会的連帯経済である。レイドロー報告以降の経緯を振り返ってみれば、『西暦二〇〇〇年における協同組合』は、社会的協同組合や社会的企業に代表され、今日社会的連帯経済として語られることが多い一九九〇年代以降の市民による新たな社会運動の登場を予言していたかのようでもある。国連内に機関横断的に設置されている社会的連帯経済タスクフォースの認識によれば、今日メインストリームになりつつある社会的連帯経済の中軸は多様な形態の協同組合である。新旧を含めた多様な協同組合に通底するのがソーシャル・キャピタル（社会関係資本）の存在である。その理解はいまだ多様であるとはいえ、パットナムによれば、ソーシャル・キャピタルとは「社会的ネットワークとそこから生じる互酬性と信頼性の規範」であり、「市民的美徳」と呼ばれてきたものと密接な関係にある。言い換えれば、人々のつながりとそこから生まれる信頼性と互酬性である（坪郷實編著『ソーシャル・キャピタル』（福祉＋α⑦）ミネルヴァ書房、二〇一五年）。パットナムは、

「力の使用に重度に依存する社会は、信頼が維持されているところに比べて、効率性が低く、高コストで、不愉快である場合が多い」と述べたうえで、アメリカ社会の実態を示すデータの分析にもとづき、「学校や近隣関係が、コミュニティの結束が弱まっている状況ではうまく機能しないこと、そして経済、民主主義、さらには健康や幸福までもが、社会関係資本の十分な蓄積に依存している」と述べている。さらには、「社会関係資本が人々を賢く、健康で、安全、豊かにし、そして公正で安定した民主主義を可能とする」のであり、社会関係資本を蓄積することによって、「われわれを取り巻く市民的衰退を覆しうるのだ」と断言している（ロバート・D・パットナム『孤独なボーリング―米国コミュニティの崩壊と再生―』柏書房、二〇〇六年）。以上の議論はやがてカール・ポランニーが論ずる「市場社会の形成と崩壊」の議論（『大転換』東洋経済新報社、二〇〇九年）へとつながっていくことであろう。

昨今の新型コロナ・ウィルスへの対応もソーシャル・キャピタルの存在量と深い関係にあると思われる。コロナ・ウィルス問題を巡って日本の政治は混迷を深めているように見えるが、コロナ問題への対処についてはソーシャル・キャピタルの有無が大きく影響すると考えている。コロナ・ウィルスの襲撃を抑え込むうえで、いやおうなしに「人権か国権か」、「自由か強制か」の選択の問題が登場する。古くて新しい問題であり、命に関わるだけにとても悩ましい問題でもある。だが、時間軸を入れて考えれば必ずしも二者択一とはならない。たとえ自由が制限されるとしても時限的な対策によってコロナの襲撃に応じることができるからである。ただしここには重大な課題が残されている。人権や自由を守るうえで大事な役割を担うソーシャル・キャピタルが蓄積されているか否かである。日本の政治はこのことにあまりにも無頓着である。パットナムの分析を想起すべきであろう。

本書が構想されるに至った経緯については「おわりに」に譲るが、ここでの「陽気な夢」は絵に描いた餅ではなく、日々の実践や研究を通して実感を持って語ることのできる「夢」であり、協同組合というプリズムを通して近未来の社会像を考えてみようとする場合のブレーンストーミングの書だと受け止めている。

（柳澤敏勝）

西暦二〇三〇年における協同組合——コロナ時代と社会的連帯経済への道

＊目次＊

第五章　産業組合、生産合作社など覚書　233

第一章

やってきたこと、伝えておきたいこと

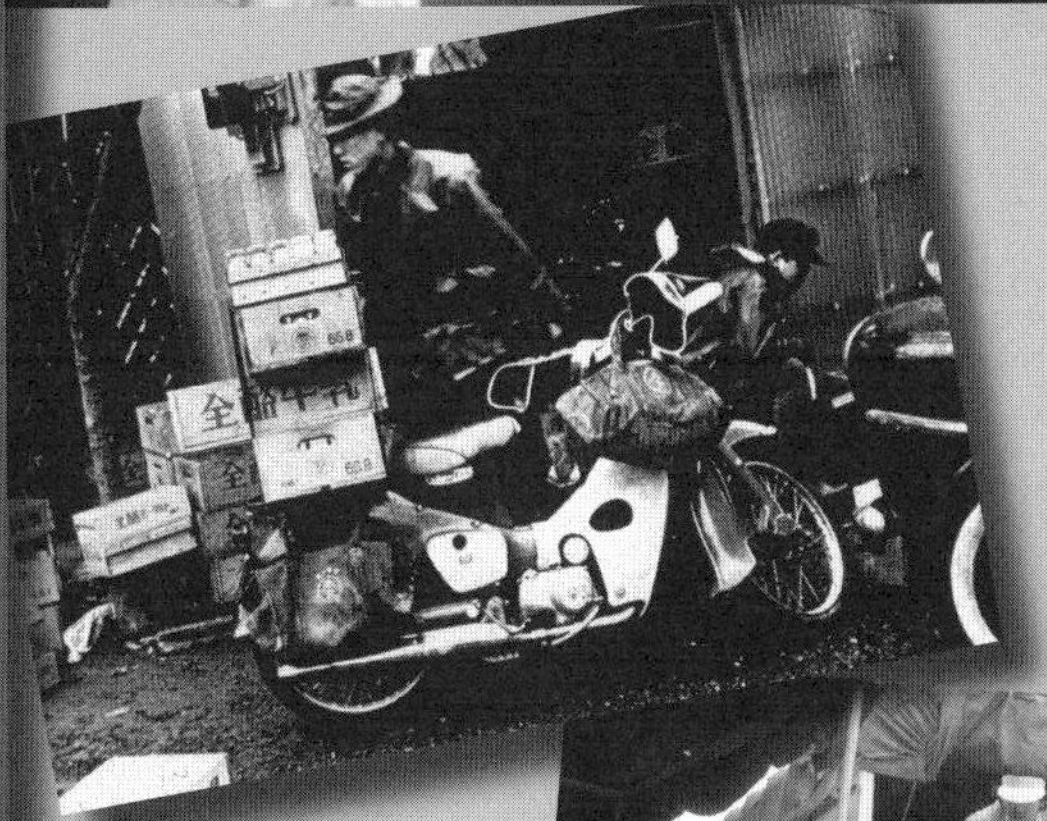

【上・下】1977 年頃、たつみ生協（現パルシステム東京）の共同購入風景
　当時は単品配達であった（撮影：田中久夫）
【中】1965 年頃、生活クラブが始めた牛乳配達風景
　（岩根邦雄『生活クラブという生き方』から転載）

1. 日本の協同組合　どこから来てどこへ行くのか

横田　克己（生活クラブ生協・神奈川　元理事長）

1　レイドロー報告から

協同（働）組合事業と運動にとって、今日の忌まわしい主な三つの要素＝①世界化し構造化した資本市場からのストレス、②国民国家による市民社会を操作・統合を目的化する政党政治の形骸化、③それ等の裏付けとなっているマス化した情報システムを受容した「消費者」としての「受動的」主体に対する再生産圧力などがあると言えまいか。

一九八〇年、これ等を半ば見通しつつＩＣＡ大会で発信されたレイドロー氏を軸に「西暦二〇〇〇年における協同組合」が発した問題および課題提起は、新しい時代状況を協同組合に関わる人びとに迫った警告のレポートだったと言える。それは、人類史をさえ揺るがすはずだった様ざまな伝統的カテゴリーをふまえながら協同（働）組合の事業・運動の現況に向けて、新たな決意と方法を体現し脱皮を迫っていると思えた。時代のおさらいを込めて主な要点を突いている。その最終章では、「主要な論点と重要な質問」として、報告策定の過程で指摘された主要な点を要約し、強調するとして一〇項目の疑問符をつけて「宿題」を提示したかに思える。

（1）将来の発展に導く「指導者」はどこにいるか。
（2）協同組合はその「理念」を伝達することができるだろうか。
（3）「教育」を奨励し、活力を与えることができるだろうか。
（4）「政府」の適正な役割は何か。
（5）必要な「資金」はどこに求めるか。

（6）「特別な経営」が必要だろうか。
（7）協同組合における「婦人の位置付け」とその役割は何か。
（8）「第三世界」の協同組合を誰が支援するか。
（9）「ＩＣＡの将来」の役割は何か。
（10）「将来」に対する協同組合のかかわりは何か。

以上が一〇項目だが、日本の協同組合運動・事業は、今もって応分な答えや実績を持ち合わせているとは言えないだろう。

2　世界に向けた四つの優先分野

レイドロー報告は、歴史の「結節点」で激変が予測される時、半ば不安をもって事態を分析・綜合し、明日を見通す試みを促して、「協同組合セクター」に対し警鐘を鳴らしつつ、新しい時代を切り拓くであろうとの期待を込めて「四つの優先分野」を示した戦略目標＝実践課題として提言がなされた。その内容は、

(1) 第一優先分野　世界の飢えを満たす協同組合
(2) 第二優先分野　生産的労働のための協同組合
(3) 第三優先分野　社会の保護者をめざす協同組合
(4) 第四優先分野　協同組合地域社会の建設

この四項目にわたる提案は、四〇年を経た今日でも「論理に於ける具体性」を秘め、言い得て妙なのである。

この実践的裏付けとして最も注目に値すると思われる主体的条件は、先述した「将来の発展に導く指導者はどこにいるか」という問いかけである。この中で『『協同組合の質』は、第一級の指導者が指導しているかにかかっていると言っても過言ではない」と言い、一方「決して超人は必要でなく、責任をグループやチームの人々と分かち合えるような民主的指導者が必要である。一級の指導者と一緒に仕事をしたがるのは一流の人たちである。しかし二級の指導者のまわりには、三級の人たちしか集まらない。」という。

以上、大まかに抜粋してみたのだが、今日、このレイドロー報告を読み込んだと思える関係者が全く少ないと思えるからである。それは、複雑化し、多様化した現代世界の政治・経済・生活文化等に対して、情勢分析とそこにある因果や力関係を綜合化し「言語化」する営みが、協同（働）組合の近未来を拓く主要な手がかりとなるからである。なぜならば協同（働）組合に派生する人々の多様性と自主性が競い合い、生きたコミュニケーションを通して共育と相互扶助を自明とした「アソシエーション」の形成を実現し

たいからである。

「人権」をふまえて「市民社会」の営みを活性化し、「政治社会」とへゲモニーを争い、「自由・民主主義・共生・平和」に道筋をつける主体は、「生活者・市民」の群れ＝「アソシエーション」の内実を地域社会で豊富化することである。良くも悪しくも「生活者・市民」の選択として選ばれない限り「落選運動」で葬られるであろう。

3　世界と人びとの「ロボット化」の流れ

しかし、レイドロー報告の内実は、一九八〇年代以降急速にドライブのかかったサッチャー、レーガン、中曽根が連携してリードした「新自由主義」に向かう経済グローバリゼーションへの急速な流れ」を、捉えようもなかった。この間、協同組合は、かつての「国家独占主義」を後方に退け、産業資本による「世界市場」の自由な膨張を促す生産・流通・消費が巨大に連鎖するシステムの開発・拡充に直面し、たじろいで来たと言える。

その結果は、科学技術の占有による生産力の有機的巨大化とともに世界市場の「優勝劣敗」が生み出す新たな「ストレス」の波動が、日々消費市場でもある市民社会に向けタレ流されることになった。

先進諸国における「生産と消費」をめぐる技術の高度化と規模の巨大化は、各種労働の秩序を激変させてきた消費文化がマス化して商業メディアの操作力の前に「受動化」を与儀なくされた。更には都市型の商業化した生活文化の享受をも余儀なくした「二分法」の価値概念に従属してきたと言えまいか。それは、「良し悪し」「好き嫌い」「損得や苦楽」などの因果の過程を問わず即断・即決できる「便利」な判断力に習熟して産業社会に屈服する習性をも体得することになった。

今日、「スマホ」の便利さによって切り拓かれた生活「用具」は、一方で情報社会に日々介入できるかの錯覚をする「消費者」を生み出すこととなった。しかしその主体性が、「現代化した政治社会」に能動的に踏み込める「生活者・市民」としての成長を意味するかの疑問は、膨らむばかりである。

今日、生活の便利さの背景には、ＩＴ、ＡＩなどを含むサイバネテックスのシステム進化に抗いようもない加速度的発展があり、日常生活が地球環境の変動などと生存を競い合うかのような「人類史」的テーマになってきた。身の丈にある「サバルタン（従属的人々）」の今日的実態の深化を差し置いてなお、である。その結果「自分で考え・自分でやる」ことで「生き方を変えよう」とする人々の多くをたじろがせて止まない。

「新自由主義」の世界史的発展の結果は、世界秩序のタテ・ヨコの矛盾を極大化する中、戦後「共生・平和」への手綱をひいて成長を遂げた国連機関や条約の諸機構までも危うくし始めて久しいと言える。したがって、「共生・平和」や「人権・自由・民主主義」の大義も相対的に弱まり、国家間の矛盾が「極大化」に向けて動き出した。そのストレスは世界市場からの強制力の増大とともに「市民社会」に浸透し、「存在が意識を決定する」受動的立場を強制されつつエコノミック・アニマル化を余儀なくされてきた。諸個人の大脳皮質の特性は、産業化社会が生み出すことになった「多様な価値」の片鱗に惑わされ、その「阻害要因」に立ち向かう力を減衰させ、主体性や個性の創出に成功しているとは言えまい。したがって、与件を自由に選択できる時代という「錯覚」は、利己的で「受動的」、独善の極みなのである。この阻害は、各種「教育」を享受し、マニュアルに依存しても克服できないであろう。創造力が萎えたままの「錯覚」を自生させ続けてきた与件の中心には「貨幣経済」の日常がある。

協同(働)組合の現代における危機の深化にはレイドローが指摘したように、人々が「自己決定・自己実現」の確かな途筋を模索し実践する「生活用具」＝協同組合運動を健全に媒介する「アソシエーション」を運営展開できる営みに「つくり・かえる」ことである。重層的オルタナティブ(もう一つの)日本社会の特性を生かした「陣地戦構想」が不可欠なのである。

4　対策はあるのか

そこで協同(働)組合を生存・生活を切り拓く「用具・手段」として、人々が「多様性を自主性でもって統一する」社会的へゲモニー形成に不可欠と思える「生活者・市民」による正義の実践事項をランダムに列挙してみる。

(1)「オルタナティブ」の正義を

「生活者・市民」の正義への希望は、世界経済にある物質力を操作して止まないマルチな「日本型政治社会」の自然発生的・私的操作的傾向に対して、生存生活のあり方をベースにした実践的「不服従」を創出しようとする人びとの希望とその参加と運動の構築を支援したい。

(2)「地球市民」への模索

市民を退け、臣民から国民、都道府県民、市区町村民と支配を自明とするする国家、公的諸制度につき従う人々に対抗し、国境を越えて世界に連帯できる「人権・自由・民主主義」を体現しようとする、市民派のNGO・NPO・協同（働）組合等を形成する「地球市民」として国境を越えた、連帯のきずなをも築けるか。

(3) 生活者・市民による「ヘゲモニー」の形成

「公共」性概念の常用化に対し、「公領域」と「共領域」を区分する。公に対する市民社会の現実は、NPO、市民資本等々が、いつの間にか「コミュニティ」概念に擬制され、容易に身につかない「アソシエーション」（地域社会での市民による協同（働）体）なのだが、自律と連鎖による自治領域の拡充をめざし、政治社会を「双務契約」を通して牽制できる市民のヘゲモニー（知的・道徳的・文化的指導性）を形成したい。

(4)「市民資本」のカテゴリー

「市民資本」とは、協同（働）組合の総体である。農林、漁協、共済組合等々まで、諸個人の小さな出資にもとづいて組織成員の持つ、課題や目標、理念や政策の実現に向けて活用される事業・活動資金である。

もちろんその小資金は、利潤を目的とすることなく、出資金には諸個人の持つ「知恵・労力・自由時間」などが接続され、参加型「問題解決力」として互いに「思いをやる」実践力を体現できれば、協同（働）組合の意義を高め表出できるはずである。

(5) 不可欠な「協同組合基本法」

しかし、この事業と運動に「不可避」な政策課題・組織の体質は、現在各々の法律によって保全・表出されているとはいえ、戦後史を見る限り業態を越えて連携・連帯し、協同（働）する共同体としての統一的合力を発揮しながら政治社会に立ち向かった成果を実現していない。要するに組織間を網羅し「市民資本セクター」としての一貫性を示す「協同（働）組合基本法」が不明にして不在のままだからである。

(6)「市民連帯」のために

また、阪神淡路大震災を契機に大量に生まれた「ボランティア活動」の登場に直面し、国会では、「市民活動促進法」

(案)が提言され、議員立法として提出されることとなった。その後、承認された議案は「特定非営利活動促進法」として議会を通過した。しかし、そこにあった「異変」は、法律名から条文に至るまで「市民」概念が抜き去られ、「改ざん」される破目となったのである。

いかに「エンペラーの皇国日本」が「市民概念」をなぜ許容しようとしないかを思い知らされ今日に至っている。

(7)「政党政治」にインパクトを

高度成長経済が成熟し、日本がGDP世界第2位に上り詰めた頃から「政党政治」が奇しくも「溶解」しはじめたと思えた。その契機は政策の偏りが経済政策中心で所得再配分政策にこだわり、重工業から都市政策・自動化・新技術による生産力向上等々の実績を踏まえ、マーケットの拡張にいそしみ「エコノミック・アニマル」の仕上げに向けて動き出した。そして一九八〇年代に発表された人口動態調査は「超高齢・少子社会」を見通した。

しかし、自らの社会が生んだ構造問題なのに軟弱に対応したまま、今日に至っても多発化する生活・労働にある根強い差別化された諸困難の克服に決め手を欠いて久しい。にもかかわらず、「政党政治」の市民社会における生活者・市民のヘゲモニー形成は、右派による「プラグマチズム」に総括され、「アベノミクス」に象徴されるよう「経済的損得」をめぐる「スローガン」を羅列して、政治的に総括されないまま放置されてきたといえる。一方で左派の政策は、基盤の軟弱化とともに戦略的「ポピュリズム」が姿を消し、院内での不毛な論争に終止してきたといえまいか。

この間、世界の経済やその力関係が激変してきたとはいえ、少子・高齢化をはじめ貧困と差別化の深化、事件・事故・災害等の急増、世代やジェンダー間ギャップの拡大など、日本における社会構造の激変に対し、もはや目先を変えようとする「財政」措置の限界をはるかに越え、あるべき社会の質が問われ続けている。

この政治社会の機能低下は、経済パニックでも起こらない限り社会全体が気付きようもなく、近未来を見通そうとする戦略的論議が停滞して止まないだろう。市民社会との葛藤は、各種マスな「調査データ」等に依存した政府や政党組織が市民社会の具体的な成熟に対して形骸化し、萎縮した生活者・市民を置き去りにしたまま、推移してきて久しいのである。

したがって、較差拡大の放置、ジェンダー・フリー、クォター制等の無視、さらには人々の幸せ感等の計量などに戦略・理念を持たないまま与件に立遅れて止まないのだ。

⑻「生活者・市民」の新しいヘゲモニー装置を

一方、市民社会から政治社会にアクセスする方法・手段を開発するには、市民資本にふさわしい社会運動論・組織論を自明とする戦略的方法を体現しなければならない。その第一は「陣地戦」構想を可能にするため、地域社会での各種の市民資本（中間組織）がネットワークし、共通を容易にする「政策テーマ」を不断に模索しつつ策定・支援して自治体や政党・企業等との交渉機会を多様にバックアップする。同時に共通する生活者・市民の広報機能を共同開発し、日常的連携の機会を市民社会に拓き担保する。その際、主要な要素は、人、モノ、カネなのだが、組織の内実は柔軟かつ自律的主体であり、「参加型」の民主主義を体現・推進するものでなければならない。

一方で、政治社会と市民社会を媒介する領域概念に内在する諸々の問題は多様でデリケートな問題が多く、日本の研究者の多くが踏み込んでいないと思える。その中心にある民主主義に関する実践動態として、協同・(働)運動の日常性は、国政を問うにふさわしいイメージを、体現・実践できる組織戦略を体現していないと思える。

⑼指導主体の三要素とは

その内実を体現するはずの組織と運動である協同・(働)の主体性にとってコアになると思われる不可避かつ有効な概念とその関係イメージをいくつか示してみたい。

知的・道徳的・文化的「ヘゲモニー」を保全する指導主体の三要素

①「相互牽制」による意志の交流・交換・相互批判
②「アカウンタビリティ」＝説明し、「同意」を獲得する責任
③「デスクロージャー」とは因果関係を開示して広報・共育する方法

これらによって「指導と同意」の機微にふれた関係を築き、「思いやり」と「共育」を促進して、アソシエーションの内実をより有機的に構築することが自ずと促進できる。それは、組織成員相互が持つ「存在と意識」のレベルが「自分で考え自分でやる」主体性として、育ち高め合う協同(働)の本旨を担うのである。

⑽「常識」をしのぎ「良識」を体現

いずれの組織も「意思決定」を免れないのが民主主義の

タテマエでる。しかし運用に際して経営上の配慮は、多様この上ない解釈と混沌によって日常があるといえる。協同（働）組合の歴史にあってこそ然りであろう。民主主義の方法は、世界の「常識」となって久しいのだが、「良識」ある内実が育ち、活力ある問題解決手段に成熟しないのは何故なのだろうか。市民資本セクターは、良識の群れとなりたいものである。

⑾ 参加型の「民主主義」を体現しよう

いかなる組織集団も、意思決定に基づき運営・経営される営みを免れない。しかし実際には、「法令」や定款などに基づく執行・運営の仕組みから擬似的独裁などまで、「民主主義」の運営手法の解釈が「常識化」していて久しいといえる。

社会運動などにおける参加型の民主主義を標榜する組織の一般的モデルを示すとまず、①起案者が意思決定機関に向けて「議案」を作成し提案者に提示、②議案は意思決定機関に提案・説明され、討議・決定をする。③決議された事項は、議事録に略記されるが、その理解は、会員の経験やポジション、その立場にある課題や地域性など優先順位によって軽重などがあり、また会議員の個性や経験などが執行に際しての受容・理解の多様性としても表れる。したがって提案者の意図は、受け手の多様性の中に推移し、事の成否は新たな多様性の創出を発して止まない。④さらには、そこに発する多様性の因果が掌握されることによって分権化された組織の性格も理解できる。

それら固有な情況の把握は、運動組織の地域での関係とともに成否を左右する点で重要なのだ。しかし「官僚主義」体質の浸透とともに「フィードバック機能」の軽視や結果軽視が横行し、組織の柔軟性を欠くことになり今日克服に窮しているといえる。しかし、参加型の民主主義運営を旨とする協同・（働）組織にとって官僚主義化は「死」を意味している。組織にあるタテ・ヨコの連携はおろか「アソシエーション」の内実を豊富化する「資質」を体現したリーダーが育たないままでは、官僚化が避けようもなくなる。

⑿「三つの」労働価値を統合し「アソシエーション」を綜合し所有する

日本の市民社会の内実が先進諸国から見て（様々な国際的統計）立ち遅れていて弱々しいのは、伝統的生活文化の因子にもよるが、何よりも政治社会に対し「市民社会」の未成熟な力関係が立ち遅れているからである。その原因のひとつは、近代化への立ち遅れや第二次大戦後にも残る皇国幻想などを引きずったまま、急成長をリードした「保守プラグマティズム」の後遺症が残り、己を歴史とともに省みないまま、豊かさの「幻想」政策に追随してきた願望の残渣が厚く尾を引いてきたと言えよう。それは高度成長経済下で強大化した産業資本の策とその「保証人」を任じてきた保守政治の合力化したリーダーシップが、歪んだ市民社会の質を規定づけて今日ある」と言えまいか。

政治社会と市民社会が織りなす有機的相互依存関係は、複雑化が深化するとともに「市民資本」セクターの未成熟が目立ったこの半世紀だった様に思う。勤労者・市民と生活者・市民が被統治者の立場から脱出するには、「ヘゲモン（主体的個人）」としての人格・識見＝人生観等を踏まえた「良識」ある生き方を所有し、生活者の日常活動にある三つの労働価値が内在する運動論・組織論に導かれる必要があった。

⒀ 軽視された戦略課題

そこでは主に二つの課題を軽視してきたと思える。その第一は、「労働価値」に関する概念からの立ち遅れである。人類は労働力によって獲得した価値を平等かつ上手に分け合った「ホモ・サピエンス」の種が数十万年を生き永らえて今日あると言われる。進化を遂げたはずの今日にあって、人々の労働価値認識は多様化しつつ対価のある「賃労働」に収斂されて久しい。

しかし、協同・（働）に根ざした運動・事業に内在する価値評価は三分類できる。それは、①生存・生活に不可欠な「ボランタリーワーク（かつて「家事労働」に象徴された）」であり、②アソシエーション＝地域社会などに不可欠な「互酬性」による相互交換的「コミュニティワーク」である。③いまや貨幣経済のもとで大量かつ常態化してはばからない「対価」が前提となる「賃労働」である。この三タイプの「価値」労働は、「ワーカーズ・コレクティブ」運動として生活クラブ運動に内在して三五年余の歴史を誇り、とりわけ参加型の社会福祉事業を軸として発展途上にある。公的介護保険での各種制約に属さなくても不可欠な価値生産として継続され、近隣社会での生存生活を支え合っているのである。

この三種類の労働タイプはいたるところにあって、①と②の価値を無視しようとする傾向は、差別や偏見、犯罪等に連動し易く、今日、協同・（働）組合理念のあり方を「阻害」して止まないのである。

⒁ 自らの労働価値生産力で社会を「つくり・かえる」

しかし、この三つのタイプの価値生産は、人類の生存にとって、いまや不可欠になろうとしている。その前提となっている社会的変動の新しい潮流は、第一に超高齢・少子社会の深化であり、次いで家族関係の歪みを伴った引きこもり等（準を含め）が、若者と中高年を合わせて一二〇万人（二〇一九年推計）にも達しようとしているという。

さらには、新旧世代を問わず発生数を増大させている各種の犯罪や事故は、うなぎ上りなのである。しかし政治の現況はこの間、事態の後追いに終始し、歴史につき動かされる構造問題の歪みに対して人々の希望を「擬制」し、先進諸国の各種社会指標からも立ち遅れて久しいのである。新しい社会の実現は、予め創造してきた労働モデルによっても変革できるのである。

⒂ 生活者・市民の「希望」を社会化する

まぎれもなく社会の多数者であるはずの生活者・市民が、正当に世直しの主体者とし登場しようとするのは、今や容易だと言えない。一言でいえば、変革への人間的パワーを結集する今日的方法を見出せていないからだ。

三つの労働価値を所有しながら社会全体を揺り動かすエネルギーに容易になれないのはなぜだろうか。それは「税金資本と産業資本」の結束や法令による強制・その指揮力が強いからだろうか。否である。この答えを見出す努力は、どうしたら統合可能にできるのだろうか？　生活者・市民の「ヘゲモニー」を発揮して今日の体制を揺り動かし、新たなる希望の時代に向け、手を取り合って前進できるようになるのだろうか。いま世界はアメリカのトランプをはじめ多様に国家とその軍事力と資本力を背景に、世界を多様に分断と対立・孤立へと結果として深めてきた。二〇〇を越える国々は、国連が「平和・共生」に向かおうとしてきた実績を評価しつつも、今日では個別の力の無念さを大国が強制して止まない時代でもある。

地球環境保全をはじめ、食糧生産・供給、教育・研究・技術開発による諸個人の主体形成などがままならないだけでなく、多数者がスピーディな変化に立ち遅れたまま今日あるからだ。この地球規模で発した巨大矛盾の拡大化はいま、その手立てを見出せないままでいると言えまいか。

⒃ 生きて死する自由とは!!

人は全て生物の種として、生きて死する運命を持つ。「人権思想」は一方で生きる権利を全ての人びとが獲得してからまだ一〇〇年を経ていない。生きる真の欲求を政治が様ざま操作して今日ある。日本では、社会福祉と医療政策とともに近年「二〇〇〇万円」を蓄えないと「良い死に方」ができないと強制するまでになった。老身を委ねて死を迎えるのも金次第だというのだ。

「生きて死ぬ」命運を享受して、安穏に生きるためには今日、いくつかの要件をクリヤーする必要がある。①「生きがい・やりがい・働きがい」を全うする、②有機的なアソシエーションを構築・所有し合い「思いやり・たすけあい・支え合い」の暮らしを 共有する、③その結果、精一杯生きて死を迎えるにあたり隣人・家族の納得性に包まれる、などであろう。

死への「価値」はアソシエーション内部で当事者が発現し、受領（家族や隣人が）された価値総体（質・量）のバランスによって（計量不可能だが）決するのであろう。広い意味での「物々交換」として、決するはずなのである。それは、かつて「バーター経済」の「村落共同体」にあったお金で買えない価値を含んで､近隣社会でより強く共有・交換されてきた。

スマホを手離せない、心なきせわしさの日々に追われる暮らしの延長線上にある近未来を想定するとき､協同（働）組合が近隣社会で息づいて諸個人の存在感を「誇示」してみたいものである。

5 民際連携の「不服従」と「異議申し立て」による「陣地戦ネットワーク形成のために

市民資本の主な戦略課題は、税金資本と産業資本の国際的連携に対して、人々による正義の道筋を急ぎ見出すことであろう。

いま市民資本を軸にしたグローバル連携の戦略的契機は、五年前韓国ソウルのパク・ウォンスン市長が発したGSEF（グローバル社会的経済フォーラム）である。

グローバル経済が世界市場を占有支配して久しいのだが、市民資本のセクターが生活・文化をベースに近未来に向けた対抗軸を構築するには、国境を越え君臨する物質文明の政治・経済にわたる無軌道な支配的パワーに対して有効かつ大胆な構想を急ぎ体現しなければならない。

市民社会に浸透する現代政治の支配的パワーは、主に国による税金を駆使した資本と産業資本」が巨大な収益をよりどころにしたセクターによる合力パワーである。今日では、「新自由主義」を標榜した税と産業のセクターが連携して「強制」のヘゲモニーを多様に駆使しながら世界市場をリードして久しくなった。脱税の手段まで巧みに拡充してやまない。

世界秩序の公正さが損なわれ続けてきているのは、地勢的条件もさることながら、核主体の軍事力から各種資本、科学技術、貿易力学等々の保有と利用に関する競争と支配の力関係行使とともにある。

協同（働）組合は、ほとんどの国に存在しているが、その社会的・経済的位置付けは、相対的に被支配者の立場にあり、セクターパワーとして充分機能していない。このアンバランスは、生活者・市民が多数者にありながら公的「投票権」にとどまり、十分「政治的」タスクペイヤー（税の支払い者）としての主権を発揮できていないからである。

なぜ少数者であるはずの二つのセクターに支配され続けてきたのだろうか。政治社会に対する関与が分散して、個の利害とその実現・希望にとどまり、安穏としてきたからであろう。そのレベルも二つのセクターに足元を見透かされてのことである。

したがって「市民資本セクター」の課題は、地域生活者としての要求に根ざし、近隣社会をベースに多様な互酬実践をもって組織し合う「アソシエーション」のネットワークを重層的にめぐらし、連携しあって政治社会に向け提案・実践する。その「異議申し立て」とともに日常生活選択による個々人の「不服従」も行使できる「陣地戦」を民際ネットワークにまで企てたい。

そして、凄まじいほどの物質文明社会「強制力」に出あっても「市民資本セクター」が「異議申し立て」と「不服従」の変革力をもって、三つのセクターによる「パワーバランサー」として二一世紀中には、地域社会全体の制御に積極的に関与する姿を示したいものである。

世界は今、先の見えない危険な時代（戦乱、温暖化、食糧、貧困、飢餓、犯罪など）に突入したまま、ＡＩや５Ｇ等による人間や戦争の代替等まで、人類史の未知なる多くの部分の占有を競い合って、人々の大多数を従えたまま後もどりが不可能な類的存在の「危機」に直面しており、近未来への不安だけがひとり急拡大を始めた。

協同（働）組合セクターの出番は、遅まきながら「いま」なのである。

（二〇二〇年二月）

2. 格差社会が深化している　生協の責任が問われている

〔付記〕第二期創業の時代「地域密着型小生協」へ改革
〔付記〕新電力事業を戦略化

下山　保（パルシステム生活協同組合連合会初代理事長）

戦後混乱期の物資配給型生協から、六〇年代の大学生協連による地域生協づくり、七〇年頃からの生活クラブ生協による共同購入事業、九〇年頃からのパルシステムによる個配事業へと、日本の生協は変化してきた。

生協の組合員は二〇〇〇万人を越え今も伸びているが、事業高は伸びていない。経営危機は何度もあり克服されてきたが、今は低位安定している。

生協は何事もないかのように見える。しかし生協は危機にある。

危機の一つ、現代社会の象徴的な歪みは極端な貧富の格差であるが、生協に依存した生活が出来ない人たちが増えている。生協は格差の進行や、組合員の生活悪化よる生協離れに気づくのに遅れた。生協は、その対策や解消の為に責任をもって取り組まなければならない。

危機の二つ、情報資本主義に入ったと言われる現代を象徴するＧＡＦＡ等巨大ＩＴ企業の登場、そしてＡＩの大衆化は、経済、金融、雇用、生活環境を一変させた。なかんずくグーグルの急伸長は生協に脅威を与えている。生協は対処療法でなく自らを変革して対策をとらなければならない。

また生協は、新たな事業戦略へのチャレンジにも立ち遅れた。それを取り返すチャンスまで失ってはならない。

1 生協と格差社会

極限にまで達してしまった格差社会がある。しかも生協は、下層に「トリクルダウン」していく大量の組合員がいる実態を長らく気づかず、ようやく気づいてもなすすべを持たなかった。今も格差社会の共犯者という嬉しくない歴史過程にある。

⑴ 生協は格差社会に対する「生協の責任」について気付くのに遅れた

私が表だって生協を「格差社会の共犯者」と断じたのは、二〇〇九年に出版した自著の「異端派生協の逆襲」においてであった。

私はパルシステム理事長を退任した後、パートナー各社の方々と「コラボレート研究所」を立ち上げ、様々な課題で勉強会をしてきた。それでも格差・貧困の深刻さについて気づいたのは小泉内閣の時代に入ってからである。

二一世紀の初頭、小泉内閣の新自由主義により中産階層が大きく崩壊し、雪崩を打って下の階層に転落していった。

私の身近な所で、急成長と多様化する社会の中で、小さなミュージシャンや小さな芸術家、ゲリラ的に多発的に発刊されるミニコミのライターなど各地で活き活きと活躍していた若者たちが、急速に生き場所を失っていた。そういう状況にいち早く反応して、自らを守る運動に取り組んでいる人たちの中にパルシステムの職員の姿があった。四谷にあったさるシェアハウスを維持するため、パルシステムの協力を求められ、私も誘われて参加していた。そういう中で若者の貧困化の実態に触れ、彼ら彼女らとのミーティングをしてきたが、すでに生協を利用できる生活状態ではなかった。

こうした変化により、生協組合員にも大きな影響が出ていたはずだ。生協は組合員の脱退理由の変化や商品利用の変化などを通して、組合員の中に構造変化が起きていた実態に気づかなければならなかった。しかし、生協から何年も離れていたとはいえ私自身気づくのが遅くなった。今こそ反省し、対応しないと、生協は社会的責任を問われる。

⑵ 生協の運動離れと格差拡大への対応遅れ

私は生協から離れて七年後、第一次安倍内閣の時「改憲」

の動きが高まってきたのを受け、かつての六〇年安保学生運動仲間たちと「九条改憲阻止」をかかげて、いささか人生の盛りを過ぎた老人たちの市民運動を始めていた。

さらに二〇一一年の三・一一大震災を受け、「脱原発経産省前テント座り込み」に参加してきた。また鎌田慧さんや落合恵子さん達がはじめた「さようなら原発一〇〇〇万人アクション」などに関わってきた。

このように生協を離れて市民運動の一員になってはいたが、前述のシェアハウス維持活動に関わって以降、貧困問題に対しては生協が役割を果たしていないこと、あるいは関心もあまり持っていないのではないかという危惧を感じていた。

① 生協が格差問題への対処に遅れたのは何故か

生協は日々の事業に追われ、経営に腐心しているあいだに、「生活課題を社会問題化し政治問題化」することなどに距離を置くようになっていた。パルシステムも、年中行事化していた産地との大型交流会やデモンストレーションによる社会的アピールなどの活動をしなくなっていた。これは市民として当然の権利を行使する機会を喪失させ、時間の経過は権利行使への戸惑いを促進させた。格差の急激な進行、生協組合員生活への影響、組合員組織の変化などについて、生協は対処できなかった。

格差・貧困は、ロッジディール以降も、生協の生成や存続に関わる一貫した課題である。日本経済の急成長の中で、経済界の多くと共に恩恵にあずかってきた生協であったが、それでも急成長から発生する有害添加物や農薬などの歪みには気づき運動化してきた。そしてそれは成功し、生協の社会的存在感は重みを成した。この成功体験が目をくもらせ、その後生じた格差社会という歪みを見抜けなかった。その傾向は「安心安全」を強く推進してき生協ほど強かった。

② 格差対応が遅れたもう一つの理由

格差問題に取り組む機会を遅らせたもう一つの理由は、皮肉にもまさに九〇年以降の経営危機にあった日本の生協を救った「個配事業」である。先駆けて個配事業を開発したパルシステムは、働く女性労働者の増大や、個配を望む高齢者の増大などのフォローを受け、一九九三年以降急速成長していった。パルシステムはこれだと自信を持った。反面、気づくべきことに気づかなかった。

はじめは「あんなものは生協ではない」と個配を否定していた全国の生協も、二〇〇〇年に入るとほとんどの生協が個配事業に取り組み始め、その結果、店舗事業に足を引っ張られて経営悪化していた全国の生協は、目に見えて経営が改善し安定した。それは二一世紀に入ってから近年まで続いた。その結果ようやく生協は余裕が出てきたが、格差・貧困問題への関心は薄かった。全国の生協は期せずして一丸となって格差・貧困の共犯者となった。格差社会は、「貧困者の救い手」であるはずの生協からも見放されて、今やどうしたら解消できるのか手立てが分からないほどにモンスター化した。

③「子供食堂」「フードバンク」について

近年になって貧困問題に取り組む生協は増えている。特に顕著なのは「子ども食堂」や「フードバンク」などだ。子ども食堂はＮＰＯによる取り組みが多いが、生協も含め全国四〇〇〇か所、フードバンクも全国で一〇〇団体を上回り活動がなされているという。

私はこれらの活動について高く評価している。目の前の問題にまず対応しなければならないのは生協として当然の社会的責任である。

しかし、これが「生協の貧困対策」だとされており、生協の本業に影響を与えない手立てと化していることには異論がある。私は生協の関係者多数と相談や意見交換したことがある。いずれからも、「フードバンクに取り組んでいるから」と言われた。ようするに、貧困対策はやっているから問題はないかのような返答だった。その頃の生協は格差・貧困問題について深く考えたことがなかったし、生協にも大きな社会的責任があるとは思わなかったし、生協が取り組むということはどういう事なのかを深く検討したこともなかった、と思っている。

生協の本業は組合員による協同の事業だ。相互扶助と言う方が分かりやすいが、「助ける運動」ではなく「助け合う運動・事業」である。子供食堂やフードバンクは大事な救済活動であり、生協の支援で目を見張る活動をしているところもある。その中から優れたリーダーが育ってもいる。しかし極めて一部の生協を除き、本業で対応することから逃げている姿が見える。生協本来の協同組合運動・事業として取り組まなければ、格差・貧困の解決に迫ることは出来ない。

⑶ 水は下に流れ、富は上に流れる

生協が長らく掲げてきた「平和とよりよき生活のために」

という スローガンから「平和」が抜け落ちかけている。「生活」についても、社会的にアピールするため「大衆運動化していく」市民の権利の行動がなくなってきている。総じて組合員を政治的な活動から遠ざけている。生協のリーダーたちは、「やってはならない政治活動」と「やらなければならない政治活動」を混同しているようだ。むざむざ権利を捨てているように見える。

① 社会に訴える市民の権利

生協の運動は、デモンストレーションのようなものだけでなく「商品開発や利用を通して行われるもの」という意見がある。それは当然のことだ。

しかし政治運動のない消費者運動はあり得ないし、運動課題を政治問題化して大衆的に訴えるデモンストレーションはなくしてはならないものである。

香港の巨大なデモが話題になっているが、市民の生活や権利が危うい時、アメリカでもヨーロッパでも、巨大な街頭デモやストライキで闘っている。

日本もかつてはそうであった。今の社会で当然視されている優れた労働条件や福祉制度は、すべてと言っても良いほどストライキやデモの繰り返しによって勝ち取られたものだ。そのように、ほかに力を示す有効な手段がないときは、市民は大きく連帯して力をみせることに躊躇してはならない。さらに言えば、普段に小さなデモンストレーションを積み重ねていないと、いざ大きな力を発揮すべきときに、市民は権利を忘れ手段を忘れていることになりかねない。そういう隙をついて「戦争」の足音が近づいて来る。

② 反逆の闘いから生まれた産直

パルシステムは産直の生協を自認している。事業に占める産直比率は、二〇〇〇億円を超える事業者としては驚くべき高さを誇っている。その産直の始まりである新潟県の笹神農協とのコメの産直は、法律との闘いであり、政府との闘いでもあった。減反に反対する「農民の反逆の闘い」と、既存の流通システムに歯向うパルシステム組合員の「産直を要求する反逆の運動」とが共闘し、「反逆の米産直」を実現したことが、産直生協パルシステムの基礎を作った。この歴史的意味は、「反逆の闘い」によって古いしきたりや商習慣を変えたことだ。パルシステムはこの闘いを誇りにしてきた。そして「反逆の流通システム」は今やあたりまえのように市場に顔を出している。

③ 水の流れと富の流れ

新自由主義とは、市場経済活動を極限まで自由化することである。それは必然的に格差社会を進行させ貧困層を増大させる。

経済活動の自由が促進されれば、富は強者に集中しその分弱者から流出する。市場経済の放置によって、水が下流に流れるのとは逆に「富は上流に流れ」ていく。政策的強制的に流れを変えることによってようやく「水は上流に流れもするし、富が下流に流れもする」。

市場経済は規制緩和という無原則的な自由化促進で道義性を失っている。自由化を進めた政治も道徳的歯止めを失っている。富の流れを変えなければならない。

2 試論その一
格差社会是正への挑戦

⑴ みんなの相互扶助システムを

生協の協同とは、特定の人々だけの協同ではない。「人びとみんなの協同」である。

現在の生協は階層的に限定され、みんなの生協になっていない弱さがある。それは是正されなければならない。その責任が全ての生協にある。そしてそのためには、みんなが参加できる生協に改革するか、現生協とは別に「みんなが参加する組織」をつくるしかない。

この時代、どうすれば市民の分断分裂の方向ではなく、大きな連帯の方向へ向かうのかが課題なのだ。

分断分裂の原因を小さくし連帯の芽を育てるためどうするのか、特に生協はどうするのか、市民とどう連帯するのか、どんなことから始めるのか。生協人は考えなければならない。

① 誰でも共有できる生活観

「みんなが参加する組織」にするには、まず階層的にも多層で、価値観も多様で、そして誰でも共有できる生活観で組織されなければならない。さらに、下層に追いやられた人々との現実的で可能な連帯を作らなければならない。

経済的に豊かな生活観の共有を求めるのは意味が無い。物質的には余計なものを必要としないシンプル生活でありながら、「自然と文化に接し多様で充実感のある生活」が、豊かさを感じる、地べたに足をつけた「生活観」が共有されることになるだろう。

とは云え、実際に物質的な下層ダウンを強いられた人々は心に傷を負う。これまでの生活観が新たな「ダウンした」生活を自ら見下してしまうからだ。何代にもわたる貧困生活者はなおさらだ。この世が金銭と物品の豊かさ基準で覆われているからだ。この問題は正面から向き合わなければならない。

物質的な価値観は量の価値観である。シンプル生活では量の価値観は成立しない。代わりに量では測れないモノが価値を持つ。自然景観、田畑の姿、人々の労働、会話、スキンシップ、花見や神事や餅つきなどの祭り、スポーツなど。そういう価値観による生活を作り出そう。そこでは多様な各層が同じ地べたに立つ。

住居は、有り余る空き家を活用する。仕事は自然の多い地方で基礎食品生活用品を確保し、金銭は都会に「出稼ぎ」して稼ぎ出す。おそらく年収二〇〇万円で、貧困でない生活が可能となる。

② 組織化はいつも手さぐりから始まる

まずはトリクルダウンした元組合員を訪ねる事から始まる。元組合員がどうすれば復帰できるか、手さぐりで困難ではあるが、そこで発見したことが組織化のヒントになる。

若者の組織化も困難である。しかしこれも若者との対話からしか組織戦術は発見できない。生協就業数年の若手職員によるプロジェクトをつくり、自らが年収200万円以下になったらどんな生協があったら良いか、という課題を与えて突破口を開く。

③ 生協は最大級の資金を用意して上記の運動と事業に貢献する

生協は組合員のトリクルダウンを見捨ててきた。その反省に立ち、最大可能な資金を用意する。使用目的が不十分なまま保有されている出資金は、こういう時こそ役立てなければならない。

格差社会の責任は国家にある。国家に対しては狡猾に、非妥協的にあらゆる手法で協力を強く求めていく。あらゆる人脈も使う。協同組合やNPOなどが一斉に立ち上がれば黙視は出来ない。出来るかどうかは先頭に立つべき生協の決意にかかっている。

(2) 新たな生活「循環型生活」に転換する
（地方生活と都市生活を結合循環）

都市が栄え地方が亡ぶ歴史を変える時代が来た。グレタ・

トゥンベリさんに指摘されたように、地球環境を犠牲にした便利生活に未来はない。ドローンが飛び交い、ロボットが人間に代わっていく都市生活には疑問がある。人と人がふれあい、地べたの介在がある生活こそ人間社会だ。ここで提起する地方と都市部の循環型生活は、人間らしく生活出来る最小条件であるはずだ。

①「二一世紀の美しき村」の美しき生活

まず地方に生活拠点を作り、協働で「農、畜、酪、楽業」に参加する。地方には田畑も住居も有り余っている。

地方再生、農業振興等様々な振興法を活かし、地方に生活拠点を構築する。地方に腰を据えることが貧困からの脱出のカギとなる。農、畜、酪のほか「楽業」を重視する。地方の文化や歴史を作ってきた歌、踊り、祭の多くが消えてしまっている。そういう消えた文化を掘り起こし、また都市部から地方に似合う新たな文化を持ち込み融合させていく。

②出稼ぎを楽しむ「循環型生活」

地方での「農畜酪楽」の仕事だけで生活資金を得るのは困難だ。そこで都市部にもう一つの生活拠点と仕事の場をつくり「出稼ぎ」する。しかし都市での生活が味気ないのでは意味が無い。「潤いのある都市生活の場」として「シェアハウス」を用意する。従って「シェアハウスの生活文化」を創造することも必要だ。こういうことは、新たな豊かな生活を創造するために付帯する新たな課題である。新たな生活は、全てチャレンジであるが、すでに多くの個人的モデルは存在している。点を面にするのがここでの課題になる。

こういうことは個人では困難であり、そのため協同組合を作り、組織的に「地方と都市部の生活循環制度」をつくり運営していく。

・地方での土着生活と都市部のシェアハウス生活とは、二つで一つの新たな生活文化であり、地方と都市の循環生活を創っていく
・都市部の労働も協同の理念に基づく「協働」である。したがって生活者はすべて協同組合に所属し、仕事を組織で受託し、各組合員に委託する。
・新たな挑戦には常に新たな問題が発生する。それを不断に研究し解決していく努力が求められる。

3 試論その二
もったいない生協

⑴「もったいない価値」による「もったいない生協」を新設

（私が「もったいない生協」論を打ち出したのは二〇一六年初めである。以下の考えは、私の一六年文書をベースにしている）

①「もったいない価値」の再評価

生協事業に低価格帯を導入するためには、これまでにない新たな発想が必要になる。

パルシステムの場合、現在組合員から支持されている最大理由は「安全・安心の価値」である。その価値を維持しつつ、新たに「もったいない価値」を再評価する。今やこの価値は古い価値の焼き直しではなく、新しい価値となって登場する。

半世紀前頃まで日本のどこにももったいない生活があった。「もったいない価値」とは、現代の物質的豊富さに慣れきった生活者が無駄買して余った生活物資を「廃棄焼却を最小にして」「資源化する価値観」である。（それを活かすためには、活かす組織、回収加工保存保管流通システム、同技術が必要であり、その項目は別途提案する）。近年まで長らく陽の目を見なかった本来の資源が、価値を持って浮上し新事業を支えることになる。

新たな価値による事業は、環境重視やエネルギー改革が重視されるこれからの時代に見合った事業であり、「安全・安心」の価値事業と並列しても矛盾しない。

しかしまだまだ不慣れな新しい価値観を定着させるためには、組織でしっかり論議し、理解するまで広報することが極めて重要だ。「新たな生活」を提案するための「新たな価値の運動」として取り組まなければならない。

②「もったいない協同組合」を新設

「もったいない価値観」に基づく「もったいない協同組合」（仮称）をつくる運動は、反格差・反貧困の協同組合をつくる画期的な挑戦である。

「もったいない協同組合」は、前項で展開した新たな「循環型生活」を保障する重要な役割を担っている。地方と都市の循環型生活という考えがまだ定着していない段階で、

「もったいない価値」は理解しがたい考えかもしれない。意地悪だが、生協人なら真先に考えるべき格差問題に立ち遅れたのだから、ここでじっくり考え理解してほしい。そして過去、先人たちが血のにじむ思いをしながら生協を設立してきたことに思いをはせ、今度は現役の方々がチャレンジしてほしい。生協が機関決定して取り組むならば、少なくとも今は事業資金ゼロからスタートする必要はないのだから、かつての困難さとは比べるべくもない。大変ではあっても不可能なチャレンジではない。

現在まだ生協に所属していない人たちが取り組むならさらに歓迎する。それこそゼロからのスタートだが、生協側と相談しながら取り組んでほしい。生協は相談に乗るはずだ。企画と意気込みが伝われば、生協も主体的に協力するはずだ。

なお最初の実務的検討課題をランダムに羅列する

- 生協だけでなく、ＮＰＯや労働者生協などとの協力づくり
- 子供食堂やフードバンクなど様々な反貧困運動組織との連携
- ラストワンマイル、地域密着小型生協化との関係
- 政府（厚労省）地方行政の支援
- 都市部の労働・生活と地方での労働と生活（循環型生活と）の関係
- 組織化を運動化する、マンツーマンの組織化などアナログ戦術
- スマホなどのデジタル戦術

【資料】

私が「もったいない生協論」を言い出したのは二〇一五年である。一六年からその発想を文書にしていろんな方々に考えをぶっつけてみた。概ねはのれんに腕押しであったが、反貧困の思想を持つ者たちは受け止めてくれた。そのうちの一人は瀬戸大作氏でありもう一人は若いある女性市民活動家（Ｋ・Ｙ氏）であり、お二人からは文書をいただいた。瀬戸氏は、氏自身の福島避難者対策の中で感じた思いもあり、本誌にある氏の文章を参考にしていただきたい。ここではＫ・Ｙ氏からいただいた次の文章の一部のみを紹介する。氏は生協に関しては全く素人である。なおこの文章は、氏の人脈で大手メディアのあるプロジェクトが興味を示され、数度の意見

交換後、実行へ踏み出した。しかし残念ながら生協が関心を示さなかったので、陽の目を見なかったのは、極めて残念であった。

「セーブフードコープ」設立素案（K・Y）
―生協から格差社会改革を―

格差が広がる社会の中で、低収入の若者たちでも自立して生きていける仕組みこそが、「生活協同組合」なのです。しかし、現在の生活協同組合は、中流家庭のものになってしまいました。本来は、底層社会の人たちにこそ、「生協」が必要なのです。

そこで、生協パルシステム創立者の下山保氏が「セーブ・フード・コープ（もったいない生協）」へ向けて準備を開始しました。規定外などで廃棄扱いの食品を流通させれば、現行価格の三〇～八〇％が可能になります。市場もノウハウもある、あとは人が集まるだけ。

自分たちで、これからの時代を生き抜く新たな生活協同組合を作りませんか？これは格差問題だけでなく、食品廃棄問題の解決にもつながります。貧困撲滅や食品廃棄問題にご関心のある方も、ぜひご参加ください！

1．設立主体

(1) 格差社会改革手段の一つとして、意志を持つすべての生協およびパートナー企業が支援し、あらたな「もったいない生協」を設立する

(2) 反貧困労組をはじめ、反貧困諸団体が生協と同列で設立者になる

2．素案

(1) 組合員対象者

① 反貧困労組組合員、障害者等諸団体会員

② 生協未利用者、脱退組合員

③ 未組織若年労働者、未組織高齢生活者

④ 膨大な年収３００万円以下労働者

(2) 支援体制

① 商品調達

- もったいない物資を最大活用する
- 各生協、生協関係業者、関係生産者の協力を得る

② 設立資金

■各生協からの支援金、及び借入金
■自治体からの支援金、国家資金

(3) 出資金
■一人 原則として一口　一〇〇〇円

(4) 運営システム
① 理事会・監事
■反貧困労組、社会問題対応ＮＰＯ
■支援生協
■学識経験者または支援自治体
② 事務局（当初）
■プロパー　若干名
■支援生協から出向　必要数
③ 物流
■支援生協およびパートナー物流業者による協力
■現物流に「うわ乗せ」方式　などで低コストに

(5) 商品（略）

〔付論1〕
第二の創業（地域密着型小生協へ組織改革）

生協界で昨今「地域生協化」についての論議がなされている。二〇一八年、生協総合研究所（生協総研）が、「二〇五〇年、新しい地域社会を創る」と題して「集いの館」構想を提案し、シンポジウムを開催し、本を出版した。

主要生協が肥大化し組合員の姿が見えにくくなっている。組合員参加が名目だけにすぎないのは前世紀から明らかだったが、二〇年以上ほとんど問題にすらなって来なかった。しかし時代は大きく変化し、ＧＡＦＡなどのマンモスＩＴ企業が世界を席巻し、消費者に直接手を伸ばしてきた。生協も危機に直面している。かれらマンモス企業、特にアマゾンとの消費者争奪対決は始まっている。抜本的な生協の組織改革が必要である。

■生協は、組合員から真に必要とされなければならない。
■生協は、組合員の声を直に聴けるようにしなければならない。
■生協は、組合員、特に子供、老人の安らぎの場でなければならない。
■生協は、地域住民との交流の場でなければならない。
■生協は、地域自治体と共に地域に責任をおわなければならない。
■生協は、危機対策の拠点でなければならない。
生協は、これらの事を成し遂げて、アマゾンよりも信頼されることになる。

⑴ 生協のラストワンマイル「集いの館」

生協は、近代化を進める資本力で対抗は出来ない。やはり「闘う力は組合員」である。組合員はしかし、アマゾンの顧客でもある。その比率は年々高くなる。組合員はスマホを操って、しかしアマゾンにも操られる消費者である。スマホ対決に持っていくべきではない。

結局生協は、「組合員が住んでいる地域で、対話し、呼吸を感じ、信頼し話し合うこと」でしか存在出来ない。

従って、まずは「組合員と身近になる生協」にすることが極めて大事だ。それには、現在の肥大化した組織を、組合員が身近に感じる規模に「縮小」することだ。パルシステム東京を例にとれば大きくても一単位の実質利用組合員五〇〇〇人ぐらいであろう。

その最先端に位置するのが、生協総研の提案する「集いの館」として位置づければ良い。

おおざっぱに言えば行政市区単位に一つの地域小生協があり、いくつもの「集いの館」を運営する。

地域小生協は生協法人化が出来なくとも、理事長専務が専従し、財政権を持ち、自主自立の事業を展開できれば、おのずと地域に責任を持つようになり、地域に深く浸透するようになる。そういう状況になってアマゾンとの闘いが可能になる。

嘘、だまし、隠し、忖度、ありとあらゆる悪行をやり放題であっても、政権を維持できることがある。その理由はひとつ、地域をくまなく回り、住民に接し、声をかけ、酒を飲み、商売を心配し、解決策を相談するからだ。

地域生協は、住民と身近で交わらなければ、アマゾンに簡単に排除されてしまう。マンツーマンの「信頼の価値」を活かすべきである。

⑵ ＡＩ時代の基本視点

組合員資本が許す限り可能な技術革新・近代化を遅れてはならない。しかしラストワンマイルがアマゾンドローンと生協ドローン対決であってはならない。生協は生協らしさを強めるために技術革新をする。
技術革新には条件を設ける。
その一、人と人との触れ合いによる生協事業に役立つ技術革新
その二、格差社会をなくしていく生協事業に役立つ技術革新

〔付論2〕

新電力事業への再チャレンジ

私は、パルシステムが、次の事業の柱になりうるものとして、新電力事業を戦略的に位置づけられなかったことが残念でならない。もし少なくとも戦略的に検討した生協があったなら、それだけでも敬意を表したい。

二〇一五年には、新電力事業についての政府案がほぼ明確になっていた。この時に生協が「生協の戦略的事業」という考えを持って取り組めなかったため決定的に敗北した。同時に次世代事業の柱を失った。

私はパルシステム連合会や上部連合会に数度進言したが、中々理解に至らず並行線で終わった。取り組みが始まった時は、ガスや石油のエネルギー産業側がはるか彼方を走っていた。

新電力事業は、クローズドショップの生協にとって取り組みやすい事業である。いち早く取り組めていれば、生協こそ先頭を走っていただろう。

誰でもわかることだが、組合員家庭の電気使用料金は月一〇万円を越え、仮に全国の組合員二〇〇〇万強世帯の内一〇〇〇万世帯が生協を通せば、生協に一兆円以上の事業高をもたらしていた。生協はむざむざ一兆円を取り逃がした。

しかし今からでも遅くはない。生協の理事、職員を先頭に、組合員にも参加を呼びかけ、大型予算を組み、大きな組合員運動として取り組めば取り戻すのは可能だ。

〔注〕

文中、パルシステムについて意見を述べているのは、二〇一八年以前の約十年間ぐらいについてであり、生協全般についても同様である。この時期は全国の生協が個配に取り組み、効果を上げてきた時期でもある。パルシステム改革は、現在進行中である。

3. 私の生活協同組合との関わりから今日まで

若森　資朗（パルシステム生活協同組合連合会元理事長）

はじめに

私が生活協同組合（今後、生協と記載）の存在を初めて知ったのは、明治大学の入学手続きのあと、「生協に加入すれば、教科書を一〇％引きで購入できる」との呼びかけが有った時である。この呼びかけが魅力で生協組合員となった。しかし大学入学後、すぐに全学ストライキがあり、同時に学生運動に参加したため、授業にはまったく出席しないまま、有る事情で二年と少しで中退となり、この時購入した教科書は役立たなかった。この様なきっかけで知った生協で、生涯の大半の時間を送るとは思いもよらなかった。生協については、自分の不勉強があるかもしれないが、高校までの学校生活で、授業で習った記憶はない（フランスなどヨーロッパではかなりの時間、学校での授業にあてられているようだ）。また身近には生協はなかった。当時、日本ではほとんどの人は、労働組合や農業協同組合、漁業協同組合、信用組合、信用金庫は知っているけれども、生協は知らなかったのではないか。また、農協や漁協の名称は知っていても、協同組合とはどのような理念で運営されているのか、学校では詳しく学ぶ機会がなかったのではないかと思う。それが現在も続いており、今日の日本社会でも協同組合に対する理解が進んでいないと感じる。実際に関わっている人たちはどうか。それなりに理念や使命、役割を学ぶ機会があるが、例えそれらを理解していても、どうしても社会の動向を意識しながら、事業継続に力点をおいた運営を心がけなければならず、運動、理念を調和させた運営に難しさを感じていると思う。そのことがいろいろな場面で、理念を軽視する生協との批判につながってきた。そういう私も難しさを感じながら、バランスをとることに意識した運営を心がけた。その結果、どの程度、社会が期待する共感の取り組みとして発信できたかは心許ない。また成果についても同じで気持ちでいる。

　昨年、私が長年在席していたパルシステムグループのある会員生協から「パルシステムの事業と歴史」との題材で、組合員の学習会に呼ばれて話しをした。その際、パルシステムは運動論、事業論を「運動が事業を創り、事業が運動を創る」をベースとして、そのバランスの中で取り組んできた事を話した。組合員にはその内容が、事業の推移とそれの成功ばかりではないかと映ったようで、運動の成果、つまりそのことによって社会にどのような影響を与えてきたか、理念とは調和していたのか、等について質問が出された。確かに生協は食の安全・安心の確保や、良好な環境の維持、公害に対する告発と是正、日本の農業を守る等の視点から活動し、社会にメッセージを発信し、成果もあげてきたと思う。しかしパルシステムの理念である「心豊かなくらしと共生の社会を創ります」にそって活動を振り返り、他方、現在の社会情況、少数への富の集中と、生活格差の広がり、多様性の尊重と言いながらもとヘイトスピーチなど差別の助長等と照らし合わせて考えた時、繰り返しになるが何かしら自らの生協活動に、心残りな心情に陥ってしまう。

　今回、私が関わってきた取り組みを、私なりに振り返りつつ、今日的な生協の意義とこれからについて述べていきたいと思う。

1　私の生協の関わりの出発点
――明治大学生協について

　明治大学生協は一九五〇年代末期に、学生からの働きかけ（中心は中村幸安氏＝明治大学学生会中央執行委員会委員長、後に明治大学工学部教員、初代タマ生協理事長）で設立されて以来、大学生協の運営としてはそれほど多くない、非日本共産党系の人たちによって運営されてきた。学生自治会が非民青系だったことが、このことにとって大きかった。しかし非共産党系としての運営維持には組織力の弱さから（総代は、教職員、学生、院生、生協職員等、あらかじめ決められた選挙区毎の人数割合で選出される）、かなりたいへんな労力を要した。私も非民青系の学生総代となり、学生運動の傍ら、必要な時にかり出され運営維持に関わった。明治大学生協は、学生数が多い分、大学生協としては供給高が多い方だった。なお現在、明大生協は解散となっている。

2 明治大学生協の地域生協作り

⑴ 大学生協の地域生協作り

一九六〇年代半ばから日本生協連の方針もあって、多くの大学生協では、地域生協作りが盛んになった。市民生協作りである。これらの生協は、いくつかの区や市をまたがる地域単位で設立されたが、その後、多くは日本生協連の方針のもと、一九七〇年代後半から近隣生協との合併を繰り返し、各都道府県内で群を抜く規模のトップ生協となった。なお、このことに与しないグループとして、首都圏では生活クラブ生協グループ、パルシステムグループが存在し、現在に至っている。現在では、生協法の改正により、近接の都府県をまたがって生協の合併が認められたことから関東では「コープみらい」というガリバー生協が誕生している。多くは店舗を中心とし、地域によっては共同購入を中心とする生協もあったが、概して両方取り組んでいた。この時代は日本の生協の歴史にとって、第三回目の興隆期であったと私は考えている。明治大学生協もそれに倣って、一九六九年頃から地域生協作りへと入っていく。

時期的には一九六〇年安保闘争以降の停滞から、一九六五年の日韓条約反対闘争、授業料値上げ反対闘争等の大学闘争を経て、反権力闘争が興隆し、一九六七年から多様な闘争、ベトナム反戦運動、三里塚闘争、沖縄闘争、全共闘運動、七〇年安保闘争などが、市民、学生、労働者の参加のもとに闘われた。しかし国家権力の圧倒的な暴力の前に後退させられた時期と重なり、それ以降の中央権力闘争の停滞期を予見させる時代でもあった。しかし挫折感の裏返しか、次の時代への高騰感も併せ持つ、おかしな時代でもあった。私が関係していたＢＵＮＤでは、一九六九年四・二八沖縄闘争が、権力によって押さえ込まれたことを契機に赤軍派が生まれ、前段階武装蜂起、革命戦争を標榜し、その準備に入っていった。一方では突出した唯武器主義では権力とは対峙できないとし、広範な地域、生活者の共感を背景に戦わない限り、圧倒的な暴力装置を持つ権力には対抗できないとの流れもあった。これはＢＵＮＤ内では圧倒的少数派ではあったが、明治大学生協を維持運営し支えてきた人たちは、この派を支えていた。その中心にいたのが篠田邦雄氏だった。篠田邦雄氏の強力なリーダーシップのもと、共感する人たちが地域へ出て生協作りへと入っていった。私はその人達との人間関係が強く、これからは地域との考え方を肯定しつつ、他方学生運動で対中央権力闘争を闘っていた。

地域生協作りには、財源も人的資源も必要となる。とりわけ核となる市民運動組織がないとなおさらだ。それをやり遂げるには明治大学生協内部の高度な意思統一を必要とした。それには先ず理事会は当然のことだが、生協職員労働組合の意思統一も前提となる。そしてそこが実践部隊として地域生協設立に向けたリーダーシップを担うことを必要とした。私の何人かの先輩活動家は七〇年頃から明治大学生協の職員となり、その役割を担った。

なお、全共闘運動が、旧来の大学解体を方針化し、全学バリケード封鎖によるストライキを決行することは、大学生協自体の経営基盤を弱体化させることにつながる。しかし明大生協職員労組は、バリストに共感し一緒に闘う立場であった。そのような困難を抱えた中での地域生協作りは、大学生協自体の多様化、すなわち地域進出の一因にもなったと思う。

明治大学生協では活動家を中心として一九七〇年はじめに「特別事業部」を立ち上げ、地域生協作りへと入っていった。タマ生協設立後は職員となった人たちは、多摩ニュータウンに住み、独身者は合宿生活を送った。明治大学生協の職員の一部も、組織者として多摩ニュータウンに移り住んだ。

また、理論誌として「月間協同：協同労働・協同出資・協同分配」を発行し、居住区における生協運動の理論的発信を行った。またこれは地域住民運動の情報誌としても位置付けられ、様々な地域住民運動も特集された。現在、明治大学生協もなくなり、タマ生協も引っ越しを重ね資料が散逸してしまった。この理論誌を個人で持っている人がいるかもしれないが、私の手許にはない。

なお当時、明治大学生協には、中核派をはじめとして他の党派の活動家も多数職員として入協していた。彼らは自分たちの拠点校で、大学生協作りを行うため、その研修としての位置づけだったと思う。彼らの一部はタマ生協の設立にも関わった。しかし彼らのあらたな大学生協作りはうまくいかなかった。そして数年して彼らのほとんどは党派活動に戻るか、組織自体から離れていった。その中で芝浦工大生協、神奈川大学生協、東邦大学生協、昭和大生協では、当該大学の学生を中心として、明治大学生協の支援を受け生協を設立した。

(2) タマ消費生活協同組合の設立

一九七〇年のはじめ頃、生協設立の前段として、鶴川団地六丁目自治会による全販連（現在のJA全農の前進）の市乳（無調整牛乳・生産工場は小岩井農牧㈱・現乳業）の供給が始まった。これは当時、加工乳が牛乳として販売されていたことに対して、中身が本物の牛乳で、それも低価格で飲みたいとの消費者運動があちこちで生まれていたことに触発されていた。これは生協設立への弾みとなった。また、当時の鶴川六丁目には、前出の明治大学生協設立の中心メンバーであった中村幸安氏が居住しており、居住者仲間と共に深夜バス反対闘争を取り組み、マイカーの使用、ワンボックスカーの共同所有による自主運行バス運動が取り組まれていた。加えて欠陥住宅（バルコニー等の瑕疵）問題を、住宅公団相手に取り組んでいた。これらの運動には明治大学生田校舎の学生や生協職員が、支援活動を行っていた。その様な活動を通して、いろいろな地域から全く見ず知らずの人たちが集まってきた集合住宅を中心として開発された新住区であるにも関わらず、運動を通して人と人のつながるベースが創られていた。それらの人びとが発起人となって、タマ消費生活協同組合が一九七〇年一二月に設立された。それは様々な運動が継続を意識し統合され、事業活動を含む運動としての実践をタマ生協に期待された。これが「運動が事業を創り、事業が運動を創る」の始まりであった。

なお、牛乳配達の担い手は、自動車運転免許もった学生数名をベースに、活動家が配達要員として夕方から交替で動員された。支援学生の報酬は夕食のみだったと記憶している。飯が食えない活動家にとってはそれだけでも有りがたかった。また、自主運行バスの運転手も学生が担った。これは深夜バスの時間帯だけではなく、平日の夕方から深夜バスが終わるまで行われ、一九七〇年代後半まで続いた。運営費はカンパでまかなわれた。

他方、明大生協職員は、タマ生協設立後、鶴川団地や町田市の団地、そして建設が進んでいた多摩ニュータウンの組合員加入に邁進することになる。

当時、高度経済成長による地方から都市への人の移動、それに対応する急激な都市開発、住居区開発で、地域の共同性が解体され、共同性ないところに住居区が作られていく時代であった。それは従来の住民にとっても、新しい住民にとっても同じことであった。その典型が見ず知らずの人が集まって作られる、郊外型の集合住宅団地だった。そのことへの住民からの運動としての対抗軸は、必然的に新住居区でのあらたな共同性の形成だった。具体的には近隣同士での生活を意識したつながりの形成だった。これは協同するという生協の理念に通じることである。そこで選択したのが生協店舗ではなく一九六〇年代後半から始まっていた、一八円牛乳などの共同購入を、生協として日常の生活物資まで広げて行う方法の選択だった。

元々私たちの地域生協設立の狙いが、生活地域で幅広く住民と問題意識を共有していくことであったことから、加入活動は高い組織率目標を持って取り組まれた。五階建ての集合住宅ならば階段ごとに、高層ならば階層ごとに五名から一〇名の共同購入班を作り、世話人を選んでもらう、今では信じられない組織目標を持って取り組まれた。組織体制としては班をブロックとしてまとめ、ブロックを支部としてまとめ、支部を理事の選出母体とした。そして理事をリーダーとして組合員参加のもと支部単位で意思決定を出来る体制にし、それを持ち寄って生協全体の政策、方針を決める体制を作っていった。この基本的な構造は、規模が飛躍的に大きくなった現在も、パルシステムでは受け継がれている。

新しい住区での新しい生活への不安感と期待感が入り交じったと思うが、組織率が五〇％（鶴川六丁目は八〇％）を超える地区が出来るなど、今では信じられない組織率を確保することが出来た。個々人は高度経済成長を謳歌しながらも、その負の面による急速な社会変化に不安を覚え、何かをしなければならないとの意識があった時代だと考える。その背景にあったのは反戦運動、全共闘運動、反公害運動、食品の安心・安全の確保、三里塚空港反対闘争などであり、その問題意識が、市民社会に幅広くもたれていた時代でもあった。

タマ生協の設立発起人や、設立当初の理事会メンバー、世話人には、様々な運動（学生運動、労働運動、反戦活動、反公害活動等々）を経験した人、取り組み続けている人たちが参加していた。とりわけ女性達は、戦後の高度経済成長のひずみから生じていた、食の安心・安全への不安、環境悪化を危惧し、それらを自らの手で何とかしなければ、との思いが生協設立への力となった。

この時期、タマ生協より先んじて設立された大阪の千里山生協（関西大学生協が支援）は、タマ生協と同じく千里ニュータウン等の団地で設立されたことから、設立経過も似ており友好関係が結ばれ、運営方針、商品政策で多くの影響を受けた。また職員は研修のために千里山生協に派遣された。なお、大阪府の生協連合会である「大阪府生活協同組合連合会」は、当時は「日本生協連」の運動と一線を画していた「千里山生協」、「泉北生協」などが主となって構成し活動していた。

私達は当時自ら主観的に「日本生協連」が取り組んでいる運動を一言で語るならば〈流通の民主化運動〉であり、私達の取り組みはそれには留まらない〈社会運動としての生協運動〉を行うとし、そのことを相違として意識し活動していた。

3 設立後のタマ生協

タマ生協は地域運動として、地域立脚型、組合員主導型を基本的考え方として設立された。しかし当初の実態は、前出の篠田邦雄氏がタマ生協設立後、常勤専務理事（中村幸安氏は非常勤理事長）となり、その強いリーダーシップで、明治大学生協職員の出向や、元学生活動家が専従職員として配置され、事業に力点をおいた運営がなされた。それは設立当初の脆弱な経営基盤では致し方ないことであったが、様々な活動経験を持ち、地域住民の立場から組合員理事となり、理事会を形成した人たちにとっては、自分たちが描いた生協像とはかけ離れていると映ったことだろう。そこで生協の意思決定や運営に深く関わりたいとの欲求が膨らんでいく。

また組合員理事にとって、食の安心・安全に対する取り組みが不充分と映り、専従職員への不満も重なったと思う。ハードルは高くても安全な食べ物を手に入れることを至上命題とする人たちもいた。そこでタマ生協の商品政策には満足せず、自分たち独自で安全で安心できる食べ物を、自分たちで確保するとして、あらたな組織を立ち上げる人たちもでてきた。そこで生協の商品政策に関する課題、運営に関する課題が集中的に論議された。

⑴ 商品政策

主要な論議しては、①幅広く情報を集め安全なものを選択して供給していくのか？ ②生産者、メーカーと論議と実践を積み重ね、信頼をベースに〈より良い物を普段に協同で創りあげ、それを社会の標準となるような運動していくのか？〉がであったが、タマ生協理事会としての選択は後者であった。〈利用結集を通じて、組合員の思いを商品や流通に反映しよう〉、〈台所から社会を見よう〉、〈市場外流通としての産直ではなく、物心両面での消費者と生産者の連帯、共生としての産直〉といったスローガンが生まれた。これから商品政策や供給に関わる課題が、主要な活動として取り組まれる事になる。

⑵　運営　――専従職員主導から組合員主導組織へ

タマ生協では設立から二年ほどは、常勤の専務理事が作成した事業計画（理事会、総会で決定）の元に、拡大計画や商品の供給が行われた。しかし組合員意思がどれだけ反映されていたかは疑問が残った。それが運営への不満として現れた。そのことは前段でも述べた。

その様な中で一九七二年の総会で、常勤の篠田邦雄専務理事が退任した。運営を専従主導から組合員主導に変更するため、理事会は全員非常勤の組合員理事で構成した。結果として理事長も専務理事も非常勤となった。また、専従職員をなくし、商品の選定、注文書作成、注文集計、発注、会計処理と運営の全般にわたって非常勤の組合員理事か担うとの改革がなされた。

配送は退職した専従職員が独立した「配送集団」を創り、理事会との業務委託関係を結んで担った。現在の配送や物流の業務委託と似ている。実際この形で一九七二年～一九七四年にかけて運営された。今考えるといくら組合員主導といっても、ここまで行ってはどう見ても無理筋な改革だったと思う。しかし現在と違って、いくら供給規模が非常に小さく、アイテムも少ないからといっても、何とか二年間近くこの体制で継続できたのは驚きであった。当時の組合員の熱い思いが感じられる。また、時間を融通して関われる男性の組合員理事がいたことも不思議だった。しかしさすがにトラブルが発生し、組織も停滞し混乱した。私は一九七一年六月に大学を中退し、そのあと紆余曲折を経て一九七四年一月誘われて「配送集団」に、この混乱時期に加わった。この時期、設立当時の学生活動家で残っていたのは私含めて数名であった。

大いなる実験は挫折し、一九七四年後半から再び、専従職員が理事会の意思決定に基づき業務全般を遂行する形態に戻した。しかし常勤理事はおかず、あくまで理事会は組合員理事のみで構成し、常任理事を選任し、各部門の管掌責任を担った。理事会と専従職員とは緊張関係がありつつも、双方の立場を理解しつつ合意して運営にあたった。数年後、専従のリーダーとして事務局長が配置された。この体制は一九八〇年はじめまで続いたが、規模が大きくなり、一般募集した専従職員が大半を占めるようになり、様々な意味で負う責任も重くなったことから、常勤理事が必要との意見が理事会に出され、常勤理事を経て常勤専務理事を選任することとなった。

この様な組織のあり方は、現在のパルシステムグループにその片鱗として残っている。会員生協理事会では組合員理事としの非常勤理事長であり、業務執行の統括としての常勤専務理事の位置づけである。そして常勤理事を最小限に抑え、政策決定に組合員理事の関与を重くする立場である。なお、タマ生協のこの時期と似たような組織改革は、一九八〇年代はじめに北多摩生協でも行われ、組織体制としても地域主権の尊重を目指したが、やはりもとの形態に戻っている。

(3) タマ生協の事業連帯への参加

一九七七年に、日本生協連の運動に組みしない地域生協群によって設立された、現「パルシステム生活協同組合連合会」の前身「首都圏生協事業連絡会議」からタマ生協にも参加を呼びかけられたが、一九八一年までの四年間は加わらず、独自の路線を行くことになる。

それはタマ生協が無党派の市民派組合員を中軸として運営がなされてきており、当時「首都圏生協事業連絡会議」のことを、日本社会党系では、と見ていたことから警戒心が強く、加盟に対する組合員合意が取れなかった。しかし生協活動を進めて行く上で、当時のタマ生協単独では、商品開発力が弱く、あらたに自らの基準で商品を創り出すことは困難で、すでに有る物を選ぶことしか出来ない限界もあった。当初目指していた、生産者や取引先と一緒になって商品を作り出し、それを広げ社会のスタンダードにする目標は、当時の組織規模では非常にハードルが高かった。内部で自らの限界について論議を行い、加盟の合意点として、自らの開発を引き続き基本におくが、不可能な商品は「事業連合」商品を活用するというものだった。これは「事業連合」の場では、「いいとこ取りの事業連帯」と揶揄された。それも当時では致し方ないことであった。

4 現パルシステムグループの変遷の概略
――小さいことは良いことから、より強固な事業連帯へ

首都圏生協事業連絡会議→首都圏コープ事業連合→パルシステム連合会

⑴ いつ消滅してもおかしくない時代
――一九七〇年代～一九八〇年代半ば

経営的には厳しかったものの、手探りの中で組織論、商品論、産直論、地域論、事業論の確立に向けて論議を重ねた。それは社会運動として生協運動と考えたとき、その論の一つ一つが相互に重なり、そこには人それぞれの意思と活動が関わり、当然事業でありながら、地域運動とも連帯する取り組みとなった。その様なことから導きされたのがパルシステムの運動論、事業論である。

組織論では多様性の共存をいち早く打ち出し、商品論では取引先と一緒になって商品を創り出す。産直論では食を通じての地域再生である。事業論では目先の利益にとらわれずに、持続可能をベースにおく活動であった。

⑵ 生協活動継続の思いが組織革新に舵きり
より強固に、大きな連帯へ――一九八五年～

組織が大きくなると、組合員参加の減少や地域からの離反がおこると危惧され、そのことが生協らしさを失うとの論議が活発に行われた。他方組織が小さいことは人材の確保や投資もおぼつかなく、商品開発や物流を効率的に行うことは不可能であるとの論議を行った。また他の生協では普通となっていたコンピューターを活用した利便性への対応も難しいなど、組合員の要望に応えられない負の面も話された。出した結論は組合員参加や地域活動を保障するためにも、組織拡大による、組織革新と強化が必要とした。

⑶ 個配事業に取り組む→成功体験（三〇〇億円の供給規模から急成長）――一九九〇～急成長

共同購入の組織率は当時二〇％限界論が言われており、私達が組織拡大に注力し始めたとき、東京では複数の生協あわせて既にその状態になっていた。そこで組織拡大を進めるには二〇％組織論を超えなくてはならず個配を取り組み始めた。それが共働き家庭の増加や、プライベートの尊重、利便性を求める背景と相まって、加入が進んだ。私達

も必ずしも事業として成功する確信があったわけではないが、様々な技術革新が進んだ時代背景とも相まってコストの削減などが進み、組合員に受け入れられた。

(4) パートナーシップで急速成長を支える

私達の力量を超えた急成長は、私達の力だけでは支えきれず、取引先とのパートナーシップとの考え方を取り入れ、一緒になって成長していく戦略をとった。それはパルシステムの理念も、取引先と共有する立場であった。

そして(5)ブランド戦略構築、そして地域になくてはならない存在へ、(6)本格的個人対応（CRM）を中心としたマネージメント・事業システム確立へと進んでいく。

5 現代社会情況への考察とこれからの協同組合

私の今までの生協との関わりを思い起こし、取り組んできたことを辿ることによって、これからの生協運動を考えるきっかけとなれば、と書き進めてきた。取り組みがどのような結果をもたらしたかは別として、当初から基本とする考え方は変わっていないと確認できる。それは社会に横たわる不正義、理不尽なことに対し、多くの人と連帯し、実践として克服することに意義が有るとの立場である。その課題は時代時代で変化する。その変化に対応した蓄積が、次の変化への対応を可能とする。私達は時代の要請に応える社会を確かに見る目と、思考の柔軟さで取り組むことが要求されている。

現代は、経済の低成長、所得・生活格差の広がり、低所得者層の増加、情報格差、少子・高齢化社会、環境破壊、グローバル化のひずみ、他方、多様な生き方や、在り方が大切にされ、共生が問われる時代にある。にもかかわらず自己責任を吹聴し、分断や差別を助長する動きもある。協同組合が登場してから二〇〇年、賀川豊彦が神戸の地で一九二一年に設立した神戸購買組合・灘購買組合から一〇〇年が経過しようとしている現代にあって、あらためて生協の役割が問われる。

近代の歴史を紐解くと、科学技術の進歩が人類を幸せにしたかのように思えるが、必ずしもそうとは限らない。核兵器をはじめとして軍事技術の発達は、一瞬にして多くの人間を死にいたしめることを可能とした。実際に殺戮や紛争、難民の発生が世界の至る所で進行中である。また経済成長が大量生産、大量消費を招き、資源の枯渇や環境破壊につながっている。そのことで恩恵を受けているのは誰か。それこそ科学技術を独占的に使用出来る立場にある一部の層である。彼らは勝者として君臨し、富を蓄積し社会の支配者となり欲望にまかせ、格差、分断、差別を助長している。これは協同組合とは真逆の立場である。私達は使い方によっては善にも悪にもなる科学技術の使用を一部に独占させることなく、それこそみんなで共通に恩恵を享受出来る社会を築いていかなくてはならない。それが一人は万人のために、万人はひとりのために、に通じることだ。

パルシステムは、時代時代に対応する問題意識を持ちながら活動してきた。たとえば農業にあっては流通市場の都合で価値が左右される状態から、消費者と生産者の合意へと決定を取り戻すことだった。それは生産に消費者と生産者の意思を反映することだった。私達はそのことを産直との手法で実現してきた。物流や流通についてはそのしくみ、私達が携わることで理解を深め、より合理的な手法を生み出してきた。また自分たちだけでは出来ないことを取引先とのパートナーシップで実現してきた。そのことを支えるのが理念の共有への働きがけである。

設立以来、時代の要求に応えて商品から、助け合い、福祉へと広がる多様な課題を取り組んできたが、来るべき社会の全体像についてはなかなか手がつけられてこなかった。言うならば対処運動の限界であった。しかしそこでとどまっていては深刻さを増した社会情況には解決とはならない。私達は過去の取り組みを検証し、現代社会の問題点洗い出し、次の段階、つまり未来社会をイメージする立場から取り組むことが求められている。

私的利益の最大化が、社会全体を潤し、それが個々へも利益をもたらすとする、アメリカ経済をモデルとするトリクルダウンは実際には起こらず、この考え方は、アメリカでも色褪せたものとなりつつある。それでは日本ではどうか。戦後一貫して、多くの政策がアメリカとの同調、追随となってきた。その結果、独自の思考を停止してきたかのような様相を呈してきた、といっても過言ではない。現在、ますますそれが強く現れてきているように思える。アメリカに倣ったかのような貧富の格差拡大の是認、自己責任が吹聴され、そのことが当たり前のように受け入れられる社会にも映る。多くの人がそのことを批判し嘆いている。しかし相変わらず政権の政策は経済成長がすべてを解決するとの発想に陥っている。無理やりの経済成長は、資源の浪費、環境の破壊へとつながる。私達は持続可能を基本に据え、限られた資源を平等に共有し、利用していく時代に入っている。それを実現するには、非営利を旨とする、共生、共助をベースとしたコミュニティ大切にする協同組合などの「社会的連帯経済」を志向する人や組織への理解と共感を広めていくことだ。それは現実に生きづらさ、困難さを強いられている人との運動での連帯であり、同時に未来社会への展望を共有していくことである。

日本の協同組合の父と言われる賀川豊彦は、大正時代に「救貧から防貧へ」とのスローガンで共感を育み、共助の力で消費物資の確保する生活協同組合、金融（信用）や共済の協同組合、そして労働組合にいたるまで、数多くの協同組合（組合）を設立した。大正デモクラシーと相まって、当事者の参画による民主的運営で、生活者に役立つ協同組合との目的を、一定果たしてきた。しかし第二次世界大戦に至る中で国家統制に組み込まれてしまった経過を持っている。私達はこのことは負の側面として共有化し、その様にならない取り組みも行う必要がある。

第二次世界大戦後、都市には食糧が入らなくなり、生きるためには食糧を自力で確保することを必要とした。農村への買い出しや、ぶつぶつ交換、それを近隣（町内会）で消費生活協同組合を設立し、協同で物資確保を行った。物資が一定行き渡る中でそれらの生協は自然消滅していった。

その後、朝鮮戦争勃発による特需景気は、日本の産業構造を一変させた。戦前の軽化学工業から、重厚長大な重化学工業中心への転換だ。経済成長至上主義が続き、産業構造の転換は、そこで働く膨大な低賃金労働者を必要とした。人その供給元が農村となり、農村社会の解体が進行した。人口は都市に集中した。その流れの中で農村は、効率化の名の下、農業生産物の均質化や、化学肥料、農薬の多投化、促成栽培等、石油や機械に依拠した農業となった。何のことはない、生産者不在、消費者不在、機械メーカー、化学メーカー、土木会社の下請け農業になり下がってしまった。化学物質の氾濫が、食の安全を脅かし、その結果として消費者や生産者に対し、自ら安心への対応や、公害・環境破壊への対応を迫った。不安を覚えた消費者は、生活協同組合を設立し、自ら安心・安全を担保する活動に取り組み始めた。また、生産者のある部分は、農協の一元集荷、一元販売のための均質化圧力を嫌い、独自の農法で生産し、独自に生産組織や販売組織を形成するようになった。パルシステムグループのほとんどの生協が、そのような社会情況の反映として一九七〇年頃から設立されてきた。

なお、自ら組織者となる実践的なこの一連の流れに大きな影響を与えたのは、一九七五年に出版された有吉佐和子氏著作「複合汚染」がある。この本に触発されたのは消費者だけでなく生産者にも多くいた。この両者が結びついて行われたのが「産直」だった。

このような設立経緯を持つパルシステムグループを形成している生協は、バブル時代を経験し、阪神淡路大震災、東日本大震災をはじめとして多くの自然災害、人災も経験した中で活動の領域を助け合いや協同、共生への取り組みとして広げてきた。現在の社会は低経済成長にも関わらず、その状態にあっても個人利益の最大化をめざす新自由主義経済が幅をきかす時代に直面している。そのための効率化と競争がもたらす、コミュニティテイの崩壊、地域社会の崩壊、そして格差社会の現実を目のあたりにしている。その中での生協の役割発揮が必要とされている。それは今までの経験を生かし、蓄積した資源を活用し、さらに広く、そして深い活動を目指すことを求めている。

自由主義経済の行き詰まりが様々なところで語られ、それを打開するのが協同組合だ、との論調の広がりもある。社会的経済組織である協同組合が、連帯経済との視点を持ち、広がりを持った活動へとその持てる大きな力を発揮することが社会から求められている。その動きは世界では始まっている。

あらためて確認しよう。世界を覆うのは相変わらずの、ヘイトスピーチやレイシズムの跋扈、差別、労働現場では非正規雇用、低賃金雇用、下請けいじめ、無責任、加えて人間性、基本的人権を無視した外国人労働者の雇用である。どこに本分があるか分からない企業の事業活動に対峙する、協同組合の価値に基づいた事業活動を確立していくことが運動として必要とされている。このことは社会貢献活動一般ではなく、本業である生協の事業活動でＳＤＧＳを実践することだ。それはパルシステムが標榜してきた「運動が事業を創り、事業が運動を創る」が文字通りその実践の指針となる。

4. 協同組合は社会を変えられる、と信じて

野々山理恵子（生協パルシステム東京　顧問・前理事長）

合理・客観的時代から直感・主観的な時代へ

生協内の平和企画の開会挨拶で、現在の社会問題に触れ、「資本主義社会が終わろうとしている現在…」と触れたところ、参加しているお父さんの一人から「資本主義が終わると言うなんて…！」と大変驚かれました。

私は、社会は今大きな変換点に来ている、とずっと感じてきました。資本主義の時代が終わりを迎えようとして、せめぎ合い模索している時期だと。でも、それは一般常識ではなかったと再認識した時でした。

直近の効率優先の資本主義の時代では、効率的、合理的、客観的、などのキーワードが溢れていましたが、その原理から、主観的、直感的で無意識や分からないことを大切にするように、時代のキーワードが変化してきていると感じています。インターネットやSNSの発展で加速して、世界観や価値観の違いもこれまでよりとても大きくなってきています。そして、気候変動問題への反省もあり、セルジュ・ラトゥーシュが提唱した「デクロワサンス（脱成長）」の思想も受け入れられてきていると感じます。

そんな時代の中で、人々のつながりからなる協同組合の可能性は大きく広がってきています。が、変わる世の中についていけないと、自らを省みて既存の仕組みを変えていかないと、現在ある協同組合はこのままでは存続できないのではないか、と考えています。

私は…の一人称から始まる語りは、客観的ではない、と廃除されてきた感がありますが、前記の私が個人的に勝手に感じているこの時代の流れも鑑みて、私は…の主観的な

語りでいきたいと思います。違和感があったらご容赦願います。

社会変革を目指してきた生協たちと現在の職員と組合員の課題

　私が組合員として生協活動に入った時に感じたのは、その理念への共感です。パルシステムでは理念に「社会をつくる」という言葉が入っています。先輩たちがつくってきた理念ですが、私たちは市民として経済を通して社会をつくる試みを行っているのだ、と強く誇りを感じました。そのために、経済の力、バイイングパワーを大きくし、仲間を増やして、目的である社会を変えていく、との心持ちは大きなモチベーションとなりました。

　しかし、実際一四年前に役員となってその想いから社会づくりに沿って意見を述べても、常勤の役職員からは「そんな大きなことを言われてもねえ」とのリアクションがあり驚きました。

　それは何故か？

　職員として、職場で大きなことを言われても、ということもあるでしょう。現実問題で手いっぱいでＰＤＣＡを回していくことが重要、ということかもしれません。効率優先の職場、企業的な縦割りのクラスター型組織運営、と全て今の資本主義社会の仕組みに浸っている中で、違う社会をと考えることは、土台無理な時代だったのかもしれません。

　中をみることに必死で、外をみることができなくなっていることも一因ではないかと気になっています。

　でも、時代は変わってきました。最近は今の社会の矛盾から協同組合の意味を考えて入ってくる職員が増えています。ミレニアム以降の世代はバブル世代と大きく異なり、周りに役立つことを希求する気持ちが強いとも感じます。この社会ではまだ非力なために非正規雇用等の様々な問題はありますが。

　また、協同組合を動かすのは組合員です。組合員と職員とが共につくってきたのが生協であり、自然界に近いくらしの現場から企業論理ではない（論理的ではない？）意見を出せるのが組合員の存在であり、生協の強みでもあります。可能性もそこにあると思っています。

　ただし、職員の可能性が広がってきているのと相反するように、組合員の活動力は落ちてきていると感じています。活動する組合員自体が率として大きく減少してきています。

組合員主権、組合員による自治と専門の職員との協働の課題

日本の生協は特殊で特徴的な協同組合組織だと思います。これだけ大きな組織となっても、組合員主権を追い求め、私のような一組合員が組織代表を担えるという点でも。日本的な、個人の特出した能力よりも集合の知を重んじる風土がうまく機能したのかもしれません。ただし、現在の市場原理資本主義社会とは相いれない点があるため、様々な変革と対抗措置が必要となっています。法律も含めてになりますが。（会社法準拠では拾えない課題解決のために協同組合基本法の制定も必要になってきていると思います。）

現代社会の流れに沿って、合理性、迅速性を求めていくと、組合員をより遠ざけ、専従職員だけで進めていくことが、理にかなってきます。組合員としてそれは抵抗してきたところですが、代表としては、決定に時間がかかりすぎて固定資産の取得がスムーズにいかなかったり、悩みとなる部分でした。組合員の主権者としての決定権と、経済活動の中で求められる迅速性の上での専従職員の決裁権とのバランスは、ずっと課題でした。

それらから、意識していたかは別として、組合員を運営から遠ざける方向に向かい、それが組合員の活動力低下にもつながってきたと思います。

ここで脇道にそれますが、書いてきて悩んだのが、呼称です。事務局、専従、執行部、常勤、などその呼び方は色々変遷してきているように思いますが、それによって意味合いも変わってきているのでしょうか。専従職員などの呼称だったときは、共に生協活動を行う中で、専従的に仕事を担う組合員、的な意味合いだったと思いますが、今は単なる労働形態の用語である常勤、非常勤（組合員役員）との用語を使用していることに、その性格が表れているかもしれません（パルシステムの事例ですが）。組合員ではない職員も増えてきていると思います。

その中で、それぞれの報酬金額なども含めて組合員と職員の関係が課題となっています。生協には、職員から選ばれた役員と組合員から選ばれた役員がいます。また、地域で職員と共に生協活動を担っている活動組合員も多数います。それらへの分配問題は深い奥底の問題としてずっとあったのだと思いますが、報酬に関しては時代的背景もあ

ります。

上の世代の組合員たちからは「お金のためにやっているのではない」との言葉をよく聞いてきました。それに共感した時代もありました。それぞれが自分にそう言い訳してきた気がします。それは、初期の生協にとっては組合員も職員もその心持ちだったのだと思いますし、時代的に家計収入の柱ではない専業主婦の組合員が多かった故でしょう。しかし、現在の格差社会で貧困国となってきた日本にて、お金の問題は都市では避けて通れない問題になっています。シングルマザー含め家計を担っている組合員が増えています。お金という言葉の意味合いも現金から変わってきてはいますが、生活費に事欠くなか、生活費を稼ぐことを優先するのは当たり前のことです。

専門的に仕事をする人たちを雇用するという意味で、市場経済の中、職員の報酬はその事業高に沿って近年上がってきました。しかし同時代に、組合員の活動への補填は変わっていないと思います。

現実日本中の生協で、活動する組合員も組合員の役員も不足しています。専業主婦の存在が希少な現在、どうやって組合員の役員を探すか、は日本生協界の大きな悩みです。精神論ではなく、仕組みを、どう上手くつくるか全体で考えていく時だと感じています。

専従の職員と組合員と共に協同組合運動に取り組む、その原点に戻る時ではないかと考えています。共に共存できる形で。

協同組合での組合員の役割は出資、利用、運営と定義されていますが、運営にはどこまでが含まれるのか、何が含まれるのか。組織ごとに違うでしょうが、机上の運営にならないように力を尽くしていきたいと考えています。また、「人が動く＝働く」ということの意味、「協働」の意味も、労働者協同組合法が提案されている今、考えていきたいと思っています。

それらを考えて、この春一般社団法人を立ち上げました。組合員理事は報酬の問題もありますが、もう一つ、パルシステム内では、退任後の仕事がないことも課題と考えていました。仕事を辞めて理事に就任しても退任した途端に路頭に迷ってしまう可能性があります。その元役員たちがそれまで培った経験を活かして、生協内で職員の手助けを仕事として行う組織です。

三〇年以上の歴史を持つ、生活クラブ生協さんのワーカーズ・コレクティブやグリーンコープさんの組合員事務局やワーカーズの知見を学ばせていただき、また、ワーカーズ・コープさんからも助言をいただき立ち上げることができました。二〇二〇年度に小さくスタートする予定ですが、ギグエコノミーの担い手に陥ることなく、組合員が職員と共に協働する仕組みのひとつとして育てていければと考えています。

生協におけるジェンダーギャップ

組合員と職員の協同と協働の原点と歴史とそして未来を考えていく上で避けて通れない問題に、日本のジェンダー問題があると考えます。一五三か国中一二一位（二〇一九年）とジェンダーギャップ指数が悪化し続けている日本の現状に生協も無関係ではなく、女性管理職は掛け声だけで割合が進まず、先に挙げた動くことに対する対価のアンバランスも根底には無意識的な日本的ジェンダー意識、女性への差別意識があるのではないかと思います。

市場原理的な社会と無関係ではいられないのと同様、日本の女性差別的風土に協同組合陣営も無関係ではないでしょう。

そして、生協におけるその風土には職員の職場風土と組合員の活動の風土との二つの風土と、その混ざり合う中間コロニーがあると思います。

職員の風土として、宅配を行う生協の基本的業務は配送です。運輸業界はタフな業務が多いため、元々男性中心の業界で、体育会的なマッチョな風土が見られます。

そのために女性の職員に通常配送を担当させず、守る対象として囲い込んできた歴史もあったように思います。ポパイがオリーブを守るように。

ジェンダー問題を考える時に混同しがちなことに、異なる身体特徴を持つ、また母性としての女性を守るということと不平等とは違う、ということがあります。ユニバーサル社会を目指す上では当たり前のことですが、元々の身体能力や資産の土台が異なる人、スタート地点が違う人を同じ競争、同一条件にはしないことは、持続可能な社会の鉄則です。

それを配慮してできるように工夫するのではなく、弱い（と思う）から守りの陣地に囲い込んでできなくする、というのはやりがちなことで、差別としての意識がないだけに、難しい点だと感じています。「守る」という聞き心地のいい言葉には注意が必要です。

組合員の風土としては、世代間格差が大きいと感じます。専業主婦が希少になっていることは触れましたが、生協の初期の活動は専業主婦に支えられてきました。今ではあまり見られなくなりましたが、初期は夫名義で加入する主婦も多く、その経済的庇護の下許される範囲で活動する、という時代でした。その世代が今でも生協の活動の中心的存在でいるために、先述した報酬問題も含め、時代にあった変革が難しい点もあります。

その報酬問題では、日本文化に基づく清貧の思想、お金のことを言うのは下品なこと、特に自分に関わるお金のことは言えない、という風土が根強くあり、思っていても口に出さない、課題にできない現状もあります。

しかし、報酬はお金の問題だけでなく、報酬は能力に伴うものとの社会の基礎認識から、報酬が低いということは能力が低いと同意に受け止められる問題もあります。

女性が能力的に劣るから報酬額が少ない、という関係図がジェンダーギャップとして存在しています。それを認識し、自身の問題から分離した包括的な議論が必要だと考えます。

そして、現在は女性の職員や男性の組合員が増えてきてはいますが、男性中心の職員組織と、女性中心の組合員組織との関係は、組合員と職員という問題だけではなく、やはりジェンダーギャップの問題もその土台にあるのではないかと感じています。

一つ強調しておきたいのは、私がこれまで生協内で男女差別的な対応を受けていると思ったことは一度もないということです。生協では、男女差別について大変気を使ってきていますし、ジェンダー教育も行ってきています。ただし、日本文化の潜在的意識の中での差別はなくなっていないし、それは男性にも女性にも誰にでも必ずあることなのです。意識は文化で規定されますから。

あるジェンダー問題中心の集会で、メイン以外の登壇者がほとんど男性、という笑えない事例もありましたが、それが普通な日本です。自分は女性差別は一切しない、と明言する人もいるでしょうが、気づいていないだけな可能性もあるのです。

だからこそ、規則できっちり数値的に定義するなど、意識的に変えていかないとジェンダー問題は解決できないのだと思います。ある自治体の男女共同参画会議の委員を務めた時に、意思決定の場に女性が少ないことが問題だから議会にクォータ制を導入すべきだと発言して、議会の反対で無理だと言を濁されましたが、会議の場でも、企画登壇者でも、意識を持って半数は女性にしていかないと、社会は変わっていきませんし、そのように規則を決めて変えてきた社会はＥＵなどで散見されます。

そんな日本の社会ではかなり意識をしないと難しいことですが、協同組合こそが、その率先モデルとなれたら、こんなうれしいことはありません。

パルシステムでのジェンダーギャップ対応について

意思決定の場に関しては、パルシステムでは理事会の長はほぼ女性ですし（それが第一回ジャパンＳＤＧｓアワードを受賞するときに評価されました）、生協の理事構成も半分以上が女性です。組合員役員に女性が多いからですが。連合会組織も理事会の半分は女性です。

意思決定のもうひとつの段階として、生協理事会の議事を決める常任理事会でも半数は組合員である女性です。常勤理事会で決めている生協も多いようですが、常任理事会制度は先人たちから受け継いで守ってきました。

更に数年前から論議の末、事業を司る連合会にも生協理事長たちからなる常任理事会を設置し、一歩進めてきました。会議の中では女性の常勤役員や上級職を増やすことが常に課題になっており、増やす方向には向かっています。

ただし、意思決定と決裁や実際の動きのズレを常に気を付ける必要はあります。

また、何度も触れている（能力給とみられる）報酬の問題に関しては、日本の生協内では専業主婦を想定して、男性の庇護の下の扶養者枠内での報酬額が定められている所がほとんどですが、パルシステム東京では理事会論議の結果、扶養者枠を超える報酬額を設定してきました。それでもまだまだ家計を担うには厳しい額です。

そして実際、扶養枠を出て不利益を被る役員は減額の申請ができるのですが、申請はほとんどない状況です。本当に専業主婦家族モデルの時代は終わっているのだとその点でも実感しています。

現在ではグループ内のパルシステム神奈川ゆめコープが、論議の末、更に上となる金額に改定し、生活保障も視野に入れたところまで来ていると聞いています。

本当に少しずつですが、まずは無意識的な差別があることを認識し、協同組合間で情報交換し、仕組みと規則を熟議熟考しながら変えていければ、と願っています。風土を変えるにはまだ長い道のりが必要ですが、変えられると思っています。

前述したように時代は変わってきています。世代でかなり変わってきていると感じます。男性脳的な合理性を持って前に突き進む成長戦略より、女性脳的なその場で包摂的な横に広がる雰囲気を好む時代。その中で、全体がいわゆるフェミニンな社会へ変わってくると、ジェンダーフリーな社会へと徐々に変わってくるかもしれません。もちろん、そのためには意識を持って動いていくことが必要だと考えています。

グローバルな協同組合連携が必要な時代

それぞれの悩みが重なる中、今こそ協同組合間連携が必要になってきていると考えます。

情報化社会なのですが、いつでも情報が入るという安心感からか、多すぎる情報への疲れなのか、かえって内向きに向かっている風潮が気になっています。

社会を変えるためには、今の社会全体のことをよく知る必要があります。

また、グローバル資本主義から新たな市民経済の時代への流れをつくっていくためにも、政治と経済を市民の手に取り戻すためにも、市民の連携こそがその鍵となると思います。

特にグローバル経済による富と権力の寡占が進む現在では、その実情を研究するためにも、グローバルに市民が手をつなぐ必要があります。おりしも、自動翻訳機の進化により、世界中のどこでもコミュニケーションができるようになってきました。

感染症による阻害も出ていますが、世界中で協同組合が手をつなぐこと、多様性を認め合いながら多くが連携して社会を変えることを目指していくことを願っていますし、そうなると信じています。

机上ではなく、実際各地域でそれぞれが作り上げてつながっていくことにより、それが成し遂げられると。

世界の現在の動きから学べば、組合員が一定の労働を分担する、ニューヨークのパークスロープ・フードコープ（PSFC）やパリのラ・ルーヴ（La Louve）のように、新たな職員と組合員の形が考えられるのではないかと感じています。南米のブエン・ヴィヴィール運動のように、労働者が外国資本が撤退した後の工場を自ら協同組合組織で立て直したり、メキシコのトセパン協同組合のようにネイティブ部族の人たちが協同して総合的な地域経済をつくり上げていたり。様々な市民による経済の動きが世界中で、グローバル資本主義経済から地域を守るために興ってきています。それらを間接的に直接的に学んで連携してつながって、社会を変えていきたいと願っています。

　その連携のプラットフォームづくりを日本でも世界でも緩くつながってつくっていけたら、と思っています。

SDGs目標年の二〇三〇年の協同組合

　これらを思うと日本の生協の拡大化路線も岐路に来ているのかもしれないとも考えます。規模の論理はやはり自由主義市場経済の論理でもあり、この現代社会の論理だからです。次の時代では違う展開が起きるのではないか、と感じています。

　自らが大きくなるより、ネットワーク化で社会を変えていく時代になっているのかもしれません。そして、ネットワークという曖昧なものに対して実体を与えていく努力が今必要なのかもしれません。

　ネットワークは仮想空間上と実空間上と双方つながって必要になってきます。

　現在は世界中どこでも、ヒマラヤの山中でも、アフリカの砂漠でも、スマフォで世界とつながっていることを実感しています。スマフォに興じる若者の姿は世界中で共通です。そして、そこに持てる者と持てない者の格差があることも世界共通です。今は国と国の国境ではなく、それぞれの地域の中にボーダーがある時代だと感じています。

　その時代の中で、仮想空間の広がりと実空間の深まりと双方でネットワークをつくりあげていく手法を研究していきたいと思います。

　有機体である生物としての人間にとって、実空間で空間を共有することは大変重要です。文字でなく声だけでなく、同じ空間を共有することがウィルスと同じく人間でも必要になっています。だから、内向きにならずに世界に出かけ、世界から集い、協同を高めていくことが今後更に必要になってくると考えています。協同とは力を合わせること、実際に動いて力を合わせていくことだと思うからです。

　それをこれから多くの仲間と共に実践していきたい、と今考えています。


（二〇二〇年三月）

5. 大転換期の独立派生協への期待
――〈生命・包摂・環境〉で外へ拓いた協同組合を

柏井　宏之（共同連東京）

「鳥は空に、魚は海に、人は社会に！」

（一九七〇年代　東京・府中療育センターの重度障がい当事者たちのスローガン）

グレタの怒りと広井良典のデザイン

この本はダルマ舎の平山提案、レイドロウ報告の一節を借りて「協同組合が別の種類の経済的・社会的な秩序を創ろうとしてはいけないのだろうか」ということから始まった。意想外にも国境が封鎖される事態になって「近代成長神話」に代わるものの考え方の大転換が今や必至になった。その歴史の大転換期を告げる時の声が響いている。

一つは二〇一九年、グレタ・トゥンベリが国連気候行動サミットで「大人たちは空虚な言葉で私の夢を奪った。人々は苦しみ、死んでいる。全てのエコシステムは崩壊に向かっている。絶滅が始まっているにも関わらず、大人たちが話すことは全てお金のことと、永遠に続く経済成長のおとぎ話のことのみ」と怒ったことだ。異常気象、森林火災、コロナウイルスの爆発によって、現代社会そのものの暴走構造を問う言葉になった。グレタは発達障害の一つアスペルガー症候群であることを隠さないが、そのピュアな感性は、若い世代を金曜日行動へ奮い立たせている。

もう一つは同じ頃に出版された広井良典の『人口減少社会のデザイン』[注1]がある。ＡＩ（人工知能）が二〇五〇年頃に向けた二万もの将来シミュレーションの政策選択肢では、日本の未来シナリオは、今の「都市集中型」から「地方分散型」へが最大の分岐点としており、待ったなしの時間軸を設定している。広井は日本の地方都市の空洞化は、皮肉にもアメリカ・モデルの信奉と政策の成功の結果だと言い切る。アベノミクスのような「拡大・成長」志向や利潤極大化、そして排外主義とセットになったナショナリズム的な方向ではない、ローカルな経済循環やコミュニティから出発し「持続可能な福祉社会」のデザインを示す。広井は、自然の中に内発的な力を見出すような八百万の神々の自然観ないし生命観は、これからの二一世紀の第三の定常化社会に重要と指摘する。何より「人口減少社会」は日本が二〇〇八年をピークに世界の先陣を切り、韓国、中国もそれに続くことである。ここに今、東アジアにおける創造的対案の大転換期のデザインが問われている。さらにコロナによって、直撃された格差・貧困階層に対応する政策として、税に依存せず投資をグリーン化する反緊縮的経済政策やグリーン・ニューディールを求める声の高まりがある。これらの提起を下敷きにして、デザイン提起の主体は日本のどこに可能性があるのか。ズバリそれは「平和憲法」をひきつぐ〈独立派生協〉の多元的な交叉による「地域づくり」ではないのか。

独立派生協を生んだ歴史的土壌

私は一九八〇年代以降、パルシステム、グリーンコープ、生活クラブを〈独立派生協〉と呼んできた。そういう呼称はない。しかしこの三つの生協は、一九六〇年の「安保・三池」の戦後最大の大衆闘争の土壌とその後の全共闘の「孤立を恐れず」のエキスを吸って、地域社会のなかに新しい主体を創りだしていった。阪神大震災と福島原発事故を通して、個の確かめられる共同で、「平和・循環・環境」分野で、自立的・自発的・創造的運動と事業で響き合っている。

だが生活クラブやパルシステム、グリーンコープの創生期を伝えにくいのは、『社会運動としての協同組合』(注2)の中で道場親信がいうように、今や「忘れられた歴史」となった「日本における新旧の左翼、社会主義運動の歴史と実態」の時間的空間の中で誕生しその記憶の遮断にあっていることである。しかし、青木理が二〇一六年、『日本会議の正体』(注3)で書くように、この六〇~七〇年の社会運動の高揚に危機感を抱き長崎大学で椛島有三らの右派系の青年たちが左派学生から自治会を奪還したのを契機に「戦後憲法否定・戦前回帰」の極右思潮を誕生させ、宗教界をバックに草の根で地方から中央を変えるという、左派の運動手法をも取り入れて一九九七年に日本会議結成に至るもう一つの物語が存在していることと相似形をなしていることである。元号制定運動を成功させた社会運動を契機に政治・社会の戦後の価値観をオセロゲームのように逆転させて、現在の安倍一強体制を創ったことと深く関係している。日本会議の役割を想えば、単にグローバリゼーション批判だけではなく「万世一系」の神話幻想に確信をもつ自民族優先思想への対案を、いのち・くらし・仕事を営む人々の目線からいかに地球規模で柔らかく構想するかが問われよう。

「明治維新」と「高度成長」の成功体験からの決別を

アジアは、イギリスのインドへの東インド会社や清国へのアヘン戦争を経て日本への黒船来襲となった。ここに「明治維新」が現代日本の成功例とする考えと敗戦後の「高度成長」がすべての問題を解くカギとする二つの「神話」から脱し得ないのが日本社会の実情である。

だが二〇〇八年に始まる人口減少社会と「失われた二〇年」の中で、経済的には中国に、社会改革では韓国に追い抜かれていくのを「反中・嫌韓感情」をむき出しにして社会改革や制度改革には顔を背けてきただけではないのか。しかしコロナウイルス災害は、東アジアでこのような状態でよいのだろうかという気持ちを醸成している。そのためにはなぜ、日本が「脱亜入欧」で朝鮮への植民地支配や満州国建国から中国との戦争拡大に突き進んでいったかの「明治維新」の裏側が若い世代の感性によって問い直されなければならない。それはこれからの「生命・自然」の「共生のアジア」を拓くために必要な内省ではないか。

もう一つは「高度成長」の「拡大・成長」路線はそういう時代が終わっているにもかかわらず、アベノミクス路線は結論を先に引き伸ばし、国債の負債を膨張させ忖度政治をつづけた。この二つの成功体験幻想を解体しなければ、日本社会は前に進めなくなっている。その意味で、右派や保守リベラル、宗教界の自己革新にも大いに期待したい。いや、日本会議を生んだ生長の家自身は二〇一六年、参議院選挙を前に「当教団は安倍晋三首相の政治姿勢に対して明確に「反対」の意思を表明する。安倍政権は民主政治の根幹をなす立憲主義を軽視し、福島第一原発事故の惨禍を省みずに原発再稼働を強行し、海外に向かっては緊張を高め、原発の技術輸出に注力するなど、私たちの信仰や信念と相いれない」と言い切った。生長の家は、エコロジーに力を入れる環境左派の色彩を強めていると青木理はいう。私たちは、戦前の翼賛体制の一角を引き継いだ協同組合ではなく、「安保・三池」の大衆運動を地域に引き継ごうとして生まれた〈独立派生協〉の六〇～七〇年の創生期の「平和・循環・環境」の主体形成の着想がどこにあったかへの旅は必要なことと思う。ここではパルのことはパルの人たちが語るだろうから主に生活クラブとグリーンコープのことを書いてみたい。敬称略を許されたい。

創始者に共通する戦前体験

岩根邦雄はいう。「生活クラブは安保闘争の申し子である。それまで政治とまったく無縁な写真という世界にあった私は、樺美智子さんが虐殺されたデモの現場にカメラを持って居合わせ、撮影をしていた」(注4)。反安保の三〇万人の国会包囲デモ、一九六〇年六・一五闘争を契機にカメラマンをやめ、青年運動に入っていく。社会党・社青同に入り、立候補するも落選、江田三郎の社会市民連合に共感し、平和を愛する生活クラブを創りだす。岩根は一九三二年、満州事変がはじまった時に生まれた戦中派世代だ。

それはパルの創始者・東京下町にたつみ生協をつくった下山保もこの時代の運動家であり、社会党東京都本部の曽我書記長に連なり社青同解放派の活動家集団を育てた人だ。満州からの引揚者であった過酷な体験を語ったのも記憶に新しい(注5)。今も「九条の会」で活躍する。

グリーンコープの創始者・武田圭二郎は一九二五年久留米市生まれ。東大から学徒出陣、人間魚雷「回天」に乗るところで敗戦を迎えている(注6)。

つまり創始者たちは、戦前の戦争体験、植民地体験、戦後の焼け野原と食糧危機を知っており、六〇～七〇年の社会運動をくぐり、高度成長からバブル崩壊、失われた二〇年と現代の格差社会を見てきた人たちであり、オルタナティブな対案を創り続けた人たちであることだ。

「はじめに女ありき」のグリーンコープ宣言

武田は一九七〇年、伝習館高校三教師処分から「柳下村塾」結成、託児所をつくり、託児所親の会とともに「たべもの共同会」を結成、それが一九八二年の「共生クラブ生協」設立の母体となっていく。たがわ生協争議の解決を経て一九八八年、グリーンコープ連合の初代会長になった。

グリーンコープが一九八八年、九州と山口の二五単協を結集して発足させたときの「グリーンコープ宣言」(注6)は、大都市・新住民の生活クラブ、大都市・下町型のパルシステムとは全く違う土着型のものである。

「はじめに女ありき」からはじまるそれは【今から三〇数億年前、地球の原始大海に最初の生命が誕生した】の書き出しに始まる稀有壮大な歴史認識の宣言だ。「女が農業を発明し、男が工業を発明する」で、農業の発明前後から今日までを八段階にまとめられる。①ヒトの群れから人間社会が分化する。②自然的な生産から農業的な生産が分化する。③農業的な生産から工業的な生産が分化する。④社会から国家が分化する。⑤地域から職場が分化する。⑥身体から精神が分化する。⑦南から北が分化する。⑧自然物質から合成物質が分化する、からなっている。「女は連帯する」で、①グリーンコープ連帯の究極の希いは地球上のすべてのいのち・自然・くらしを守ることである。②この希いを地域の運動として表現していく根拠は歴史的に女の自立である。女の自立は内外に平等にひらかれていなければならない、で結んでいる。

武田はこの独創的な〈分化〉論にたって外化・疎外を克服する〈内化〉論をグリーンコープの社会運動として展開した。子どもの託児所から食べ物を基礎にはじめたその目線の低さは、石炭から石油のエネルギー革命に直面した九州の下層市民のなかに女たちの連帯を育てていった。宣言は「たがわ生協争議の解決とグリーンコープ連帯」を書きこんでいる。その意味で、九州で谷川雁の「サークル村宣言」に始まった「村づくり」は、石牟礼道子、森崎和江の独創的な文体を生んだ。雁は「労働者と農民の、知識人と民衆の、男と女の」「新しい集団的な担い手」たちを創り退職者同盟の住宅建設の企業組合の登場となったが、武田は【女たち】を主体として協同組合を登場させていった。武田の地球の原始大海に始まる生命観、〈分化〉論にたって外化・疎外を克服する〈内化〉論を、大転換の時代にどう立てるかは今も刺激的な着想である。

一九六五年、生活クラブという政治アソシエーションを起こした岩根は三年後、生協の法人格を取る。初期生活クラブは、牛乳の取り扱いの中で交換価値ではなく使用価値の重要性に気づく。商品ではなく消費材、市場内流通ではなく産直の市場外流通、予約班別共同購入、委員会制度にもとづく提案、地域組織の自治化、自主運営・自主管理、代理人運動、ワーカーズ・コレクティブによる地域事業と都市新住民の社会改革を矢継ぎ早に進め、少額積み立て増資による出資金によって地域センターを自前で次々と創りだした。この言葉の社会的意味を深く組合員がつかむことによって、オルタナティブな社会空間を創りだしたことは、意味と価値を問う現代にとって魅力的な手法である。

生活クラブは、岩根の言葉に河野栄次の実践の企画力の合力によって分権・自治・参加が進んだとみるのが実態理解に役立つ。生活クラブ草創期に河野栄次は、一〇万人都市で二六業種にワーカーズ・コレクティブが創り出せると、田無市でその具体的実践を行った。その意味で、河野は政権交代には、菅直人が首相候補になる前に一千万東京都知事を経験し市民自治を実験しなければ一億人の国の首相は勤められないといい続けたリアリストである。「人口減少社会」では三〇万都市でこそ積極対応できると第一四回WNJ全国大会で語っていた。そういえば韓国の協同経済社会ネットワークが活躍する江道同原州市の人口も三〇数万人。主体形成のあり方にヒントを与えつづける人だ。都市の空洞化の進む二〇一八年三月にTV『カンブリア宮殿』に登場、生活クラブの徹底した情報公開と八王子のNPO「加多厨」が一七〇人一人一人を掌握して弁当を創る現場を公開、協同組合の事業の姿を現場の人たちに語らせて評判を呼んだ。企業の本質は価格のコストを公開しないこと、それに対し情報開示が進めば組合員は軽く乗り越えていく、「消費者が創る生産社会は実現できる」とその実例を示した映像だった。最近の岩根は『原点を見つめて』の研究会案内で「運動を事業にしたアーティスト岩根邦雄」とあるのも「実践の河野」あっての対比として絶妙におもしろい。

生活協同組合研究『Q』の発刊

一九八七年、細谷卓彌湖南生協理事長の言い出しっぺで、生活協同組合研究『Q』(注7)が創刊され、福岡県生協連合会の魚屋忠久、生活クラブの折戸進彦、千里山生協の柴橋慶介、大阪市大生協の八木孝昌、共生社生協連合の行岡良治、生活クラブ神奈川の横田克己の七人が三年間編集委員で発行している。つまり〈独立派生協〉の第一世代が作った全国九ブロックで六千部を三年間で九号出している。そのへそ曲がりぶりは、創刊号が九号から逆にはじまり書き手と読み手が替わって持ち回り制。「きゅうきょくのきょうどう」で、女性、農業、組織、地域、時代を取り上げている。一一月八日、一二五万人が参加する『抱きしめてBIWACO』を特集している。「水は天下のまわりもの—琵琶湖淀川汚染総合調査団の三年」がトップ記事。赤潮まみれの琵琶湖の汚染をくいとめようとする抱きしめてかと思いきや、県内にある重症心身障碍者施設びわこ学園の園舎老朽化に伴う建て替えの基金作りが狙いの「できるか二五〇キロの人の輪」なのだ。このあたりが反差別の関西の細谷のあたたかさだ。彼は労働運動と生協運動を「環境」でまとめた人だ。

「女にとっての協同組合―生協は男主導のタテ型組織か」では上野千鶴子に千里山生協の井上イチ子、泉北生協の佐藤紀子が「男のブンザイで女性ばかりを組織している組織をいいようにしょうなんてフテェ考えだ」と語り合う。この辺のところは協同組合せっけん運動連絡会の中で上野―行岡論争にまで発展したが『at』誌上で、成熟した議論になったのはご存知の通り。また石見尚、古沢広祐、石田紀郎も登場する。

私はその最終号『Q』一号の編集者となって河野照明埼玉専務の「終着駅から地Q号の出発」という巻頭言、「個の確かめられる協同」で締めくくった。ソ連崩壊とドイツ統一の大変動の中でテーマは「レイドロウ報告から一〇年、二一世紀へ一〇年」。佐々木毅と川上忠雄の「世界情勢の趨勢」や宮崎義一の「多国籍企業」もあるが、河野栄次「指摘項目の点検と総括が大切―地球市民の世界の食料に関する構想を」が光る。レイドロウには「根本的な転換と再構築」が必要との認識があったとして第四章「協同組合の活動と問題点」の一一項目をあげる。「組合員の結束」のなかでイギリスの生協の「現在の協同組合には、顧客がいるだけで組合員はいない」を取り上げ、協同組合における組合員は顧客なのか、主人公なのかを問う。「〈主体〉あるいは〈個と共同〉をめぐって」では喜安朗や佐藤慶幸、「今、改めて〈労働の自治〉」では熊沢誠や内山節に交じって組合員と専従がからむ議論が続く。

阪神大震災の時、泉北生協の和田千馨は大和川と淀川を越えて生協都市生活の被災者を支える炊き出し部隊を連日送った。大阪事業連や京都・滋賀が動いた。協石連メンバーである生活クラブがその被災地カンパをコープこうべだけでなく都市生活にもするよう提案、生協の中に二重ループの輪ができた。生活クラブ長野からは都市生活の西宮（コミュニティセンター）に常駐者を派遣したのも〈独立派生協〉にとって欠かせない記憶だ。ちなみに生協都市生活は、神戸大学生協を母体とする神戸市民共同購入会と西宮共同購入会が一緒になった有機農業に関心の深い生協である。

「生協規制」と『いま生活市民派からの提言』

一九八八年四月、『いま生活市民派からの提言』(注8)が生活クラブプロジェクトチーム［著］、監修・石見尚で出ている。それは前年に出た厚生省の「生協規制」にどう対応するかをめぐっての議論がされた。

第一部　協同組合セクターの形成の可能性では佐藤一義、第二部　生活者・市民の協同運動では宮城健一・横田克己、第三部　協同組合活性化のアクションプランでは石見尚らが書いている。「まえがき」で折戸進彦連合事業部委員長は「どこの先進国に一〇〇〇万市民の自由意思に基づく生協活動を一介の課長通知をもって規制するところがあるだろうか。…日本の協同組合はつぎのような自己否定の時期を迎えている。①協同組合は、未知なる人間の発展可能性を自ら抑制することによって、協同組合事業を矮小化しているのではないか。（協同の思想を協同組合というおりの中に閉じ込めてはいけない）。②協同組合は、三省分割統治の枠を出て、協同組合間の大胆な仕組み、協同組合間の大胆な提携関係を求めなければならない。そのためにも、主権在民の憲法思想の下に、あらゆる協同の可能性を保証する新しい協同組合制度の確立を求めるべきである」と。

第二部第五章〝「生協規制」の政治と協同運動の政治〟のそこだけがプロジェクトチームと無署名になっている。この章の担当は石見尚と柏井宏之があたった。起案は石見がおこなったが、「政治的中立」をめぐって意見が異なった。農協法や信用金庫法にはこの項目がないのになぜ生協法にあるのか。そのため文章後半は私が生活クラブの推し進めた生活者ネットワークの代理人運動をあるがままに評価、戦後、兵庫協同党の地域政党の活動を再イメージして石見原案を書きかえた。つまり賀川豊彦のいう「超政党」論を現代的に下敷きに次のように書いた。

今年は賀川豊彦生誕百周年にあたる。〝協同組合の父〟といわれる賀川が、神戸・葺合の新川のスラム街からはじめた協同運動は、トータルな社会運動であった。彼がロバート・オーウェンを「いっさいの社会運動、いっさいの現実の進歩はすべてロバート・オーウェンの名まえに結びついている」と賛辞してやまなかったように、彼もまたそのようにしたのである。「労働運動も、無産政党運動も、消費組合運動も、すべて賀川にとっては〝社会悪〟との闘いであった。」（隅谷三喜男東大教授）のであり、協同組合運動にあっても、当時の産業組合法が認めた四種の事業活動（販売・購買・利用・信用）の他に、彼は生産組合・共済組合・保険組合の三つを加えた七つの協同組合運動の展開が必要であると主張していた。（『わが心に生きる協同組合の思想家』涌井安太郎・家の光協会参照）

第二世代の日本の生協は、ともすれば、このトータルな社会運動と自立した協同組合地域社会形成のためにたたかった賀川豊彦の―あるいは江戸末期の大原幽学の―働くものと住民が社会運動として協同運動の自治を育てた側面を見失いがちである。賀川が、協同組合を七つのスローガンに集約した「利益共栄　人格経済　資本共同　非搾取権力分権　超政党　教育中心」から二一世紀を前にして読みとらなければならないものは、地球的規模の産業社会の歪みに、市民がどのように自立と協同、そしてその自治を自らの地域で、自らの手で新しく切り拓くかの運動目標を示していることである。彼の〝超政党〟の意味するものは、〝反政治〟や政治は〝政党まかせ〟ではなく、むしろ政治を自治する生活者・市民への期待である。

私たちが目指すのは互酬性を基礎とする経済であり、生活世界の相互扶助の社会である。権力をめぐって争う政治ではない。イギリスには協同党があるように、日本にそうしたナショナル政党が存在しない時、ローカルパーティとしての生活者ネットワークは必要な道具なのである。「政治的中立」は一九三七年の協同組合原則の中にあるが、それは内発的なものである。一九六六年の原則改定でなくなったものを、外部の公権力から繰り返し呪文のように押し付けられるのは問題である。協同組合だけが、いや生協だけが政治活動に制限を受け、他の団体がもっている政治活動は制限されるべきではない。

イタリア社会協同組合B型との出会い

一九九六年、神奈川・コミュニティクラブ生協のメンバーが訪伊した。その記録として書かれた佐藤紘毅の考察『イタリアの「社会協同組合」―その形成と意義』(注9)は画期の論稿だった。労協の菅野正純、田中夏子によっても深掘りされたこの新しい協同組合は、一九七八年の「精神病院の解体」過程に対応する〈不利な立場の人〉を社会に労働統合するすぐれものだった。

「身体・精神・感覚障害者、入院・通院中の精神障害者、薬物・アルコール依存者、家庭状況から労働に従事する未成年者、獄外労働許可取得受刑者」等が対象者、それは「弱者」への「施し」ではなく市民としての政治的・社会的権利としてとらえるノーマライゼィションの思想や「共同体」の意味も人々が生活する日常的な場としての「地域共同体」ないし「コミュニティ」を指す言葉として佐藤はその時紹介した。

佐藤に案内されて、ローマやイタリア北部のB型を生活クラブや共同連の旅が間断なく企画された。「支援」ではなく「包摂」の、同質ではなく異質なものの共同のB型はイタリアでは赤い協同組合と白い協同組合の良いところをクロスして地域社会に貢献するもので、前者からは労働権を、後者からは分権・自治を法制に結合していることにある。(注10)

「社会的経済」促進プロジェクト

二〇〇二年三月から八回にわたって「社会的経済」促進プロジェクトの会合を衆議院議員会館内で石毛えい子議員の手を借りて、市民セクター政策機構、市民がつくる政策調査会、参加型システム研究所の三団体で行った。座長の小塚尚雄は「日本政治改革のテーマに」と意気込み、野党各党に案内したがほとんど参加はなかった。宮澤喜一元首相は「どうして日本の野党は社会的経済を言わないんだろう」とテレビで言った時代だ。宮本太郎、粕谷信次、山崎義典、宮崎徹、町田有三、鷲尾悦也、堀内光子、仙石由人に農協、日生協、WNJ、NPOの現場と論者は多彩だった。それらの発言の記録をまとめて『社会的経済の促進に向けて』(注11)を出した。「終わりに」で私は三点を挙げた。一つは粕谷論文をカナダの協同組合の研究者フォーラムに送ったこと、日本の大小の自立型の諸集団から横断的なコメントを得たこと、本来目標としてきた政治面での進展はなかった、と締めくくった。しかしこの国会内での議論は、在京の研究所間のネットワークにつながった。

フランスからのT・ジャンテの共同招請
東京・大阪・水俣の三地域で開催へ

小泉政権によって推進された官から民への新自由主義が覆う中、「市民・協同セクター」あるいは「非営利・協同セクター」と呼ばれるサードセクターについて二〇〇五年三月、粕谷信次法政大学教授の呼びかけで、東京で社会的企業研究会が形成され、毎月研究会を開くと共に一一月に、社会的経済の理論家ティエリ・ジャンテを招請しての市民国際フォーラムを開くことになった。連合の高橋均は当時「地協構想」を推進していたが連合総合生活開発研究所の鈴木不二一を紹介、集会名「勃興する社会的企業と社会的経済」[注12]は彼が名づけたものだ。生活経済政策研究所、生協総合研究所、非営利・協同総合研究所、日本ＮＰＯセンター、ＮＰＯサポートセンター、協同総合研究所、21世紀コープ研究センター、ＷＮＪ、日本労働者協同組合連合会、オルター・トレード・ジャパン、市民福祉団体全国協議会、参加型システム研究所、市民セクター政策機構などが連なり、後援にはＩＬＯ駐日代表部、日本協同組合学会が名を連ねた。

東京での日本側のフォーラム報告者は、粕谷信次（法政大学教授）、藤木千草（ＷＮＪ代表）、山岸秀雄（ＮＰＯサポートセンター理事長）、鈴木英幸（全国労働金庫協会専務理事）、高橋均（連合副事務局長）であった。私は「社会的経済」とはすぐれて当事者の実践的なものであるとおもっていたので、関西にあるホームレス、障がい者、被差別部落、在日の社会的排除と闘う人々の実践につなげるために、近畿労金地域推進室長の法橋聡の手を借りた。果たせるかな、大阪では〈ゆるゆるの関係〉で個人が前に出て横断ネットワークする「社会的包摂＝連帯経済」の実践者が主役となった集会が実現した。

大阪フォーラム実行委員会代表の斎藤縣三（共同連）は「大阪フォーラムの開催は新たな連帯をつくりだせるのか」で「大阪フォーラムの重要なテーマは、社会的排除を受けた人々をいかに包摂しうるか。実行委員会には、ホームレスの人々に働く機会を提供するＮＰＯ、障害がある人ない人の共働を求めるＮＰＯ、引きこもりの若者に働きの場を創出するＮＰＯなどが中心的な役割を担っている。そもそも大阪は部落解放運動の確固たる歴史を有している。在日朝鮮人、韓国人の運動についてもそうである。戦後のわが国の社会運動や労働運動を振り返るとき、国民春闘の歴史や生協の興隆などをみても、これまでも労働組合や共済組織、協同組合などの非営利民間セクターの側自体が社会的排除を担う側であったといわざるを得ない側面がある。近年急速に増殖するＮＰＯにあってもそこから脱しているとはとてもいえない」とおおらかに言い合える実行委員会が形成されたことに、日本の社会運動の到達点のひとつがあった。協力団体は、ＮＰＯ共同連、近畿労働金庫、ＮＰＯ釜ケ崎支援機構、滋賀県環境生協、ＮＰＯ日本スローワーク協会、協同労働の協同組合法制定をめざす関西市民会議、ワーカーズ・コレクティブ近畿連絡会、ＮＰＯコミュニティ・サポートセンター神戸、ＮＰＯおおさか元気ネットワーク、NPOきょうとネットワーク、大阪労働者福祉財団、近畿勤労者互助会、全労済大阪府本部、大阪ボランティア協会、連合大阪、大阪労働者福祉協議会、自治労大阪府本部。

そして差別にあう人々だけではなく、差別にあう地域として熊本・水俣での開催を熊本学園大学の花田昌宣に依頼し、全国三地域連続開催を実現した。三党合意で民主党政権ができる直前、日本型社会的経済はスタートするかに見えた。

モンブラン会議にも出席された粕谷信次は『社会的企業が拓く市民的公共性の新次元』(注13)、とくに増補改訂版の出版で、ハバーマスによって提起された「公共的構造性の方向転換」の序文書き換えに始まる問題点を指摘、噴出するラジカルデモクラシーを加筆、大国支配とグローバル化を越えてグローバル・コミュニティとして普遍的公共性となりつつある国際機関の役割を強調して現在のSDGsに連なるデザインを若い世代に残した。

この頃の出版が同時代社に集中しているのは、藤田省三が推奨した生活クラブ東京の平和と人権部会の歴史の記憶・百人一首版『みんなちがってみんないい』を私が持ち込んだことに始まり、川上徹は六〇年代青年運動の民青のリーダーだったこと、樋口篤三が新左翼をふくむ左翼横断論で「これからの社会を考える会」をつくったことと重なっている。

相前後するが、清水慎三・樋口篤三・石見尚の協同社会研究会が水道橋の全水道会館で開かれていた。私はそこで栃原裕や平山昇に出会っている。清水慎三は、「全面講和・安保条約反対」の左派社会党が『社会タイムス』を党機関紙ではなく大衆的政治新聞として出していた二代目編集長(初代は青野末吉)であり、私は大阪でほそぼそと余命を保っていた三代目の編集長であった。『労働情報』が西大阪の全金田中機械の争議をかつての三池のように大事にしていたから樋口とも旧知の関係だった。私はこの会に、日生協ではタブーとされていたコープこうべの生協民主化の闘いの労組委員長であった山崎敏輝を招いて講演、その記録集を出した。(注14)私にとってコープこうべの「民主化」と生活クラブの「自治化」が一九七七年から七八年にピークをみた同時代性に意義を見出し、コープこうべの労使双方が「幾多の苦汁、運命の軌跡」と書いた高村勣とその痛みを内在化しえなかった神奈川生協・岩山、京都生協・横関、日生協・勝部らの指導するスト破りと対比して「一人ひとりの胸に問われかつ判断を求められ、あたかも臼にひかれた麦の粉のように誰しもが煉獄をくぐった」と書いた[注15]。高村は『生協経営論』（コープ出版一九九三）の中で、「労働組合をある意味で生協内部にインプットされた内部牽制機能としての〝良質装置〟」と書くにいたる。労組委員長を降りた山崎はその後、新設のシーア店長として迎えられる。

私は山崎と同期でコープこうべに入職、協同学苑の責任者になる田中寛も同期で、一年前に入職していた保田秀雄（後の土井たか子地元秘書）が現場を組織していた「一粒の麦の会」と合流して生協改革をはじめた。この時の学習会のテキストは保田がガリ切りしたレーニンの『協同組合について』とクロポトキンの『相互扶助論』であったのがなつかしい。

二〇〇三年、コミュニティビジネス分野で六万人の実勢

この時代を記録したものに三つの本がある。一つは二〇〇三年、市民立法機構の『市民セクター経済圏の形成[注16]』で、私は「ボランタリー・ワークと市民・協同セクター経済―新しい働き方とワーカーズ・コレクティブ法制化運動」の中で、厚生労働省がＩＴ中心の雇用対策事業のミスマッチを認め、「コミュニティビジネス分野で（ＮＰＯ事務局のスタッフ、協同組合の組合員）で九〇万人の雇用」を打ち出し、「協同組合等（労働者協同組合、ワーカーズ・コレクティブ、企業組合）とはじめてワーコレを認知したことを書いた。実に二〇余年にしての官の言葉としての認知だった。

「コミュニティビジネスの雇用規模について現状六万人とみこまれている。（その内訳はＮＰＯで約三万、それ以外の協同組合、企業で約三万と見込まれている）」と実態数字を初めてあげた。そうすると当時のワーカーズ・コレクティブの五五〇組織、一万五千人という組織実態はこの分野の四分の一を占めていたことになる。あの時代に「協同労働の協同組合法」の法制化を実現していたらと思う。

「誰も切らない、分けない経済」の東西の実態調査

二つは、ジャンテ関西講演が残した共生型経済推進フォーラムは、関東と関西の社会的企業の聞き取り調査を境毅が行なってその違いも含め『誰も切らない、分けない経済―時代を変える社会的企業[注17]』にまとめた。そして関

西には歴史と反差別、ホームレス・障がい者・被差別運動の、共生をつくる主に男たちの闘う社会的企業があり、関東には、市民自治の参加型の女たちの協同事業が育っていることを境毅がまとめた。そこには、地域・歴史・男女・文化についての差異があり、それを丁寧に踏まえることの大切さがうきぼりになった。イタリアから来たホルザガがイタリア民謡を歌いながら、日本のホームレス、障がい者運動の底が深いといったのが耳に残っている。

津田直則が共生型経済推進フォーラムの理事長となって、協同組合地域社会の実例としてオーストラリア・マレーニの片田舎で育った実例を調査した。デジャーデン由香里を大阪や各地に招いた。酪農が国際競争に負けた過疎の村が心理学者ジル・ジョーダンが無農薬の野菜やハーブの栽培に始まってメイプル・ストリート・コープと町一番の社交場の協同組合アップルフロント・クラブを中心に二八の協同組合コミュニティが生まれた。「地域減少社会」のこれからの社会モデルだ。津田はユーゴの自主管理やイタリア・ボローニア、スペイン・モンドラゴンにも詳しく、コープこうべの理事をしながら関西での労協づくりと関西生コンの労働学校にも協力した。(注18)

私の「日本の社会的経済」の運動史の振り返りはここまでにとどめたい。

「労働者協同組合法」と共同連の社会的協同組合へ

共同連は、昨年九月の全国大会で、「労働者協同組合法」が議員立法でできたら「社会的事業所から社会的協同組合へ」を打ち出した。(注19) ここ数年、ワーカーズコープ、ワーカーズ・コレクティブと手を繋いで活発に連携、その法制を活用し「共に生き共に働く」社会を創っていくとしている。教育、環境、居住、街づくりを総合化し、労働をしっかり結びつけた、人間が元気になる「地域の共生・共働」が必要になっているとして、みずからは「社会的協同組合への道を」切り拓くとしている。

最新の動きとしては、孤立し暮らしに困っている人に、名古屋でホームレス・外国人支援を二五年間続けるのあみ相談所、セカンドハーベスト、グラミン名古屋、わっぱの会などで地域共同基金として「ソーネ基金」を設立し三月一九日からクラウドファンディングを開始している。

企業組合あうんは昨年東京都から「社会貢献賞」を受彰、また台風一九号の時、台東区がホームレスの人たちの避難所への受け入れを拒否したことに一般社団あじいるを通して抗議したことで知られるが、自らの事務所改築や地域の居場所づくりの資金借り入れには銀行も都も応じなかったため自費やクラウドファンディングを行なっている。

一九七〇年代、東京・府中療育センターの重度障がい当事者たちの都庁前座り込みの中から生まれた「鳥は空に、魚は海に、人は社会に！」のスローガンは地域で生きる闘いとなって、三井絹子や木村英子のように「地域自立」の闘いを生んだが、三年前［津久井やまゆり園事件］が引き起こされた。この事件については、マスコミは植松被告に集中し、日本の大型施設のもつ問題点とその解体に向けての議論は「考え続ける会」の到達点を共有されてはいない。[注20]この裁判の二日後、川崎市の障がいによって分け隔てる光菅和希君の小学校入学拒否することを不当とする裁判で「分離教育」を当然として肯定した。判決には包摂の視点は全くない。イタリアではどこの小学校にも重度の障がい児がいる風景はあるが、日本社会は排除されている。

認定NPO法人やまぼうしは、重度障がい者が地域に出て自立するための労働の場「おちかわ屋」を開いてさまざまな場を創ってきたパイオニアだ。二〇二〇年四月から日野市クリーンセンター・プラスチック資源化施設での新たな障害者雇用にチャレンジする。日野市は、昨年東京で初の「SDGsの未来都市」の指定を受けた。この四月からは、「差別解消条例」を制定した。こうした状況を活かし、やまぼうしは、日野市との間で、手選別ラインでの障害者等（手帳をもたない引きこもりの方含む）の雇用機会を安定的に確保していくことで合意した。元請け企業との間で、事業開始ぎりぎりまで支援体制・雇用条件等の折衝を重ねてきた。初年度は、市内の就労系事業所で企業就労困難だった方や長期引きこもりの方四名の就労が実現した。今後、三年かけて順次就労者を拡大し、一五名規模の雇用を生み出していくこととしている。

目指しているのは、ソーシャルファームの認証を得ることだ。従来の就労A・B型や特例子会社方式ではなく、「健常者・障害者」の枠を超えて、「対等な協働」を軸にした「ディーセントワーク」の実現を目指している。私は、伊藤勲理事長に韓国の仁川にある小型家電のリサイクル工場、SRセンターが障害者などの脆弱階層の就労として最賃以上の労働待遇と安全を保障している例を示して、東京都が成立はさせたが実態が何も決まっていない「東京都ソーシャルファーム条例」に最賃など正規労働となるような労働待遇や賃金補填を支出するように申請をしてはどうかと勧めている。
　私の夢は、荒川にある企業組合あうんの事務所建て替えをパルシステムや生活クラブが支援して、一階があうん、二階がパル、三階は生活クラブの地域政策担当が常駐して、エルチャレンジがいう〈流域〉〈地域〉の課題を当事者目線からみる力をつけ、必要なコンソーシャム形成の提案をつりだすことにある。〈独立派生協〉が「地域」で交差しあうネットワークに期待したい。

【注】
(1) 東洋経済新報社　一〇の論点と提言　二〇一九・一〇
(2) 道場親信『社会運動としての協同組合』(市民セクター政策機構　二〇一七)
(3) 青木理『日本会議の正体』(平凡社二〇一六)
(4) 『生活クラブの四半世紀』(協同図書サービス一九九三)
(5) 「下山保さんの傘寿を祝う会」での発言
(6) 『共生』武田桂二郎—遺稿集—(グリーンコープ事業連合理事会)
(7) 『Q』九号一九八七・一一〜『Q』一号一九九〇・一〇(草風館)
(8) 『いま生活市民派からの提言』(お茶の水書房一九八八)
(9) 『社会運動』二一一号。『社会的に不利な立場の人々とB型社会協同組合』に再録(市民セクター政策機構二〇〇四)。佐藤は法の施行以降は「社会協同組合」と呼ぶべきとした。
(10) 『イタリア社会協同組合B型をたずねて』(佐藤紘毅・伊藤由里子編　同時代社二〇〇六)
(11) 『社会的経済の促進に向けて—もう一つの構造改革〈市民・協同セクター〉の形成へ」(同時代社二〇〇三)
(12) 『勃興する社会的企業と社会的経済—T・ジャンテ氏招聘市民国際フォーラムの記録』(同時代社二〇〇二)
(13) 『社会的企業が拓く市民的公共性の新次元』(時潮社二〇〇三)
(14) 『生協民主化のはばたき—コープこうべ民主化闘争の記録』(同時代社一九九六)
(15) 「書かれざる一章としての『生協民主化』の記録」(同上)
(16) 『市民セクター経済圏の形成　市民ポートフォリオとNPO活動』(日本評論社二〇〇三)
(17) 『誰も切らない、分けない経済—時代を変える社会的企業』(同時代社二〇〇三)
(18) 『社会変革の協同組合と連帯システム』(晃洋書房二〇一二)
(19) 「社会的協同組合への道は可能か」斎藤縣三(共同連機関誌『れざみ』二〇一九大会報告号)
(20) 『私たちは津久井やまゆり園事件の「何」を裁くべきか』(社会評論社二〇二〇)

第二章

今やっていること、やらねばならないこと

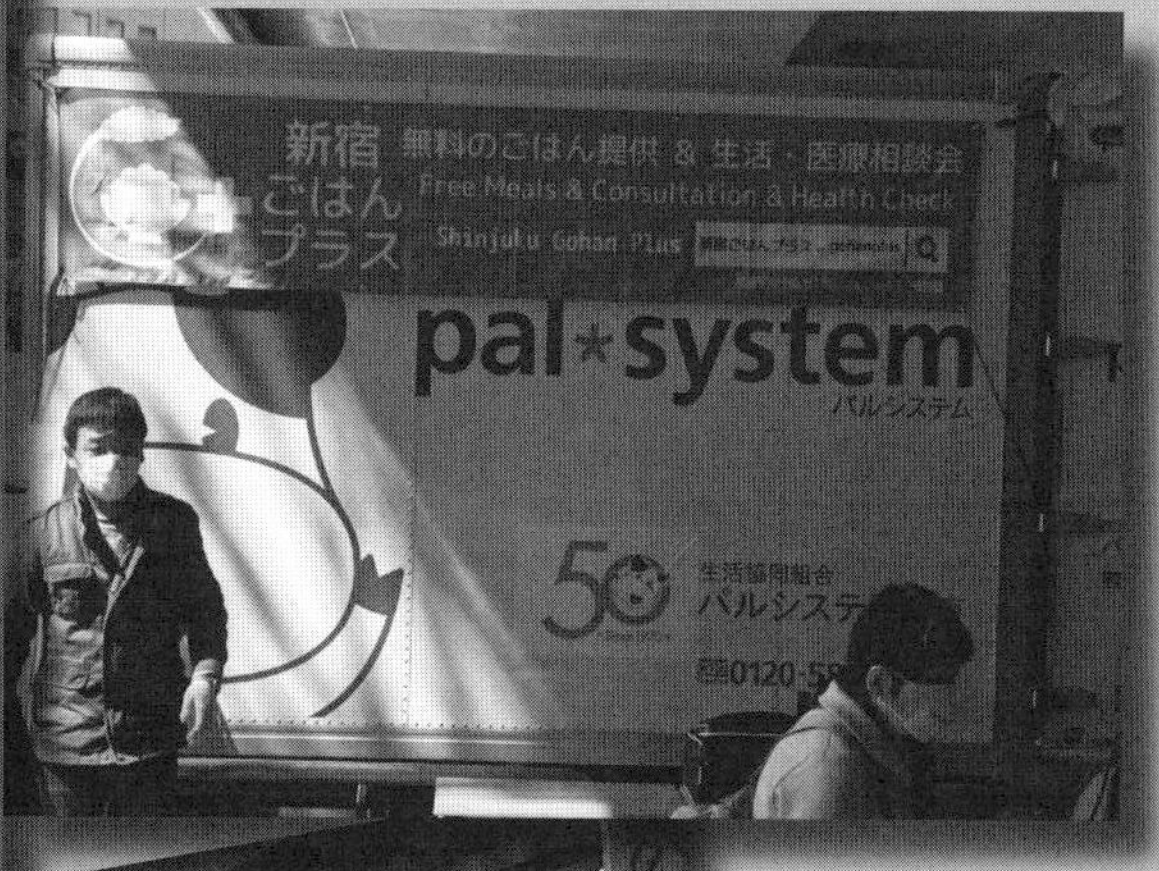

【上】1993年の第1回ワーカーズ・コレクティブ全国会議での石見尚氏の講演。"Sustainable development" と板書して、「21世紀のキーワードになるから覚えておいてほしい」と語った
【中・下】4月25日の「新宿ごはんプラス！」。過去最大の130名を超える方々へ、パン、青果、アルファ米、菓子、飲み物などをお渡ししました

6. 地域は自分でつくる！　意志ある人が集う生協へ

村上　彰一（生活クラブ生協・東京　専務理事）

1 生活クラブとの出会い

⑴ その個性に惹かれた

生活クラブの仕事を始める前に、運動の現場は大学や労働現場以外にも存在する。それは「地域」だという思いに至り地域やエコロジー、生活というテーマで地域に根をはって生きていこうと生意気にも考え、友人たちとミニコミをつくったり、障がい者の介護グループや地域の平和問題に関わるサークルに加わったり、自主映画の上映会を開催したりしていた時期に生活クラブと出会いました。デモや集会がスケジュール化されていることに意味をあんまり見いだせなくなっていたことや、デラシネな感覚で生きていくことに嫌気がさしていたことから、地に足の着いた生き方という居場所を探していたのだと思います。

地域でごそごそ動いているとほんとに多くの人と出会えます。そういう時期に生活クラブの活動的な組合員、そして職員との運命的な出会いがあり、一九八二年、十一月生活クラブで仕事をはじめることになり私の人生が大きく動くこととなりました。

当時、私の担当組合員は約七〇〇人程でその組合員への対応はほとんど全て私がおこなうことになります。仕事は配達、事務、拡大などですが、配達をするために班ごとのピッキングをおこない、注文用紙の回収、集金などもおこないます。分業体制が確立していないためにあらゆる仕事をするという状態でした。あまりの忙しさに驚きながらも、組合員との会話に楽しさを見出し、また食の安全や合成洗剤の問題などを組合員に教えてもらいながら自分自身の生活を意識的に変化させていくことで、生活クラブの一員になっていくことが喜びでした。組合員という存在には、職員が不可分の関係にあり、また消費材を語るには当然、生産者の存在があります。この組合員、職員、生産者の関係性のあり様が生協のある意味本質ともいえることであり、その組織の個性であるわけですが、私は生活クラブの強烈な個性に惚れてしまったのです。

(2) 組合員は市民社会をつくる主体だ

私が仕事を始めたころは生活クラブに加入するということは、どこかの「班」に所属するということ、あるいは自分で班を立ち上げることであり、班を充実させること、班に所属する組合員のコミュニケーションを豊富化することなどが組織の第一のテーマでした。仕事を始めてまもなく、班の代表が毎月あつまる班長会に配達の途中に参加する機会を得ました。そこで話される内容に驚きました。田無市（現在の東京都西東京市・私の担当エリア）が廃油の回収を独自でおこなうということで、それに積極的に関わろうという提案と反核平和運動への参加などが議論されたと記憶します。廃油の回収はポイントを設定し組合員は廃油をもっていき、月に一回早朝に職員（私）が回収し市役所に持ち込むというものです。反核平和運動は原爆投下後の広島、長崎の状況を撮影したフイルムがアメリカの国立公文書記録管理局に保管されておりそれを市民の募金によって買い取り映像化するという取り組みです。このことによって映画「にんげんをかえせ」が一九八二年に上映されたことなどから大いに盛り上がりをみせた時期で、署名運動と代々木公園での集会の参加の提案がありました。

市民運動に関わっている人からみれば当たり前のことかもしれませんが、生協は事業体であり運動体とは一定の線引きがあるもの、と思っていた私の概念を大きく揺さぶるものでした。

さらに保谷市議に坪井照子さん（保谷支部の組合員で前年まで理事）が立候補するというのです。それも組合員の代理をするという代理人という役割です。組合員が総出で応援し、なんと二六議席中四位という高位当選をはたします。この代理人登場には前史があります。生活クラブの保谷支部（約一五〇〇世帯）は家庭からでるゴミが混然一体となっている現状に、ごみは「分ければ資源」だと呼びかけ、組合員自らビン・缶の分別収集の実践に突入します。先ほどの廃油の回収と同じようにポイントを設定し、ビン・缶・古紙をそれぞれ組合員がもちより、それを職員が回収。配送センターのトラックヤードに保管し、次の日に組合員がさらに分別（ビール瓶などの再生瓶とカレットになるビンなどを分別）し業者に売却するというものです。

当時、生活クラブの職員はいろんなことをするものだと思いながら回収をおこなっていましたが、保谷支部の人たちは、自己満足的にチマチマと継続することに満足せずに、この運動を生活クラブの組合員活動から、全市的な運動へ、そして社会的な仕組みへとするために坪井さんを議会に送り出したのです。

これらの実践に私も自ら関わりながら、生活クラブにおいて組合員とは消費材を購入する人であると同時に、生活の在り方を自ら問い、そして市民社会をつくりだす主体であるんだと実感しました。それにしてもすごい人々です。

私はその後、東久留米での学校給食の親子方式反対の直接請求運動に関わるなど様々な組合員の活動に遭遇しました。私はその都度、すごい人々と出会うことになります。この人たちは社会を変えることができると本気で思いました。その思いは今の組合員でも変わりません。時代は変わり人の意識も大きく変わりましたが、人は行動すべきと思ったときに動くのです。そしてその動機は自分で摘み取るものであり決して与えられるものではありません。

そして人々が潜在的にもつ意志を喚起させるためにそれらを企てる人々の存在があります。もし、動きが鈍くなっているとしたら、企てる人間の構想力、想像力が問われなくてはなりません。鍛えるべきは私たち常勤や職員リーダーなのです。

2 生協にとって地域とはどこだ ――産地を見る眼

(1) 日本の地方の高齢化、過疎化にどう向き合うか

生活クラブの価値は使う人とつくる人の距離が極めて近く、双方に信頼関係が存在すること、そして消費材がもつおいしさの背景（物語）への共感が消費することに喜びを与え、生活に豊かさをつくりだしていることだと思います。牛乳やトマトケチャップや豚肉などの消費材を食するときにほんとにうまい！と思います。添加物や農薬を極力減らすとか、化学調味料は使わないとか、遺伝子組み換えやゲノム食品への拒否、牛、豚、鶏のエサに異常な執着をもっていることなどが積み重なり実に安全性が高く、そしてうまい消費材が出来上がっているのですが、いってみれば、近代における科学技術の進歩によって生み出されてき

た「もの」や「コト」に対して無自覚的に受け入れてきた人間や社会に対する批判でありその思想が消費材に込められているのです。

そういう、稀有な消費材がこれからも存在し続けるためにどうすればいいのかを考えていかなくればなりません。生産者に「頑張ってください」と突き放すのか、共に考え悩みそして行動するのか、大きな違いです。「持続可能性」という言葉を誰もが使いますが、その時に、自分の生協の生き残りのみに奔走するのではなく生産者と共に生きていくことに真剣に向き合うことができるかどうか「西暦二〇三〇年の協同組合」のテーマだと思います。

特に重要なのが産地との向き合い方であり、それは日本の地方の高齢化、過疎化にどう向き合うかという問題に行き着きます。生活クラブが考える、その向き合い方の一つが提携産地でのFEC自給圏づくりです。再生可能エネルギーの「提携産地」を食料の提携産地と重ね合わせ、その提携産地の地域社会が豊かになっていくことを自分の問題として考えていくことです。

⑵ 産地でのFEC自給圏づくり

生活クラブの食料の主産地である山形県庄内地方において、昨年、生活クラブ連合会並びに各単協からの資金、そして組合員に呼び掛けた市民ファンド、地元の農協や金融機関の融資によって資金調達し約五〇億円で一八メガワットの太陽光発電所を建設しました。発電能力は約五七〇〇世帯分の電力にあたります。この電力の売電で出た利益を庄内（酒田や遊佐）の地域づくりのために使うという構想です。第一回目の寄付は二〇二〇年二月に酒田市が創設する基金に一〇〇〇万円寄付をしました。来年以降も寄付を重ねていき持続可能な地域社会づくりのために使われる予定です。

また、「産地で暮らす」という組合員の移住を促進するプロジェクトも生活クラブと庄内・遊佐の中では進行中であり、移住した組合員も何組もいます。

また、生活クラブ風車の設置場所である秋田県にかほ市においてもエネルギーでの繋がりから組合員と地域の自治体や地元の自治会のひとたちや企業との繋がりを深めており、

「地域間連携による持続可能な自然エネルギー社会づくりに向けた共同宣言」をにかほ市との間に結び、地域の活性化を共に進めていくこととしています。

このような動きをモデルに各提携産地で食とエネルギー

とそして地域の福祉（まちづくり）を繋げていくことによって地域の自立を促進するのです。

生協にとって提携産地の持続可能性は他人事でありません。しかしその提携産地に生協の資源を投入できるかは容易いことではないので、明確なビジョンと強い意志をもつことがどうしても必要なってきます。生産と消費の分断を加速させてきた近代の在り方を批判し、分断ではなく繋がりを目指して有機的な関係性を求め行動してきた生協だからこそできることだと思います。

3 協同組合や市民事業との連携による組織としての生活クラブ

⑴ ワーカーズ・コレクティブとの多様な共同事業

生活クラブ東京（供給高二二五億円・組合員八万六六〇〇人／二〇一八年末）の事業である共同購入（班や個配）の配送の一部やデポー（店舗）のマネージメントやフロアー業務、保育園や高齢者施設のスタッフ、センターやデポーなどの生協施設の清掃、展示会でのイージーオーダースーツ、オーダーワイシャツの受注・採寸業務、などワーカーズ・コレクティブが担っておりメンバーは約七三〇人、ワーカーズに支払う委託費は年間一二億三〇〇〇万円（二〇一八年実績）にのぼります。今や生活クラブ東京はワーカーズ・コレクティブの存在なしには事業が成り立たず、ワーカーズ・コレクティブとの共同事業体であるいってもいいと思います。

また、デポーには東京に四つあるパンのワーカーズ・コレクティブが製造したパン類が並んでますし、農産加工からはじまり今では町田市名産品等推奨委員会が認定する町田の名産となっているブルーベリーソースやしそシロップを製造する「ワーカーズ凡」の製品、「ワーカーズ歩」や「ワーカーズまめ」が製造するクッキー類などが共同購入やデポーの消費材として存在します。組合員がワーカーズ・コレクティブをつくり起業し生産者となり生活クラブと提携するという構図です。生活クラブの消費材の基準はかなり厳しく、ワーカーズだからと言って緩くするわけではありません。それでも長年にわたり組合員から大きな支持をうけている消費材です。凄いことだと思います。

さらに、住宅事業でおこなっているハウスクリーニングは（企）労協センター事業団（ワーカーズ・コープ）と、また組合員の遺品の整理や、家財の片付けなどを（企）あうんと連携しており、生活クラブが事業主体ではありますが、様々な協同組合や市民事業組織との連携によって事業をおこなっています。

(2) 生協組合員は生産者、労働者、消費者としてそれぞれにかかわることができる

ワーカーズ・コレクティブの存在は、生活クラブの事業にも組織にも「深み」を与えてくれています。協同組合間連携は、協同組合というセクターを広げていきながら、地域社会へのコミットという側面において特に重視していくことが大切なのだと考えています。「西暦二〇〇〇年における協同組合」でレイドロウは将来への選択の第四優先分野として協同組合地域社会の建設を問題提起しました。「……協同組合の偉大な目的は地域社会や村落をたくさん大都市の中に建設することである。……協同組合地域社会を創設するという点で都会の人々に強力な影響を与えるためには、たとえば日本の総合農協のような総合的方法がとられなければならない。従来の消費生協では不十分である。都市の人々に従来の消費生協では都市の住人をいろんな点で護っていないからだ。」と指摘しました。そのためには、様々な分野で労働者協同組合を設立することで、その地域内の生協組合員は生産者、労働者、消費者としてそれぞれにかかわることができると提起をしたわけです。四〇年前の提起ですが、生協の進むべき道を指示してくれたと思います。

(3) 呼びかけに応える組合員

生協が地域社会と向き合っていくことは実は簡単ではありません。組合員は安全な食べ物を購入したい、が加入動機であり「まちづくり」という視点を持ちながら活動へ参加する人は少数です。また協同組合という仕組み自体も知らない、また関心がない組合員が多いのも事実だと思います。しかし今、東京のいろんな地域で行っている「働き方説明会」というワーカーズ・コレクティブのメンバー拡大のための会には毎回一〇人前後の組合員が参加し、ワーカーズメンバーとなっていく仕組みが成り立っています。

また、デポー（店舗）でワーカーズ・コレクティブの労働とは別に、ワークシステムというのを導入していて朝の品出しや陳列、袋づめなどのフロアー業務の一部を有償ボランティアの組合員活動としておこなっています。現在ワークの登録組合員数は一〇デポーで約五〇〇人（二〇一九年度）です。ちなみに二〇二〇年度からこのワーク登録をさらに積極的に拡大する方針で各地域でよびかけ

が始まっています。多摩南生活クラブが先日おこなったアンケートではデポーのワークをやれるという意思表示がある組合員がなんと九五九人という結果が出ました。呼びかければ応える組合員がまだまだ大勢います。

(4) デポーがもつ大きな可能性

デポーという場と機能を駆使しどう地域との接点を増やしていくか、まだまだやれることはたくさんあるはずです。そこに関わるワーカーズ・コレクティブや、ワーク登録した組合員はその地域に住み生活する生活者です。親の介護や子育てに奮闘している人が大勢います。おのずとデポーを利用する組合員との会話がはずみ、狭い通路を立ち話をする人たちが塞ぐことになったりします。買い物を早く済ませたい人にははた迷惑でしょうが、それも当たり前の風景になっていくと、そういうものだとなっていくものです。その話したいをどう発展させるか(よけいなお世話ですが)に興味がわきます。生活者ネットの議員がたまにワーカーズメンバーとしてレジにたつことがあります。有権者としては議員に普段の思いをぶつける絶好の機会です。が、レジに長者の列となるはずなのでほどほどにしないとなりません。

スピードや効率、システム化や無人化が進む業態ですが、その逆を追求したいという欲求にかられます。そのことで、ただの小さな品揃えの悪いスーパーが魅力的な光を放つ、行くのが楽しくなるデポーとして人々に思ってもらえる存在になれるはずだと思うのです。

「個性とは欠点の魅力である」という花森安治の言葉を噛みしめ戦略を練りたいと思います。

(5) どんどん生まれるコミュニティ
――ソンミサンマウルの実践

韓国のソウルに市民事業がどんどん生まれている有名な「ソンミサンマウル」という地域があります。二〇一〇年にその地域のリーダーであるユ・チャンボク氏の講演を日本希望製作所の主催で世田谷区経堂の生活クラブ館でおこないました。また二〇一二年には私も含む生活クラブ東京のリーダー数人が住民生協のチェ・ミンギョン氏のコーディネートで実際に尋ねることができました。ソンミサンマウルはご存知の方も多いと思いますが、ソウル特別市にある二五の区の一つである麻浦(まっぽ)区にあります。共働きの夫婦二五世帯が共同保育所を設立、その取り組みから地域の関係性を広げていき、学童保育、学校、そして生協設立（麻浦ドゥレ生協）にいたります。その後カフェやリサイクルショップ、市民劇場などをつくっていきなんと七〇を超える事業体が生まれ活発に活動がおこなわれることになります。現在は地価の高騰が家賃の高騰を生み、事業体の移転などもあり変化があるようですが、コレクティブハウスの建設なども進み、あたらしいコミュニティも多く生まれているようです。ちなみにユ氏はパク・ウオンスンソウル市長に請われソウル市の協治専門諮問官となり、ソンミサンマウルのような小さな村（コミュニティ）を各地につくるという政策をつくり実現することをこの数年おこなっていました。現在はソウル市を離れ、「マウル民主主義」を広げる団体を立ち上げ活動中です。

きっとソンミサンの人たちは生協の店舗を自分たちの店として愛情を注ぎ関わっていくでしょう。そして生協の店に集う人々が次から次と社会的事業体をつくりだしていくのだと思います。

「西暦二〇三〇年の協同組合」は今以上に生協とワーカーズ・コレクティブや社会的事業体との連携が進み、組合員は消費者であり、労働者であり、生産者でもあるという実態が多くの場面で実現している姿を想像します。そのためにも生協自身が変化することが必要なのだと思います。

4　都市で農業生産を！生協は生産に参入する！

(1)「生活クラブ農園・あきる野」の挑戦

東京の多摩地域の八王子市・青梅市・あきる野市・瑞穂町・日の出町には農業振興地域が存在し農地が守られていますが、農家が高齢や後継者がいなかったりという理由で耕作がされていない農地が多く存在します。生活クラブ東京では、都市農業の育成強化は重要な政策ではあるわけですが、東京の農業自体が衰退の一途をたどることに危機感をもっていました。そういう中、都市農業は、都市の消費者が生産に関わることでしか維持することは不可能ではないかという問題意識から「農あるまちづくり委員会」を生活クラブ東京と当該地域のブロック生協である「多摩きた生活クラブ」との合同でつくり、多摩地域の農業振興地域に絞って農業に参入するという方針をもちました。あきる野市に借りられそうな土地が見つかり、その地域の組合員が委員会メンバーとなり準備を進め、東京都農業会議やあきる野市、あきる野市の農業委員会に生活クラブが農業へ参入する意味、意図を説明し農業者として認めてもらい、試行錯誤の中多くの人たちの協力によって農業生産をおこなう直営農場と体験農園の二本立ての「生活クラブ農園・あきる野」を開園することができました。現在、五〇aの直営農場と二〇aの体験農園で野菜をつくっています。

体験農園は募集区画は三二区画で、都心から距離があること、認知度が低かったことなどから最初の一年ほどは苦労しましたが今は満杯状態が続いています。直営農場は農業を志して経験を積んだ若者が農場長として常勤で働いてくれています。そして組合員の援農ボランティア（有償で月に延べで二五人ぐらいが農業に関わっています）が主に耕す人々です。生産物はデポーでの販売と共同購入登録組合員（一二三名）への週一回の配送、地元のカフェへの卸などです。共同購入は収穫されたものを届けるという形式で基本は何でも食べてもらいます。農あるまちづくり委員会担当理事の豊崎千津美さんは「生活と自治」の取材で、「いつものカタログで選ぶ野菜と、農園の野菜は明らかに違います。規格には合わせますが、形はそろっていません。でも、とてもおいしい。届く品種や量も確実でなく、欲しいものを欲しい時に欲しい量とはいかない。旬のものをどう食べるか、暮らし方の変化も必要なのです」と話をされています。

(2) 農業の担い手は多様だ

この農園構想をつくった当初から共同連の実践などから学び、「農福連携」を視野に入れていました。その動きも始まっています。二〇一九年度からは地元の特別支援学校の「都立あきる野学園」の生徒を受け入れ授業を開始しました。授業内容は主に収穫や片付けなどです。先生たちが大いに乗り気で二〇二〇年度はさらに授業の時間と内容が広がる予定です。また、あきる野市で生活介護・就労支援B型事業所をおこなっているNPOと連携がはじまり、「農福連携」の事業が軌道に乗ろうとしています。障がい者や働きにくさを抱えた人、そして組合員など多様な人たちが農園に関わってきています。

「西暦二〇二〇年の協同組合」は生産する消費者がつくる協同組合です。大都市に農業生産者予備軍はたくさん存在します。それは生協の組合員であり、就労を必要としながらもなかなかうまくいかない人々です。学校の授業としても価値があるということがわかりました。また学校給食との連携も考えられるはずです。

またほとんどの地域が市街化区域である東京二三区にも

約六三〇haの農地があります。その全てが生産緑地ですが「生産緑地法」による指定が解除される二〇二二年が近づく中、農業を続けるか、やめて宅地にするかの判断が迫られています。都市に農地を残すためには何ができるのか、消費者の集まりである生協の役割は大きいと思います。

終わりに

「西暦二〇三〇年における協同組合」を特に生協という視点から、①提携産地におけるFEC自給圏づくりをおこなう協同組合、②生協とワーカーズ・コレクティブや社会的事業体との連携が進む協同組合、③生産する消費者がつくる協同組合の三点を提起させていただきました。

上記提起した三点には組合員が常に主体として存在します。生活者の主体的な意志と行動が政治を動かすし、連帯経済をつくりだします。その民主主義をつくりだす実におおぜいの人々が生協に参加しています。そうです！　生協には大きな力があるのです。

そして組合員が潜在的にもつ意志を喚起させるためにそれらを企てる人々の存在があります。もし、動きが鈍くなっているとしたら、企てる人間の構想力、想像力が問われなくてはなりません。鍛えるべきは私たち常勤や職員リーダーなのです。ということをもう一度記しておきたいと思います。

7. 希望を抱ける若者に！「協同」を学びの核にする
――協同組合の今日的価値と教育

志波　早苗（一般社団法人くらしサポート・ウィズ事務局）

はじめに

日本の若者について気になり始めたのは、「くらしの相談ダイヤル」で受ける日々の相談からだった。現在、勤務している一般社団法人くらしサポート・ウィズ（以下、ウィズ）の基幹事業は、パルシステム生活協同組合連合会（以下、パルシステム連合会）からの受託事業「くらしの相談ダイヤル」である。相談は社会のセンサー機能と言われるように、また、当ダイヤルはくらしをテーマにしているために殊更、社会の変化の兆しや傾向、問題が色濃く表出する。この「くらしの相談ダイヤル」で社会的自立に困難を抱えた若者の存在がリアルなったのは二〇一三年頃で、成人したひきこもりを抱えた六十代の親からの相談だった。

「ひきこりだった子どもが就活している。これまでも時々働いていたことはある。職歴をどう書けばよいのか。」

それまで家庭内で収めていたことが、親の高齢化と子どもの将来への不安から、親の口を通して滲みでてきたのだ。以降、自律・自立・自活できない成人した子どもの悩みを抱える親からの相談が来るようになった。それまでひきこもりの問題は成育環境等個別の家族問題として片づけられる傾向が強かったが、ウィズで受ける相談や当事者あるいは親への居場所づくり、就労支援団体とつながる中で、ひきこもりは私的領域の問題ではなく、歴史的な背景を背負い、社会制度・政策等総合的な分析・検討が必要な問題として捉えるようになった。

［暮しの激変による現代日本人の気質の形成 筆者考察］

敗戦復興のための高度経済成長政策＝大量生産（労働力確保）・大量消費（購買意欲の喚起）

産業構造の変化　生活と労働の分離　人口の偏在　消費行動の変化

↓　↓　↓　↓　↓

教育観・教育環境の変化　核家族化　地域社会の激変　家事・炊事の商品化

↓　↓　↓　↓

受験偏重・競争の激化　閉じられた家庭　地域社会の弱体化・崩壊　家内労働の外部調達化

↓　↓　↓　↓

生活力育成の軽視　多岐・多様・多面的協同の喪失　生活技術の未伝承・未熟化

表－１　現代日本人の気質の形成 『ロバアト・オウエン協会年報 39』（2015）より修正

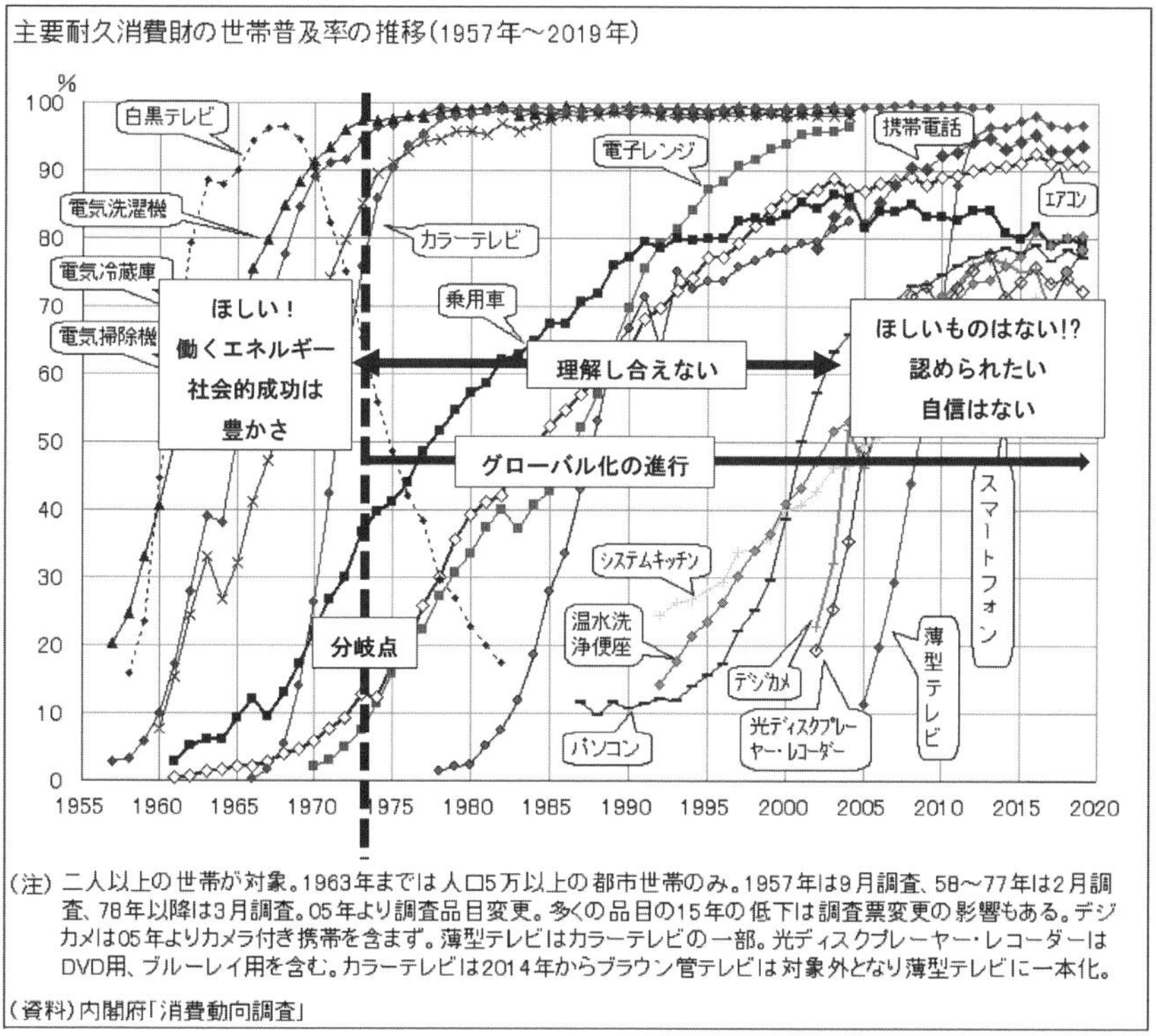

図―1　出所：社会実情データ図録に筆者一部作図
https://honkawa2.sakura.ne.jp/2280.html

一方で、大学で接する学生たちに関してもひきこもりと通底する課題を内包していると感じるようになった。好奇心が旺盛で物怖じしない学生もいるが、自分を出さない内心の繊細さを感じさせる学生が多く、繊細さは時に体調に反映し、鬱傾向の学生も目に付き、社会へ一歩を踏み出していけるのかと危ぶまれる。

本稿では相談機関の現場や大学で学生と接する中で感じられた若者の生きづらさに焦点をあて、その実態と背景にあるものを考察しつつ、若者に社会的自立を促すツールとしての「協同組合」の教育的有効性を論じる。

若者のおかれた状況
～生きづらさとは何か～

ウィズで受ける多様な相談から、「日本人、特に若者の生きる力が弱まっているのではないか」と感じ始め、その背景を［表-1］のように筆者なりに紐解いてみた。

第二次世界大戦敗戦後の日本は国民を飢餓から救うための高度経済成長政策で産業と国民のくらしが急激に変化した。その変化は家族・家庭、教育、地域社会、様々な分野に及んだ。これを世代間の継承に捉え直し、成人するのに必要な期間を二〇年間とすれば、敗戦後七五年になる現在は三世代～四世代目への移行期にあたる。生活力育成の軽視や生活技術の未伝承・未熟化はどんな家庭に育ったか、どんな生育環境だったかで大きく異なるが、それ自体は経済力、つまりお金に代行させることができるもの。お金に代行させることで長らく日本社会は発展してきた。代行させることができないものが「子どもの心身の成長に欠かせない多様な体験、多様な人との交わり」である。それを育める地域社会が弱体化したことによって対応力や応用力が身につかず、生きる力の弱まりに通じているのではないだろうか。

また、戦後導入された「個人」を起点とした西欧的な価値観は近代的自我の形成と不可分にあり、近代的自我を育成するための教育は欠かせなかった。しかし、高度経済成長をする上で必要とされた人材の多くは優秀で従順な物言わぬ人々である。折しも東西冷戦によって戦後の開放的な気分の中で高まりをみせた学生運動や労働運動も東西冷戦の狭間でアメリカや時の政府から圧力を受けることになった。戦前の欽定憲法から戦後の民定憲法へ、一八〇度異なる価値観による人心の揺らぎに加えて、東西冷戦の前に恣意的政策がとられ一層社会はねじれを孕んだ。しかし、高度経済成長は国民の物質への渇望、豊かさへのあこがれというわかりやすい価値観へ収れんされたため、日本の戦後復興は経済的側面で大きな成功を収め、先進国への仲間入りを果たし、成功体験として人々の脳裏に強く刻まれた。これが来たるグローバル化の時代への転換を遅らせることになったと言える。〔図-1〕は耐久消費財の世帯普及率を一九五七年から二〇一九年までをグラフ化したものに筆者が追記した図である。グローバル化への分岐点は一九七〇年、日本ではオイルショックのあたりであろう。教育面から言えば、グローバル化に対応できる転換が必要だったが、この時代から日本の管理教育はより強まった。グローバル化する中で求められる人材は多様性の受容、それに堪える思考力、コミュニケーション力だと思われるが、真反対の方向で子どもたちは教育された。この矛盾が時と共に積み重なって今の若者世代の生きづらさへ発露しているのだろう。

時代の変化と成長が促す心身の形や大きさに合わない服を着続けなければならなかった結果、若者は日本社会に対して、不適合、不適応をきたし、それが社会的自立の困難という形で表出しているのではないか。前世代の成功体験を乗り越えて、若者がこの状況を自己分析し社会のあり方に対して異論を唱えられるようにするには何が必要なのだろうか。

若者のおかれた状況 〜公的調査報告が示す社会と人のあり様〜

前述したことは様々な公的な調査報告からも読み取れる。

内閣府令和元年度版『子ども若者白書』では日本の若者について以下のように報告している。「日本の若者は、諸外国の若者と比べて、自身を肯定的に捉えている者の割合が低い傾向にあるが、日本の若者の自己肯定感の低さには自分が役に立たないと感じる自己有用感の低さが関わっていること」「日本の若者は、自分が役に立たないと強く感じている者ほど自分自身に満足している者の割合が低かったが、同様の関係は諸外国の若者の意識には認められなかった。」

また、厚生労働省令和元年度版『自殺対策白書』ではピーク時に比べれば件数は減少しているものの、「一〇〜三九歳の各年代の死因の第一位は自殺になっている。こうした状況は国際的にみても深刻であり、一五〜三四歳の若い世代で死因の第一位が自殺となっているのは、先進国では日本のみで、その死亡率も他の国に比べて高いものとなっている。」と述べ、医療経済研究機構の子どもへの向精神薬処方の経年変化に関する研究（精神神経学雑誌一一六）では、「一三〜一八歳への向精神薬の処方割合は、二〇〇八〜二〇一〇年と二〇〇二〜二〇〇四年を比べると、抗精神病薬が四三％、抗うつ薬が三七％増加している」と報告されている。

国際連合が毎年発表する世界幸福度ランキング二〇一九年は一五六か国を対象に行われ、日本は五八位で過去五年間順位を下げ続けており、昨年は過去最低だった。この基準に対しては様々な批判はあるが、概ね現在の日本人の状況を現していると筆者は考えている。基準は以下である。①人口あたりGDP（対数）、②社会的支援（困った時に頼れる人の有無）、③健康寿命、④人生の選択の自由度、⑤寛大さ（同じ国に住む人々の寛大さ）⑥腐敗の認識（政治・社会等）である。日本の順位に大きく作用したのが、④人生の選択の自由度（六四位）と⑤寛大さ（九二位）だ。ちなみに②社会的支援は五〇位である。

ここから類推できるのは、他者に無関心で困った時に頼る人がいないから人生で失敗はできないと考えている、他者への信頼、助け合い、人や社会とのつながりがない孤立している姿である。

つぶし合うのではなく認め合う〜生協での実体験から〜

「人は一人では生きていけない」。「社会的動物」等と表現されるが、現社会はそれと相反する要素が満ちていて、そのただ中で惑っている若者の背中を押す方法はないだろうか。

そう考えた時の一つの解に生協運動がある。一九六〇年代後半から地域生協は子育て主婦層により活動が活発化し、生協活動に留まらず、社会運動へ広がっていった。（斎藤嘉璋『現代日本生協運動小史』二〇〇七年）一九七〇年代には経済一辺倒の戦後復興が引き起こした深刻な公害や水質汚染に対して。反公害運動、消費者運動が盛んになった。消費者運動は二つに分類される。問題提起型と生活協同組合型（正田彬『消費者の権利』二〇一〇年）である。問題提起型で政治・政策の方向を変える方法もあるが、課題解決に向けて持続可能な事業を創り出す対案提示の生活協同組合（以下、生協）型は市民自治力を具体的に実践的に育む装置でもあった。

生協が市民自治力を具体的実践的に育む装置というのは、筆者自らの体験から述べたい。

一つは「くらしと生協の関係」である。一九八〇年代前半、公民館の女性講座で知り合った団塊世代の女性たちはいずれかの生協組合員で地域やＰＴＡで実に生き生きと活躍し、女性同士が助け合うネットワークを作り、初めての子育てをしている若い女性たちを後進として育成していた。台所（くらしの視点）から社会を眺め地に足をつけて活動することの大切さや、（他）人と（他）人が繋がり助け合うことで広がる可能性を実践の中から示唆してくれた。公害と食品汚染の時代、生協や地域活動に関わる団塊世代の女性たちは、「安心・安全な子育て」をするために生協をツールにして「子育てを社会化」し社会変革の一端を担っていたと言えるだろう。

もう一つはパルシステム前史になる。一九八〇年半ばから一九九〇年に首都圏コープ事業連合（以下、事業連合。現パルシステム連合会）が設立されるプロセスでの体験である。

当時のパルシステム生協グループは地域に点在する数百～一万人規模の弱小赤字生協の集まりで、生き残りをかけて連帯を進めていた。日本生活協同組合連合会の一県一生協の方針に馴染めない学生運動家、労働組合活動家あがりの専従と社会インフラがまだ整っていない新興団地の住民運動家や主婦が結びついた、それぞれが強烈な個性を有した極小生協群だった。当時、商品開発や管理、設備投資等単体の生協では担えず、次代への対応としても人材と資金を集中させることは必須であった。事業連合へ加盟表明したのは一九生協。共同事業を行うにあたり、この一九生協が供給していた個々バラバラな商品を統一しなければならなかった。専従職員同士が話を進めても各生協の組合員は反発し絶対に納得しないだろうということで、組合員代表が事業連合に集い、所属生協と事業連合を何度も行きつ戻りつしながら両方で壮絶な議論を繰り返し、組合員自身で取捨選択し整理した。この過程を通じて〝普通の主婦〟である組合員は一緒に物事を進めるためのルール、議論する相手へのリスペクト、少数意見への配慮、決めたことに対する責任の取り方等民主主義の根幹とも言えることを実践的に学び身につけた。

一九人いれば一九通りの主張があり、真剣であればあるほど齟齬や対立が生じる。通常の生活空間なら付き合いたくない、口をききたくない相手とも折り合いをつけていかねばならない。面と向かった激しい議論の応酬の中から何をここで叶えたいかをはっきりと認識しなおし、異なる主張や意見をつぶし合うのではなく、互いを認め合い合意できる点を模索していく。それが仲間意識の他、主体性、多様性や柔軟性も育み、知らず知らずの間にそこに参画する人をエンパワーメントし組織の底力にも繋がっていった。

こうした協同組合の日常的な活動そのものが持っている関わる人をエンパワーメントする特長を、生きづらさを抱えた若者に体感し理解してもらえたら、彼ら自身で生きる力を引き出していけるのではないだろうかと考えるに至ったのである。

「協同」を学ぶためのインターンシップとは

「協同を学ぶためのインターンシップ」はウィズの前身組織である生活サポート生活協同組合・東京が二〇一四年度に明治大学柳澤敏勝教授および立教大学北島健一教授と、手を挙げてくれた双方のゼミ生八名とウィズで声をかけた学生二名、趣旨に賛同してくれた五団体と共に「協同組織におけるインターンシップ」として始めた。明治大学大学院生（当時）今井迪代氏が体験したＮＰＯのインターンシップを手本にして、全くの白紙状態から線を描き、色を入れるように一からプログラムの原型を創り上げた。このインターンシップは何度か名称を変えながら、受入団体や大学、インターンシップ修了学生からの口コミで毎年拡大していった。

二〇一九年度は学生を二五名募集し三一名応募があり、二八名が体験し、二六名（八大学・一学年～修士まで）が修了した。受入団体は協同組合だけでなく、「協同」を大事にしている社会的企業も含め一六団体（協同金融二グループ四団体、農協一団体、生協二グループ七団体、労働者協同組合三団体、社会福祉法人一団体）、協力五団体、協力二大学四ゼミナール、協賛一七団体だった。

インターンシップの趣旨は、①若者に協同組合や社会的企業のファンを増やし、「協同の理念」を社会の中に広めること、②協同のあり方を知ることで若者自身の人生を豊かにすること、③協同組合や社会的企業で働く人自身の「働く」原点の振り返りになること、④参加する団体や教育機関の連携・連帯を進め、非営利・協同の人材育成の基盤形成をめざすことである。（二〇一九年度より協同組合だけでなく、社会的企業も正式に位置付けた。）

このインターンシップは企業がよく行っている自社紹介

恐れ入りますが、切手をお張り下さい。

〒113−0033

東京都文京区本郷
2−3−10
お茶の水ビル内
（株）社会評論社　行

おなまえ　　　　　　　　　　　　　　　　様

（　　　　才）

ご住所

メールアドレス

購入をご希望の本がございましたらお知らせ下さい。
（送料小社負担。請求書同封）

書名

メールでも承ります。　book@shahyo.com

今回お読みになった感想、ご意見お寄せ下さい。

書名

メールでも承ります。　book@shahyo.com

と新規採用をかけたインターンシップと異なる。学生の学びを主軸にして受入団体、大学、事務局とフラットな関係を作りつつ、異業種異組織間の交流も促進する、半年をかけた長期インターンシップである。

プログラムでは受入団体での体験実習は五日～一四日間でその団体の日常業務体験から学生には「協同」を発見してもらう。受入団体の体験実習の他に、ウィズがコーディネートするキックオフイベント、事前レクチャー、仲間づくりも目的にした交流会、仕上げの修了報告会が入る。交流会では参加大学の教授からの講義や受入団体担当者の社会人としての経験談を聴く機会を設ける他、学生自身のインターン経験をお互いに報告し共有するグループワークも行っている。家政学部のカリキュラムには決して登場しないであろう「社会的連帯経済」も協同組合を学ぶ上では重要と考え、二〇一六年度および二〇一七年度交流会のテーマにした。またブラック企業で精神疾患にかかり自死する社会人が後を絶たない現状から自分自身を守ってほしいと考え、「労働者の権利」教育も二年目から実施し、二〇一九年度は大学生になると接しにくい「消費者教育」の側面から労働者の権利教育を行った。また、失敗を恐れて委縮しがちな学生も目に付くことから「社会人になってからの失敗談」を協力団体の方から話していただいた。

インターンシップの概要と成果は年度ごとに実施報告書にまとめている。重要な特徴の一つは学生への評価方法である。人間形成に役立ち今後の人生が豊かになるようなプログラムの実施が重要と考えているので、通常よくある減点方式の評価はしない。学生個々人のきらりと光る良さ等を受入団体から「贈る言葉」としていただく。それはそのまま学生への応援歌になる。

プログラムや評価の在り方は毎年受入団体や大学関係者の意見・要望・提案を取り入れブラッシュアップする。学生にも要望や提案をどんどん出すよう毎年伝える。最初は遠慮している学生が大半だが、この場は何を言っても大丈夫なのだという安心空間ができると学生の本音が出てくる。厳しい受入団体評価や改善要望が出されることもあれば、若者らしい目線の新規事業提案が出ることもある。主催しているウィズでは毎年全体を振り返り、見直しを行い、試行錯誤を続けている。

「協同」の学びは学生の何を変えたか？

二〇一四年度から二〇一九年度まで様々なことがあっ

た。「協同」の学びは学生の何を変えたか、事例をもって述べたい。

二〇一八年度まではインターンシップは一人二団体で行っていた。二日~三日間、労働者協同組合（以下、労協）での体験実習を必ず組み合わせていたからだ。労協でのインターンシップは毎年学生を大きく成長させる。インターンシップ希望者が増え、事務局の管理上の問題から二〇一九年度から一団体のみの体験実習にしたが、本音を言えば、労協はぜひ学生全員に体験させたい。労協はワーカーズコープもワーカーズ・コレクティブも生協や農協と比較すれば小規模組織であり、運営も全員の話し合いで決定するので、「協同」を理解しやすい。また、雇用労働しか念頭にない学生に仲間と共に仕事をつくるあり方を知ってもらいたいということもあった。

・これまでと異なる角度で社会をみる

その労協での体験から、社会の見方を変える学生が毎年出てくる。例えば、アルコール依存症や精神疾患の人々が助け合い支え合って働いている清掃現場に入った男子学生は見たくない周辺の出来事を無意識に排除していた事に気づき、ごみを片付ける側からみた時の人のあり様から、物事を考える時の視点や人への見方が大きく変わった事を修了報告会で切々と述べた。社会的弱者に寄り添う就労支援団体に入った学生たちがインターンシップ修了後もボランティアやアルバイトで関わり続ける事例も複数出ている。

・自分なりの生きる指針を獲得する

新自由主義的価値観や自己責任論の中で育ち、表現できない違和感を持ち続け苦しむ学生は結構多い。親からの「社会に出たらだれも助けてくれない、だから強くなれ」という言葉や時には大学での学びで経済費用、費用対効果測定を強調され、自分の考えと異なる事に自信を持てなかった学生が、それとは真逆なミッションで行う事業活動に接することで、自らの思考方向で良いのだと得心し自信をつけ、価値観に副った仕事を選択した事例もある。

・「仕事」や「働く」ことの本質を考える

本インターンシップで特質すべきことは学生の「仕事観」の変化であろう。応募書類に記された学生の「仕事」や「働く」のイメージは非常にネガティブである。「上下関係が厳しい」、「不安」、「生活のためにお金を稼ぐ」、「仕事は一人でこなすべき、だれも助けてくれない」、「生きる上で仕方なく」、「義務」、「「とにかく大変」、「会社の歯車になるだけ」、「働きたくない」、「つらい」等。日本の労働生産性の低さは、学生のこのネガティブさからもイメージできる。

そのネガティブ・イメージがインターンシップで大きく変わる。「仕事は一人ではできない、みんなでつくる作品のようなものだと思った」、「協同・協力し合える関係がよかった」、「会議では役職に関係なく発言している、関係がとてもフラットで驚いた」「生き甲斐をもってもよい、持てると思った」、「明るく楽しく働いている姿を見て不安がなくなった」、「人のため・社会のため・地域のためという仕事がある」等々。受入団体での個々人の体験は交流会を通じて皆の体験に広げる。大学教授から「働くことの歴史」、「労働」と「仕事」と「くらし」の概念を整理していただき、学生が当たり前と考えていた枠を広げたこともあった。何よりも組織や人の関係の中に「協同」と「信頼」がある重要さを学んでくれたように感じる。

・本気で怒られる体験をする

インターン生たちの中には、基本的な生活習慣が身についていなかったり、自分を甘やかしたりして受入団体に迷惑をかける学生も少なからずいる。問題のないあるいは優秀な学生だけを相手にして、手のかかる厄介な学生はインターンシップ期間を何とか過ごしそれで終わりする？否、そうはいかない。事務局が「社会人になったら誰も注意しない、今この時だから」と滾々とさとし、受入団体へきちんとおわびするよう言い連れて行くこともあった。受入団体のメンターが本人の話も引き出しながら、じっくりと注意し、その報告を事務局へいただいたこともあった。他人が本気で関わってくれる体験が少ないのであろう。いずれにしても自分の事を本当に考えて怒ってくれているという事が伝わり、感動して男子学生も女子学生もボロボロ泣いた。体験は次へ引き継がれるもの。一〇年後、二〇年後「怒られた学生」の立場は入れ替わり「社会人」として若者を諭す立場になる。その時のために今がある、大人の社会人としての役割がそこにあるとも言えるのではないだろうか。

・話すことの大事さを知る

「協同」を学ぶインターンシップの受入団体の関係者はよく話す。話したい事、伝えたい事が山ほどあるのだ。「協同」を真ん中に置いた事業体は人との関係性で成り立っており、ミッションを事業にしているのでミッションを伝える事が事業の拡大、伸長につながるからである。学生は一様に多く話され、それに応えるために多く話さねばならなかった。話すことに苦手意識があったが、話さねば理解し合えないことがよく分かったという学生の報告文があった。コミュニケーション力に自信がない学生が多く、相手の期待通りに話そうとして詰まってしまう様子も見えるので、何をどう考えているのか、引き出し型で話を聞く。同じ目線でフラットな関係性の中で話しかけられ、話すうちに学生はやがて人との信頼関係はこうして結んでいくものと学んでいく。

これがこのインターンシップでもっとも学んでほしいところであり、たった五日間のインターンシップでも学生は確実に変化する。

協同組合の今日的価値

話すこと、話し合わねば理解し合えない。そこから物事は始まっていく。冒頭で今の若者の生きづらさはどこにあるのか、大上段に分析を試みた。社会は時間軸の上に成り立っている。七五年間経て出来上がった今の社会状況をすぐに変化させることは不可能だ。ならば、どういう方法をもってすれば若者は生きづらさを乗り越え希望を持つようになるのか。

前述したように、それは若者自身の生きる力を引き出す以外にないというのが筆者の結論である。「協同」の「小さな実践」を積む中で、若者自身が納得し、自信をつけていく。そういう促しができる装置が協同組合である。協同組合は組織として大事なのではない。人と人の集合体であり、話し合い、合意し、ルールを守りながら実践する一連の行為を内包した仕組みが「協同体験」に乏しい若者にとって、というより日本人にとって何より必要な時代。協同での人材育成の基盤形成は必須である。

二〇三〇年を見据えた時、その時に社会の中心になっているのは今の大学生の年代である。まず彼らが希望をもてるように「協同」の意味、価値、その生々しさ、しかし「協同」できれば、人は強くなれる。それを実感できるツールとしての協同組合。協同組合の今日的価値はそこにあると考えている。

おわりに

最近、様々な場所で話す時、特に若者を前にした時に伝える言葉がある。高校時代の倫理社会の教諭が恐らく憲法に謳われた基本的人権の尊重、平和主義、国民主権と民主主義についての授業中に伝えた言葉であろう。既に四十年以上の年月が経ち、筆者の思いも入り混じっているだろうが、意味深く心に残っている。

君たちは戦後十年程して生まれた。第二次世界大戦敗戦後、日本には全く異なる価値観が一夜にして導入された。一つの価値観が壊れ、生まれ変わるには百年かかる。君たちは混沌とした時代を生きていくことになる。

昭和三十年、三十一年生まれの筆者の年代に教育を施した教諭達は戦争体験者であった。中には南方ボルネオから中隊二百人中たった八人生還した中の一人という教諭もいらした。生々しい記憶がまだ残っている時代でもあり、彼らは一様に「教え子たちを戦場に二度と送るまい」と固く決意し、平和の尊さ、自由の意味、何気ない日常生活の大切さをそれぞれの授業の中で形や角度を変えながら折に触れて述べられた。平和、民主主義、基本的人権の尊重という言葉の意味は分からない小学生の頃からシャワーのようにその言葉を浴びて育ったのである。折しも当時普及したテレビからベトナム戦争の報道が毎日送られてきた。自分と同じくらい年齢の子どもが母親と空爆から逃げ惑う姿は強烈に胸に焼き付いている。

日本は七五年間を平和に過ごしている。「戦争知らない子供たち」が世代をまたがって存在しているのである。これは歴史的にも地理的にも稀有なことで、日本人が失ってはいけない財産だ。

平和はあなた任せでは守れない。

混とんとした時代に生きるのなら、次代を担う人々が来たるべき時代へ希望を持てるように、平和な時代を継承できるように、その架け橋になる役目があるだろう。主体性を育む協同組合というツールを使って「協同」の大切さを若者へ伝えたい。

〔追記〕

この原稿をあげた三月中旬から新型コロナウイルス感染症が広がり始め、ついにパンデミックになった。感染拡大防止のため、緊急事態宣言も発令された。

人と直に密に会えなくなり、人とのつながりが余儀なく分断された今、人の集合体である協同組合は再び試されている。「協同」とは何か？　改めて自らの実践にも問う。

8. ワーカーズ・コレクティブのこれまでとこれから

藤木　千草（一般社団法人ワーカーズ・コレクティブぷろぼの工房）

はじめに

二〇二〇年二月二二～二三日、名古屋で第一四回ワーカーズ・コレクティブ全国会議が開催された。新コロナウイルスの感染が世界的な問題となっており、開催が危ぶまれたが、二年毎ということもあり、決行され全国から二〇〇名ほどが参集した。筆者は一九九二年にワーカーズ・コレクティブを起業し、翌九三年の第一回全国会議に行って以来、毎回参加という幸運に恵まれてきた。全出席は全国で唯一だということに思い至り、この機会にその変遷と共にワーカーズ・コレクティブ運動の今後を展望し、まとめてみることとした。

1 ワーカーズ・コレクティブの現況

ワーカーズ・コレクティブは、協同組合の組織運営で働く事業体、つまりイタリアやスペイン等に多い労働者協同組合である。従って、メンバー（組合員）は、費用を出し合い（出資）、運営しながら、モノやサービスを提供する仕事を担う。日本で最初のワーカーズ・コレクティブは一九八二年に横浜市で誕生した「ワーカーズ・コレクティブにんじん」である。生活クラブ生協の店舗（デポー）の運営から始まり、リサイクルショップ・料理教室・レストラン・家事介護サービス・カルチャー教室・託児さらには、結婚相談にまで業種が広がった。一つの団体としての運営が難しくなったため、それぞれが一九八五年に個別のワーカーズ・コレクティブとなり、その後、神奈川では手作り品・パン・展示会・翻訳・印刷・編集・石けん・国際交流・配達などさまざまな業種での起業が相次ぎ増えていった。

また、神奈川に続き、他の地域の生活クラブ生協や九州方面ではグリーンコープのもとで設立がすすみ、一九八四年に東京と千葉、一九八六年北海道、一九八七年埼玉、一九八八年熊本、一九八九年長野と福岡、一九九二年山梨、と各地に広がっていった。いずれも生協の業務受託から始まり、神奈川と同様に食関連や子育て支援など多くの分野での事業所が誕生した。

三五年後、ワーカーズ・コレクティブネットワークジャパン（以下WNJ）の調査（二〇一七年）によると、北海道三三団体、埼玉四一団体、千葉一七団体、東京八二団体、神奈川一三三団体、群馬三団体、愛知六団体、大阪九団体、熊本一一団体となっている。神奈川の第一号「にんじん」は弁当・配食・惣菜に業務をしぼり、現在も継続している。東京では一九八四年に設立した一〇団体のうち「まめ（クッキー）」「凡（農産加工）」「クィーンズ（弁当）」「歩（クッキー）」の四団体、熊本では八八年より「マミー（店舗経営）」が事業を継続している。業種別にみると、「居宅や施設での家事援助・介護、デイサービス、ケアマネジャー」など福祉関係が一八六団体と最も多い。次いで「弁当・配食、レストラン、施設での食事づくり、パン・焼き菓子」など食関連が九五団体、生協の業務受託（配送・店舗など）六四団体、保育など子育て支援五八団体、移動サービス二五団体、編集・企画等一九団体となっている。その他、リサイクルショップ、清掃、衣類リフォーム、製品製造、葬祭コーディネート、庭木の手入れなど多岐にわたる。

筆者は、「にんじん」誕生の一〇年後、一九九二年に「ワーカーズ・コレクティブ生活工房まちまち」を三人で設立した。契機は生活クラブ生協国分寺支部が企画した三回連続講座「仕事づくりワークショップ」に参加したことだ。講師の世古一穂さん（NPO研修・情報センター）より、海外での市民参加のあり方やワークショップの手法をお聞きし、「これからは日本も市民参加のまちづくりをすすめなければならない。その手法を工夫し意見をまとめていくことが仕事になる」との励ましもあり、受講した生活クラブの組合員で起業することにした。「生活工房まちまち」の設立趣意書には「市民参加のまちづくりをしなやかにコーディネートする」と書いている。そして、一八年後の二〇一〇年一〇月末、組織刷新と業務発展のために解散し、三日後の一一月三日「ワーカーズ・コレクティブぷろぼの工房」を一二人で設立した。それぞれの特技を生かし、調査・企画・編集・手作り品作成・居場所づくり・ハンディがあっても共に働く場づくりなどの仕事を手掛けながら現在に至っている。

2 全国会議の記録からみたワーカーズ・コレクティブ運動

各地でワーカーズ・コレクティブの設立がすすみ、一九八九年に「市民事業連絡会」が発足し、神奈川・東京・千葉・埼玉のメンバーが定期的に集まり、協同組合や法制化の学習会を行うようになった。ワーカーズ・コレクティブの働き方を規定する法律の必要性は、当初からの課題だったのだ。四年間活動した後、一つの区切りとして全国会議を開催することとなり、以来、二年毎に開催している。その都度、発行してきた記録集に基づき、当時の特徴的なポイントを列記していく。（登場者の所属等は当時のものである）

(1) 第一回全国会議（一九九三年・埼玉）

第一回の全国会議では、市民事業連絡会の結成を促してくださった石見尚さん（日本ルネッサンス研究所）に基調講演をお願いした。前年の一九九二年にリオで開催された地球環境サミットでの提言「持続可能な開発」について詳しく説明し、ワーカーズ・コレクティブがその担い手であると激励してくださった。Sustainable development と板書して「二一世紀のキーワードになるから覚えておいてほしい」と講演中の写真が記録集に掲載されている。一八七人の参加者のうち、どれくらいが理解しただろうか。さらに、「ワーカーズ・コレクティブの理解をすすめるためには、地域で実践を重ねながら世界に英語で発信していくことが重要。そして法制化の実現が必要で目標は九五年」と提言された。また、ワーカーズ・コレクティブが克服すべき弱点は「社会常識が乏しいこと」と強調されていることに苦笑する。それは、現在の課題でもある一方で、常識を知らないからこそ起業し事業を継続できるという側面もある。

基調報告で宇津木朋子さん（企業組合ワーカーズ・コレクティブにんじん）が話された「にんじん」の一〇年で見えた課題は、今なお、変わっていない。「雇用労働の錯覚にとらわれやすい」「難しいのは、主人公だという気持ちで働くこと」「仕切り屋はボス。代わって担う人をどうつくるかを考えるのがリーダー。仕切られっぱなしのグループは長続きしない」「決めたことを実行することに価値があるから、自分がやるという覚悟で決めなければならない」「自分自身がここで働きたいという強い意志、熱意、自信がないと相手にきちっと語れない」さらに、「精神的にも経済的にも自立を目指す」タイプと家事介護サービスなど「報酬の多寡はあまり問題にしないボランタリー的」タイプがあるが「どちらのタイプも運営費を出せないとだめ」と釘を刺している。

家事援助・介護の「たすけあいワーカーズ」は神奈川で一九八五年に誕生したが、当時は公的支援がほとんどなく、高額の利用料金の設定が難しい中で、報酬にこだわらずボランタリーにならざるを得なかった。ところが、高齢化率の上昇と共にニーズが増え、各地のたすけあいワーカーズが存続の危機を叫びだしてしばらくした二〇〇〇年に介護保険制度が開始され、ようやく事業は安定した。しかし、日本の高齢化率は二八・一％（二〇一八年）から二〇三〇年には三一・二％となる予測で、介護保険は事業者にとっても利用者にとっても厳しくなる方向だ。行政の福祉計画では「住民どうしのたすけあい・見守り」に重点が置かれているが、これはワーカーズ・コレクティブが先駆的に手掛けてきた「報酬に関わらない地域貢献」を一般化することに他ならない。

報告の最後は協同組合地域社会で締めくくられている。一九八〇年のレイドロー報告が提示した優先的に取り組むべきことの一つである。「協同組合地域社会は参加型社会であり、自分たちが責任を負っていく社会だ。その実現はワーカーズ・コレクティブも担っている」

(2) 第二回全国会議（一九九五年・東京）

第二回は、一日で終了するプログラムのため、登壇者はワーカーズ・コレクティブから七名、研究者四名と大勢になった。当時は「主婦が起業」といった視点でマスコミからも注目され始め、新聞社等が数社来ていた覚えがある。

第一回終了後、法制化を求めるためには、ワーカーズ・コレクティブがどういう団体なのか明文化する必要があるということで、「ワーカーズ・コレクティブの価値と原則」策定を開始し、第二回で発表した。参考にした国際協同組合同盟(以下ICA)による「協同組合のアイデンティティ」案については、ICAでの議論の様子や内容について白石正彦さん（東京農業大学）が解説してくださった。

また、フロアから参加者として佐藤慶幸さん（早稲田大学）、冨澤賢治さん（一橋大学）、山岸秀雄さん（日本NP

O推進フォーラム）が発言されているのも、なんとも贅沢だ。開催後、その成果を踏まえて全国的な組織とするために、市民事業連絡会を改組し、WNJを設立した。

(3) 第三回全国会議（一九九七年・東京）

第三回では、第二回で「価値と原則」について討論ができなかったため、時間をとって意見交換を行うことになった。国会で議論が始まったNPO法案についての学習会も行いながら、さらに一歩進めた「ワーカーズ・コレクティブ法案要綱第一次案」を作成して発表した。

基調講演では、西山美代子さん（企業組合ワーカーズ・コレクティブ回転木馬）が所属するリサイクルショップのワーカーズ・コレクティブのメンバーが次々と市議会議員に当選したことや女性の経済的自立が男性の生き方を変える実例を話された。「家族を養うという重圧から解放され、会社を辞めてもう一度自分の働き方を探し始めた夫たちもいます」

法制化については、樋口兼次さん（白鴎大学）から、「男性社会や会社社会など日本の観念と闘わなくてはならない。実態を作って無視できない存在になれば官僚は法律をつくるだろう。」とコメントをいただいた。

(4) 第四回全国会議（一九九九年・東京）

第四回では、第三回で出された意見を踏まえながら、法案要綱第二次案を作成して発表した。二次案は、ワーカーズ・コレクティブの働き方を「雇用された労働ではなく、対等な立場で自主的に自己決定し、責任を持つ労働である」とはじめて規定した上で、「働く人たちの協同組合である」ことを明確にした。そして、法制化に向けて理解者・支持者を広げることや専門家の力を借りて法案を作る研究会が必要であることを確認した。

二〇〇〇年には、小冊子『ワーカーズ・コレクティブ法をつくろう　その1』を作成したり、柏井宏之さん（市民セクター政策機構）のご尽力により『どんな時代にも輝く主体的な働き方～ワーカーズ・コレクティブ法の実現を』（二〇〇一年同時代社）を発行し、啓発に努めた。

法制化を実現するために、WNJの運営体制として専任の事務局を置くことになり、以降の活動が充実した。

(5) 第五回全国会議（二〇〇一年・東京）

ワーカーズ・コレクティブ法研究会で学習を重ね、実行委員会のなかに要綱案作成担当を置いて第三次案を作成し、発表した。ＷＮＪ独自の要綱案はこれが最終案となっている。たすけあいワーカーズのリーダーである石毛えい子さんが民主党の衆議院議員に当選したことで、法制化を直接、国会議員に要請できる形となった。民主党にワーカーズ・コレクティブワーキングチームが発足し検討が始まる。

二〇〇二年に第二次ワーカーズ法研究会を設置し、研究を重ねると共に、各省庁に法制化の必要性を知らせる活動もおこなった。また、当時、小泉政権のもと、民法の法人成立に関する三三～三五条の改正が一〇〇年ぶりに検討されており、二〇〇三年に「公益法人の抜本的改革に関する意見書」をＷＮＪから行革大臣へ提出したのを皮切りに、二〇〇六年に公益法人制度改革三法案が成立するまでの間、出資ができる非営利法人を求めて、フォーラム開催や冊子発行、要望書を数回提出、担当職員へのヒヤリングなどの活動を継続した。一般社団法人が基金として資金を出しあえる制度になったのは、その成果ではないだろうか。

(6) 第六回全国会議（二〇〇三年・北海道）

第六回は首都圏以外で初めて開催することができた。北海道の皆さんの参加も多く、遠方ではあったが、二日間で全国からのべ七〇〇人が参集した。基調講演で天野正子さん（お茶の水女子大学／ワーカーズ・コレクティブ法をつくる会）がライフステージに合わせて雇用労働と非雇用労働を行き来できるリカレント型社会を提唱され、その実現に必要なのがワーカーズ・コレクティブの法制化だと激励してくださった。

終了後、第三次ワーカーズ法研究会が始まり、定期的に議論の場を設けるなかで、二〇〇四年～二〇〇五年は、市民セクター政策機構のサポートにより「モンブラン会議」（フランス）、ＩＣＡアジア大会（タイ）、アジア太平洋女性環境会議（韓国）にＷＮＪとして参加し、日本のワーカーズ・コレクティブについて報告する機会を得ることができた。第一回全国会議で石見さんが助言された「海外への発信」をようやく実現したことになる。

(7) 第七回全国会議（二〇〇五年・神奈川）

第七回は、ＷＮＪ設立一〇周年として、ワーカーズ・コレクティブ発祥の地、横浜で開催した。一〇周年の大会アピールを作成し、「法制化」「非営利市民事業の基盤づくり」「若い世代や団塊の世代・障がい者と働く」「他の社会的企業との連携」などの実現を宣言した。障がい者と共に働くことは初めて分科会のテーマになり、コメンテーターに斎藤縣三さん（NPO法人共同連）をお迎えした。以来、共同連との交流が続き、ハンディがあってもなくても共に働く場をつくることがワーカーズ・コレクティブの課題の一つとなり、二〇〇九年・二〇一〇年には日韓フォーラムを共催した。

法制化については、二〇〇六年に生活クラブ事業連合生協連合会の「協同組合法制化検討プロジェクト」に参加し、「中間答申　協同組合・生活クラブのアイデンティティ」をまとめた。この頃から生活クラブ連合会との協議会を定期的に開催することとし、現在に至っている。

また、「平成一八年度国民生活白書」で「資本と労働を持ち寄る新しい働き方」としてワーカーズ・コレクティブが紹介され、励みとなった。

二〇〇七年には、「協同労働の協同組合法の制定をめざす市民会議」（以下「市民会議」）の呼びかけに応じて『協同労働の協同組合法』の速やかなる制定を求める」請願の団体署名の呼びかけ団体となり、ワーカーズコープと協力して法制化をすすめることになった。署名は最終的に一万団体から集めることができた。

(8) 第八回全国会議（二〇〇七年・熊本）

第八回は、初めてグリーンコープによるワーカーズ・コレクティブが活躍する熊本で開催した。特徴的なのは韓国からゲストとしてウ・セオクさん（韓国医療生協連帯在宅福祉サービス「道連れ」）を招いたことだ。韓国では保育、食、環境、リサイクル、教育、ケアなど一〇団体あり、続々と誕生しているという。韓国の生協研究所からも五人が同行で参加された。韓国では二〇〇六年一二月に社会的企業育成法が制定され、貧困や高齢化に対応するためにもワーカーズ・コレクティブを広げていきたいと熱心に話されていた。その後、韓国では二〇一二年一二月に協同組合基本法が制定されたこともあり、協同組合が約一万五〇〇〇団体(二〇一九年四月:iCOOP)となっている。きっと、ワーカーズ・コレクティブの数も日本を上回っていることだろう。

法制化の動きとしては、「市民会議」会長の笹森力さん(元連合会長）の政治力もあり、二〇〇八年二月二〇日に超党派の国会議員連盟「協同出資・協同経営で働く協同組合法を考える議員連盟」が設立し、法制化の検討が始まった。生活者ネットワークの議員を務めた大河原雅子さんが民主党の参議院議員となっていたこともあり、民主党の学習会で「ワーカーズ・コレクティブ法をつくる会」の天野正子会長が講演をおこなった。ワーカーズコープと共に、地方自治体議会より法制定を求める意見書を国に提出することを促す活動も開始し、現在の意見書採択議会は九三〇（二〇二〇年三月）にのぼる。

⑼ 第九回全国会議（二〇〇九年・埼玉）

第九回の特徴は、学生や若い世代に、大会のテーマである食糧の自給力・持続可能な地域の持久力・住む人々の地域力に関する事業プランを公募したことだ。研究会でお世話になっている大学の先生方から呼びかけていただき、四組の学生と二名の起業家の応募があり、全体会で発表していただいた。農業支援のしくみ・大学内の子育てスペース・学食の新事業・塾用の弁当などいずれも興味深く楽しいプランで、ワーカーズ・コレクティブのメンバーも元気とヒントをもらうことができた。法政大学の学生が発表したプランは、その後、実際に多摩キャンパス内にあるカフェのリニューアルにつながっている。

法制化については、二〇一〇年に衆議院法制局が作成した「労働協同組合（仮称）法案の概要」を検討する共同準備会を生活クラブ事業連合生協連合会の政策提案運動実行委員会のもとに開催し答申をまとめた。国会では民主党案としての「協同出資・協同経営で働く協同組合法案（仮称）要綱（案）」が合意され、議員連盟での検討が始まった。このまま順調にすすむかと思われたが、二〇一一年三月一一日に東日本大震災が勃発した。さらに、六月、強力なけん引者の笹森さんが逝去され、法案要綱の検討は頓挫するものとあきらめていたところ、大河原さん他民主党の議員の尽力により策定作業は継続していた。七月～八月に民主党議連が労働組合・ワーカーズコープ・ＷＮＪと個別に懇談し、それぞれの意見を反映した要綱案が八月二六日の民主党議員連盟総会で承認された。民主党は、その要綱案を各党に説明し、具体的な法案作りに入るはずだったが、震災や原発事故の対応もあり、すすまないまま二〇一二年一二月に安倍政権に代わってしまった。

被災地支援としては、ＷＮＪとしてカンパ活動を行い、総会で「東日本大震災及び東京電力の福島原子力発電所事故に際して」の声明文を採択した。内容は①復興計画は地域主体ですすめる②ワーカーズ協同組合法と社会的事業所支援法の制定③食品の汚染状況の公表④原子力を自然エネルギーに変える、の四項目である。そして、必要な支援を検討するために仙台市の共生地域創造財団を訪問し、協力を得て被災地を視察した。

⑽ 第一〇回全国会議（二〇一一年・千葉）

震災の八か月後の開催となり、分科会と自主企画のテーマに原発とエネルギー問題を設定した。分科会での講演をお願いした天笠啓祐さん（ジャーナリスト）は、四〇年以上前から反原発運動を続けていて、日本消費者連盟で毎月、経産省と東電の前で定例デモを行っていた。通常二〇人程度だが二〇一一年三月は五〇〇〇人が参加したとのこと。「一人になってもやり続けることが大事です」という言葉が力強く、午後の自主企画にも最後まで参加してくださり、脱原発に向けて熱心な意見交換が展開された。

二〇一二年は国際協同組合年であり、WNJも全国実行委員会に参加した。また、実行委員会幹事会の下に設置された「協同組合憲章検討委員会」に筆者も末席に加えていただいた。二〇一二年一月の全国実行委員会で最終案を決定した後、一月三一日に幹事が首相官邸を訪問し、藤村修内閣官房長官、齋藤勁内閣官房副長官に要望書と協同組合憲章草案を手渡したものの、協同組合憲章は未だに制定されていない。七月一八日の国際協同組合デー記念中央集会では、応募した「協同組合地域貢献コンテスト」の最優秀賞四団体の一つにWNJを選出していただき、全国のメンバーの励みとなった。尚、九月には日本協同組合学会の実践賞もいただいた。

被災地支援としては、二〇一二年三月から二〇一三年二月まで、国土交通省の地域づくり支援事業「大船渡市におけるまちづくり支援、生活支援のためのコーディネート事業」で、起業支援を行った。一般社団法人生活サポート基金からの依頼である。大船渡の仮設住宅に住む方を対象に説明会を九回開催した後、移動サポートの事業化に向けて五回説明会を開催し、福祉有償運送のドライバー資格を得る認定講習会を二回実施した。二〇一三年三月にWNJ被災地起業支援チームを発足し、被災地支援を継続することになった。四月に被災地視察（宮城県石巻・女川・南三陸町）をおこない、女川で活動する「ママサポーターズ」代表の八木純子さんとの交流が始まった。

法制化については二〇一三年一一月に市民セクター政策機構と共催するワーカーズ協同組合法研究会を開始し、生活クラブの理事長他とワーカーズ協同組合法や協同組合基本法でのワーカーズ設立の可能性について検討を始めた。

二〇一四年二月、白井和宏さん（生活クラブ・スピリッツ株式会社）と柴田敬三さん（株式会社ほんの木）の協力を得て『小さな起業で、楽しく生きる～仲間と始める地域協働ビジネス（ワーカーズ・コレクティブ）～』（ほんの木）を発行することができた。これまでのＷＮＪの実践の集大成である。

⑾ 第一一回全国会議（二〇一四年・大阪）

第一一回は、福原宏幸さん（大阪市立大学）の力をお借りして、大阪市立大学で開催することができた。全体会で報告いただいた田中タカ子さんは、ＷＮＪが大船渡市で行った起業支援説明会をきっかけにワーカーズ・コレクティブを三人で結成された。被災の混乱がひと段落した後、三陸の将来を考えると「過疎化は避けられなくても主体的に楽しめる三陸にしたい」との思いから、人と人をつなぐ活動を手掛けることにした経緯をお話しいただいた。残念ながら、ワーカーズ・コレクティブとしての事業は継続できなかったが、現在も大船渡に住む方々の役に立てるようにと活動されている。また、大学生の川口加奈さん（ＮＰＯ法人 Homedoor）には、高校生の時にホームレス問題に関心をもち、その研究を積極的に行っている大阪市立大学に進学し、実際にホームレスの方たちの働く場としてレンタサイクル事業を開始したことを報告していただいた。卒業後もその仕事を継続され、今や、全国的にもモデル事業として周知されている。学生の起業プランの分科会では、関西学院大学の岸田奈美さんが、障害があっても自由に暮らせる環境づくりを事業とする株式会社ミライロを大学一年の時に三人で起業した経緯を話された。岸田さんも卒業後、事業を継続しミライロは今やマスコミでもたびたび取り上げられる会社に発展している。関西での学生パワーに、ワーカーズ・コレクティブのメンバーも大いに刺激された。

⑿ 第一二回全国会議（二〇一五年・東京）

第一二回は、ＷＮＪ設立二〇周年ということもあり、一四年ぶりに東京で開催した。全体会で柳沢敏勝さん（明治大学）に社会的連帯経済について解説いただき、ワーカーズ・コレクティブもその一員あることを共有することができた。その後、国際的な社会連帯経済フォーラム（ＧＳＥＦ）にも二〇一六年（カナダ）と二〇一八年（スペイン）にＷＮＪから参加することとなった。

また、被災地支援で交流している八木純子さんの五年間の活動報告では、いつも前向きな姿勢にこちらが元気をいただいた。

法制化については二〇一七年四月、「協同組合振興研究議員連盟」（会長・河村建夫衆議院議員／以下「議連」）の総会が開催され、議員立法での成立を目指すこととし、五月には「与党協同労働の法制化に関するワーキングチーム」（座長：田村憲久衆議院議員、座長代理：桝屋敬悟衆議院議員）が設置され検討が始まった。ＷＮＪからも運営委員が協議の場に参加して意見を伝えることになった。

⒀ 第一三回全国会議（二〇一七年・北海道）

一四年ぶりに北海道での開催となり、「ワーカーズ・コレクティブは社会的連帯経済の担い手」をテーマとした。再度、柳沢さんに講演をお願いするとともに、小冊子「社会的連帯経済ってなぁに」を作成し、啓発に努めた。

二〇一七年以降、法制化に向けた国会での動きが急速にすすんだ。衆議院法制局による骨子案は議論に基づき度々更新され、二〇一八年一二月のワーキングチームで法案の骨子が決定した。法律の名称は当初、「労働協同組合法」で提案されたが「就業協同組合」に変更されたのち、最終的には「労働者協同組合法」に決定した。二〇一九年一〇月までに一一回の実務者会議が開かれワーカーズコープやＷＮＪ運営委員の意見が反映された内容となり、全条文を確認する段階に入った。

⒁ 第一四回全国会議（二〇二〇年・愛知）

開催地の愛知県ではＷＮＪ関連のワーカーズ・コレクティブがまだ五団体（二〇一九年）ということもあり、原点である「協同労働でつくる協同組合型地域社会づくり」をテーマに開催した。向井忍さん（地域と協同の研修センター）の講演「人口減少社会における持続可能性と協同労働の役割」は今後を展望する機会となった。

法制化については、二〇二〇年三月三一日、「議連」総会において「労働者協同組合法案」（一三七条、附則三二条）が提案され、各政党での検討が始まった。いよいよ国会に共同で提出される見通しである。法案のポイントは、「組合員が出資し、それぞれの意見を反映して事業を行う」「多様な就労の機会を創出することを促進」「持続可能で活力ある地域社会の実現に資することを目的とする」「営利を目的としない」「準則主義（届け出制）で設立」「発起人は三人以上」「組合員との間で労働契約を締結する」「組合員の議決権及び選挙権は出資口数に関わらず平等」「企業組合、ＮＰＯ法人からの移行規定」等である。

3 支援機能の必要性

ワーカーズ・コレクティブの組織運営や事業継続の課題は、第一回全国会議で宇津木さんが指摘されて以来、毎回、全国会議のテーマとして話し合う場を設けている。また、WNJの活動としても、市民セクター政策機構との共同事業で「ワーカーズ・コレクティブのガバナンス調査」（二〇一五年）「中間支援機能検討プロジェクト」（二〇一四年）「中間支援組織検討プロジェクト」（二〇一七年）などを行い、対策を検討してきた。

東京では、ここ十数年、ワーカーズ・コレクティブの団体数が増えていない。生協の業務受託の分野での新設はあるが、食関連を中心に解散も相次いでいる。そこで、二〇一八年に東京ワーカーズ・コレクティブ協同組合の呼びかけでACTたすけあいワーカーズ・コレクティブ連合や生活クラブ生協等と実行委員会を形成し、ほぼ全部のワーカーズ・コレクティブ八三団体の訪問聞き取り調査を行い、二〇一九年はその結果を分析して解決策を話し合った。結論として「支援の専門機能のしくみをつくる」ということになったのは、WNJでも掲げてきたことと同様である。人材育成や事業活性化のための研修プログラムや学習会の考案、広報力の強化、各事業所への個別支援、相談や情報提供、起業支援、行政との関係構築、調査・分析と提案、資金援助や場所の提供などを専門に担う機関をどうつくるか。ワーカーズ・コレクティブの場合、連合組織の理事や役員は自分の所属するワーカーズ・コレクティブの仕事が第一であり、交代し合うため支援できることに限界がある。専門機関をつくるための人・モノ・金をどう出しあうか、いよいよ喫緊の課題だ。

労働者協同組合法の実現はこの働き方を広げ、関わる人を増やしていくことには有効だろう。しかし、あくまで法人格の制定であり、団体の経営がうまくいくようになるというものではない。レイドロー報告いわく「労働者協同組合に関するいろいろな概念についての情熱だけでは、この種の協同組合は決してスムースに運営され得るものではない・・・つまり、あらゆる種類の協同組合のなかで、おそらく一番複雑で、スムースかつ成功裡に運営することの難しい協同組合」なのである。いかに支援する仕組みをつくるか、各種協同組合が連携することはもとより、公的機関での施策や「支援法」制定も求めたい。二〇三〇年にワーカーズ・コレクティブは存続しているか、お尻に火がついている。実践と施策提言の挑戦は続く。

9. 生活クラブか、協同組合か

伊藤由理子（生活クラブ連合会常務理事）

就職した先が生活クラブ

協同組合の世界では必読の書である「西暦二〇〇〇年における協同組合」（レイドロー報告）が世界に向けて提起された一九八〇年、私は生活クラブ生協・東京に職員として就職した。もちろんそれは単なる偶然であり、その後数年はその存在さえ知らずに過ごしていたのだが。

当時の日本は男女雇用機会均等法の施行前で、私の周囲でも男性学生には段ボール数箱分のリクルートDMが届いているのに、私にはたったの二通。一通は小さな企業の受付係、もう一通はパーティーコンパニオンの仕事だった。周囲も同様で、別に私が学生運動や政治的活動に関わっていたからではないようであった。当時の女性学生が企業社会に期待されている姿が見事に表れていたといえる。

とはいえ、私自身が就職にすごく焦っていたかというとそんな殊勝な学生ではなく、大学の演劇集団を中心に、三里塚や狭山闘争、学費値上げ反対運動などにめっぽう忙しく、あまり〝生涯の仕事〟という問題を真剣に考えていたとは言い難い。そんな不遜な態度が生活クラブ運動との出会いにつながったのだから分からないものである。というのも、当時の生活クラブは伸び盛りで常に人手不足、「誰でも入れるみたいだよ」という情報があり、やはり女性は事務職だけだったが大学に一番近いセンターの事務が退職するということで潜り込んだといういきさつだったのだ。なにせ就職面接にジーンズにカーリーヘアで出かけたくらい舐めていた。体を張って生活クラブをつくってきた先輩方に、今更ながらお詫びしたいと思う。

入職した当時の生活クラブ東京は、毎月都民生協（現在のコープみらい）と組合員数一位を競い合い、配送センターの事務所には新規の加入申込書が千円札（加入出資金）と一緒に無造作に散らばっていた。組合員がとにかく熱く、ナナメ目線の小娘としてはちょっと引くほどの勢いがあった。一方で、「協同組合」を語る人は創成期の方々を含め殆どおらず、「私たちは協同組合をつくってきたのではない。生活クラブをつくったのだ」という唯一無二の自意識に満ちていた。

実際に、就職面接の際に「協同組合と一括りにされては困る」と言っていた生活クラブ創始者である岩根邦雄元理事長は、ことさらに協同組合というアイデンティティを駆逐しようとしていると感じた。それが何故だったのか、そして現在に続く経過の中でそのこだわりはどうなったのか、これからに向けてどう相対化していくのか。本稿をしたためるにあたって、私が直感的に抱いた問題意識である。〝二〇三〇年の協同組合〟という時の「協同組合」とは、一九世紀から連綿とつながってきた人民による運動の歴史なのか、「一人は万人のために、万人は一人のために」という崇高な理念を掲げる組織のことなのか、高度に発達したシステムと情報に支配される時代にも持続可能性を担保するサステイナブルなビジネスモデルとしてなのか。あるいはそのどれでもない問いであるのかもしれない。

二つの衝撃的な記憶

こんなことを考える時いつも頭を過る二つの記憶がある。一つは、一九九六年に社会学者の見田宗介氏が「現代社会の理論」を出版し、その数年後に生活クラブでお呼びした際に聞いた講演の内容だ。「人々にとって、ダイナミックに発達した今日の情報社会と消費社会は実に魅力的である」「金銭をもって消費するという行動は自己表現そのものである」「個人が社会にコミットする機能を果たすために大きな自己実現感をもたらす。それが消費行動が魅力的である要因なのだ」「であるならば、消費行動が持つ強力な力を、消費者が自覚的に行使することにより市場社会に変革をもたらす可能性がある」。

―見田氏がこう表現をしたかどうかは甚だ自信はないが、当時の私はこのように理解したということでお許し願いたい。

二つめは、私が生活クラブ東京の常務理事に就任した当時に東京都生協連合会で会長理事を務めておられた浅井康男さん（故人）が二〇〇五年に会長を退任された時の話だ。送別会の席で私の隣にゆらりと座り、「岩根さんは〝生協は道具だ〞と言い放ったんだよね。当時の自分たちはロッチデイールや賀川豊彦を一生懸命学び、本当に毎日真剣に協同組合運動に心血を注いでいたから、その大切な理念を道具扱いにする議論など、誰も相手にもしなかった」。今でいえば「スルーした」ということだ。

続けて浅井さんはこう言った。「あの時、喧嘩になってもいいから正面から議論していれば、日本の生協運動は二〇年分は先に行くことができたと今は思うんだよ」。

生活クラブへのリップサービスかもしれないが、日ごろの生活クラブへの接し方に照らしても本心で話してくれたと思っている。

その後、この二つのインパクトはいろいろな時代のいろいろな場面で私の頭の中を横切り、固定しそうになる思考を掻き回してくれる働きをしてくれている。

先進性の正体

浅井さんに限らず、「生活クラブって先進的ですよね」と言われることがある。実際に、「早すぎたよね」という事例は間々ある。「早すぎてうまくいかない」というのは事業運営として褒められたことではないと私が気付くのはずっと後のことだ。

それはさておき、なぜ「生活クラブは先進的」なのか。岩根さんをはじめとして生活クラブの先輩諸氏は天才なのか、予知能力者なのか。当然そういうことではなく、買い物という魅力的な消費行動を、社会にコミットする経路として自覚して行使する選択肢を獲得した組合員たちが、その実効性に気づき、より魅力的な行動へと育てる面白さをおおぜいの仲間たちと共有し、そのことが「今何が問題か」「何がそうした行動をより啓発することにつながるか」というヒントを数多く発信したこと。それをキャッチして事業仮説として組み立てる嗅覚と、生産者との関係性をつくってきたこと。組合員にしても生産者にしても、そうした感度を持った人々が集っていたことこそ、その時代の社会に欠けていたもの（こと）が透けて見えてくる。

ワーカーズ・コレクティブ運動が拓いた新たな地平

一九八〇年代、私が生活クラブに入職してからの十年間弱は、生活クラブが生活に必要な食材の開発から更にウィングを広げて地域社会に打って出た躍動感あふれる時期であった。

私もその立ち上げに担当事務局として関わったワーカーズ・コレクティブ運動、「個人班」制度（現在の個人宅配システム）は共に一九八四年に始まった。冒頭に触れたように、入職直後は「主婦」とか「無償活動」、米や豚肉や味噌と言った生活感あふれる言葉の洪水に辟易とするという、私自身の浅い理解に起因する「本音」も実はあった中で、ワーカーズ・コレクティブ立ち上げのための説明会は衝撃的な経験だった。八か所ほどあった配送センターの集会室は立ち見がひしめくほどの参加状況で、質疑が途切れず終わるに終われないものであった。呼びかけは、「生活者を主語に働こう」と題した班回覧用のチラシ一枚である。参加者の二分の一は「生活クラブがパートを募集している」と思った人、残りは生活クラブに抗議しに参加した人たちだった。まだ二〇才台だった私の説明を食い入るように最後まで聞いたうえで、当時の主婦が家計の足しにとパートに出たらどういう扱いを受けるのか、知人の事例などが報告され、その衝撃的な実態が共有される。さらに、「これまで無償の活動こそが生活クラブの革新性を支えていると言っていたのに、突然手のひらを返したように有償労働を、しかも企業家の側に立てというのか」「こんな提案をする前に、これまで組合員が無償で提供してきた労働がどれだけの経済効果を生活クラブに、また市場経済に生み出したのかを試算して示すべきだ」などの意見が述べられ、一つひとつに反論あり、賛同の拍手ありの大討論会となった。その渦中で私は、それまでの「本音」を深く恥じ、生活クラブ運動の可能性に魅せられたのだと思う。

この時の感動ともいえる思いは、後に、前述した二つのインパクトと出会うことによって私の中で論理化されていったといえる。その後、二回、三回と関心のある人で説明会が継続され、その年度内に続々とワーカーズ・コレクティブが結成されていくわけだが、その過程でのドラマの詳細はここでは省くことにする。

しかし、この説明会への熱い反応と、その後の幾多のドラマから見える生活クラブ運動の真の姿は、その時代に（個々人にとっての諾否はともかく）家庭運営を自らの責任分野として生きていた女性たちの、自分でも気づいていなかった「欠落」あるいは「無意識の琴線」を顕在化するということだと考えている。

社会の主体であるための「道具」としての生活クラブ

近年知ったことだが、広告業界ではこれに似た潜在的ニーズを「インサイト」と言って、現代社会の広告の主流を成しているそうだ。

しかし私は、こうした生活者に潜在する希求を「時代の飢え」と表現している。ニーズとは異なる、まさに潜在的欠落・渇望であり、当事者の気づきや表現がなによりも重要だと思うからだ。こうしたことは生活クラブに限らず、多くの生協や労働組合や社会運動の歴史にあるのだろうと思う。そうした現象が社会の変化やテクノロジーの発達で発生しにくくなっている。「成熟した消費社会」の中でニーズさえ見えにくくなり、見田宗介氏が指摘した「選択した気になっているけれど選択させられている資本主義経済」も活気を失って三〇年が経つが、「道具としての生活クラブ」はもう必要ないのだろうか。

協同組合が「道具」を提供する時代に向けて

これからの時代、二〇二五年問題から二〇四〇年問題へと高齢社会の加速は確実であり、経済の停滞、格差の拡大、自然災害の頻発、新たな感染症の世界的蔓延など、厳しい予測から免れられない状況である。

その中で、国レベルの政策は「地域包括ケア」から「地域共生社会」、「六次産業化による地方経済の立て直し」「ローカルＳＤＧｓ」など、数十年前に生活クラブ組合員が描いていた地域社会の姿だし、生産と消費、都市と農漁村の相互貢献のあり方だったりする。

本当にいま、人々の生活や気持ちに潜んでいる琴線―「飢え」を当事者自身が探り当て、表現することが必要だ。これから生協は、あるいは協同組合は、自ら気づくための「道具」として、また「時代の飢え」に応える「道具」として機能していくだろう。多様な当事者を主体とする組織だから、協同組合は元々多機能な道具なのだ。その使い方を周知し、使い勝手を組合員自身がシェアしていくことで新たな使い方が獲得されていく。

生まれた時にはすでに不況のただ中で、市民による社会的運動も周囲になかった世代の人々が経済や生活の中心にいる時代になっている。私は彼女ら・彼らの気づきや感性に大きな期待をもっている。生活クラブの先輩たちが「協同組合と一括りにするな」と主張したのは、高度成長に向かう日本社会において運動としての生協活動が活発だった時代だからだ。イケイケ経済の時代はもう訪れない。定常型社会の中で､協同組合という社会セクター・経済セクターが重要になってくるだろう。

思いやること、力を合わせること、助け合うこと、他者と共通する思いを広げて材や機能（サービス）として社会に提供すること。まさに〝生活の協同組合〟が必要とされ、新しい世代の人々によって社会的な課題の解決に役立つ道具として進化する時代になるのではないだろうか。

人口が減り高齢者が増える時代は避けられないが、それを世代間連帯によって誰一人取り残さずに乗り切っていくために、さまざまな分野で協同組合が役に立つはずだ。決して遠くはない未来のために、「協同組合基本法」の制定が求められる。

10. 労働力商品化を止揚した社会的共同組合のレゾンデートル

堀　利和（ＮＰＯ法人共同連顧問）

障害者生産協同組合の試み

一九八七年に「ハリ・マッサージユニオン」を立ち上げ、理事長に私がなった。周知のようにこのような生産協同組合には法律上の制度はなく、従ってみなし法人ということにならざるを得ず、実際には法制度上個人事業主であり、経営の安定から障害者雇用促進法制度を活用することにした。

マッサージユニオンの発足にあたっては直接ユニオンで働く者だけではなく、理解ある一般の方々にも組合員になっていただき、それぞれ何口かの組合費を払っていただいた。実はこの私も鍼・灸・マッサージの免許は持っておらず、理事長の役職にのみ従事した。その意味では、きわめて変則的な生産協同組合であった。

そもそもなぜこのような変則的な協同組合「マッサージユニオン」を立ち上げることに至ったかというと、それにはまず、視覚障害者が置かれている鍼・灸・マッサージ業の厳しい現状があった。戦前は盲人のことを「あんまさん」というほどに、あんま、マッサージの仕事はほとんど盲人の担い手で占められていたが、近年は特に晴眼者（健常者）の業界への進出が激しく、むしろ今や盲人の方が少数派になってしまった。ましてや、あんまマッサージに比べて鍼・灸の方がなおさら厳しい状況である。こうした現状から、以前より「業権擁護」という運動スローガンがあった。

それに加え、鍼・マッサージの治療院は一人職場であり、治療院に来るのも当然患者、しかも患者が来るのをひたすら一日中一人で待つ、経営も一人経営である。そのような事情からとかく治療院を経営する視覚障害者は孤立しがちで、人間関係もせいぜい同業者または盲界（盲人世界）であって、かつ、盲学校時代の同窓生の仲間が多い。このような「盲界」を、塀のない施設と私は呼んでいる。

あるいは、別な事情もある。かつて私たちの先輩たちが独自に切り開いてきた「産業マッサージ」という分野がある。これは当初、バスやタクシーの運転手に対してその疲労からの健康管理・増進のためのマッサージ治療を目的にしたものであって、当然その後他の業種にも広げていこうとするものであったが、現実はなかなか厳しく、企業の側も「産業マッサージ師」を積極的に雇おうとはしなかった。残念ながら職場開拓とはならなかった。

そこでマッサージユニオンとして考えついたのが、企業・職場に「産業マッサージ師（鍼・マッサージの治療師）」を雇用ではなく派遣・出張させる方法であった。このような試みは決して個人の治療院ではできず、やはりマッサージユニオンという協同組合組織だからこそそれが可能になる。

いずれにせよ、障害者生産協同組合ハリ・マッサージユニオンとしては、協同の力と智慧で物事を前向きに解決し、こうして協同組合ならではの治療センターや鍼・マッサージ師の職場派遣・出張治療を実現して、新たな地平を切り開こうとしたのである。それが障害者と協同組合の初めての試みであった。

その際、障害者生産協同組合というものについては、当時横浜市にあったワーカーズ・コレクティブの「人人（にんじん）」から多くのことを学ばせてもらい、また当時出版されていた石見尚著『日本のワーカーズ・コレクティブ』を読んで勉強した。それが一九八七年の「障害者生産協同組合ハリ・マッサージユニオン」であった。

職業選択の自由と障害者の労働者性

これより先だち、七五年には「視覚障害者労働問題協議会（視労協）」を結成し、私がその代表についた。この視労協という運動団体の目的は、視覚障害者を地方公務員、および普通学校の教員に採用させることであった。

運動の成果としては一九七六年以来毎年東京都に専門職としての特別枠「福祉指導職C」を一人ずつ採用させることができた。合わせて特別区の品川区にも二人の職員を採用させることとなった。

一九七五年には当初特別区人事委員会は任命権者からの

「盲人採用がない」として点字受験を行わなかった。確かに「採用のないところに試験は行えない」としても、一般的な受験要綱に反して「盲人」という限定枠を設けることの不当性、権利侵害、障害者差別に抗議した。点字受験はこの時実施されなかった。

また同時に、首都圏の教育委員会に対して普通学校の教員採用の点字受験を認めさせることには成功した。というのも、一般公務員のそれは「採用」であって、教員の場合は名簿登載のための「競争」試験であったからである。

ところが後になってわかった事実は、採用の際の内規に「視力〇・七以上」という要件があったことである。うがった見方をすれば、それでおそらくペーパー試験の段階で皆「不合格」にさせられていたのではないかということである。ただ唯一埼玉県教育委員会が実施した点字受験では、一次試験の点訳ミスのトラブル問題を検証するなか、最初の不合格通知が取り消されて今度は合格通知が送付された。しかしながら、二次試験の面接と身体検査では不合格にされた。こんな奇異な事例もあったのである。

このように採用試験に私たちがこだわるのも、憲法に保障されている「職業選択の自由」の権利の問題である。もちろん鍼・灸・マッサージという治療は優れた医療行為であるが、しかし私たち視覚障害者にはこの仕事しかほとんどなく、実質上職業選択権が保障されていないことだった。

この現実的閉塞状況を突破するのが、つまり突破口として公務員および普通学校の教員採用への運動であった。私たちのこの運動に対してエリート主義という一部の批判の声もあったことは事実だが、しかしながら現実を現実的に切り拓いて突破していくのは矛盾を抱えた、そして矛盾を乗り越えていく運動に他ならないと確信する。この運動の経緯については『障害者と職業選択――視覚障害者の場合』(三一書房一九七九年)にまとめてあるので、ぜひご一読願いたい。

さて、視労協結成の際には規約に「障害者の労働者性の確立」と明記した。それは、それが単なる「雇用保障・就労運動」を意味するものでないからである。労働問題である。

運動をする中でいやというほど印象付けられ経験したのは、公務員ゆえに「定数」の問題であった。「定数一」とは「一人」、その「定数一」の「一人」はいうまでもなく「健常者」を想定している。盲人ではない。

「定数一」「一人」とは、たとえその労働が使用価値・職業選択としての有用労働(専門職を含む)と抽象的人間労働であるにしても、健常者の平均的労働能力、または社会的平均労働量とみてとることができよう。それゆえに、決して健常者の平均的労働能力「以下」の、社会的平均的労働量「以下」ではなく、従って重度障害者のそれではない。

このような場合それを不当と見るか、それとも当然とみるか。それは科学としての経済学とイデオロギーの関係にまで踏み込むこととなる。つまり、科学としての経済学とそのイデオロギー、要するに資本主義的イデオロギーを超えた未来形としてのイデオロギーをいかにどう獲得するかにも関わってくる。その問題提起の一つが社会的共同組合、すなわち、資本主義を超えた社会モデルが国家社会主義（国営企業）ではなく、むしろ「協同組合社会主義」という提案さえある。

いずれにしろ現状分析において少なくともいえることは、憲法に保障された生存権や労働権を理念としてそれを武器に戦うのは自明のことであって、労働力までも商品化した近代資本主義以降の現代社会において市場を前提とする基本的人権、自由、平等、そして友愛に私たちがどこまで信頼をおくことができるのかである。言い換えれば、科学としての経済学にどこまで分析を深めることができるのかである。科学としての経済学を軽視した表層的な理想理念に留まってはならない。

その現実を次の事例から読み解くことができよう。

人格化された人事課長と父親の立場
資本の論理

ある障害者が何度面接を受けても落とされる。「あなたみたいな人はどこの会社も雇わない」と言われたケースはどうか。その責任はどこにあるのか、誰にあるのか、面接をした会社役員か、（実はこの会社役員には重度障害者の子どもがいて、この人事役員である「父親」も我が子の就労を望んでいるのだが）、それとも面接を受けた障害者本人に問題があるのか。

いかにやさしい良心的な人間であろうとも、資本家（経営者）は利潤追求を目的にした資本の論理の人格化にすぎないのであるから、彼にそうさせたのも彼自身の人間性の問題ではない。それは、資本の物象の人格化であり、人格の物象化なのである。商品生産を目的にした労働にあっては、商品の生産に対する健常者の平均的労働能力が前提条件となる。個人的労働が問題なのだ。ところが、それは社会主義でも同様に、個人的労働が個人を単位とする限り問題となる。
ソ連では盲人工場やろうあ者のための工場があったというが、その他の多くの障害者が労働力に動員されたとは聞いていない。搾取があろうとなかろうと、搾取からの解放がなされようとなされまいと、結局、個人的労働を個人の単位にする限りは同じ程度の結果しか招かない。

労働、労働力、労働力商品化

障害者は残念ながら搾取の対象にはならない。重度障害者は、すなわち健常者の平均的労働能力以下、社会的平均労働量以下である。障害者の労働力は商品として不良品である。だから、私たちはまず搾取の構造から分析を始め、それを正しく理解しなければならない。

アダム・スミスの労働価値説を継承しながら、マルクスは古典派経済学の「謎」を解く。マルクスは、労働価値説としての労働、人間の力能としての労働力、そして資本主義的生産過程としての労働力商品化、つまり労働、労働力、労働力商品化というように労働概念を批判的に発展させた。これが科学としての経済学の基礎である。労働の三段階論といえる。スミス、古典派経済学と決定的に違うところである。

それでは次に、必要労働、剰余労働、剰余価値、そして利潤についてその「謎」を概観してみよう。

搾取は労働者には経験的に理解できない

資本主義という経済が歴史的にはいたって特殊な経済であって、雇用(賃金)労働を原理としている。雇用労働とは、簡単に言って、所有関係において生産者(労働者)と生産手段が分離された状態で、労働力が民法上の契約に基づいて売買されることである。つまり、形式的にもかつ社会的にも経営者と労働者が対等平等な立場の関係にあって、労働力が「商品」化される。経営者は、労働者の労働力を買い、労働者は自らの労働力を経営者に売る。このような労働力商品化の下では、労働者は搾取を経験的に認識できない。なぜなら、一日八時間労働の中で必要労働(賃金に相当する額)と剰余労働(賃金以外の利潤等の額)の区別がわからないからであり、剰余労働が剰余価値として利潤にも転化することなど、まさに経験的には理解できない。要するに、八時間を契約通り必要労働の賃金額とみなしてしまうからである。いずれにしても、本来商品にはなじまない人間労働を「商品」にしてしまう、特殊な「商品」にしてしまう。それが歴史的に特殊な経済であるということである。ちなみに、奴隷は「身体」そのものが商品にされてしまい、農奴は外部から年貢として収奪された。

また合わせて言えることは、資本主義的市場経済の下では生産物は全て商品であり、商品の為に生産するのであって、その商品を購買することにより利潤をあげる。労働力という特殊な商品は労働者がその労働力を商品として資本家に売る際にはそうはならず、必要労働（生活手段の再生産）、剰余労働、剰余価値として搾取の構造によって、かつ実質的不等価交換によって損失を被る。このような非人間的な形式的等価交換は実質的不等価交換であり、生産過程を通して労働者は特殊な労働力商品化のために不当かつ不合理な交換論を余儀なくされる。だから、まず、労働力商品化の経済から人間復権のための脱却が何よりも求められる。

すなわち、労働力商品化の働き方はイギリスの古いことわざ「工場の門の前までは民主主義はあるが、工場の門の中には民主主義はない」と。

社会的共同組合、社会的企業、社会的事業所、だから今こそ！

形式的等価交換から実質的等価交換そしてさらに人間的不等価交換へ

平等がなぜ等価交換であって、人間的不等価交換であってはならないのか？　高次元の人間的不等価交換のあるべき平等主義は到達できないのか、それは「夢」なのか、遠い未来においても不可能なのか？

だが現代においていみじくも言えることは、新自由主義の下では無理であるが、社会全体の交換論からいって所得再分配機能もまた形を変えた人間的不等価交換の一種の平等主義といってよいのではなかろうか。

それに対して、形式的等価交換の平等主義は歴史的にいえばロックの自然法から始まるといってよく、それは封建制身分社会への批判における萌芽といってよい。身分制社会の制約からの解放でもある。

歴史を遡って批判することには何の意味もないが、しかし近代資本主義の市場経済とその上部構造である市民社会を批判することには大いに意味がある。その上で、近代認識論とイギリスの経験論の創始者であるロックをここでは取り上げる。

ロックは、自然法の支配の下に各個人が生命、自由、所有物に対する自然権としての平等を説く。それにより、ロックは、自由で平等な個人の契約に基づく国家論を提唱することとなる。こうした思想は近代市民社会の理論的基礎を成すといえる。

この思想の拠り所は、実は、人間は生まれながらに自由かつ平等であり、この近代市民社会の人間像は誰もが生まれながらに等しく均質・均等な能力を持っていることを前提にし、したがって障害（能力）という属性はこの人間像、人間観からは捨象されてしまう。しかも今日的にさらに付け加えれば、新自由主義的グローバル経済社会にあっては「格差」は自己責任論とされる。もちろんいうまでもなく、ワイマール憲法の「生存権」を参考にした日本国憲法第二五条の「生存権保障」（ＧＨＱの憲法草案にはなかった）の現実的政策を必ずしも否定するものではない。

いずれにせよ、近代資本主義を歴史的に否定し批判するものではない。そうではなくて、近代資本主義の延長線上に今だにそれを引きずったままの「現代」が存在しているという批判である。そのことはとりもなおさず、その本質的矛盾が障害者の「存在」を通して現代そして未来が見えてくる。

この形式的等価交換論すなわち平等主義も、資本主義的生産過程における交換過程とみることができる。このような形式的等価交換だから、いうまでもなく労働者には経験的に搾取を認識することができない。このような搾取の構造を実質的不等価交換とはみることができず、形式的等価交換の平等主義として受け止めてしまうことになる。

次はさらにそれを止揚した人間的不等価交換の世界を紹介するための思想、そのための思想とは、類としての互酬性、相互扶助、共生と連帯の世界観に足を踏み入れることであろう。

経済法則の廃絶とともに資本主義社会の内部から

以上の事柄への確信と実践については再確認しておく必要があるだろう。

市場経済を前提にした市民社会、近代資本主義に照応した市民社会は、それを超えた社会主義社会ではなく、私がいうところの「共生社会・主義」であってその社会は「共民社会」、すなわち、市民社会にかわって共民社会、市民にかわって「共民」ということになる。そのための経済は資本主義固有の「経済法則」は廃絶されなければならない。

スターリンは『ソ同盟における社会主義の経済的諸問題』の中で、社会主義の建設にあたって、経済法則を自然法則とみなしてそれを利用することができると主張した。これに対して、宇野弘蔵は、生活全般に共通の経済原則と商品経済に特有な経済法則を混同し、社会主義にも経済法則を適用できるとしたスターリンを批判した。経済原則と経済法則の差異を理解できなかったといえる。

だからといって、「経済法則」の廃絶への試みが社会主義革命から始まるというよりは、資本主義経済社会の現下の内部から社会的共同組合、社会的企業、社会的事業所の運動が準備されなければならない。デヴィッド・ハーヴェイが著書『資本の謎』の中で書いているように、「アソシエーション・協同組合の理論と実践、その創造を今から取り組んでいかなければならない。」というように書いているようにである。それが社会連帯経済の実態経済としての社会的共同組合、社会的企業、社会的事業所、すなわち、ワーカーズ・コレクティブ、ワーカーズコープである。

労働力商品化を止揚した脱雇用労働への展望

以上の基本認識に立ちながらも、共同連のこれまでの実践と日本における雇用を原理とする働き方の労働政策の制約の中、現実には雇用型の社会的企業、社会的事業所を目指してきたところである。二〇〇〇年にはイタリアの社会的協同組合B型を現地に視察に行き、その後もB型に関係したリーダー達とも交流を重ねてきた。

一方、韓国障碍友権益問題研究所とは一九九五年以来相互交流を重ね、特に二〇〇七年の社会的企業育成法の制定からは日韓社会的企業セミナーを開催し、その二〇一二年にソウルで開催されたセミナーでの分科会のこと。

それは協同組合基本法の制定の議論であった。社会的企業が大手会社のイメージアップや税制上の優遇措置を利用した動きも出てきて、本来の社会的企業の理念や目的がいかされていない現状から、新法として協同組合基本法が必要だという議論であった。そしてその年の一二月に協同組合基本法は制定された。このことを踏まえて、協同組合の理念を重視しながらも、現実的には雇用型の社会的企業、社会的事業所の法案大綱を提案せざるをえなかったのが、共同連である。

しかしながら、昨年の共同連大会では改めて「社会的共同組合」の理念をいかすためにあえてそれを運動方針に掲げた。このことを踏まえつつ、社会的共同組合、社会的企業、社会的事業所、その経緯と現実的対応の結果としての到達点を、次に検証する。

めざすべき社会的事業所とは？

共同連と社会的事業所、その運動と理念

一九八四年に結成された共同連は、すでに七〇年代の小規模作業所つくりの運動から始まる。

この時代には障害者雇用促進法の「一般雇用」と福祉法の「授産事業」しかなかった。そのような中、法外措置として自治体の助成制度に基づく小規模作業所、親や福祉関係者、障害者らの小規模作業所つくりの運動が始まっていた。この頃の作業所では先生（職員）と訓練生（障害者）という呼称の関係にあって、今は総合福祉法の下では支援者と利用者の関係にある。それを、共同連は「差別」と言い続けてきた、言い続けている。

理念の一丁目一番地は、障害ある人ない人が対等平等に自分らしく共に働き、障害の程度・特性に関わらず、それは賃金ではなく「分配金」として制度化してきた。それが当初の「共働事業所」であり、イタリアの社会的協同組合法、韓国の社会的企業育成法を学ぶ中、二〇一〇年の宮城県大会から、「共働事業所」から「社会的事業所」へ方針転換した。

それではそれを示すために、二〇一二年五月に提案した「社会的事業所促進法案大綱」の一部と、私が書いた「共働・社会的事業所の七原則」及び「社会的事業所に関するテーゼ」の一部を、次に紹介する。そのことをもって、本論考を閉じることとする。

…………………………………………

▼社会的事業所促進法案大綱

一　この法律は、社会的不利を何らかの理由により負わされ、そのため、就労が困難な状態に置かれる者に対して労働の機会を与え、就労が困難でない者と共に働き、かつ、対等に事業を運営することができるようにし、もって労働を通じた社会的包摂を達成することを

目的とする。

四　「就労が困難な状態に置かれる者」とは、社会的不利を何らかの理由により負わされている者であって、障害者、難病者、ひきこもり、ニート、アルコール又は薬物その他の依存症者、刑余者、シングルマザー、ホームレスの人、性暴力被害者、外国人移住者及び生活保護受給者等の人をいう。

十二　事業所に対する「支援」とは、起業の差異の資金の無利子及び低利融資並びに期間を定めた人件費補助並びに継続的支援としての運営費の一部補助、社会保険料等の減免措置並びに衛星の優遇措置並びに役務物品等の優先発注、優先購買制度並びに総合評価制度等の公的・社会的措置を講ずることをいう。

共同提案団体

特定非営利活動法人　共同連

特定非営利活動法人　ホームレス支援全国ネットワーク

特定非営利活動法人　ジャパンマック

日本ダルク本部

ワーカーズ・コレクティブ　ネットワーク　ジャパン

日本労働者協同組合（ワーカーズコープ）連合会

▼共働・社会的事業所の七原則

一（形態）福祉制度は法の対象となる障害者だけにサービスを行い、就労の「場」一ヶ所に障害者だけを集め、その対象者に対して少数の職員が支援するサービス形態となっている。これに対して社会的事業所は、社会的に排除された人を三〇％以上含み、そうでない人と共に働くという構成員の「形態」。

二（寛容性）労働はそれぞれの能力と障害の特性に応じ、かつ事業の役割において働く相互の「寛容性」。

三（対等性）民間企業では人間関係が上下の縦型、福祉施設では職員と利用者の関係となっている。これに対し、共働は相互に対等平等な横型の人間関係に置かれる「対等性」。

四（制度）必要経費等以外の純収益を、それぞれの生活の実態と状況にあわせて分配する分配金「制度」。

五（保障）事業所に働く者すべてが労働者性を確保した身分として労働法制の適用を受ける「保障」。

六（民主制）事業所の運営は原則全員参画を前提にした「民主制」。

七（戦略）公的および社会的支援を受けつつも、可能な限り補助金や寄付に頼らない事業収益を確保するための経営「戦略」。

▼社会的事業所の価値に関するテーゼ

一　社会的価値　重度の障害者が働くということは、現代社会にあって「価値」である。排除された人も同様である。その人たちが生産する物やサービスは、同時に消費者にとってもより有益であることを目的にしている。安心・安全、環境にやさしい、人にやさしい「価値」でもある。この二つの「価値」は同一の価値を形成し、現代社会を問い、その持つ意味は「社会的価値」である。

第三章

西暦二〇三〇年の協同組合へ

【上】1844 年に開設されたロッチデール公正開拓者組合の最初の店舗
【下】『西暦 2000 年における協同組合』（日本生活協同組合連合会 1980 年刊）

11. レイドロー報告の時代から今日まで

――イギリスの生協の歩み

佐藤　孝一（元・公益財団法人生協総合研究所研究員）

　『西暦二〇〇〇年の協同組合：レイドロー報告』（日本経済評論社一九八九年）に因んで、イギリスの生協についての執筆の依頼を受けた。レイドロー報告は国際協同組合同盟（ICA）の一九八〇年モスクワ大会で協同組合学者、A・F・レイドロー博士が報告したものだ。

　『西暦二〇〇〇年の協同組合』に改めて目を通してみると、S・K・サクセナ・ICA専務理事の巻頭言に、執筆協力者として、元ICA職員だったポール・デリック氏の名前がある。

　私は一九八七年、都民生協（現「コープみらい」）の職員だったが、日本生活協同組合連合会の賀川豊彦教育基金の助成を受け、半年間、語学研修とイギリス協同組合中央会（コーペラティブズUK」）が運営していたコーペラティブ・カレッジ（以下コープ・カレッジ）のマネジメント研修コースに参加する機会を得た。そのときイギリスの協同組合の研究会や労働者協同組合の現場などを案内してくれたのが、ポール・デリック氏だった。

　本稿では、イギリスの生協が一九八七年当時、レイドロー報告の提言を受けながらどういう状況にあったのかを私の体験をもとに紹介するとともに、現在の状況を簡単に紹介したい。

1　一九八七年当時のイギリスの生協

(1) ポール・デリック氏との出会い

デリック氏との出会いについては、当時私が勤めていた都民生協の内部向けの報告資料が残っている。デリック氏については、『西暦二〇〇〇年における協同組合』の訳注に「一九一六年イギリス生まれ。労働者生産協同組合運動に活躍し、一九六六年から一九八一年までＩＣＡの調査部につとめた」と記されている。だから私が会った一九八七年には七一歳で、ＩＣＡを退職してから六年経っていたことになる。

サッチャー政権は一九七九年から一九九〇年まで続いたので、私が滞在した頃はサッチャリズムの全盛期である。ソ連ではゴルバチョフが共産党書記長に就任してペレストロイカを進めていたが、東西ドイツの壁は残っており、冷戦が続いていた。私がイギリス生活を始めてすぐ行われた一九八七年六月の総選挙では、保守党が四二・二％の得票で三七五議席を獲得し、三〇・八％の得票で二二九議席を獲得した労働党に圧勝していた。

ポール・デリック氏には、都民生協と交流があったＣＲＳロンドン（元ロンドン生協、ＣＲＳは生協卸売連合会ＣＷＳが不振生協救済のために作った生協で、名称の和訳は「生協小売サービス」）の政治担当、アンディ・ラブ氏（その後、一九九七年から二〇一五年まで労働党・協同党の下院議員を務めた）から住所と電話番号を教えてもらい、連絡をとった。ラブ氏は「彼はもう引退していて、そんなに忙しくないだろう」と言っていたが、電話が三回目でやっと通じたというくらいで、多忙のようだった。全く面識がなく、正式の紹介状があるわけでもなかったが、「日本生協連の派遣で、コープ・カレッジの研修でイギリスに来た。ぜひ会いたい」と依頼したところ、快く引き受けてもらった。

デリック氏とビクトリア駅で落ち合い、五時間ほどロンドン北部のワーカーズコープを案内してもらった。私自身のワーカーズコープの知識が不十分だったことから、突っ込んだ話はできなかったが、夕食のときに「ソ連でも、ゴルバチョフになって、ようやくワーカーズコープが始まった。世の中を良くするために、世界中が協同組合を必要としている。『二〇〇〇年の協同組合』でもそれを言いたかった」と、物静かな口調ながら力強く語ってくれたことが、強く印象に残った。引退後もワーカーズコープへの政府の助成を強めるための運動の第一線にたち、ロンドンやマンチェスターなどでの会議や議員との打ち合わせなどで、忙しく活動しているとのことだった。

ワーカーズコープはいわゆる事業協同組合で、事業を始めたい人たちが出資金を出して、協同組合として事業をするというもの。イギリスでは、失業対策の意味もあって、自治体が設立を支援するなど、注目をされている分野だ。大きな書店では、ワーカーズコープの作り方や運営の実例などの本が並んでいる。一九八五年のデータでは、六七六のワーカーズコープがあり、フルタイム六一三七人、パートタイム一五三六人が働いている。中には、生協（CRS）が廃店を決めた店を、その職員がワーカーズコープを作って、営業しているという例もある。（この店はCRS当時より売上が落ち、営業時間延長などの職員の奮闘にもかかわらず、経営不振に陥ったとのことだった。）

デリック氏が案内したのはロンドン北部のハックニー地区で、街頭に「非核ロンドン宣言」の表示があるような、労働党の勢力が強い地区だ。その街のメインストリートからちょっと外れた古い二階建の建物を、そっくりワーカーズコープが使っていた。食料品、自転車、靴、衣料、喫茶・軽食などの店が並んでおり、デリック氏は「うまく行っていますか。日本から見学にきたので、ちょっと店を見せて下さい」と一軒一軒回ってくれた。大体は「まあまあですよ」という返事が返ってきたが、食品店では「コープといっても、そんなにうまくいくもんじゃない。転業を考えている」とデリック氏に愚痴をこぼした。するとデリック氏は、「それならここに相談するといい。行政からの援助も増やすよう運動しているから、もう少し辛抱したら」とアドバイスしていた。

デリック氏には、「ロンドン滞在中にぜひ会っておくといい」とイギリスの生協運動の第一線で活躍している方を何人か紹介していただいた。また「The Society of Co-operative Studies」という協同組合関係者の研究会を紹介してもらい、そこが発行している「Journal of Co-operative Studies」という研究誌に日本の生協の紹介を寄稿するよう勧められた。それで同研究誌の一九八八年一月号に「Joint Buying By Members」と題する、日本の生協の共同購入を紹介する拙稿が掲載された。

(2) コープ・カレッジ

私が二ヵ月ほど滞在したコープ・カレッジでの経験を通じて、当時のイギリスの生協の一端を「生活協同組合研究」誌一九八八年五月号に掲載された拙稿をもとに紹介したい。

コープ・カレッジは、イギリス協同組合中央会の教育部門に付属する教育研修機関で、会員生協を対象にした職員教育を中心にしながら、組合員向けの講座や一般社会人向けの教育コース、発展途上国協同組合のためのコースを設け、多彩な教育事業を展開していた。

当時は、イングランド中部のラフバラという人口およそ二万の小都市の郊外に位置し、広大な敷地のなかに一八世紀の貴族が建てたイギリスの伝統的な建物を改装して使用していた。その敷地はその後売却し、現在はマンチェスター市内のビルの一角に移転している。

私が参加したのは、会員生協の新入職員向けのマネジメントトレーニングスキームというコースで、新年度の始まる九月第一週から一〇週間に渡って行われた。

コースの総勢は八名。私以外は全員イギリス人の二〇代前半の青年で、大手生協に就職、うち三名が女性である。コースで一緒だった新入職員のプロフィールより、当時のイギリスの生協職員の意識の一端を紹介しよう。

六名は大卒、全員が文科系で理科系はいない。地方のポリテクニックとよばれる大学の出身が多い。一名は中途採用で、当時イギリス最大のスーパーマーケットチェーン、セインズベリで一六才から働いていたという経歴である。

彼らは始めから幹部候補生として採用された。生協はイギリスの企業のなかでは階層区分がない方で、いわゆる学歴がなくても昇進の機会はあるが、日本に比べ階層間格差は大きい。

生協の志望動機は、大体二つに類別される。第一は「流通業志向」だ。学生の人気ナンバーワンは売上トップのマークス&スペンサー（衣料品中心）で、それからセインズベリ、テスコと続き、生協はその次のランクだ。生協以外の志望先を尋ねると、何人かがマークス&スペンサーをあげた。第二は「地元企業志向」だ。生協卸売連合会（CWS）、生協小売サービス（CRS）といった全国展開の組織を別にすれば、大半の生協は車で1時間半以内の範囲で事業展開をしている。「自分の地元から離れないところに就職したい。生協は遠くないから安心」という理由だ。女性は三名ともこの理由が中心で、加えて、男性に比べ、日本ほどではないが就職の門戸が狭いということが動機となっている。セインズベリからの転職者の動機は、生協の方が優秀なライバルが少なく、昇進のチャンスが多そうだ、ということだ。「生協は組合員のための組織、営利事業ではないから」という、日本でよくみられる動機は全くなかった。支持政党も様々で労働党だけではない。

コースの内容は以下のとおりである。「イギリスの流通業界と生協の現状」、「労使関係論（解雇のしかた、調停、仲裁など）」、「グループ形成とリーダーシップ訓練」、「店舗開発、レイアウト」、「経理・財務」、「経営の基礎数値」、「人事（採用面接、懲罰、評価）」、「生協現場実習（フード、ノンフード、牛乳、経営管理）」。

新卒者たちは、生協についての知識は乏しい。日本の生協関係者は、ロッチデール以来の輝かしいイギリス生協運動の歴史をまず教えると想像するだろうが、ロッチデールやその前後の先駆者たちの話を含む歴史の講義は全くない。コースの始めに、一日かけてロッチデール記念館を訪問したが、これははるばる日本からやってきた留学生のためのサービスという感じだった。一九八七年当時は国内小売最大手だったのに、その誇りは感じられなかった。その理由の一つは、カレッジの講師陣が、年令がほぼ五〇～六〇代で、一九五〇年代から始まった生協の凋落を体験し続け、いわば勝利感を味わったことのない世代だったからなのかもしれない。

■生協運動論、商品政策の欠落

生協運動論、商品政策の講義もない。運動については、「運動は組合員活動家がやるもの。職員は経営に徹していればよく、運動には関係ない」という割り切りがはっきりしているからだ。しかし、組合員の運動が事業にまったくかかわらず、生協組織の利点が事業活動に反映していない現状に対し、問題意識があるようには見えなかった。また商品政策は、他のチェーンに比べ特に生協として際立ったものがなく、あえてレクチヤーするまでもないという理由のようだった。

■労務管理に重点

日本に比べ重点がおかれているのは労務管理だった。生協も、いわゆる英国病の最大の要因とされている労使関係の例外ではなかった。二〇代の新卒職員といえども明確に管理職候補で、使用者としてどう職員に接するかを教わることは、彼らにとって仕事の第一歩として大事な意味があった。「規則違反をした職員に対しては、こういう手続きをふめば合法的に解雇できる。手続きにミスがあれば生協側に損害を与える」といったことなど、各生協での具体的事例を交えながらの講義であるが、日本的感覚からは殺伐とした労使関係にしか見えない。自発性を引き出し効率を上げるのではなく、「いわれたことをそのままやれ、さもなければクビだ」というマネジメントである。

階級社会の名残りが生協にも反映していることに、生協のマネジメント近代化の険しさを感じざるをえなかった。

■チェーンとしてのコンセプト確立の弱さ

店舗の開発、レイアウトでは、チェーンストアの原則を体系的に教えることはせず、むしろ単独店志向だった。当時、イギリスにはマークス&スペンサーを筆頭に有力なチェーンストアが多くあり、ナショナルチェーンとして、多くが生協よりも高い業務水準にあったが、そこから学ぼうという姿勢はみられなかった。店舗開発では、人口・所得動態、競合条件を重視するよう教えるが、価格には注意をはらわない。「消費者は価格よりもサービスを求めている。大型店舗にどれだけのサービス機能をもりこめるかが勝負だ」「いい立地につくりさえすれば客が集まる」との説明である。

二〇～三〇坪の小型店から数千坪のハイパーマーケット、デパート、葬儀サービスまで展開していた当時のイギリスの生協のことであるから、どんなものをやってもそれなりのことはできるという自負もあったのだろうが、「この業態、この価格」という重点戦略が定まらず、「これがCO・OP」という全国的なアイデンティティーが確立されていなかった。「連合会はナショナルチェーンの本部ではない。基本は会員生協の自主性」という連合会サイドの言い訳を、カレッジの講師陣はしていた。

「決断」のトレーニングのためにビジネスゲームもとりいれていた。たとえばパンの製造を始めて、いろいろな事件に遭遇しながら、どう最大利益を実現するかというものだが、事件のなかには「ストライキで停電」「炭鉱ストで燃料切れ」といった、いかにも当時のイギリスらしい設定もあった。

(3) 対照的なふたつの生協
――リンカーン生協とケンブリッジ生協

訪問したイギリスの生協の二つの対照的な事例から、問題点をさぐってみたい。

①ケンブリッジ生協

大学で有名なケンブリッジを中心とする、供給高六四九〇万ポンド（一九八七年当時の一ポンド＝二四〇円で換算すると一五六億円）（国内第一九位）、組合員数八万五千人、店舗数五二店の中堅の生協で、創立は一八六八年である。

近代的な経営改善

経営方針は、既存店の収益向上と資産の有効活用を基調としていた。まず不採算小型店七店舗を閉鎖した。生産性向上のために職員数を削減し、一方で部内報の発行、職場会議の定例開催など、運営改善にとりくんだ。ケンブリッジ市郊外の本部敷地の一部を売却し、その資金で三千坪級、駐車場千台のショッピングセンターの建設を開始した。組合員の利用ほりおこしのために、組合員むけの雑誌を年一回発行し、登録組合員（実際の顧客となっている組合員）に郵送する制度とした。結果、供給高は若干のマイナスとなったが、収益は向上した。ただし一九八七年度の見通しもぎりぎりネットが計上できるレベルということで、前途は厳しいものだった。

ケンブリッジ生協はその後、隣接するピーターバラ生協と合併し、現在はイングランド中央生協の一部となっている。

②リンカーン生協

ケンブリッジの北に位置する、供給高七〇五〇万ポンド（一六九億円）（国内第一六位）、組合員数五万九千人、創立は一八六一年の、ケンブリッジよりやや大きめの生協である。イギリスの生協のなかではもっとも好経営の生協といわれており、カレッジのコースの生協実習でも、その相手先のひとつに選ばれている。しかし、本部と、リンカーン市の中心部にあるスーパーストアを訪問したが、先に訪れたケンブリッジとはまったくちがった状況に驚かされた。

▪のんびりしたマネジメント

部内報は一年前に発行しただけで、本部に予備もない。棚卸は半年ごとで、店舗ごとの損益計算、GP計算もそのときのみ。経費やGPのコントロールもしていない。スーパーストアの店長は店舗全体の数字を掌握しておらず、職員総数を質問しても、店長秘書的な事務係の方がくわしいらしく、「そちらにきいてくれ」という答えが返ってくる。

営業時間は九時から五時半。補充作業は朝七時からだが、閉店後はなし。朝の補充のパートは一七人の契約だが、常時だれかが欠勤している。補充作業のマニュアルもなく、動作は各自まちまちで、棚は穴だらけ。清掃も行き届いていない。生協の店から歩いて数分の距離にはイギリス最大の食品スーパーチェーン、セインズベリがある。そこは全国標準化された高いレベルで店舗が維持されており、差は歴然としている。客層は異なり、生協はパスセンターに隣接していることもあって、高齢者が多く、客数は多いが客単価が低い。セインズベリは車の来店者が多く、若く、客単価も高い。市のはずれには同じく大手のテスコの新型スーパーストアが出店した。環境は悪化の一方なのに、生協に危機感は感じられない。

■豊富な地代収入

これは、リンカーン生協が生協黄金時代の一九三〇年代に市の中心部の土地を買い占めており、その土地からの賃貸収入が事業剰余に匹敵するほどにあるからである。資金は豊富にあり、それを使っての異業種他企業の買収が、事業拡大の基本戦略である。一九八七年にはガソリンスタンド、自動車ディーラーの買収をすすめたという。

③ふたつを比較して

リンカーン生協では、イギリスの生協の現在の低迷を招いた原因をみた思いがする。リンカーンの場合、資産が豊富であったがため、かつて生協全体にみられた現状安住志向がそのまま残っているのであろう。

ケンブリッジ生協は経営不振に悩む中堅生協の再建への挑戦の一例だ。対応戦略はごくあたりまえのことだ。しかしマネジメントの改善による生産性の向上などは、イギリスの生協の従来の体質では、真向からとりくむのはまだむずかしい課題である。ケンブリッジでは、店舗の現場を見るかぎり、専務の説明どおり、職員に経営の現状を理解してがんばろうという姿勢が感じられ、リンカーンとは対照的であった。隣接する大手、ピーターパラ生協が合併を考えているといわれ、ケンブリッジ側は大分神経をとがらせていた。その後、やはり合併し、現在はイングランド中央生協の一部となっている。

(4) 協同党の活動

イギリスの協同党（Co-operative Party）は、完全に生協中央会の政治部門であり、政治の場で生協の見解を代表して活動している。党本部、ケンブリッジ支部、ＣＲＳロンドン地区政治委員会からそれぞれ状況をきいた。

党本部はロンドンのビクトリア駅の近くにあり、二階建のテラスハウスの一角を使用したこじんまりした事務所である。一九八七年六月の総選挙では、労働党は議席を減らしたが、協同党は労働党との共同推薦で、イングランド北部、スコットランドを中心に九人が当選し、議席数を維持した。

▪党組織の構造

協同党の全国執行委員会は一七人からなり、年六回開催される。選出母体別に、会員生協代表八、生協中央会二、卸売連合会一、コーププレスト国会議員グループ一、ＥＣ議員グループ一、婦人ギルド二という割り振りで、人数枠が定められている。

この全国執行委員会のもとに五八の生協ごとの協同党委員会がおかれているが、これは全国の組合員数の九五％をカバーしている。そのもとに選挙区を基本にした党支部が実際の活動を行っている。支部は当該選挙区の労働党支部と対応する。イギリスは小選挙区制で六五〇の選挙区があり、うち北アイルランドの一七選挙区には協同党組織はない。中央は政策活動、労働党本部、各議員との協議・調整を主な活動にしており、組織活動は生協ごとの協同党委員会にまかせている。生協ごとの委員会は任意であり、たとえば最近ＣＷＳに合併されたロイヤルアーセナル生協は、直接労働党とつながりをもっていたため、協同党の組織はその地域にはない。

▪財政・党員

党の財政は、党員が納入する党費（一ポンド＝二四〇円）もあるが、大半は生協から提供される資金でまかなわれている。協同党委員会をもつ生協は、中央会会費の四分の一に相当する金額を拠出し、それが全国基金となる。また各支部は毎年、党員証の購入という形で党費の一〇％を本部に上納する。中央会は、別に全国本部の運営費用を負担する。各支部は、当該の生協からの寄付金と党費の九〇％が活動資金となる。現在、党員数は一万五千人、うち五千人は婦人ギルドのメンバーである。

党員の資格として「労働党の政策を支持すること」と規約に明記されており、「生協の主張は支持するが労働党には反対」という人物は入党できないようにしている。

▪政策

一九八七年総選挙での政策は、食料品価格の維持・引き下げ、消費者保護の充実、商店の日曜営業反対、地方自治の権限強化、人頭税反対、住宅生協・ワーカーズコープへの援助強化などである。

■支部の活動

生協経営陣には、資金は提供するものの、それ以上政治にはかかわりたくないという姿勢があるように見受けられる。ケンブリッジ生協では「協同党とは資金提供以外のかかわりはない」（ドンキン専務）といい、CRSロンドンでは「生協の利用者には保守党支持者もおり、CRSの方針として、生協の組織が政治的と思われないようにしている。協同党にもポスターの掲示や施設の提供はしていない」（政治委員会セクレタリー、ラブ氏）という。ケンブリッジ生協協同党委員会の場合、資金状況は以下のとおりである。【収入】生協から二四〇〇ポンド（五八万円）、【支出】ケンブリッジ協同党へ　三〇〇ポンド（七万二千円）、ベッドフォード協同党へ　三〇〇ポンド（七万二千円）、地方選挙資金五〇四ポンド（一二万円）、その他一二九六ポンド（三一万円）

党員数はケンブリッジ、ベッドフォードそれぞれ一〇〇人ほどである。

■労働党との関係

労働党との関係は、各支部が労働党の支部に加盟する形でつくられている。労働党支部は、ケンブリッジの場合、加盟労組（単組ごと）、個人党員、協同党の三つから成る。週一回、各セクションの代表が参加して執行部の会議が開かれる。選挙の候補者を決めるのは、この三者の代表の会議で、それぞれ自薦、推薦を含め論議・調整をされる。どの候補者に決まろうが、協同党支部も労働党の一員であるから、その候補の選挙運動を行う。

しかし候補者が自動的に「協同党・労働党共同候補」になるわけではない。協同党支部として独自に検討を行い、「協同党の政策を真に推進する」と判断される候補者のみ、協同党候補として扱う。実際にはもともと労働党出身の候補者が協同党の推薦も得るというケースが多いようだ。協同党からすれば、しっかり自党の政策を推進する議員を増やしたい。労働党候補者からすれば、より強力な支持はほしいが、束縛も受けたくない。結局は選挙区内での協同党の力量次第で決まるということになる。

■選挙活動

協同党支部での選挙活動は、労働党のキャンペーン方針にもとづいて、リーフレットの郵送・配布と戸別訪問（イギリスでは合法）が中心である。訪問先は選挙民名簿が元で、生協組合員に限定した活動ではない。事実上、労働党の一部としての活動となっている。

労働党と労働運動の凋落傾向、生協本体の低迷、党員の高齢化、生協経営幹部の消極的姿勢と、協同党をとりまく環境はますます厳しくなっていた。

(5) 組合員参加をめぐって

当時、イギリスの生協内で生協の復活をめざしさまざまな議論が展開されていた。そのテーマのひとつが組合員参加だった。一九八七年の協同組合中央会総会で「民主主義と組合員参加」という決議がされた。決議文自体はA４判三頁の短いものだが、付属資料に組合員参加状況についての会員生協アンケートの結果があり、状況を推察する手がかりとして興味深い。

決議は「組合員は生協運動にとって必須のものであり、全生協に組合員組織としての役割を自覚するようによびかける」として、「生協参加、組合員特典、組合員活動を強めること」、「事業展開地域で、組合員としての積極的参加や生協に関わる機会を広く知らせること」、「職員に対し、生協に加入し、組合員の利益拡大のために積極的役割をはたすようはたらきかけること」、を内容にしている。

日本の生協ではごく当然のことばかりで、何をいまさらという感がある。しかし、会員生協アンケートの結果をみると、この決議の意味が実感できる。アンケートのごく特徴的な部分のみを紹介しよう。組合員の七九％を占める五七生協からの回答である。

組合員についての独自の政策、加入の宣伝など、本来一〇〇％であるべきものがこの状態だった。イギリスの生協のなかでの「組合員」の占める位置を端的に示す数字だろう。

一方コミュニティ活動の後援、援助は八八％もの生協がとりくんでいるが、これは生協の歴史、地域社会への影響の大きさの反映として、さすがといえるものだった。

＜質問内容＞	○	×
組合員、組合員参加について独自の政策をもっているか？	21	36
組合員の全員または一部に、郵送で連絡をしたことがあるか？	25	32
組合員の利点、加入方法についてなんらかの方法で宣伝しているか？	32	23
公表決算の要約版を作成しているか？	8	49
ここ２年間で理事選挙で投票をしたことがあるか？	36	21
コミュニティ活動を後援したり、なんらかの方法で援助したことがあるか？	50	7

(6) 引き続くシェアの低下

協同組合中央会調査部で、生協の一九八七年の傾向をきいた。

利益率は回復傾向で、一九八六年の全国合計の純剰余率は一・七％で前年の一・二％を上回った。当面の目標は二・五％だが、競合相手セインズベリ、テスコの五％台には及ばない。

シェア低下は続いている。一九八七年九月の小売全体の売上増加率は八％だったが、生協は四・九％だった。出店も少ない。セインズベリは半年で一五の大型店を出したが、生協は一年で一店だけだった。調査担当は「車でのショッピングに便利な大型店は時流だが大手に攻められ、車で動けない人たちへの配慮から不採算の小型店からは撤退できない。アジア系を中心とする個人経営の店が長時間営業で市場を拡大しており、生協はこの分野で立ち遅れている。展望としては、合併をすすめ、今九五の生協を二五にすること、六四のスーパーストアを七五にすることだ」と苦しい状況を語っていた。

2　二〇二〇年の生協

(1) 合併による大規模化とコープ・グループの誕生

イギリスの生協はCWS主導のもとで合併を進め、生協数は大幅に減少した。一九〇三年に一四五五だった生協数は、二〇〇二年には四二になった。CWSは一九七一年から一九九五年までに五二、CRSは一九五六年から一九九五年までに一五八の生協を合併している。（コープ・グループのガバナンスに関する『マイナーズ報告』、二〇一四年五月）

CWSが不振生協救済のために設立したCRSはその後、大規模化してCWSと対立していたが、二〇〇〇年にCWSと合併し、コープ・グループが誕生した。

コープ・グループは店舗を直営するとともに、イングランド中央生協、ミッドカウンティーズ生協、リンカンシャー生協などの会員生協に商品と事業運営サービスを提供する連合会として機能している。そのためガバナンスが複雑になったことが、二〇一三年からの経営危機の一因だった。一九九七年には、アンドリュー・レーガンという投資家によるCWS乗っ取りの企てがあり、生協を震撼させた。

二〇〇〇年、生協のリーダーの要請を受け、ブレア首相の支持のもとに生協のあり方検討会（Co-operative Commission）が設置され、二〇〇一年に『協同組合の強みを再構築する：協同組合事業の成功のために』と題する報告を取りまとめた。報告に盛り込まれた勧告は協同組合中央会総会で承認された。この勧告は、新しいミッションステートメントを提案し、事業業績の改善、顧客・組合員対策の強化、ガバナンスの改善とマネジメントの強化、統一ブランドとイメージの改善、全ての単位生協の共同仕入組織への加入など生協間の連帯と法制度の改善、社会的経済や社会的企業との協同など、生協の生き残りと発展のための抜本的な改革を提起した。

そういう状況下でコープ・グループ、ピーター・マークスCEOが追求したのが、二〇〇八年の中規模チェーン、サマーフィールド買収による小売事業の拡大と、二〇〇九年のコープ銀行とブリタニア住宅金融組合との合併による金融事業の拡大だった。

当時のコープ・グループのガバナンスは、理事会、ブロック理事会、地域理事会、地域組合員委員会という伝統的な階層構造で、組合員代表が理事会の多数を構成するという形式は整っていた。しかし他チェーンや住宅金融組合との合併など、数千億円規模の事業投資について、きちんと議論し、統制する能力は持ち合わせていなかった。

(2) コープ・グループの経営危機とその後の回復

二〇一三年、コープ・グループの経営危機が表面化した。合併したブリタニア住宅金融組合が不良債権を隠蔽していたこと、買収したサマーフィールド店舗が赤字を続けたことが原因だった。コープ銀行の資金不足は一五億ポンド（二二五〇億円）に達した。コープ・グループは二〇一三年度決算で二五億ポンド（三七五〇億円）の赤字を計上した。

コープ・グループは経営陣をすげ替え、ガバナンス構造を変え、コンビニエンスストアと葬祭事業に特化して事業を拡大している。二〇一九年時点で、コンビニエンスストア業界ではトップで、売上も年率三％前後で伸びている。農場、旅行事業、薬局事業は売却し、借入金返済に充てた。ロッチデールの一号店以来蓄えてきた伝来の資産のおかげで、生き延びたということだ。

コープ・グループ再建の重要な柱のひとつがガバナンス

構造の変更だった。

変更案をめぐり、生協内は大きく二つの意見に分かれた。株式会社の取締役会にならったガバナンス構造で経営陣の執行権限を強め、外部有識理事による牽制を強めようという執行部。それに対して、会員生協や地域ごとの組合員の声を反映する仕組みを残そうという会員生協、CG地域理事などの組合員活動家。この二つの対立である。

後者には、当時ICA会長だったポーリン・グリーン、元コープ・グループCEOだったグラハム・メルモスなどが含まれている。その主張は単純に言えば「生協のことは生協たたき上げの経営陣や組合員活動家にしかわからず、一般小売業で大チェーンの経営しかやったことのない外部の人間にはわからない」というものだ。しかし皮肉なことに、コープ・グループの経営危機を招いた拡大戦略を率いたのは、一七歳でヨークシャー生協の店舗に務め、トップに登り詰めたピーター・マークスだった。生協でのたたき上げそのものの人生だ。

そしてコープ・グループを再建し、回復軌道に乗せたのは、他チェーンで経営幹部を務めたリチャード・ペニークックやスティーブ・マレルズといった人物だ。マレルズはCEOに就任後、生協の価値を懸命に説いている。マレルズはテスコの幹部を務め、二〇一二年からコープ・グループの店舗事業CEOに就任、二〇一七年からコープ・グループCEOを務めている。

マレルズCEOは二〇一九年一二月、ロッチデールでの生協店舗開業の一七五周年にあたり、次のような談話を発表している。(Yahoo! Finance　二〇一九年一二月二三日)

(ロッチデール誕生の頃の)一七五年前と同じ問題が今も存在していることは明確だ。今だけの問題ではない。だからわれわれは開拓者たちがその時代に取り組んだことを、今もやろうとしている。

生協が成功事例だとすれば、それは社会のニーズを反映した結果であるはずだ。若者だけでなく社会全般の不平等などの今日的問題に、生協の活動課題があると、私は認識した。

われわれは株式会社ではない。(旧体制の)コープ・グループは二五年間、株式会社モデルを追い求めてきたが、それも一因となって結局経営危機に陥った。われわれは自らを株式会社だと思ったが、しかしそうではなく、方向を失ってしまっていた。

私は、生協の事業モデルは実際に社会的共感を得られるものだと思う。この国が必要としているのは、生協がもっと増えることであり、減ることではない。

生協の取組は、競合チェーンに比べ、共感を得ているのは確かだ。この四年間の業績を比べると、他社は後退し、生協は前進している。

今の社会は伝統的白人アングロサクソン社会から変化してきている。われわれは生活の実相を正確に切り取って反映できるよう、多くの努力を重ねてきた。もしコープ・グループが成功事例であるなら、それはわれわれが事業を展開している社会を反映しているからに違いない。


興味深いのは、テスコの幹部を経てコープ・グループのトップとなったマレルズCEOが、生協たたき上げの旧経営陣の路線を「株式会社モデルを追求して、方向を失っていた」と批判していることだ。おそらく、すぐれた経営者であるマレルズは、生協の特性や市場での他チェーンとの差異を認識し、それを強調して再生する戦略を取ったのだろう。そしてそれは今のところ成功している。

(3) 注目すべき今後の動向

コープ・グループが経営再建のなかで進めてきた新たな事業戦略のなかで、イギリスの生協全体に大きな影響を与えうる点を二つほど指摘しておきたい。

一つはコープ・グループが二〇一七年に、約四〇〇〇店舗が加盟する卸売事業協同組合「ナイサ」を買収し、卸売会社「コストカッター」と卸売契約を締結して、生協以外の小規模店舗への卸売事業を始めたことだ。提供する商品にはコープ商品も含まれる。

これによりコープ・グループの商品販売ルートは自前店舗、会員生協店舗、ナイサ、コストカッターを含め五〇〇〇店舗以上になり、コープ・グループの売上は増える。しかしコープ・グループと会員生協の店舗にとっては、コープ商品を提供する競合店が増えることにもなる。ナイサはコープ・グループによる買収後、商品力が強化され、加盟店は四五〇〇店に増えている。ナイサ店舗のなかにはコープ商品を生協店舗よりも安く売るところも出ている。

もう一つはコープ店舗のフランチャイズ方式による出店だ。

コープ・グループは二〇一九年二月、コープ店舗のフランチャイズ事業の開始を発表した。コープ店舗のフランチャイズ運営はイギリスの生協史上初となる。条件に適合するナイサ加盟店舗はコープ店舗に切り換えることもできる。

コープ店舗のフランチャイズ事業では、本部が加盟店に店舗運営から商品まで、フルサービスのサポートを提供する。フランチャイズ店舗でも直営店舗と同じ組合員特典（コープ商品の五％ポイント還元、一％の地域還元）を提供する。

フランチャイズ店舗の条件は、週の商品売上（税引後）が二万ポンド（三〇〇万円）以上、売場面積が二〇〇〇平方フィート（一八六㎡）以上、後方スペースが八〇〇平方フィート（七四㎡）以上。またコープの「価値と原則」に同意することが求められる。現在店を持たない起業者への支援制度もある。

フランチャイズのコープ店舗は学生ユニオンやガソリンスタンド運営会社、ナイサ加盟のローカルスーパーなど、二〇一九年一〇月時点で八店舗になっている。まだ事例はないが、今後は労働者協同組合がフランチャイジーになるコープ店舗も出てくるかもしれない。

極端に言えば、将来、コープ・グループはコープ商品供給と組合員運営に集中し、店舗や小売事業の運営はフランチャイズや外部委託に委ねるという形もありうるかもしれない。

(4) 生協利用者の政党支持率は？

二〇一九年一二月のイギリス総選挙にあたり、調査会社「GlobalData」が、大手食品チェーン利用者の政党支持率の調査結果を発表した。コープ利用者の支持率は労働党（三三・三％）、保守党（三〇・二％）、自由民主党（自民党）（八・三％）、緑の党（五・二％）で、労働党がもっとも高かった。各党別の支持率がもっとも高かったチェーンは、保守党がウエイトローズ（四八・二％）、労働党がアズダ（三八・〇％）、自民党がウエイトローズ（二〇・九％）、緑の党がオカド（一八・五％）だった。コー

（表の数字は％）	保守党	労働党	自民党	緑の党
全体	35.8	28.3	13.8	4.5
テスコ	37.1	24.4	15.8	3.7
アズダ	29.9	38.0	9.3	2.0
アルディ	36.2	29.1	9.0	5.0
ウエイトローズ	48.2	11.8	20.9	6.4
コープ	30.2	33.3	8.3	5.2

プの労働党支持率は高いが、圧倒的というわけではない。チェーン別には次のとおり。

コロナ禍で協同組合の本領を発揮

二〇二〇年の新型コロナウイルス・パンデミックで、イギリスの生協は協同組合の本領を大いに発揮した。国民が緊急事態で求めた商品を全力で提供したことはもちろん、国民にさまざまな形で「協同」をよびかけた。

◆食品の入手が困難になっていたフードバンクに、各地の生協が食品や資金を提供した。◆コープ・グループ（CG）はネット上に「協同」のサイトを設け、誰でも「自分が助けられること」、「自分が助けてほしいこと」を書き込み、外出規制下での市民間の交流との協力を助けた。◆CGは、コロナ基金を設け、組合員に還元されているポイントの寄付をよびかけた。◆CGが支援する中高校は休校で給食がなくなり、生徒に二〇ポンドの食品購入券を提供した。◆イングランド中央生協は近所の自己隔離の人に、自分が助けられる内容を知らせるカードを、店舗で配布した。◆イングランド中央生協は買物困難な弱者に、行政が受注と配送を担当し、生協が商品を手配する協力体制を作った。◆ミッドカウンティーズ生協は、医療従事者とコロナ禍で生活難に陥った家庭の子どもの保育料を無料とした。

最後に

イギリスの協同組合中央会「コーペラティブズUK」のデータによると、二〇一九年にイギリスでは三二二の生協（消費者を組合員として小売事業を行う協同組合）が存在している。多くは「North Curry Community Coffee Shop」や「Winchester Student Co-op」という名称で、地域や大学などのコミュニティで活動する小規模な生協だ。コープ・グループにも加盟していない。

また労働者協同組合も活発だ。食品スーパーでは、マンチェスター郊外にある「ユニコーン・グローサリー」が成功例となっている。

コープ・グループも含めて協同組合で資金を出し、マンチェスター周辺の起業をめざす若者に資金と場所を提供する「インキュベーター」的な協同組合づくりも試みている。

ロッチデールの開拓者精神は、一七五年を経ても受け継がれ、時代に合わせて変容しようと、さまざまな試みを展開している。今後も目を離せない。

12. SDGs（西暦二〇三〇年）における協同組合

柳澤　敏勝（明治大学）

はじめに

本稿はＳＤＧｓ（西暦二〇三〇年の達成目標）に占める協同組合の役割をテーマとしているが、日本社会における協同組合の存在量の多さに比して存在感が薄いのが現状であり、この現状が日本にはびこっている新自由主義的な発想と通底しているのではないかとの仮説に則って、日本の協同組合にとっての未来（二〇三〇年）とは何かを国際的な動向に照らして問うのが目的である。

1　協同組合の存在感

国際協同組合年（ＩＹＣ）記念協同組合全国協議会によると、日本の協同組合の組合員は約六五〇〇万人であり、延べ人数とはいえ総人口の半分強にあたる。協同組合陣営の事業規模は約一六兆円にのぼり、店舗や施設の数は約三万六千か所である。世界の協同組合加入者約一〇億人、事業規模二九二兆円（二〇一七年）に照らせば、日本は組合員数で六・五％、事業高で五・五％を占めていることになる。世界の総人口七七億人（二〇一九年）に対する日本の総人口（一億二六〇〇万人、二〇二〇年）比率一・六％と見比べると、日本社会における協同組合のプレゼンスがいかに高いかがわかる。全世帯の三七％が生協を利用し、国民の四人に一人が協同組合共済に加入し、国内預貯金の四分の一が協同組合に預けられている。「協同組合の島」だと言って大過ない。

だがしかし、「協同組合の島」における協同組合の存在感はかなり薄い。人々の認識においては、「協同組合の島」に協同組合は存在していないかのようである。どういうことか。全労済協会が二〇一一年以降四回にわたり実施してきた意識調査を通じて言えることは、協同組合の認知度がかなり低いという点である。農協などの各種協同組合の名前を「知っている」あるいは「聞いたことがある」とはいえ、それらが協同組合だと認識しているかといえば、ほぼノーである。最も高いのは農協（JA）であり四四％にも上るが、いずれの組織も協同組合として認知されているのは概ね三分の一程度であり、低い方だと、医療生協の一八・一％、労働金庫・信用金庫・信用組合の一七・二％である。しかも、協同組合が「民間の営利団体のひとつ」だとする回答が二九・三％であり、非営利だとするのは一九・五％にとどまる。二〇～六四歳の男女一般勤労者三万六四五四人に対するインターネット調査の結果である（回答者数四八七一人、回答率一三・四％）（全労済協会『勤労者の生活意識と協同組合に関する調査報告書〈二〇一八年版〉』）。

なぜこれほどに認知度が低いのか。いくつかのことが考えられる。例えば、国際協同組合同盟（ICA）の協同組合原則第五原則に教育・訓練・広報の必要が謳われているが、そのことは逆に言えば教育・広報を推し進めないかぎり協同組合に対する理解が深まらない、広まらないことの表現である。教育・広報の不足が日本の協同組合陣営の中にあったといえる。他方、協同組合の商品・サービスへのニーズの高さが加入者数に示されているとはいえ、自己責任論に蝕まれた人々の意識の中では、それらが協同の原理（ICA七原則）によって担われていることへの理解がまだ薄いことの表現だとの理解も可能であり、それが本稿の仮説でもある。では、この現状が、自己責任論、言い換えれば自立自助を大原則とする日本社会のありようとどのように関係しているのであろうか。

2 日本型コーポラティズムと日本型福祉社会論

一九五五年以降の高度経済成長の成果を受けて、遅ればせながら福祉国家の仲間入りをめざして制度を整えたのが一九七三年のことであり、この年を「福祉元年」と呼んでいる（一九七三年版『厚生白書』、および東京大学社会科学研究所編『転換期の福祉国家』（下）東京大学出版会、一九八八年）。しかしながら、福祉元年に発生したオイルショックが福祉国家を待ち望んだ日本の人々には痛烈な打撃となった。オイルショックによるスタグフレーションと先進国病とが福祉国家を否定したからである。イギリスに典型的に示されるように、それは次のような論理で説明される。一方で、経済成長に依存する福祉国家の維持には財政出動が必要であり、政府の機能と規模は肥大化し、大きな政府による需要操作がデマンド・プル・インフレーションの契機となる。他方、福祉国家がめざす完全雇用のもとでは売り手市場となり、労働組合の強い交渉力が賃上げ圧力を高め、コスト・プッシュ・インフレーションの引き金となる。この二つのインフレの間で繰り返される悪循環がやがては国民経済の競争力を奪い、国民経済を疲弊させることになる。いわゆる先進国病論である（中村忠一『イギリス病・イタリア病・日本病』東洋経済新報社一九七六年）。

こうして、イギリスでそうであったように、福祉国家のもとで肥大化した政府と強大化した労働組合とが批判の矢面に立たされることになる。福祉元年を出発点として福祉国家へ歩みだそうとした矢先に発生したオイルショックとスタグフレーションの下での先進国病という病魔が日本における福祉国家への歩みをきわめて短命に終わらせたのである（福祉国家のもとで繰り返されたイギリスの労働党政権と労働組合との相克については、熊沢誠『国家のなかの国家』日本評論社一九七六年）。この福祉国家にかわって日本型福祉社会の必要を説いたのが「新経済社会七カ年計画」（一九七九年）であった。新七ヵ年計画は、高度成長を支えた要因が一九七〇年代に大きく変化したため、公的セクターの肥大化による非効率性を避け先進国病を予防し安定成長に移行しなければならないと述べている。すなわち、自助と社会連帯のうえにたって適正な公的福祉を形成するためには、「先進国に範を求め続けるのではなく……自由経済社会のもつ創造的活力を原動力とした我が国独自の道を選択創出する、いわば日本型ともいうべき新しい福祉社会の実現を目指すものでなければならない」と述べ、同計画はここに福祉国家からの離脱を宣言したのである。いいかえれば、一九八〇年代の世界を吹き荒れた新自由主義の宣言でもあった。（経済審議会「新経済社会七カ年計画」（一九七九年八月三日）、『基本行政答申総覧第四編』ぎょうせい一九八七年）

他方、日本型福祉社会論を追認し、一九八〇年代以降の日本社会のあり方を確定するうえで重要な役割を担ったのが臨時行政調査会（一九八一年三月。以下、臨調と略す。）であった。臨調は肥大化し硬直化した行財政の再建を直接の目的として設置されたが、その背景には一九八〇年までの一〇年間に政府支出がGNP比二〇％から三五％へと急増したという事情があり、放置しておけば日本も深刻な先進国病に陥ることは避けられないとの認識があった。臨調は「増税なき財政再建」を直接的な課題として五次にわたる答申を示し、財政再建にあたっての基本理念を「活力ある福祉社会」に求めた。そこには、「家庭、地域、企業等が大きな役割を果たしてきた我が国社会の特性は、今後もこれを発展させていくことが望ましい」との認識に立って、活力ある福祉社会を実現するために「個人の自立・自助の精神に立脚した家庭や近隣、職場や地域社会での連帯を基礎としつつ、効率の良い政府が適正な負担の下に福祉の充実を図ることが望ましい」とする臨調の基本姿勢が示されている。すなわち、福祉国家とは逆の自助＞共助＞公助という構造が想定されていたのであり、この構図は新七か年計画以降、今日の高齢社会対策基本法にいたるまで何一つ変わることなく受け継がれてきている。このように日本社会の近未来像を規定することによって、臨調は、到来する高齢社会にむけ自立自助の精神を国民に求めたのである。なお、「人生八〇年時代」の経済社会システム論や世代間ワークシェアリング論などに依拠した日本社会批判は参考とすべきであろう（経済企画庁国民生活局『長寿社会の構図』大蔵省印刷局、一九八六年）。

さらに一九八六年に閣議決定された長寿社会対策大綱では、「個人が健康に関する自己責任の自覚と認識を深め、生涯を通じて適切な健康づくりに取り組む」こと、そして「職域や個人の自助努力による老後所得の確保・安定」が謳われており、一貫して追求されてきた自助にもとづく福祉社会という枠組みから一歩も踏み出していなかったことがわかる。自立自助と社会連帯という従来の理念は後続の高齢社会対策基本法（一九九五年）に引き継がれ、今日に至っている。この基本法が掲げる理念を前提として、高齢社会対策大綱（一九九六年）では、経済社会の健全な発展と国民生活の安定向上を図るために自助・共助・公助の適切な組み合わせを求めているが、自助努力や自己責任を大前提として、それで足りない場合はコミュニティにおける共助、それでも足りない場合に初めて公助が出動するという構図である。高齢者の生活基盤整備とそれに向けた施策の総合化という進展があったにもかかわらず、この基本法には大きな弱点が残されていた。それは共助のとらえ方である。大綱は一方で自助・共助・公助の適切な組み合わせを求め、他方では分野別施策で六五歳までの継続雇用推進という企業内での共助を要請しているが、それだけである。高齢者の基本的な生活保障を公助によって賄うことは必要でありかつ重要でもあるが、依然、公から私への措置という「お上」の発想と公私の二元論的把握から大きく踏み出すことなく公助・共助・自助の組み合わせを構想しているところに限界がある。いいかえれば、共助に触れることはあっても、自助と同様に共助も公が構想することでも介入することでもない「私事」ととらえているにすぎず、結果的に無責任な放任となっている（公と私とのはざまで呻吟する高齢者福祉サービスの実態については、山井・斎藤『日本の高齢者福祉』岩波新書一九九四年を参照）。

一九九六年に閣議決定された高齢社会対策大綱は、定年による団塊世代の大量退職などの社会の変化に対応するために二〇〇一年に見直されたのに続き、二〇一八年には四度目の見直しがなされ現在の新大綱へと至っている。だが、新大綱を見ても、高齢社会対策の基本理念は「公正で活力ある、地域社会が自立と連帯の精神に立脚して形成される、豊かな社会の構築」であり、当初から何ら変わっていない。

つまり、対策の考え方は臨調以降の日本型福祉社会論を踏襲し続けている。

一九七五年春闘での賃上げ抑制の際に声高に叫ばれるようになった経済整合性論、あるいはそれ以前から提唱されていた生産性基準原理の受容が日本型コーポラティズムの表出であり、七五春闘において労組側から声の上がった賃上げ自粛論がその証左である。この賃上げ抑制こそが一九七〇年代後半以降の日本企業の国際価格競争力を一気に押し上げる要因であった。この日本型コーポラティズムを土壌として花開いたのが日本型福祉社会論だったのであり、日本型福祉社会論を主導した新自由主義が一九八〇年代後半のバブル経済に浮かれていた足許で人々の心の中に蔓延していったのである。また、知らず知らずのうちに国民の間に沈潜していったのが自己責任論である。このようにして、公営企業の民営化や労働戦線の再編等、一九八〇年代のイギリスに典型的にみられた新自由主義に依拠した政策は、一九七〇年代後半から一九八〇年代にかけて日本でも全面展開したのである。言い換えると、バブルというかりそめの経済的繁栄の下で自己責任と自助努力を求める「世論」が形成され、それへの抵抗力が社会的に抹殺され葬り去られたのである。

3 協同組合に恋する国連

日本社会における協同組合の数に比べ、その存在感、認知度の低さの根拠のひとつを、日本型福祉社会の下で新自由主義がもたらした自己責任論に求めるという仮説を示してきたが、こうした社会のありようが今日の国際社会でも一般的であるのかを問う必要がある。世界の動向に照らした場合、一九七〇年代半ば以降のわが国のあり様は少々奇異である。

例えば、国連は二〇〇一年一二月開催の第五六回総会決議において、二六項からなる「協同組合の発展に支援的な環境づくりを目指したガイドライン」を採択した。ガイドラインの〈目的〉について次のように述べている。「1.各国政府は、…市民が地域共同体や国家の経済的・社会的・文化的・政治的な発展に寄与しながら、効果的に生活を改善できる団体または事業体として、協同組合の重要性を認めている。」「2.各国政府は、協同組合運動がきわめて民主的に運営され、…貧困の克服や生産的雇用の確保、社会統合の推進等、経済的のみならず社会環境的な目的を含む目標の達成を目指して、市民が自己責任と自助に基づいて行動するための団体または事業体の1つの組織形態であることを認識している。」「3.したがって、各国政府は、…個々の組合員の目標達成を支援し、ひいては社会全体の目標達成に貢献することのできる協同組合の能力を保護・育成する政策が必要である。」さらに協同組合に関する政策では、「7.この目的を達成するため、各国政府は協同組合の発展を可能にする環境づくり、また状況の変化に応じた環境の維持に携わってきた。そうした環境の一環として、政府と協同組合運動の間の効果的なパートナーシップが追求されるだろう。」(日本協同組合学会『ＩＬＯ・国連の協同組合政策と日本』日本経済評論社二〇〇三年。)

他方、ＩＬＯ(国際労働機関)も二〇〇二年六月開催の第九〇回総会において、一九項からなる「協同組合の振興に関する勧告」を採択した。それは次の理由による。「就労創出と、資源の動員、投資の刺激、ならびに経済への貢献における協同組合の重要性を認識し、…グローバル化が、協同組合にとっての新しい多様な圧力と、課題、挑戦、および機会を生み出し、全国的、国際的な水準における強力な人間的連帯の形態が、グローバル化の利益のより公正な配分のために必要とされていることを認識し、…二〇〇二年六月二〇日、『協同組合の振興勧告二〇〇二』として引

用以下の勧告を採択する。」（同前）

「協同組合に恋する国連」はその後も、二〇一二年国際協同組合年、二〇一四年国際家族農業年、二〇一六年ユネスコ無形文化遺産、二〇一九年〜二〇二八年「家族農業の一〇年」と立て続けに協同組合の振興に向けた政策を打ち出し続けている。

4　ＳＤＧｓのなかの協同組合

国連諸機関の考えにみることができるように、わが国での協同組合の捉え方は国際社会での受け止め方との間に開きがあると思われるが、では今後協同組合はどのような位置を占めることになるのであろうか。ＳＤＧｓをめぐる議論にその検討の端緒を求めることにする。なお、ＳＤＧｓについて語る前に、社会的連帯経済（Social and solidarity economy。以下ＳＳＥと略す）の典型は協同組合だとする国連機関の認識について触れておく必要がある。筆者は、後述の国連社会的連帯経済タスクフォース（ＵＮＴＦＳＳＥ、以下ＴＦＳＳＥと略す。）とほぼ同様の認識であると同時に、ＳＳＥは社会的経済と連帯経済という比較的新たな議論から合成された概念だと理解している。ＴＦＳＳＥによれば、ＳＳＥには次の三つのポイントがある。①社会的に有用な目的や環境保護目的を持つ組織や事業体の財やサービスの生産に適用されるのがＳＳＥであり、②ＳＳＥ組織を導いているのは協同・連帯・倫理・民主的自主管理などの原則や実践である。さらに、③ＳＳＥを構成するのは協同組合のほか、社会的企業、自助グループ、サービス供給型のＮＧＯ、連帯金融などである。ここで指摘されるＳＳＥの活動内容、組織形態は多様だとはいえ、運営原則は決して多義的ではない。信頼や連帯を大切にする協同組合原則そのものだといってもいい。それは「ＳＳＥの領域に含まれる典型は多様な形態の協同組合」だとするＴＦＳＳＥの指摘と共鳴している。

二〇一五年九月の国連総会で採択されたのが「私たちの世界を変える」をメインタイトルとするきわめて挑戦的な決議であった（わが国ではこのメインタイトルを省略する場合が多い。とくにＳＤＧｓをビジネスチャンスと捉える政府においてそうである）。サブタイトルが「持続可能な開発のための二〇三〇アジェンダ」であり、そこで取り上げられたのが二〇三〇年までに解決しなければならない世界共通の一七の課題である。これが「持続可能な開発目標」、いわゆるＳＤＧｓである。わが国では、残念ながらこれまでのところ、ＳＤＧｓの議論や実践において、まったくＳＳＥに触れられることはない。

とはいえ、「二〇三〇アジェンダ」では、必ずしもＳＤＧｓにおけるＳＳＥの役割について明示されているわけではなく、その点で、政府主導のわが国でＳＤＧｓにおけるＳＳＥの役割についての議論がないのは理解可能である。しかし、二〇一三年九月に国連内に機関横断的に設置されたＴＦＳＳＥの議論を見ると、ＳＤＧｓとＳＳＥとの関係の把握は明快である。ＴＦＳＳＥの基本方針書である『ポジション・ペーパー』では、貧困の拡大や金融不安、気候変動など、近年地球規模で起こっている問題に対して「従来型のビジネス business as-usual」では対応できず、「持続可能な開発に向けた経済・社会・環境における統合的なアプローチに取り組むうえでＳＳＥが大きな可能性を持っている」と断言し、ＩＬＯなどＴＦＳＳＥに集う二〇の国連機関とＩＣＡやＲＩＰＥＳＳＥなど三つの国際ＮＧＯ（当時）が共通理解としてＳＳＥの役割についての意見表明をしている。この点でポジション・ペーパーは脱新自由主義宣言とも受け取ることができる。さらに注目すべきは、ＳＤＧｓの主たる担い手がＳＳＥだと述べている点である。先にも指摘したように、ＴＦＳＳＥはＳＳＥの典型は多様な協同組合だとしている。つまり、二〇三〇年までのＳＤＧｓ達成努力の過程では協同組合が中心なのであり、二〇三〇年においては協同組合をはじめとするＳＳＥが重要な役割を果たす社会になるだろうという点である。

むすび

ここ数年にわたる農協解体の動きが、実は、国連を中心とする「持続可能な農業」という論議と真逆の動きとなっている。とくに持続可能な農業を実現するうえで小規模農業、家族農業経営がきわめて重要な役割を果たすだけでなく、政府が小規模農業の団体の権利、「民主的に自らを組織する」権利を認めなければならないとする国連機関の指摘に逆行している。また、この後ろ向きの日本政府の認識が国際社会の議論からはかなりずれたＳＤＧｓの捉え方となっているという点につながっていることにも留意が必要だと考えている。

周知のように、現在の「国連家族農業の一〇年」に先立って、国際家族農業年（二〇一四年）が設けられていた。国際家族農業年の前年に公表された国連食糧農業機関（ＦＡＯ）世界食料保障委員会（ＣＦＳ）専門家ハイレベル・パネル（ＨＬＰＥ）の報告書のひとつ、『食料保障のための小規模農業への投資』（二〇一三年六月）をみると、日本語版への序文の中で次のような指摘がなされている。「日本の政策決定者たちは、農地の集約化と規模拡大に向けた構造改革をより徹底し、企業の農業生産への参入を促進するための規制緩和を行うといった形で、農業政策を方向づけてきた。しかし、こうした政策上の選択肢は、国民に対して十分な食料、雇用、および生計を提供できるのだろうか。食料保障を実現できるのだろうか。そして、日本社会の持続可能な発展に貢献できるのだろうか。そのような疑問が持ち上がっている。」（国連世界食料保障委員会専門家ハイレベル・パネル『家族農業が世界の未来を拓く』農文協、二〇一四年）なおこの報告書によれば、持続可能な農業は小規模な家族農業によって提供されているのであり、また農水省も認めるように、ＦＡＯの指摘では世界の食料生産の八〇％以上が家族農業によって提供されている。家族農業に代表される小規模農業が潜在的には効率的であることが数多く報告されているだけではなく、「大規模農業に比べて小規模農業が高い生産力を実現できることを示した重要な証拠」があるとのＨＬＰＥの確認もしっかりと受け止める必要がある。またＨＬＰＥの報告書では「勧告」のひとつとして次のような警告を発している。「政府が小規模農業経営の個人の権利、および団体の権利を法律で認めていない場合は、早急にこれらの権利を認めなければならない。これらの権利には、彼らが民主的に自らを組織し、政策論議の場で声をあげ、自らの利益を守るための権利が含まれる。」農協解体が世界とは真逆の動きだと断じたのはこうした指摘に基づいている。

国連「家族農業の一〇年」について述べる農水省のホームページをみると、「家族農業は…社会経済や環境、文化といった側面で重要な役割を担っています。また、彼らは地域のネットワークや文化の中に組み込まれており、多くの農業・非農業の雇用を創出しています」とのＦＡＯの指摘が引用されている。「民主的に自らを組織する権利」や「団体の権利」が協同組合につながっているのであるとすれば、また彼らが地域のネットワークに組み込まれているとすれば、これらの指摘はＳＳＥの議論と深い関係にあるということができる。ネットワークこそＳＳＥの表出であり、「ＳＳＥの典型が協同組合」だから、である。これらの指摘がＳＤＧｓの第二課題、「食料の安全保障と持続可能な農業」とも色濃くつながっているのであり、この点でも日本政府のＳＤＧｓの捉え方はきわめて偏っている。（http://

www.maff.go.jp/j/kokusai/kokusei/kanren_sesaku/FAO/undecade_family_farming.html（二〇一九年八月一日アクセス）

今日、国際社会の多くの場面において、ポスト新自由主義時代におけるＳＳＥの役割に注目した議論や政策が進められていることを確認できる。ただし、二〇三〇アジェンダでの議論をみても、決して営利企業が排除されているわけではない点には留意が必要である。他方、公的セクターとＳＳＥとの連携・パートナーシップの形成を追求しようとする社会的経済世界フォーラム（ＧＳＥＦ）の理念が国際的な連携の下で広がりつつある。これらの指摘や動向を踏まえるならば、市場セクターと公的セクターのみを前提とする従来の二元論的発想から脱して、ここにＳＳＥを加え、三セクター間の最良の連携、ベスト・ミックスを創り出すことがＳＤＧｓ実現の鍵だと思われる。そして、その中心に協同組合がいる、というのが、以上にみてきた本稿の結論である。であるとすれば、日本の協同組合は二〇三〇年に向かってメイン・ストリームとなるべく努力が求められることになるであろう。

13.「西暦二〇〇〇年における協同組合」を再読す

加藤　好一（生活クラブ連合会会長）

1　はじめに

A・F・レイドローが、一九八〇年のICA（国際協同組合同盟）第二七回大会のために起草した「西暦二〇〇〇年における協同組合」（「レイドロー報告」）は、協同組合人にとって必読文献であり古典だ。

私はこのテキストにこだわりつづけてきた。そして多くの組合員や職員に、私が学んだことを紹介し、その議論によってまた学んだ。本稿の表題で書くのもこれで三回目だ。ただし今回は、現代日本を代表する哲学者・柄谷行人氏の「交換様式論」を視軸に読むという無謀な企てだ。酩酊者の戯言としてお目こぼしいただきたい。

柄谷氏とは多少の縁がある。生活クラブグループのシンクタンクと位置づけている市民セクター政策機構という組織があるが、ここで発行する雑誌「社会運動」誌上で、柄谷氏とは二回お目に掛かった。かつ連載稿も寄せていただいた。ちなみに柄谷氏は南八王子にあるデポー（小型店舗）の組合員で、その近くで不定期の「長池講義」を開いている。

この縁を取り持ってくれたのが高瀬幸途だ。高瀬は㈱太田出版の元社長で、経歴は妙だが品のある男であった。過去形なのは昨年逝去したからだ。本稿は高瀬への感謝と供養の意味もある。

柄谷氏の思想は大雑把に言って九〇年代後半を境に変化があり、ご本人も「態度変更」と言っている。現在のところの主著と目される『世界史の構造』（二〇一〇）では、ポスト・モダンの思潮がしりぞけた「大きな物語」を語り、自らの思考の体系化が目された。これはかつての柄谷氏にはなかったことだ。

『マルクスその可能性の中心』は若き氏の画期的な仕事だ（一九七八）。この本で柄谷氏は『資本論』の価値形態論を縦横無尽に論じ、まさにマルクスの可能性の中心を開示した。氏の思考の始源はここにあり以後一貫している。柄谷理論の読解には、態度変更とこの一貫性の理解が重要だと思う。

高瀬はこの柄谷氏の態度変更を支持し支えた。その協働の成果の一つが、「ＮＡＭ」（New Associationist Movement）である。この場合のアソシエーションとは運動体で、協同組合もそこに位置する。柄谷氏はこの運動連合組織の呼びかけ人の一人となりこれを立ち上げたが（二〇〇〇年設立、二〇〇三年解散）、この行動に寄り添って「ドン・キホーテ」のサンチョ・パンサとも言うべき役を担ったのが高瀬だ。柄谷氏の仕事は、「ＮＡＭ」とこの直前の『トランスクリティーク』（出版年二〇〇一）を境に大きく変貌する。社会・時代の巨大な変容を感じ取りこの行動に出たというべきか。

ここで蛇足をひとつ。『貨幣の謎とパラドックス』（久本福子著）という本がある。久本は柄谷氏を崇拝しているが、この本で柄谷氏の「ＮＡＭ」以降の仕事にネガティブな態度を示し、こんな一文を記している。

「主婦層が圧倒的多数を占める生協会員の非資本主義的なものを求める素朴な欲求を、ＮＡＭが掲げる『資本と国家への対抗運動』という高次元の目標へと転化しうるのかどうか、やはり疑問に思われる。」

以後本稿で久本にふれることはないが念頭におき続ける。

2 「思想的な危機」とはなにか？

「レイドロー報告」のまず忘れてはならない提言に、「思想的な危機」という協同組合運動の現状認識がある。レイドローは一八四四年に英国で設立された「ロッチデール公正開拓者組合」（以後「ロッチデール」）以降の協同組合の歴史を三つの危機として区分した。「信頼の危機」「経営の危機」そして「思想的な危機」だ。

「思想的な危機」の背景はこうだ。「経営の危機」において一般企業との競争にさらされざるをえなくなった状況下、協同組合はこの他企業との差異、自らの役割や使命を忘却し、結果としてこれと同一化してしまっていないか？

つまり協同組合思想の危機＝イデオロギーの危機、さらにはアイデンティティの危機＝「自分が何者であるかわからなくなってしまった危機」とも言えようか。しかもこの危機が深刻なのは、危機を危機として気づきにくい危機なのだ。粗略だが私はこの問題をこう解釈してきた。

レイドローはこの危機が、「ロッチデール」直系の協同組合である消費協同組合において深刻だとみていた。そしてその根源を「ロッチデール」設立からの数年の経緯に探っていたと思う。もちろん「ロッチデール」を尊敬・敬愛しつつ。私はこのレイドローのこの想念を、レイドローの「いらだち」と一〇年前に表現した（「社会運動」四〇〇号／二〇一〇）。

レイドローのこの問題意識を導いたものに、『協同組合運動の一世紀』があると思う。これは「ロッチデール」設立一〇〇周年の際に（一九四四）、G・D・H・コールが文字通り協同組合運動の一世紀を総括した、協同組合人にとっては「レイドロー報告」と並ぶ歴史的な文書だ。レイドローの「思想的な危機」との関連でいうと、ここに二つの出来事を見出すことができる。

「ロッチデール」には「設立時規約」というものが存在した。設立したばかりの組合の目的を示すものだ。当然にも食料品や衣料品などの販売のための店舗を設立することがまず掲げられた。加えて「多数の住宅建築」や「組合員の雇用」、その一環としての耕作地の入手なども掲げられている。極めつけは「実行が可能になり次第、本組合は生産、分配、教育及び統治の力を備えるよう着手する。換言すれば、共通の利益に結ばれた自給自足の国内植民地を建設し、また同様な国内植民地を建設しようとする他の諸組合を援助すること」が掲げられている。協同組合村（協同村）の建設である。これはオーエン主義者たちの夢であり、レイドローの協同組合地域社会にも連なる。ただし、設立時の「ロッチデール」では、この目標は当然にも「遠い将来において実現させたい課題」に位置づけられた。

しかしこの夢は、設立後一〇年の時間が経過するなかで忘れられてしまう。コールはこの事態を次のように評した。「ロッチデール」の人びとの設立直後の理想は高かった。しかし彼らは徐々に現実主義者になっていく。「生産者と消費者とのあいだの差異がそもそも存在しない」ことが、オーエン主義者の理想であり目的であった。しかし一〇年を経過するなかで、彼らは「ロッチデール」のことを「消費者の組合」と考えるようになって行く。こうして協同村建設という夢も彼らの心から消えてしまう。

関連して重要な出来事がもう一つある。これについては杉本貴志・関西大教授の日本農業新聞連載稿（二〇一九）

を援用しつつ述べる。それは消費協同組合の利用分量割戻に関わる問題だ。

杉本によれば、そもそも協同組合という組織は、いまに言う『働き方改革』を目指して生まれたものだった」。「ロッチデール」では協同組合工場（小麦製粉所）を有し、この「事業で生まれた剰余金を出資組合員だけでなく、そこで働く協同組合労働者にも分配していた」。こうした「制度は他企業にはないもので、協同組合の特徴の一つとされ、〔…〕高く評価されていたのである」。当時の知識人たちも、「資本主義経済と営利企業では、避けられない労使の対立・紛争も協同組合ならば克服できる」と期待を寄せていた。ここで私が重視するのは、オーエン主義の鉄則からすれば、利潤（節約金）の一部は協同村建設のための原資として組合から不分割に蓄積されるはずであった。

しかし徐々に「協同組合はあくまで組合員のものなのだから、そこで生じた利益は全て組合員に還元されるべきだ」とする意見が多数になっていく。この論争は「利潤分配論争」と呼ばれるが、利用分量割戻（つまりは「値引き」）派が勝利し、ロッチデール原則＝協同組合原則にこれが掲げられる。この背景には「競争」が厳しいゆえの、顧客サービス的な思惑があった。

レイドローの「いらだち」の理由はいくつか推測できるが、「ロッチデール」の運営方式、特にこの値引きが協同組合原則に掲げられたままになっていることがあった。消費協同組合の原則ではなく、普遍的な協同組合の原則になぜこれがあるのかという問いだ。「レイドロー報告」執筆後、彼は急逝してしまうが、レイドローの高弟で生活クラブにたびたび足を運んでくれたマクファーソンらの尽力で、この「いらだち」の原則は改定された（一九九五）。

以上は「ロッチデール」に対する批判ではないつもりだ。私も「ロッチデール」を尊敬しいまも学ぶ対象だ。しかしこういう経緯を知っておく必要はある。

3 「交換様式論」素描

交換様式論をここで問題にするのは、「レイドロー報告」における「協同組合セクター論」を、私たちはもっと積極的に位置づけるべきだという目論見からである。しかし能力と紙幅の関係で、とても柄谷氏のこの論をていねいに語ることはできない。氏の仕事に直接ふれていただきたい。ここでは以下の行論との関連で必要最低限の素描を試みる。

柄谷氏の「交換様式論」は四つの象限で図示される（表1参照）。現在（終焉期にある近代世界システム）は交換様式「C」、つまり商品交換（資本）が支配的な時代とされる。より正しくは「B」「A」が重層化する社会構成体＝「資本＝ネーション＝国家」（表2参照）として把握されるが、「新自由主義」においては「ネーション」が希薄化した（福祉や「分配の正義」の軽視）。世界の「マルクス化」（熊野純彦・東大教授）の様相＝「始原的で暴力的なすがた」（露骨な格差社会や環境破壊が強烈に深化した状況）を強化させている。

（表1）交換様式

「B」略奪と再分配 （支配と保護）	「A」互　酬 （贈与と返礼）
「C」商品交換 （貨幣と商品）	「D」　X

（表2）資本＝ネーション＝国家の構造

B　国　家	A　ネーション
C　資　本	D　　X

（表3）世界システムの諸段階（参考）

B　世界＝帝国	A　ミニ世界システム
C　世界＝経済 （近代世界システム）	D　世界共和国

＊いずれも柄谷行人著『帝国の構造』より転用

　ところで本稿との関連における交換様式論の関心は、交換様式「D」＝「X」をいかに構想できるかということだ。とはいえ柄谷氏が重視するカントの「統整的理念」（実現されることはないが、われわれがそれに近づこうと努める指標）の問題とも絡みここは難しい。

　これに対するのが「構成的理念」で、フランス革命やロシア革命で生じた「独裁」の問題に帰結する恐れもある。

「私にとっては運動がすべてであって、概して社会主義の最終目標と呼ばれているものは無である」。

これはベルンシュタインの有名な言葉だが、柄谷氏の難解なこの部分を私はこの言葉に重ねて我流に解釈している。

　議論を交換様式「C」（貨幣と商品）に戻すが、ここでは宇野弘蔵の『経済原論』に依拠する。宇野はこの本を「流通論」から始めている。これは宇野の『資本論』読解のポイントだ。『資本論』第一巻は「資本の生産過程」だが「商品交換」、しかも難解な価値形態論から始まる。

　宇野は資本主義の特殊性を、「生産過程自

身をも商品形態をもって行う」ことに見出している。流通局面を重視する宇野の思考をふまえ、柄谷氏は資本の原基形態は商人資本だという強い認識がある。しかし資本はこの特殊性によって産業資本に転化する。つまり宇野が強調した「労働力商品」（「等価交換」を前提にしながら剰余価値を生み出す不思議な商品）の登場である。これは『大転換』（ポランニー）の「擬制商品」（労働・土地・貨幣＝本来商品ではないはずのものが商品になる）の議論につながる。

今日の資本主義の局面は新自由主義（市場原理主義）といわれている。水野和夫（経済学者）は「市場原理主義は儲けるためには法を犯さないかぎり何をしてもよい」システムだと言い、確かにグローバルな資本はそのように行動する。この「法」も彼らの思惑次第であり憲法すら乗り越える。国家と都合よく結託して資本の本性が追求されればよい。「わが亡き後に洪水は来たれ」、あるいは「今だけ、金だけ、自分だけ」（鈴木宣弘・東大院教授）という論理が合法的にまかり通る。

このことは私たちのこの間の大型通商協定反対（TPPや日米貿易協定等）の運動等で骨身にしみている。これらの問題は、レイドローが「驚異的な企業権力の時代」とした問題と密接にかかわる。またレイドローは、「ロッチデール」は「混ぜ物をした食品に宣戦布告した。今日の消費者協同組合は〔…〕二〇世紀型の不純物混入を排除するために何をしているか」と叱咤したが、こうした諸問題が重なってきわめて厄介なのが、たとえば遺伝子組み換え食品だ。

柄谷氏は商品交換が「共同体と共同体の間の生産物の交換から発生する」とする、マルクスに由来するこの宇野のこだわりを重視する。そしてこれを拡張して、交換様式「B」＝「国家」（支配と保護としての「交換」）を経済的下部構造とし、この国家が発生する場面も、商品と同様に「共同体と共同体の間」に見出している。

柄谷氏の交換様式論は、従来のマルクス主義の「生産様式論」が躓いてきた諸問題の解決としてある。下部構造が物質的という前提はここにはない。下部構造は「生産」ではなく「交換」である。しかもモースの『贈与論』がそうであるように、「交換」は「信用」に基づいている（決済の先送り等）。つまり観念的で倒錯（宗教）的な営みだ。

「C」では貨幣の権能を見いだしてまずは守銭奴（貨幣蓄蔵者）が生まれるが、「C」が発展した資本主義では「合理的な守銭奴」、つまり「蓄蔵」ではなくこの貨幣を活用・回収し拡大再生産する「資本」となる。この結果信用システムが複雑・強化されるが、「恐慌」（生産力〈供給〉過剰と信用システムの機能不全）という問題がつきまとうことにもなる。

若きマルクスは「ドイツでは宗教の批判は〔…〕すでに終了した」と語った。しかし『資本論』もまた、この意味で「宗教（フェティシズム）批判」の書であり、彼の宗教批判は生涯続いたと熊野は言っている。

ポランニーは『大転換』で「自己調整的市場」について論じたが、人びとが住み暮らしていた「生活世界」＝コミュニティの国家による破壊という過酷な事態、つまりコミュニティから離れ（いわば自由になり）、労働市場で労働力を売って生活する「自由」を得た（つまり強いられた）人びとの創出を伴いつつこれは観念された。「市場に任せておけば全てうまく行く」というメッセージ（「自律的市場」）はこの国家的な暴力の結果として成立した幻想だ。

柄谷氏は宇野の言う段階論は、宇野が原論（純粋資本主義）で捨象した国家の再導入だと語っているが、この意味あいにおいて得心できる。そもそも『資本論』は大英帝国のヘゲモニーの絶頂期（ヴィクトリア時代）における、ロンドンに亡命したマルクスの時代認識で、マルクスはこの暴力について多くを語りながらも、体系的には『資本論』で国家を捨象している。とはいえ柄谷氏は、『資本論』のマルクスと宇野の仕事を尊重し、国家論の不足を言うならそれは自分で考えるべきだと言っている。

しかしマルクス没後の世紀転換期前後から時代は変容し、帝国主義＝ヘゲモニー国家の不在（戦争）の時代になる。それから一世紀。レイドローは新自由主義的な時代変容を直感していたが、柄谷氏によればこの新自由主義は、大戦後に確立した米国のヘゲモニーの終焉＝新たなかつ反復的な帝国主義の時代であり、現在をその末期と位置づける。この辺りの柄谷理論はどこか終末論的な雰囲気（カントの「自然の狡智」論）が漂う。

二二世紀は「アフラシア」（アジア・アフリカの巨大な人口のうねり）の時代と言われる。資本主義はアフリカまでをも「マルクス化」しきるのか。しかしその前にこの地球という生態系はどうなるのか。現在の帝国主義のこの様相（末期）は戦争を回避できるのか。深刻な問いが直近の未来に迫っている。

4 「協同組合セクター」（市民セクター）論

私はレイドローと柄谷理論を、時折クロスさせてきたが、協同組合セクター論との関連でそうしたのは、賀川豊彦記念松沢資料館刊「雲の柱」に寄稿した、「賀川豊彦を『忘却』しない努力を」(二〇一五)という拙稿がはじめてであった。ここではこれを補強・修正しながら長くなるが再掲する。

① 賀川の『友愛の政治経済学』から引用する。「『御国を来たらせたまえ』。これは、どれほど個人的犠牲を払おうとも、神の国の樹立の急務に身を挺することを意味する」。これは賀川のキリスト者としての覚悟である。この覚悟のもとに彼は様々な諸実践(社会運動)を積み重ね協同組合運動をこの国に根づかせた。

② 柄谷氏は『帝国の構造』(二〇一四)で、アウグスティヌスの「神の国」について述べている。地の国は「自己愛」に立脚する社会だが、神の国は「神への愛」ないしは隣人愛によって成立する。二つの「国」は併存する。とはいえ神の国は地の国に従属せず依存もしない。地の国(ポリス)のように限界や境界もない(コスモポリタンであり国家に根をもたない)。地の国は強力に存在するが、神の国もそこに確固として併存し、地の国に浸透していく。

③ この「神の国」論は、私には「協同組合セクター論」と重なり共感できる。「協同組合セクター論」は、そもそもはフォーケが提起したものだが(一九三五)、なんといっても私には「レイドロー報告」のインパクトの方が強い。

④「協同組合共和国」(賀川は「協同組合国家」を強調した)は、かつて世界の協同組合人の長年の夢であった。これに対してレイドローは「協同組合地域社会」を説いた。これは同時に私的セクター(強大化し唯我独尊〈横暴〉化した多国籍企業)、かつ公的(政治)セクターと並んで、「協同組合セクター」(市民セクター)が確固たる地位を占めるべきことを、西暦二〇〇〇年を展望しつつ協同組合の使命としたが、すでに二一世紀も二〇年が経過してしまった。

⑤ レイドローは「政府への強烈な抱擁は、協同組合にとってはしばしば死の接吻に終わる」といい、公的セクター(国家)との距離感を強調している。柄谷理論でもここは重要な論点であり、かつてのドイツ社会民主党にあった「ラサール主義」的なものに対する警戒がある。

⑥ レイドローが予見した新自由主義の暴走、この事態にとして「社会の自己防衛」をいかに対峙させ「二重運動」とていくか(ポランニー)。より積極的には交換様式「D」をいかに展望していくべきか。強引に解釈すれば、「レ

イドロー報告」はこのような文脈に位置づけられると思う。これは「混合経済」という戦略認識に基づくもので、協同組合セクター論はその帰結で運動の要となる提言だ。

⑦この論点に鑑みると、賀川が提唱し彼の運動論の根底にあった、中心的な思想たる「協同組合国家」論は斥けられることになる。しかし繰り返すが賀川の実践と思想は、忘却されることなく活かされ続けなければならない。本稿で述べたい論点は以上だが、少し補足させていただく。

「御国が来ますように、みこころが天で行なわれるように、地でも行われますように」（マタイの福音書）。これはイエスが神への祈りについて説いたくだりだが、「御国」とは「神の国」であり、これを「彼岸」ではなく「此岸」、つまり「地の国」（いま・ここ）に求める祈りとして説いている。私は協同組合を「神の国」を「地の国」に築き広める、この意味で「普遍宗教」と密接に関連する、歴史的な営為の一つと仮定している。

周知のように『神の国』は西ローマ帝国末期、聖アウグスティヌス晩年の書だ。私が学生時代に読んだ廣松渉（哲学者）はある本で、ヘーゲルの『法哲学』とアウグスティヌスを重ね、こう書いている。

「〔ヘーゲルの『法哲学』は〕ライプニッツやカントにおいては道徳的王国として志向されていたところのものを地上的に実現し、アウグスティヌスこのかたの神の国〔…〕と地の国〔…〕との二元性を、人倫的理念の現実態たる理性国家において止揚する構制を樹てている」。

「人倫的理念の現実態」（「共同体」倫理の実現）とは「ギリシア的ポリスの理想化」であり、「最高の共同こそが最高の自由である」ものとして構想される。この理性国家は地上に実現する「神の国」だ。しかしこれは「地の国」を覆いつくすものである（構成的理念の問題につながる）。賀川の「協同組合国家」とヘーゲルのこの論は、似た考え方に基づいていると私は思う。かつ近代の社会主義的な思潮もこれと無縁ではないように思う。

5「神の国は、ことばではなく力にあるのです」

ヘーゲルは『法哲学講義』（長谷川宏訳）の、理性国家の手前の「市民社会」（悟性国家）を論じたくだりで、面白い議論を展開している。ヘーゲルによれば、市民社会は

「欲求と労働」の体系とされ、この相互依存の体系が、一方における富の過剰と、他方における貧困化の問題として現れる。ヘーゲルはスミスやリカードの古典経済学が誕生したばかりの知見をもとにこれを説いている。ヘーゲルのこの本は福祉国家の哲学と称されることがあるが、その関連で社会政策（福祉行政）の役割を強調する。先にふれたレイドローと柄谷氏の国家との距離感の問題にもつながる問題だが、柄谷氏は社会民主主義にネガティブ（慎重）な構えをとる。

他方でヘーゲルは、この本で「職能集団」（コルポラチオン）の存在とその役割を力説し重視している。すでに紙幅超過なので、結論にもならない結論を急ぐが、これは明らかに協同組合的な存在、役割、理念を示唆・称揚する議論で、面白い議論というのはこのくだりのことである。

ヘーゲルにとってこの職能集団は、「最高の共同こそが最高の自由」である世界を媒介するものだ。しかし私にとっての関心は、理念の現実態たる理性国家の手前の「市民社会」における議論だということだ。つまり「市民社会において共同体の倫理を試行錯誤する団体」という位置づけになる。したがってここは混合経済で、協同組合セクターの議論が必須になる。

ポランニーは『大転換』でジョン・ベラーズについて語っている。ベラーズは英国・名誉革命期のピューリタン（クエーカー教徒）で、一九世紀のオーエン主義者たちに多大な影響を与えた。

「ベラーズは、一六九六年に『産業協会』を提案して後世の社会主義思想に先鞭をつけた。彼は貧困者を『産業協会』に組織し、労働紙幣を使用しつつ、共同で働くことによって、自活しながら余剰を生み出すことができると考えた」（『大転換』新訳／訳者梗概）。ヘーゲルの職能集団の祖型と想定できないだろうか。

「神の国は、ことばではなく力にあるのです」。これは『新約聖書』の「コリント人への手紙」（パウロ）の一節だ。混合経済のなかの確固たる「力」たりうる協同組合セクター（市民セクター）の存在感、同時に市民のコスモポリタン的な連帯を「力」としてどう構想するか。こういった議論を本書に結集した諸氏と交わせることを願いつつ本稿を閉じたい。

14. 協同組合はグローバル資本主義にどう対抗するのか？
――アメリカにおける「プラットフォーム協同組合」と「全員参加型フードコープ」

白井　和宏（市民セクター政策機構　代表専務理事）

二〇一八年九月に生活クラブグループとして企画・参加した「協同組合の旅アメリカ」に続いて、一〇月にはスペイン・バスク州で開催された「GSEF（グローバル社会的経済フォーラム）」に出席し、協同組合企業モンドラゴン（以下、モンドラゴン）を視察した。モンドラゴンはグローバル資本主義の波に押されて海外に進出したものの、二〇一三年にグループの中核企業だった家電メーカーが倒産したことで協同組合陣営に大きな衝撃が走った。

他方、アメリカでは「全員参加型フードコープ」や「インターネット協同組合」という新たな発見があった。しかも同様の実践は世界に広がっている。すべての市場を飲み込みつつあるグローバル資本主義に対抗する新たな試みを紹介したい。

1　多国籍小売業に圧されて後退した欧米の生協運動

かつての協同組合運動には多国籍資本主義に対抗する志と運動があったという。いまの状況からすると信じられないような話だが、「戦後、国際協同組合同盟（ICA）は国際連合の内部で石油の公正な取引を求める政策キャンペーンを展開した」というのである。さらには多国籍企業の支配に対抗するため、国際協同組合石油協会（ICPA）を設立した。二〇カ国の生協や農協が一五〇〇万ドルを出資し、一九六〇年までには二一カ国から三四の会員組織が集まった。一九六三年にはオランダのドルドレヒトに石油プラントを設立、リビアで原油の試掘を始めた。「協同組合人たちが長い間ずっと抱いてきた、多国籍企業の挑戦に対抗できるような運動という見果てぬ夢が、ついに形を現し始めたのである」。ところが夢は頓挫する。「その潜在力を発揮できなかった原因は、主として生協の弱さにあった。国際協同組合運動がもっている力は、少なくとも机上の計算では、巨大なものである。一九七三年までに西ヨーロッパの生協の年間事業高は一六〇億ドルに達していた。…しかし、その生協は自分たちの地域的な利益を乗り越え、より大きな目標へと協同することに乗り気ではなかったので、また多国籍小売業との競争が激化していったので、（多国籍資本主義への対抗運動の）発展は抑えられたのである。」(注1)

事実、ヨーロッパの生協は、スーパーマーケットチェーンとの価格競争に巻き込まれ、多くが敗退した。生活協同組合発祥の地といわれるイギリスでも、すでに一九六〇年代から社会的存在感を凋落させた。一九八〇年代にはオランダ、ベルギー、フランス、ドイツの生協運動が次々と崩壊した。一九八八年にはアメリカ国内外で最も知名度の高かったカリフォルニア州のバークレー生協が倒産。一九九〇年代以降は、ウォルマートなど巨大なスーパーマーケットチェーンの多国籍展開によって小売業界の競争が激化し、世界中の生協が合併統合や再編を加速させた。

2 海外に進出したモンドラゴンの挑戦と挫折

(1) モンドラゴンに対する評価と批判

こうした時代状況に逆らうかのように、海外市場に打って出たのがスペイン・バスク地方を本拠地とするモンドラゴンだった。モンドラゴンは「人間らしい労働」の実現を理念に掲げ、一九五六年に設立された労働者協同組合の集合体である。独立採算制の①工業部門（消費財、工業部品、建築、医療機器等）②金融部門③小売部門④農業部門（野菜生産、飼料、牛肉）の四部門の他に教育部門、研究部門があり、協同組合企業九八団体、関連企業一五団体に加え、海外企業が一四三団体もある。世界全体で八万八〇〇人の労働者が働き、総売上高一一九億三六〇〇万ユーロ（約一兆五四七〇億円）という巨大なグループである。

また、一九八〇年に開催された国際協同組合同盟（ＩＣＡ）のレイドロウ報告『西暦二〇〇〇年における協同組合』

のなかで成功例として紹介された頃から世界中の協同組合陣営から注目を集めた。労働者協同組合の輝かしい成功例として、あるいは経済民主主義に基づくオルタナティブなモデルとして、高く評価されるようになったのだ。

その一方、急激に事業を拡大し、グローバル化したモンドラゴンに対する批判がある。「(モンドラゴンは) 純粋な意味での協同組合だろうか。いや、正確に言えば一種の資本主義的な協同経営会社 (capitalist partnership) と考えるべきだ」という指摘がある。その一番の理由は、非組合員比率の多さだ。一九九〇年には労働者の八〇%が組合員だったが、現在は四〇%以下でしかない。国内で約一〇〇〇店舗を有するスーパーマーケットチェーン「エロスキ」で働く三万五〇〇〇人の従業員も、ほとんどが非正規のパートタイムである。賃金の低い、中国、ブラジル、メキシコ、ポーランド、チェコ等、海外で展開されている子会社の従業員も組合員ではない。「バスクの特権的な組合員の雇用と労働条件を守るために、国内外で低賃金の非組合員を使用している」といった批判がある。(注2)

(2) 規模拡大と国際化への賭け

ただし、モンドラゴンの規模拡大と海外進出は、企業の行動基準である利潤最大化のために、自ら積極的に選択した戦略ではなかったことは容易に想像できよう。むしろ、資本主義経済のグローバル化という激流のなかで、競争力の優位を獲得するための「賭け」だったのである。

一九八〇年代後半には欧州共同体 (ＥＣ) における市場統合が進んだことで、欧州各地からスペインへの輸入が拡大した。一九九一年にはソ連が崩壊し、東西冷戦体制が終わった。一九九五年には、国際的な自由貿易を促進する世界貿易機関 (ＷＴＯ) が設立され、二〇〇一年には中国が加盟した。すなわち中国・アジア製品と対抗するためには競争力を高めて海外に打って出ることを余儀なくされたのである。モンドラゴンが非組合員率の多さという課題を抱えながらも海外進出という攻めの戦略をとったことにより、ある種の期待と注目を集めてきた。

ところが、それもリーマンショックによる世界的な不況の荒波に直撃された。二〇一三年にはグループの中核企業だった家電メーカー「ファゴール」が倒産したのだ。ファゴールはスペイン唯一の大型家電を製造する多国籍企業だった。一三カ国に工場があり、雇用者数は二〇一二年時点で約七〇〇〇人。八〇カ国に販売網が存在した。主力商品だった中間層向けの白物家電市場を中国などのアジア系企業に奪われたのである。

モンドラゴンが今後、バスク州を基盤とした地域事業モデルに戻るのか、それとも捲土重来を期して海外進出に重点を置くのかは定かではない。しかし、すでにスペイン国内の小売業においてもシェアを低下させている。エロスキは長年、フランスに本社を置く「カルフール」に次いで二位のシェアを維持していた。ところが二〇一八年時点では、スペイン発祥のスーパーマーケットで低価格・高品質なプライベートブランド食品が人気の「メルカドーナ」（一九七七年に創業、一六〇〇店舗を展開）のシェアが二四％とトップになり、エロスキは五％、四位にまで低下したという厳しい現実に直面している。

3 アメリカにおける新たな協同組合の発見

(1) Amazon（アマゾン）の脅威

二一世紀の今日、生協のみならず小売業全体にとって大きな脅威となっているのが、拡大するネット通販業界であり、その代表が「Amazon」だ。多くの実店舗が利用客を奪われ、小売業界はパニック状態にある。Amazon に顧客を奪われた「米国トイザラス」が二〇一七年に経営破綻したというニュースは日本でも話題になったのは象徴的な事件である。アメリカでは毎年、数千もの店舗が閉店しており、テナントが閉店することにより、大型のショッピングモールも衰退させている。

アメリカの自然食品チェーンといえば最も有名なのが「ホールフーズ・マーケット」(注3)だが、二〇一七年には Amazon によって一三七億ドル（約一兆五二〇〇億円）で買収されたのも象徴的な事件だった。Amazon の会員になったホールフーズの顧客は、午前八時から午後一〇時に注文すれば、二時間以内に食料品が届くサービスを開始した。

Amazonが進出する業界では、業績や株価の低迷に悩む企業が増えている。ネット通販だけでなく実店舗を組み合わせたことにより、百貨店やスーパー、衣料品といった物販など幅広い業態で一人勝ちが進んでいる。

今回の視察ではアメリカの産直運動である「地域支援型農業」（コミュニティ・サポーテッド・アグリカルチャー／ＣＳＡ）も訪問して関係者に話を聞いたが、「かつては活発だったものの、最近はAmazonに押されて参加者が減少している」とのことだった。

⑵ プラットフォーム企業による偽りの「シェア」

既存の業界を脅かしているのはAmazonだけではない。ＧＡＦＡ（ガーファ）（Google,Apple,Facebook,Amazon）と呼ばれる巨大なＩＴ企業は、最新技術を駆使し、次々と新たなサービスを提供している。その技術を利用し、インターネットを通じて、モノや場所、スキルや時間などを共有する経済の形である「シェアリングエコノミー」が登場した。その代表格が、自動車配車サービスの「ウーバー（Uber）」や宿泊施設貸し出しの「エアビーアンドビー（Airbnb）」である。いずれも約一〇年前にカリフォルニアで創業された。エアビーアンドビーは一九一カ国、ウーバーは七〇カ国で展開している。

こうしたサービスを最も利用しているのがアメリカで一九八〇年から二〇〇〇年初頭に生まれ、現在一八歳～三五歳になるミレニアル世代と言われている。(注4) この世代の特徴は、モノを持たない、カネのかかることはしない、なるべくシェアする傾向が強い、と言われる。

「シェア」という言葉は心地良い。個人が所有するモノ（知識・技能）を分かち合い、共有することは、崩壊しつつある共同体的な関係性を復活させる可能性をイメージさせるからだ。とりわけ、事業を共同で所有・運営・利用する協同組合関係者にとっては魅力的に感じる。しかし、いまあるシェアリングエコノミーはそのようなものなのだろうか。

日本でエアビーアンドビーと業務提携したのが人材派遣業大手の「パソナ」である。提携の目的は、「エアビーアンドビーに登録された空き部屋にパソナのスタッフを派遣して管理や清掃を請け負うビジネスを行うことにある。国から「シェアエコノミー伝道師」(注5) に任命されているパソナの社員は「私たちの活動は現代の協同組合と言えるかもしれません」と語っていたが、噴飯物である。パソナの会長は小泉政権下で新自由主義政策を推進してきた竹中平蔵氏だ。「正社員をなくしましょう。正規雇用という人たちが非正規雇用者を搾取しているわけです」と煽る竹中氏のデマゴギーに惑わされて、「パソナが現代の協同組合」と人びとが信じる悪夢のような日が来ないとも限らない。

(3)「自分が自分のボスになる(Be your own boss)」?

配車サービスを展開するウーバーは、わずか一〇年で営業利益三〇億ドルを超える企業に成長した。今回の視察で、私たちがニューヨーク市の空港に到着した時、タクシーのドライバーにウーバーとの競合関係について尋ねてみたところ、「誰でもウーバーに登録して稼げるから競争は激しくなるばかりだ。街中なら三分の二がウーバーの車だ。俺もウーバーに登録して仕事を得るけど、ウーバーの報酬はタクシーより少ない」と嘆いていた。事実、iPhone を使えばすぐに付近を走る個人の車を呼べるので、街中の移動はウーバーに頼りっぱなしだった。客にとっては便利なことこの上ないが、タクシードライバーにとっては痛手だ。

ウーバーは契約を結んだ運転手を「個人事業主」と呼んでいる。「自分が自分のボスになる」「好きな時間に働く」といった魅力的な言葉で労働者を集めてきた。しかし米国内では運転手を請負業者とみなして最低賃金の支払いと手当の支給を回避していると訴えられていた裁判で、ウーバー側が和解金二〇〇〇万ドル(約二二億円)を支払うことに二〇一九年三月、合意した。

日本では飲食店の宅配代行サービスとして積極的にテレビCMを流している「ウーバーイーツ(Uber Eats)」が、配達員に対して一方的に報酬を引き下げたことで、二〇一九年一二月に労働組合が団体交渉を申し入れた。しかし「ウーバージャパン」は団体交渉に応じない構えである。個人事業主として契約しており、労災保険の適用なども認められていないことから、「配達員は会社が雇用する労働者にはあたらない」というのがその主張である。

結局いま、世間で広がるシェアリングエコノミーとはITを活用したニュービジネスに他ならない。三浦展氏(カルチャースタディーズ研究所主宰)は、「たしかに消費者は便益を享受しますが、一番もうけるのはシェアの仕組みを考えた会社です。一部の誰かが大もうけしていること自体、シェアではない気がします」と指摘する。ニュースクール大学のトレバー・ショルツ准教授(ニューヨーク・Trebor

Scholz）は、「プラットフォーム・エコノミーは、人びとに〝デジタル労働者〟として雇用される機会を拡大したが、デジタル労働者はその犠牲者になりやすい」と批判する。

⑷「プラットフォーム協同組合」の登場

結局、儲けているのはプラットフォーム事業を展開している「元締め企業」であることが明確になるにつれ、批判も増えている。そこで「プラットフォーム資本主義」に対抗する「プラットフォーム協同組合」を立ち上げる活動が世界的に広がっている。そのひとつが今回、訪問した「アップ・アンド・ゴー（UP ＆ GO）」という団体だ。ヒスパニック系の移民によるホームクリーニング事業を展開しているアップ・アンド・ゴーには、三つの協同組合が参加しており、その組合員たちがアップ・アンド・ゴーというプラットフォームを所有する関係にある。顧客はインターネット上のウェブサイト（プラットフォーム）を介してホームクリーニングを依頼する。アップ・アンド・ゴーが強調するのは、他のプラットフォームだと売上げの二〇％～五〇％が元締め企業の懐に入り、契約労働者が受け取るのは五〇％～八〇％だが、アップ・アンド・ゴーの場合は九五％が協同組合とその組合員の収入になることだ。

こうしたプラットフォーム協同組合は世界各地で様々な業種で設立されている。「ストクシー・ユナイテッド（Stocky United）」というフリーランスの写真家たちによるプラットフォーム協同組合も有名だ。著作権を企業に売り渡すことなく、自分の写真や動画を一般に貸し出すことができる。写真家が株を持ち合うことで組織を共同所有し、利益も分かち合う仕組みである。

⑸プラットフォーム協同組合の可能性と課題

トレバー・ショルツ准教授はプラットフォーム協同組合の一〇原則を提示している。(注6)

①共同所有（プラットフォーム協同組合は、そこで働く労働者兼所有者によって所有管理される）
②公正（賃金および所得保障において）
③透明性（データと運営において）
④評価と承認（すべての労働者兼所有者の参加に対して）
⑤共同決定（労働者たちはプラットフォームの計画決定に参加する）
⑥法制度（マーケットに参加するチャンスをプラッ

フォーム協同組合に与えること）
⑦労働者保護（福利厚生と雇用保障について）
⑧恣意的な行動からの保護（コンプライアンスの遵守と詐欺からの保護）
⑨職場における過度な監視の拒否(プライバシーの保護）
⑩つながらない（ログオフする）権利（勤務時間と勤務時間外の明確な境界線）

確かにこれらが徹底されればプラットフォーム協同組合は「シェア」を標榜する営利企業とは異なり、時代を切り拓く新たな存在になるだろう。

ただし組合員が住む地域が限定されており、直接、会って議論ができるリアルな協同組合でさえ組織運営に参加することや情報の透明性を維持することは容易でない。アップ・アンド・ゴーの場合はプラットフォーム協同組合とはいっても、いまのところ事業エリアがブルックリンに限られており、組合員同士が直接、会うことも可能だ。しかし地理的制約を超える点がプラットフォーム協同組合の特徴であり、組織運営もウェブ上で行うことが基本になるはずだ。インターネットを介して組合員がどのように議論し、合意形成して、方針を決定するのか未知数な点は多い。

それでもプラットフォーム協同組合は数年前に始まったばかりの実験段階にあり、情報と市場を独占するガーファ（ＧＡＦＡ）に対抗するためにも、必要不可欠かつ歴史的なチャレンジであることは確かだろう。

(6) フランスにも広がる「協同組合的・参加型のスーパーマーケット」

アメリカにおけるもうひとつの新しい発見は、インターネットという仮想空間とは対象的に、店舗運営というリアルな現場で仕事を通してすべての組合員がつながる協同組合「パークスロープ・フードコープ」だった。

お金によってあらゆる事が解決され、簡単・便利さが当然とされる、いまの社会のなかで全組合員が四週に一回、二時間四五分の仕事に参加することが義務づけられている生協が存在していることは驚きだった。組合員が嫌々、仕事をするなら事業は成り立たない。だがこの生協に参加することが地域の人びとにとっての誇りであるという。この生協の「組合員マニュアル」を読むと、同一世帯の成人全員が仕事をすることを義務づけられており、そのルールは複雑であることこの上ない。

この生協においては「組合員＝所有者」であるから、仕事に対する報酬はなく、「ボランティア活動とは呼ばない」という。契約した人びとが稼いだ金の上前をはねておきながら「シェア」とうそぶくプラットフォーム企業とは対極にある。

ただし一九七三年に設立されたパークスロープ・フードコープは唯一例外的な成功事例のようだ。同じブルックリンにある他のフードコープはいまのところ事業的に苦戦している。それでも今後、パークスロープ・フードコープのような成功事例は増えるかもしれない。すでにニューヨーク市では、二〇一〇年頃から実店舗への回帰が始まっていると言われるからだ。電子商取引（Eコマース）が拡大を続けるアメリカの小売業界で、いま、歴史的なターニング・ポイントとなる変化が起こっている。インターネット上のバーチャル空間で成長を遂げたEコマース企業がリアル店舗をオープンする事例が増え、注目のトレンドになっているのだ。

先に述べたようにアメリカの小売業界では実店舗の閉店が相次いでいるものの、ニューヨーク市では店舗の存在意義が見直されるようになった。インターネット企業が実店舗を出店するのは、インターネット上のバーチャル空間では得られないリアルな「体験」が再び着目されるようになったからだという。Amazon がホールフーズ・マーケットを買収したのもその流れにある。実店舗が提供する「体験」は、「人間の記憶や、ホリデー・シーズンには特に大事になってくる喜びや驚きのような感情や本能的な快感に直接訴えかける」。人間が人間である以上、本能的に喜びや驚きといった体験を求めており、そうした体験ができる良質な機会を提供することの意義やインパクトは、極めて大きいというのである。

人びとは「人間同士の本物のつながり」を探し求めるようになったのだという分析がある。(注7)

これはニューヨーク市だけの傾向ではないようだ。すでに数年前からパークスロープ・フードコープをモデルにした「協同組合的かつ参加型のスーパーマーケット」の準備・設立がフランスやベルギーにも広がり、その数はフランスだけでも三三団体にのぼるという。

そのひとつモンマルトルの丘で有名なパリ一八区では「ラ・ルーブ（LaLouve）」が開店した。二〇一六年一一月に二〇〇〇人の組合員によって実験的な店舗が開店し、二〇一八年には組合員が六〇〇〇人以上に達したという。パークスロープ・フードコープと同様、すべての組合員が四週間ごとに何らかの職務を専従職員と一緒に担ってい

る。（注8）

　すべてを超越して巨大化し、誰も抑制できないガーファという新しい「独裁者」が世界の市場を飲み込もうとしている時代にあって、プラットフォーム協同組合や全員参加型フードコープが対抗の拠点になるかもしれない。今後を注目し、日本の協同組合の未来を考えるヒントにしたい。

【注】

（1）『国際協同組合運動』ジョンストン・バーチャル著、都築忠七監訳、中川雄一郎、杉本貴志、栗本昭訳、家の光協会　一九九九、六九頁

（2）『After Occupy：Economic Democracy for the 21st Century』Malleson,Tom, Oxford University Press2014

（3）二〇一六年には四五六店舗、他にカナダで一三店舗、イギリスで九店舗を展開。

（4）ミレニアム（新千年紀）が到来した二〇〇〇年前後か、それ以降に社会に進出し、幼少期から青年期にＩＴ革命を経験した世代。

（5）「シェアエコノミー伝道師」は「内閣官房ＩＴ総合戦略室内」に設置された「シェアリングエコノミー促進室」によって任命されている。

（6）『プラットフォーム新時代』齋藤隼飛編、社会評論社　二〇一九

（7）「NYで強まる『リアル店舗』への回帰、『体験』の再評価」、りばてぃ著、『事業構想』二〇一七年七月　https://www.projectdesign.jp/201707/digital-shop/003742.php）

（8）『フランスにおける新たな協同組合運動』鈴木岳著、『生活協同組合研究』2019.11/Vol.526）

＊本稿は（一社）市民セクター政策機構が編集・発行した『国際協同組合研究年次報告書第五巻・二〇一八年協同組合の旅アメリカ編』から転載したものです。報告書全文を入手したい方は市民セクター政策機構にお申し込み下さい。http://cpri.jp/　civil@cpri.jp

15. 二一世紀社会ビジョンと共・公・私セクター
——資本主義への問いかけと変革への視点

古沢　広祐（NPO「環境・持続社会」研究センター代表理事）

二〇-二一世紀、求められる新たなビジョン

日本の協同組合運動でよく参照されてきたレイドロー報告「西暦二〇〇〇年の協同組合」、それは東西対立（冷戦時代）下での深刻化した三つの危機的事態（信頼、経営、思想）を克服する道すじを示そうとしたものだった。レイドローの提起を私的に解釈すれば、二一世紀の人類的課題として個別的協同組合の取り組みを地域社会形成の中核に位置付ける、そして社会的経済の担い手として協同セクターを幅広く構築していく方向への期待だったと受けとめている。

詳細は省くが、その後の世界の動向は期待とは裏腹の厳しい現実に直面してきた。すなわち新自由主義の隆盛と社会主義陣営の崩壊（自壊）、過度な自由競争下でのグローバル資本主義の全面展開である。二一世紀の世界の現実は、九・一一同時多発テロ（二〇〇一年）、世界金融危機（二〇〇八年）、東日本大震災と原発事故（二〇一一年）、不平等（貧富格差）の拡大、内戦と国家対立への傾斜、グローバル市場競争の激化と地方・地域コミュニティの衰退、そして新型コロナウイルス感染の突発的世界拡大（二〇二〇年）など、時代状況は暗転と言うべき激動期を迎えている。

ふりかえれば二〇世紀末、冷戦体制終結後の一九九二年地球サミット（国連環境開発会議）では、世界は南北問題（途上国の貧困解消）と地球環境問題を克服すべく地球市民的な連帯の時代に入ったかにみえた。貧困撲滅をめざし

て二〇〇〇年国連総会を契機に、ミレニアム開発目標（MDGs：二〇一五年開発枠組み）が定められ、二〇一五年国連総会（持続可能な開発サミット）にて「持続可能な開発のための二〇三〇年アジェンダ」（以下、二〇三〇アジェンダ）が満場一致で採択された。具体的には一七の大目標（ゴール）と一六九の小目標（ターゲット）からなる「持続可能な開発目標」（SDGs）がスタートしたのだった（目標二〇三〇年）。

　持続可能な発展には、各国政府のみならずさまざまな主体の積極的な関与が期待されている。とりわけ重要なのは経済活動を担う事業体であり、企業とともに協同組合セクターが重要視された。とくに近年の経済グローバリゼーションの市場拡大によって、企業は過酷な市場競争のもとでコスト削減やシェア拡大をせまられてきた。その結果として、弱小企業の統廃合とグローバル企業の国際展開が進むとともに、巨額の投資マネーが利潤拡大を求めて世界を駆け巡る金融（マネー）経済化を促進させた。金融経済の歪みは、二〇〇八年リーマンショックと世界金融危機を招来させ、実体経済に深刻な打撃を与えるとともに格差拡大と貧困化に拍車をかけたのだった。こうした事態に対し、国連では協同組合セクターがはたす役割に期待して二〇一二年を国際協同組合年に定め、SDGs実現の担い手として重視したのである。

　こうした経緯において、かつてのレイドロー報告に匹敵する協同組合の社会ビジョンの二〇三〇の提示が期待されている。すでにICA（国際協同組合同盟）では『協同組合の一〇年に向けたブループリント』（二〇一二年）や「協同組合と持続可能な開発目標」（二〇一四」年、ILOとの共著、Co-operatives and the Sustainable Development Goals）、『協同組合のためのサステナビリティ報告：ガイドブック』（二〇一七年）などが公表されてきた。しかしビジョン提示としてはレイドロー報告ほどのインパクトをもつに至っていない。以下では、二一世紀ビジョンに関する簡単な問題提起を試みたい。

人類的課題への基本的な認識

　まず現代という時代状況への基本的認識として、三つの人類的危機を直視する必要がある。第一は、私たちの生存の土台を支えている〝生存環境の危機〟であり、その筆頭が地球環境問題への対処である。第二は、私たちの社会生活を支える社会経済システムがはらむ矛盾すなわち〝経済・

社会編成の危機〟である。その筆頭として今日のグローバル社会で信じがたいほどに拡大した貧富格差問題がある。第三は、現代人の人間存在を揺るがす〝実存（精神・身体的危機〟である。とくに私たちを幸せにするはずの便利さや科学技術の発展が不安を増大させている。とりわけ情報技術（ＡＩ、ロボット等）、バイオ技術（ゲノム編集等）は人間存在の根底を揺るがしている。こうした三つの人類的課題に対峙して協同性をどう提起していくかが今日的課題ではなかろうか。

詳細は省くが、とくに重要なのが経済・社会システムに内在する諸問題である。それは資本主義という経済システムがはらむ矛盾であり、そこにおいての協同組合という存在の意義をどう提示できるかが問われている。それは、おそらく既存の協同組合の枠組みを超えた「共」セクターの発展的展望において考えるべき課題なのではなかろうか（後述）。さらに言えば、国連ＳＤＧｓが提起されてきた時代背景をふまえてのビジョン提起が期待されている。

既述したように、時代は大きな曲がり角にあり、明暗おりまぜた状況を呈している。「あらゆる貧困と飢餓に終止符を打つ」「誰も取り残されない」「地球を救うための二一世紀の人間と地球の憲章」を高らかに訴えた二〇三〇アジェンダと新目標ＳＤＧｓは、いわば希望の光と言ってよい。だが、そこには困難きわまる巨大な壁、越えねばならない矛盾が立ちはだかっている。世界は市場原理主義に翻弄され、貧富の格差は国内外で深刻化し、気候変動や生物多様性の改善は進んでいないのが実態である。その意味では、希望のともし火としての国際的な新潮流を見定めつつ、現実社会の諸矛盾をどう克服していくか、深刻化する課題を直視して克服する道をさぐっていく必要がある。

もともと資本主義経済においては、市場での自由競争と利潤追求が企業の最上位の活動目的として営まれてきた。それが、環境への配慮や社会的配慮、社会的貢献が求められる時代を迎えている。この課題への対応は、従来の株式会社型企業よりも協同組合・ＮＰＯ・社会的企業などが優位な位置にある。資本主義経済において、ある種補完的な部分を担う組織形態として、利潤追求を求めずに人々の協同性（互恵性）と社会的課題に応えるべく生まれてきたのが協同組合という事業組織である。当初は、資本主義経済の形成・発展過程において生じた矛盾への対抗運動（社会的防衛）的な動きであった。弱肉強食の経済競争下で、弱い立場の人々や持たざる者が協同して立ち向かう自立・自治を基盤とする共同組織形成の試みだったのである。

防衛・対抗的という点のとらえ方だが、経済的利害のみを結束軸にした協同事業の組織体だけでは通常の株式会社型営利企業体に転身する可能性をはらんでしまう。そこに共同事業体としての特質、アイデンティティ、優位性とは何かが問われることになる。これまでの経緯を見るかぎり、その点はＩＣＡが示した協同組合の価値および七原則として結実してきたと考えられる。その価値とは、自助、自己責任、民主主義、平等、公正、連帯を基礎に置くものであり、正直、公開、社会的責任、他人への配慮（倫理的価値）に基づく活動である。七原則とは、第一原則：自発的で開かれた組合員制、第二原則：組合員による民主的管理（一人一票）、第三原則：組合員の経済的参加（共同出資・管理・運営）、第四原則：自治と自立、第五原則：教育、訓練および広報、第六原則：協同組合間協同（ローカルからグローバル）、第七原則：コミュニティへの関与（持続可能な発展）である。

これらの協同組合原則は、歴史的経緯をへてきた上での実践的なプラットフォームとして重要であり意義深いものである。しかしこれをもって資本主義の矛盾に対抗し克服の道を見い出せるかと問えば、課題は多く道遠しと言ってよかろう。より深い現状分析と問題克服への可能性の提示が求められているのではなかろうか。以下は、そうした視点からの問題提起である。

資本主義の近未来シナリオ

人間存在を支え築かれてきた巨大システム構造（資本主義）は大きな調整局面にさしかかっており、それは社会経済システムの組み直しというレベルにまで至らざるをえないと考える。巨大化した生産力は、人間労働を次々と機械によっておきかえていく過程で矛盾をより深刻化させつつある。ここで大まかであるがエコロジー思想家のアンドレ・ゴルツ（一九二三〜二〇〇七）の見解を参考にしてざっくりとした近未来像を描いてみたい。

生産力の拡大において、機械はますます大きな位置を占めていき（資本の有機的構成の増大）、人間の労働は機械に従属した単純労働に解体され主体性を失っていく。巨大な生産力は失業を生みだしながら経済をより成長させていくが、資源、エネルギー、環境などの制約下で、技術革新を促進させつつ価格変動など経済的な危機も頻発させていく。資源や環境の有限性に直面するなかで、加工・生産部門はいっそうの技術革新を進めながら合理化をつよめ、生産力をより強化し拡大させていく。

巨大化・高度化していく資本は、新たな技術革新と競争の前で、資本の集中、提携、合併、買収が進行する。そして技術革新と産業再編を国家的な支援、研究開発、教育投資のもとに進めていく体制（産官学が一体化する国家体制）が築かれていく。こうした生産様式の社会では、人びとの必要性が生産を促すのではなく、生産自体が自己拡大・自己革新しながら、資本（商品）が人びとの需要をつくりだす現象をもたらす。需要を喚起し、購買力を誘導するために、莫大な費用（宣伝・広告費）が投入されていく。消費者の意識を生産側が誘導できている間は問題ないが、不必要なものを必要とさせていく構造はどこかで無理を生じさせる。移ろいやすい消費者の動向は、消費の多様化や消費離れが「分衆」や「少衆」という言葉で語られ、大衆消費社会の不確定・不安定な状況として、生産者（買わせる側）が消費者の意識をつかみにくい（商品が売れない）事態が出現していく。

ゴルツは、大衆消費社会とエコロジー的危機の深化の先に、「資本の過剰蓄積の危機」と「資本の再生産の危機」を展望する。そしてその先に、資本主義がさらなる脱皮と変身をくりかえしながら危機の打開をはかっていく姿をとらえる。産業社会の進展は、公共投資を拡大するなかで生産基盤を整備し、消費者の需要を高いレベルに引きあげるために、保健衛生や医療、教育、福祉や社会保障の普及と充実化をはかってきた。そうした生活水準の向上によって市場拡大はある程度進むが、それも飽和状態に近づくことで、売るための努力（宣伝・デザイン・マーケティング）はより拡大していく。新たな需要と消費者をつくりだすためのサービス産業分野がさらに拡大する（高度情報化・サービス化社会）。

こうしたサービス産業化の進展によって、個々人、家族や隣人、共同体的なつきあいの中で非商品的な関係にあったものを産業化していくとともに、これまで公共的・社会的費用でまかなわれていたものが商品関係の中に置きかえられていく。いわゆる規制緩和、民営化の政策が押し進められていくのである。行政改革、医療制度・教育制度改革、公的福祉部門の民営化、国鉄・郵政をはじめとする民営化（私企業化）路線はそうした動きの現れである。

先進諸国は、かつての重化学工業などのハードな生産部門から、金融や通信、ファッションやデザイン、外食・観光産業から各種メディアやエンターテイメント産業まで、情報関連にウェイトをおくサービス部門へと急速に移行してきた。今日の資本主義は、情報機器を生産・消費する以上に、情報ソフトや関連サービスを生産・消費していく高度情報化社会となり、さらに資本自体が情報になるという情報資本主義の段階（デジタル経済）をむかえている。安い労働力をもとめて素材産業あるいは重化学工業が第三世界へ移転する一方で、国内産業は技術革新によりオートメ化あるいはロボット工場へと脱皮していく。

技術革新による生産部門のオートメ化について、ゴルツは労働者を減らしていく（失業）とともに潜在的な買い手（消費者）をも減らしていく矛盾としてとらえる。そこでは労働の二極分解が進んでいく。いわゆる高賃金と安定した地位を確保する産業の中枢部を担う少数のエリート労働者をつくりだす一方、失業ないし半失業、あるいは不安定雇用（パートや非正規雇用）に甘んじる人びとや、労働に執着をもたない人びと（非労働者、非階級）を多数生みだしていく。そして商品の量が全体とし増大するなかで、もし広範な購買力が形成できなくなれば、過剰生産恐慌（物が売れなくなる）の危機に直面する。いわゆるデフレ現象に陥る状況について、ゴルツはいち早く予想していたのであった。

危機を回避するには、大きくは二つの選択肢に分かれる。大量生産―大量消費の循環を縮小させて高価格商品生産とそれを購入できる高所持者に的をしぼっていく階級的解決（多くの途上国にみられる支配階層・富者と大衆・貧者との格差・分断化）の道をとるか、職業や労働とは無関係に一定の収入を保証して購買力の維持をはかる道をとるか、である。北欧やヨーロッパ諸国では、後者の選択がとられているという認識のもとに、ゴルツは就労とは無関係に所得を得る権利いわゆるベーシック・インカム（基本所得保障）を主張したのだった。高度産業社会のオートメ化された生産過程においては、個人個人の労働とか労働時間が価値を生みだす評価基準（富の主要な源泉）とはならず、人びとは一定の社会的賃金（生涯保障所得）をうける（消費する）権利を主張できるというのである。

対抗経済・対抗社会の形成へのビジョン

ゴルツを代表とするエコロジー思想の潮流は、現代資本主義社会をテクノロジーが高度に発達した生産力主義社会ととらえ、この生産力主義が上からの強制力（権力）として個々人を支配し抑圧していく矛盾関係（支配・管理―被支配・従属）を批判し問題視する。成長経済あるいは生産力主義の進行によって、一方では労働を細分化し、労働の意味（働きがい）を喪失させ、労働の質の低下をまねいていく。他方では、国際分業が促進されていく結果、先進国と途上国を巻き込んで物的・人的資源の支配・収奪構造がつくりあげられていく。こうした事態に対抗するエコロジー派の主張は、国有化や国家による管理強化では権力の集中を促すだけだとして、権力を個人や集団のレベルに取り戻す自立化運動においてこそ人間としての自己実現と社会的解放が展望できると考える。そのために、科学やテクノロジーや生産過程の変革、労働の質の問い直し、生活の質（ライフスタイル）の変革までを含めた社会や経済のあり方を構想しようとする。

原子力発電に象徴されるように、高度な巨大テクノロジーの使用が資本を集中させ、諸権力を少数のテクノクラートに集中させるのに対し（テクノファシズム）、市民レベルで管理できるソフトテクノロジーの使用（テクノロジーの民主化）、生産者と消費者の分離の克服（非市場化や提携・協同性の重視）、地域の自立性の回復（自治と分権化）という方向性をかかげる。それは、地域の自立を基礎とすることで、経済的従属関係を国際的にも生まないように国際貿易のあり方にも配慮していくことになる。実際の巨大化した生産力と経済システムに対して、どのようなプロセスでこうした理想を実現させることができるのだろうか。その可能性について、エコロジー思想の潮流を踏まえ私見をまじえて展望すると、次のような方向性を提起できるだろう。

グローバルに生産力が拡大し、資本が多国籍化するなかで、失業や貧困問題が深刻化し、労働の非人間化がすすむ。そこにおいて脱労働化現象（就労拒否）や対抗経済が形成されていく可能性が生まれる。すなわち、仕事と労働の場を資本に一方的に支配されるのではなく、自分たち自身の手で管理し組織していくさまざまな対抗的な動きが、多方面で成立する余地が生まれるのである。そうした試みは、次のような特徴を持って展開すると思われる。

①自主管理と民主主義にもとづく参加型事業体の形成（NPO、社会的企業、協同組合）

②私的所有から共同所有の拡大、利益追求ではないコミュニティや社会的な公共性の重視

③地球生態系を考えたエコロジーへの配慮やコモンズを尊重するグローカルな重層性の重視

④世代、人種、ジェンダー、障害者、技能者が多様に組み合わされる組織の編成

⑤社会的弱者を尊重する様々なタイプの事業（仕事）組織の形成

そこでは、市場経済に対抗するオルタナティブな経済の特徴として、各種協同組合の組織化や協同労働（ワーカーズ・コープ、コレクティブ）の形成、商品化されずに自立化を促すライフスタイルや価値観の推進、地域通貨の活用、非市場的な経済関係としての家庭・近隣・コミュニティにおける相互扶助やバーター（直接交換）的関係などが重視される。そして広域経済化や利潤拡大（資本の自己増殖）に傾斜しない地域・コミュニティ重視の経済活動（顔の見える信頼経済）を基礎とした協同的・自治的な動きが活発化していくのではなかろうか。近年、急展開するソーシャルメディア（SNS）やシェアリング・エコノミーの台頭などは、そうした可能性と兆候を内在させた動きとして見てもよかろう。

このような方向性は、実は二〇世紀後半のエコロジー派（緑の党や緑の政治の潮流）が展望・模索してきたものであった。だが、それを支える制度的枠組みや法的基盤が十分に整備できずに今日に至っている。北欧諸国や独・仏の一部では福祉・コミュニティ強化の一環として部分的に実現されてはきたが、新自由主義の隆盛とグローバル資本主義の圧倒的攻勢の前で未成熟状況に置かれてきた。その意味では、現在進行中のコロナ危機が顕在化させた諸矛盾の深刻な状況下で、あらためて社会変革ビジョンとしての真価が問われている。その実現のためには、資本や市場の無制約な膨張を抑え込む制度形成、社会経済システムの土台構造の変革こそが不可欠だと思われる。

共・公・私セクターによる社会編成

こうした社会経済システムの変革は、どのような基盤の上に構築されるかについては、経済史的な知見としてK・ポラニーが提示した経済システムの三類型に立ち戻って考える必要がある。三つの類型とは、互酬（贈与関係や相互扶助）、再分配（権力を中心とする徴収と分配）、交換（市場における財の取引）である。それぞれは歴史的、地政学的な背景のなかで多様な存在形態をもつが、とくに交換システムが近代世界以降の市場経済の世界化（資本主義的グローバリゼーション）において肥大化をとげ、諸矛盾を拡大してきた。市場システムの改良という方向性を否定はしないが、将来的により重視すべきは三類型を今日の社会経済システムに当てはめて、社会経済システムの根幹を再構築するという視点が重要である。

すなわち、資源・環境・公正の制約下で持続可能性が確保されるためには、新たな社会経済システムの再編が「三つのセクター」のバランス形成、「共」「公」「私」の三つの社会経済システム（セクター）の混合的・相互共創的な発展形態として展望できると思われる（下図参照）。とくに市場経済（自由・競争）を基にした「私」セクターや、計画経済（統制・管理）を基にした「公」セクターが肥大化してきた現代社会に対して、協同的メカニズム（自治・参加）を基にした「共」セクターの展開こそが、今後の社会編成において大きな役割を担うと考えられる。

脱成長型の持続可能な社会が安定的に実現するためには、利潤動機に基づく市場経済や政治権力的な統制だけでは十分に展開せず、市民参加型の自治的な協同社会の形成によってこそ可能となる。ただし「私」と「公」の中間領域に位置する「共」セクターは、場合によってはせまい集団的な共益追求に落ち込みやすい側面も持っている。そこに、開かれた市民社会形成の内実が問われることになり、ガバナンス（統治）やアカウンタビリティ（説明責任）などを確立することが求められる。

協同組合のさらなる発展に向けて、三つのセクターのダ

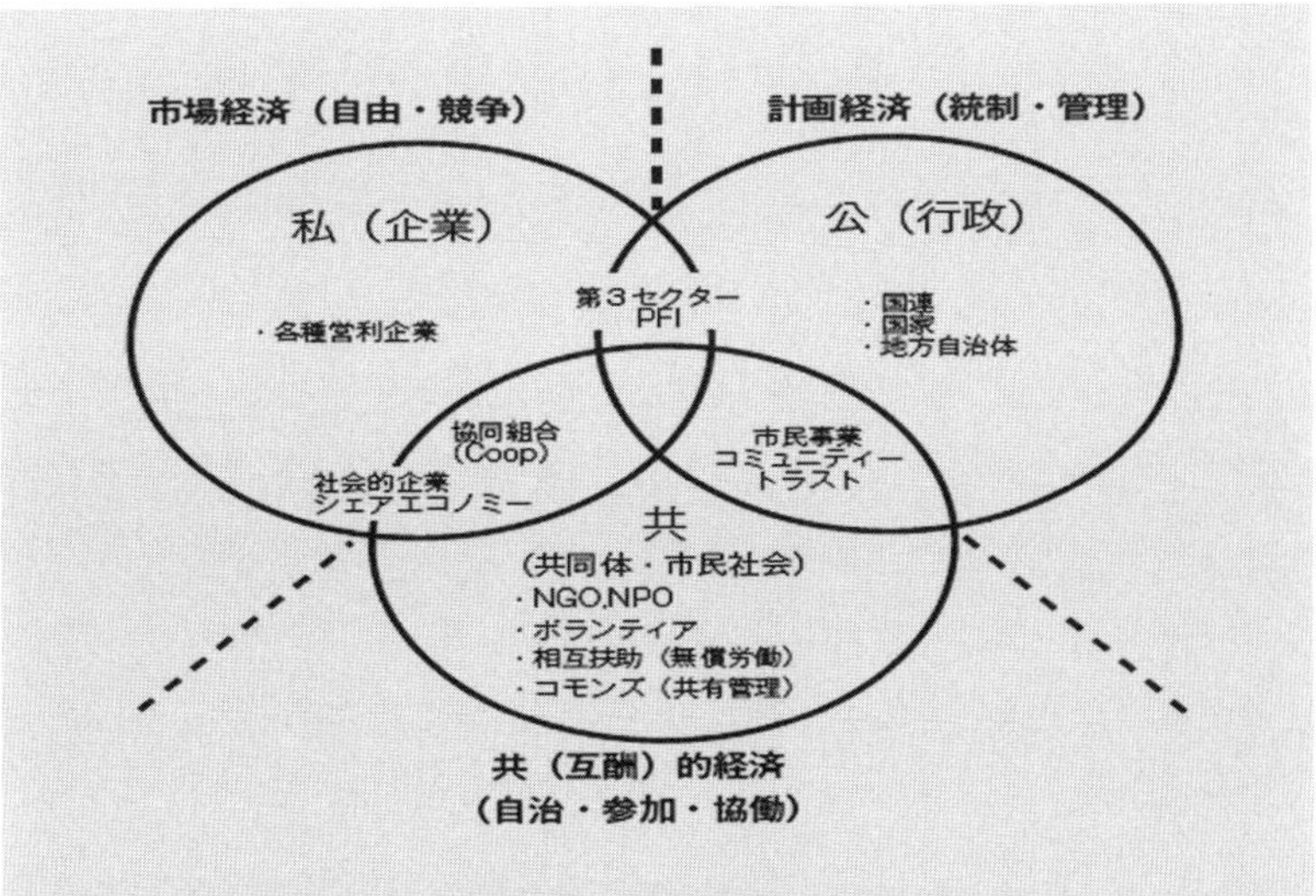

3つの社会経済システム（セクター）
—図は筆者作成—

イナミックな相互調整的展開という新たな社会を基にしたビジョン提示と、それを支える制度・政策・政治の変革こそが今日求められているのではなかろうか。

＊本稿の問題提起の詳細については、拙著『食・農・環境とＳＤＧｓ　持続可能な社会のトータルビジョン』（農文協、二〇二〇年）にて詳述しているので参照願えれば幸いである。

第四章

日韓生協間提携から社会的連帯経済へ

【上】2014年11月2日に明治大学で開かれた「ソウル宣言」プレ・フォーラム（撮影：平山昇）
【中・下】2014年11月18日GSEFソウル大会にて（撮影：平山昇）

16. 協同組合再生の基本方向と日韓の生協による「アジア共生網」の構築

金　起燮（元ドゥレ生協連合会専務理事・現グリーンコープ共同体顧問）

日本から学んで、韓国で生協運動を始めた私が、協同組合の「死」を前提に「再生」云々とは生意気なことかもしれない。まして、歴史問題で一層もめ合っているなか、日韓の生協を軸にする「アジア共生網」云々とは無意味なことかもしれない。しかし私は、二一世紀における世界的規模での大転換を前にして、これまでの日本と韓国の協同組合を抜本的に改めないと、改めた協同組合、特に生協同士が連帯してアジア共生の網を作っていかないと、もはや世界にも協同組合にも希望がないと思っている。

1　レイドロー報告の限界と世界の大転換

一九八〇年のＩＣＡモスクワ大会では、あの有名な『西暦二〇〇〇年における協同組合』（別名、レイドロー報告）が採択された。四〇年も経った一昔前のことだが、組合員主権を見直し、協同組合の使命を再確認しながら、地域社会への関心を新たに掲げたことなどは、今みても大変示唆に富んでいる。

しかし同時に、残念ながらそれは二〇世紀の産物でもあった。これまでの大型化・市場化を反省しつつ、協同組合の原点を取り戻そうとしたにもかかわらず、激変する世界の動向を十分に予測できず、したがってそれに応える協同組合の方向を十分に示すことができなかった。四〇年が過ぎた今、世界はより奇妙な方向へ進んでいるにもかかわらず、協同組合はその中で生き残ることしか考えていない。

なぜ、こんな憂鬱な状況になってしまったのだろうか。世界はもはやその方向を変えることができず、協同組合には超克の可能性などないのだろうか。それに対する私の答えは、ひとまず「ノー」である。憂鬱にみえる世界的大転換の底には密かに希望が芽生えているし、それを原動力とする協同組合であるならば、今なお越えていける可能性が高い、と思っている。

レイドロー報告が出された当時にはあまり予測できなかったが、二〇世紀末から二一世紀初にかけて、世界にはおおよそ三つの大きな出来事が起きた。一つはベルリンの壁崩壊から始まった一九九〇年代の東西冷戦の終結、二つはインターネットの普及に促された二〇〇〇年代以降の情報化社会の到来、三つは中国や新興国の急成長などがもたらした二〇一〇年代以降の世界経済の大転換、などである。

では、この三つの出来事は果たしてどんな意味をもち、これからの世界をどう変えていくのだろうか。また、それに応えて協同組合は、自らどのように変わらなければならないのだろうか。それぞれの出来事を糸口に、『西暦二〇三〇年における協同組合』の基本方向を考えてみたい。

2　冷戦の終結と「個人化」時代の協同組合

まず、東西冷戦の終結についてだが、これは、一言で言うと、近代の完成と同時に終焉を意味する。近代は、人を超える何かによる人の支配を否定することから始まった。もちろん、その具体像は、時代と共に変わっていった。初期には神（宗教）だったものが、中期には国家に変わり、後期になってからは社会そのものの（資本主義か社会主義かという）イデオロギーに変わった。そして、冷戦の終結をもって、いよいよこのイデオロギーも崩壊した。

冷戦の終結は、単に社会主義が崩壊し、資本主義が全世界を覆ったといったものではない。それは、自分の社会は自分たちが作り、その出発点や価値の源泉もまた自分のうちにある、という近代の完成と同時に、その対関係として、いかなる超越的なものによる支配に抵抗してきたあらゆる集団的行為、つまり、市民運動やそれに基づく協同組合運動などの終焉も意味する。

要するに、冷戦の終結を境にして、人と社会はその意味が大きく変わっていく。それまでが「人間」を超えるものによる人間支配を否定して、「人間社会」を構築しようとしてきたのであれば、それからは「自分」を超えるものによる自分への支配を否定して、「自分社会」を構築しようとしている。市民とその集団意識がそれまでの近代を成り立たせたとすれば、今は私とその自意識が社会を創っている。そして、こんな社会において、人はもはや「人間」一般ではなく「私」で、自由と平等もまた、「人間」一般のものではなく「私」の自由と平等である。

もう一度強調したいが、今の社会の特徴は、「個別化」(individualization)でなく「個人化」(personalization)である。今の人の特徴は、「個別主義」(individualism)の人間でなく「個人主義」(personalism)の私である。自分のもつ唯一無二の「私」を尊重することこそ、今を生きる最大の価値で、「人間である権利」を超える「自分である権利」を確保することこそ、今の社会に残った唯一のイデオロギーである。

こんな「私」のことを、仏教では「(独り尊い)唯我」(only one)と言い、キリスト教では「(神の姿に似て生まれた)人格」(person)と言う。韓国で一九世紀に東学革命を起こした農民たちは「(内に有る神霊な)天主」と言い、日本のグリーンコープでは「(回帰すべきひとつの)生命」と言う。一見宗教のように見なされ、その超越性からの解放がまるで近代的人間であるかのように称えられたが、そんな人間観こそ、人を生命なき物質へと貶めたのではないだろうか。まして、近代において、人間が本当に否定したがったのは、超越的なもの自体でなく、むしろそれによる人間支配であったのではないだろうか。柄谷行人も、自発的で自立した相互的(互酬的)交換は、歴史的に「普遍宗教」という形で表れ、「社会主義」も本来は、普遍宗教の開示したもの、という。

もし、協同組合の今後の進路を、引き続き社会主義から求めようとするならば、この観点から「社会主義」を捉え直すことが先決だろう。「社会主義」(socialism)とは本来、「社会的」(social)なこと、つまり自由で平等な個々人の繋がりに重点を置く考えや実践であって、決して「社会」(society)を第一義とするイデオロギーではない。人間の集団(社会とか国家など)にすべての権限を託する「全体主義」に対して、個々人にすべての責任を負わせる「個別主義」に対して、自由で平等な個々人の繋がりをもって、個々人の「自分である権利」を確保しようとしてきたのが、本来の「社会(的)主義」である。

ともかく、今、人は大きく変わっている。冷戦の終結はその兆しの一つに過ぎず、それに促されて、個人化のスピードは一層速まるに違いない。とすれば、協同組合も当然、人に対する理解を改めるべきではないだろうか。「消費者」とか「生活者」のような「人間集団」を「私」に変え、「人間」の抽象的な自由と平等よりも「私」の具体的な承認と尊厳を求めるべきではないだろうか。「私」に生きる意味と希望を与えることこそ、協同組合にかかわる最大の意味で、それは当然、人に対する理解を改めることから始まる。

3　情報化社会の到来と「自民主義」の協同組合

世界的規模で起きた二つ目の出来事として、インターネットの普及に促された二〇〇〇年代以降の情報化社会の到来がある。そしてこれは、単に技術の進歩だけでなく、人間関係そのものの大転換を意味する。

人間は、いくら「個人化」が進んだ時代でも一人では生きられない。生きていく中で遭遇する数多くの逆境を、力を出し合って乗り越えるしかない。そのために人間は、これまで他者と繋がり、繋がったところに自分の一部を譲渡しながら、生きてきた。もちろん、同じ繋がりでも、近代以前と以降とでは、その様子が違っていた。近代以前までが「住まい」(空間)を基盤とする「共同」の繋がりであったならば、近代以降は「テーマ」(関心事)」(時間)を基盤とする「協同」の繋がりに変わっていった。「ゲマインシャフト」と「ゲゼルシャフト」として区分されるように、近代以前の繋がりが「共同型」であったならば、近代に入っては「協同型」に変わっていった。

要するに、それまでの人間は、(「共同型」であれ「協同型」であれ)何らかの関係を作りながら、またその中に自分を入れながら、生きてきた。自分を取り巻く世界と直接対面せずに、何らかの中間組織を介して対面してきた。そして、その中間組織が脆弱になると、したがって世界の嵐に自分が直接晒されようになると、従来の中間組織を強めたり、新たな中間組織を作ったりしながら、生きてきた。資本主義が拡大するなかで協同組合が生まれたのも、「公」による「私」の支配から再び「共」が脚光を浴びたのも、その理由からであった。

しかし、それまでと違って今の人間は、中間組織を介すことなく世界と直接対面しようとしている。「個人化」時代における「私」と「公」は、一方では切れ離れつつ、他方では直結している。インターネットをはじめとする情報通信技術の発達は、こうした傾向を一層強めさせている。そしてその結果、一方では「自分である権利」が引きこもるかのように内面に沈潜し、他方では協同組合のような私と公をつなぐ伝統的な回路、アゴラ（古代ギリシアのポリスにおける公共の広場）のような私的領域と公的領域をつなぐ伝統的な空間、などを脆弱化させている。

これは、喜ばしく、と同時に、憂うべき傾向でもある。人類史上はじめて、一人ひとりが自分の個性をもって社会に向き合うようになったことは、大変喜ばしいものである。しかし、それと裏腹に、個々人が流動する社会の不安定さに直接晒されるようになったことも、事実である。そして、この不安が増していくと、ついに自分の生きづらさを他者のせいであるかのように見なして、他者の排除に動き出る場合もある。インターネット上を踊る匿名のアンチコメント、新大久保で繰り返されるみっともないヘイトスピーチ、アメリカによるメキシコ国境沿いの壁建設などは、その一、二例にすぎない。このままだと、せっかくの「個人化」が「自己の匿名化」と「他者の排除」に結びつきかねない。

私に襲いかかる不安を、内面への沈潜や他者の排除に結びつけないためには、私の問題を私たちの問題へと媒介する民主主義の回路を取り戻すしか道はない。「個人化」時代だからこそ、それに相応しい新しい民主主義と人間（じんかん）の繋がり方が求められている。もちろん、その場合の民主主義は、多数者支配を意味する「人民主義」と違って、自分らしさを守ってくれる「自民主義」になるだろう。その場合の新しい繋がり方は、テーマ（関心事）の「協同型」と違って、異なる個々人の「融合型」になるだろう。

協同組合はこれまで、「一ドル一票」の金権主義（plutocracy）を「一人一票」の民主主義（democracy）に変えようとしてきた。しかし、これからの協同組合には、人にもなれない者により沢山の票を与える生命主義（personocracy）が求められている。同じく、協同組合はこれまで、「異質な他者性を溶かして一つにする溶融集団としてのコミューン」を試みてきた。しかし、これからの協同組合には、「他者の他者性こそ相互に享受される呼応集団としてのコミュニティ」（見田宗介）が求められている。よそ者の声に耳を傾け、一人ひとりの異なる意見に真剣に向き合うこと、それによってむしろ内なる自由の相互性を高めること、それが「個人化」時代に応える協同組合の自民主義で、私と他者との新しい繋がり方になっている。

もちろん、それは思うほど簡単ではなく、そうなるためのいくつかの条件を必要とする。まず、協同組合のメンバーが、単に「ニーズの持ち主」「利害関係の当事者」「経済的範疇の人格化した存在」から、自ら「ひとりの人間」「ひとつの生命」に向かわなければならない。また、そうした個々人が自ら判断できるように、協同組合ならではの社会的条件を整えなければならない。そして、その判断がいつでも間違いうることを認め、自ら修正できるような社会的寛容さをもたなければならない。

そのためにグリーンコープでは、「ひとりの母親として、ひとりの女性として、ひとりの人間として、（そして何よりも）ひとつの生命として」という、（一般的な「組合員参加」と違う）「組合員（一人ひとりの）主権」を訴えている。また、そうした組合員一人ひとりが自ら判断できるように、「完全な情報公開」「徹底的な話し合い」「機敏で責任ある対応」という約束事を貫いている。そして、討議は決定のためでなく自己表現のためにあり、決定もまた、多数決ではなく相場で決めようとしている。こうした実践の積み重ねによって、自己表現を尊重しながら自己中心性に陥らせることなく、戦争と暴力を確実に自分たちから遠ざけることができると信じている。せっかくの「個人化」を「組合員の匿名化」と「他者の排除」に導かせないためには、こうした、私と他者との新しい繋がり方とその制度化が絶対に必要である。

4 世界経済の大転換と「アジア共生網」の構築

世界的規模で起きた三つ目の出来事として、二〇一〇年代以降の世界経済の大転換がある。これは、単にアメリカ一極から中国などの多極構造に移り変わることだけでなく、経済そのものの大転換、つまり、これまでが（一極であれ多極であれ）空間中心の「圏」の経済であったならば、これからは関係中心の「網」の経済に、大きく変わることを意味する。

かつて廣松渉は、こうした兆しを先取りして、「東北アジアが歴史の主役に：日中を軸に〝東亜〟の新体制を」という論説を発表した。アメリカが、ドルの垂れ流しと表裏一体に世界のアブソーバー（需要吸収者）としての役割を演じる時代は去りつつあるなか、「実体主義」に代わる「関係主義」の世界観、「物質的福祉中心主義」に代わる「エコロジカルな価値観」、「官僚主義」に代わる「人民主義」をもって、「ヨーロッパ中心の産業主義」を「日中を軸とした東亜の新体制、それを前提にした世界の新秩序」に代えるべきだと訴えた。これは戦前の「大東亜共栄圏」を思わせたため、当時はあまり注目されなかったが、全くその通りである。

と同時に、廣松の論説にはいくつかの問題もある。何よりも彼は、アジアを中国中心に考えている。マルクスも同じで、「アジア的生産様式」といった場合の「アジア」は、中国のことか、もしくはそれに似せて治水文明を起したところを指している。しかし、昔からアジアには、少なくとも三つの生産様式があった。「アジア的生産様式」が灌漑農業を中心とする河川沿いのものであったとすれば、それ以外にも遊牧を中心とする「ステップ地帯の生産様式」、漁労を中心とする「海辺の生産様式」などがあった。そして、それらをつなぐ交易ルート（経済網）として、唐とローマを結ぶ「オアシスの道」以外に、朝鮮半島と黒海を結ぶ「草原の道」、東シナ海とインド洋を結ぶ「海の道」などがあった。廣松が強調した関係主義やエコロジカルな価値観などは、むしろこれらの地帯から中国に入ってきたもので、それをもって中国社会を変えようと生まれたのが、原始儒教や大乗仏教であった。秦の始皇帝が「万里の長城」を完成し「焚書坑儒」を行なったのは、こうした危険な考えの輸入と普及を封じるためでもあった。

私がこの歴史的事実を蘇らせる理由は、中国の再勃興を懸念しているからということではない。むしろ、中国を含めて、アジアの新秩序を模索するためである。今、アジアは、世界経済の主導権をめぐって激戦場となっている。中国は「一帯一路構想」をもって新覇者になろうとし、アメリカと日本は「インド太平洋構想」をもって覇者の地位を維持しようとしている。こんな激変の時に、協同組合は果たして何をすべきだろうか。ただ単に自由貿易に反対することに留まることなく、どんな世界戦略をもって未来を切り開くべきだろうか。それを想像するに当たって、「草原の道」と「海の道」は大変示唆に富んでいる。

「オアシスの道」は、基本的に帝国の拡大路である。それに対して「草原の道」と「海の道」は、共同体同士の連結網である。前者が、治水（＝権力）と灌漑（＝資本）をもって共同体を支配するものであれば、後者は、アイル（モンゴルの大家族集団）単位で移動し、群島のように散らばっている共同体間を繋ぐものである。そして、これを今に照らしていえば、前者が、市場経済の広域圏をもって、資本と覇権国家の世界支配を強めようとするものであるならば、後者は、「共同体と共同体の間に市場経済を生み、それをもって共同体経済を補わせる」（宇野弘蔵）ものである。

もちろん、ここでいう共同体は、近代以前の「地縁共同体」とか「血縁共同体」と違って、今は「個々人の融合体」か、少なくとも「テーマの協同体」になっている。同じく、ここでいう市場経済は、近代とともに登場し、資本の利潤収集を目的とするものと違って、人類の歴史とともに誕生し、各共同体の発展と共同体間の平和な関係構築を目的とするものである。そんな本来の交易を蘇らせて、「世界広域経済圏」に代える「アジア共生網」を創ることこそ、協同組合に与えられた二一世紀の世界戦略ではないだろうか。

ここでもう一つ大事なのが、交易における資本の役割である。資本を今のままにしておくと、どんな交易だろうが資本の利潤収集に収斂されるに決まっているからである。そこで登場するのが、「貨幣集積」としての資本に代わる、「生命集積」としての資本である。「人から離れた資本」を「人に生きる資本」に代え（＝資本の人格化）、「共同体の上に君臨する資本」を「共同体の間に寄り添う資本」に代え（＝資本の下降）、「自分のために人と共同体を消尽する資本」を「人と共同体のために自分を消尽する資本」に代える（＝資本の消尽）ことである。共同体と共同体の間に平和が満ち、それぞれの共同体とその中の人を豊かにするためには、そんな資本の助けが絶対に必要である。資本の本来の役割はそこにあり、そんな資本を形成して消尽するところに、二一世紀における「協同組合間協同」の本当の意味がある。

5　二つの事例

「二〇三〇年における協同組合」は、「人間」一般のものから「私」主体のものに、「民主主義」の制度から「自民主義」の関係に、「世界広域経済圏」の周辺から「アジア共生網」の構築に、向かっている。そして、その具体的な事例は、すでに各方面から芽生えている。

(1)　韓国における協同組合の新しい波

まず、「個人化」時代における「自民主義」の協同組合については、最近韓国で広がる協同組合の新しい波を取り上げてみよう。

韓国では、アジアに先駆けて二〇一一年末から「協同組合基本法」が施行され、二〇一九年までに合計二万六八五九の協同組合が新設されている。中には経営不振のために活動を中止するところもあるが、殆どは依然として力強く成長している。それではなぜ、短期間のうちにこれほどの勢いで協同組合が新設されたのだろうか。人々は、一体何を協同組合に託しているのだろうか。

「基本法」が施行されて一年の間に、各地の窓口には設立への相談が殺到した。その内容をまとめてみると、二つほどの特徴が見出せる。まず、伝統的な協同組合では想像もつかなかった多彩なテーマが、新しい協同組合に託されている。その上で、伝統的な協同組合では画然と区分されていた「自己利益」と「他己利益」が、一つの協同組合の中に統合している。これは、協同組合の大転換に値するものである。人々にとって協同組合は、もはや「人間」一般のものでなく、「私」のものになっている。そんな協同組合を設立する「私」は、もはや「生産者」とか「消費者」の一人でなく、「自利」と「利他」の統合を試みる「菩薩」になっている。

もちろん、こうした大転換にもかかわらず、課題は残っている。厳然たる市場競争の中で、「私」を表出し、「自利」と「利他」を統合させることは、決して容易ではない。そのために、協同組合の設立を未だに躊躇したり、設立しても長続きできない場合がある。しかし、こんな時だからこそ、伝統的な協同組合の出番ではないだろうか。これまで

【地域再生型】	【社会サービス型】
・住民による朝市・文化センターの運営 ・住民による団地内施設の維持と補修 ・地域特産物の生産と販売 ・街の特徴を表すテーマ公園の運営 ・多文化家庭のための施設運営	・保育園・児童館・子ども図書館などの運営 ・葬儀用品・ケアー用品の共同購入 ・外国人・障碍者・年寄りのための情報提供 ・一人暮らしの年寄り・生活困窮者の葬儀 ・知的障碍者施設の共同運営
【文化・芸術型】 ・瞑想と心の癒しプログラム運営 ・インターネット新聞・放送局などの運営 ・青少年・中高年・障碍者による文化公演団、映画祭の主催、文化センターの運営 ・インディーズアーティストたちの路上公演 ・フェアツーリズム（fair tourism）会社の設立	【仕事作り型】 ・訪問家庭教師・運転代行者・ボディーガードなど、非定期雇用者の就労安定 ・母子家庭や年寄りによる飲食店・工房の共同運営 ・個人自営業者の共同仕入れ・ブランド統一・共同研究開発
【環境保全型】 ・カーシェアリング（car sharing） ・廃棄物の管理と環境監視 ・自然エネルギーによる市民発電	【中間支援型】 ・街づくりのコンサルティング ・農業・農村の活性化のための研究所 ・地域内の多種多様な協同組合の連帯促進

参考．協同組合設立相談室に寄せられた主な相談内容（分類は著者によるもの）

蓄積してきた有形・無形の資本を消尽して、内外からこの新しい波に拍車をかけるべきではないだろうか。二一世紀における協同組合の新地平は、こうした新古の結合によって、確実なものへと開かれるに違いない。

(2)「民衆交易」と「民衆基金」

次に、「アジア共生網」に向かう協同組合の事例については、日韓の生協による「民衆交易」と「民衆基金」を取り上げてみよう。

「民衆交易」とは、英語に直すと、「People to People Trade（人から人への交易）」ともいえるものである。「フェアトレード」（Fair Trade）が世界的に流行っているなか、あえてこの言葉にこだわる理由は、「トレード」よりも「人と人の繋がり」に、「商品交換」よりも「南と北の相互自立」に、その重きを置くからである。

民衆交易の始まりは、世界的な砂糖価格の暴落で飢餓の島となったフィリピン・ネグロス島の人々のために、日本の生協の組合員が緊急カンパを行なった一九八〇年代に遡る。その後、一回きりの支援ではなく継続的な関係を保とうと、ネグロス産のバナナとマスコバド糖を輸入し始め、今はその品目を、インドネシアのエコシュリンプ・東ティモールのコーヒー・パレスチナのオリーブオイルなどに広げ、参加する北の生協も、日本のグリーンコープ・生活クラブ・パルシステムに加わって韓国のハンサリム・ドゥレまで広がっている。

民衆交易は、先ほど述べた「共同体と共同体の間に市場経済を生み、それをもって共同体経済を補わせる」ものに値する。もちろん、ここでいう市場経済は、従来のそれとは画然に違うものである。対価を払って商品を受け取る点では同じでも、民衆交易での対価は「（生命を）譲渡してもらうために先に出すもの」であり、商品は「（欲しがる人に）譲渡するもの」である。そして、こうした対価と商品が交わされる民衆交易の市場は、「共同体経済を補わせるもの」である。「海の道」を蘇らせながら本来の交易を活性化させるもので、「草原の道」への広がりを今後の課題にしつつ、協同組合ならではの世界戦略に値するものである。

こうした実践を踏まえて、民衆交易は、二〇〇九年から「互恵のためのアジア民衆基金（ＡＰＦ）」を立ち上げている。南の民衆の経済的自立をより力強く応援しようと、北の市民が寄附をし、低利で融資を行なっている。南の民衆は、この「基金」からの融資をもって、生活の向上・生産基盤と加工施設の整備・被災地への緊急支援・個人向けの小規模融資など、様々なプロジェクトに取り組んでいる。

これは、とても画期的な飛躍といえよう。なぜ「画期的」なのかというと、構造的には、今までの（輸入側と輸出側という）対角線関係を、南と北の全ての関係を全うする円環関係に立て直しているからである。内容的には、今までの人的交流（互酬）と商品交換に、新たに資本を加えているからである。総じて言えば、今まで単発で行なわれた「互恵に基づく商品交換」を、「再分配に促される全面的な互恵と日常的な商品交換」に作り直しているからである。資本の再分配に助けられて、人間と共同体間の互酬を全面に掲げながら、より活発な商品交換を促進することができているからである。

「共生網」の「網」は、単なるネットワークと違って、「中心性をもつ」多数のネットワークである。もちろん、その場合の中心性は、従来の再分配を維持してきた、経済外的強制の「権力」と違って、自分らしさを守ってくれる、隠れた「自己犠牲」であろう。「世界経済広域圏」の周辺から脱皮して、「アジア共生網」を構築していくには、そんな資本が絶対に必要である。協同組合が開く二一世紀のアジアは、「民衆交流」「民衆交易」「民衆基金」の結合をもって、より確実なものになっていくに違いない。

【参考資料・文献】

宇野重規『〈私〉時代のデモクラシー』、岩波新書 二〇一〇年
柄谷行人『世界共和国へ―資本＝ネーション＝国家を超えて』、岩波新書、二〇〇六年
見田宗介『社会学入門―人間と社会の未来』、岩波新書、二〇〇六年
廣松渉「東北アジアが歴史の主役に、日中を軸に「東亜」の新体制を」、朝日新聞、一九九四年三月一六日
カール・ポランニー『大転換―市場社会の形成と崩壊』、野口建彦・栖原学訳、東洋経済新報社、二〇〇九年
金芝河「生命平和時代の新経済秩序―互恵を全面に、交換を日常に、再分配を準備して」、プレシアン、二〇一八年一〇月二四日（二〇〇八年一一月一一日に開催された「互恵のためのアジア民衆基金」福岡大会での講演）
行岡良治『資本論解体ノート―新資本論I』、株式会社コークス調査研究所、二〇一五年
金起燮『生命《いのち》の「社会的経済」―幸福に向かう共生の道のり』、地湧社、二〇二〇年
互恵のためのアジア民衆基金（APF）公式サイト
https://www.apfund.asia/ja/

17. 社会的連帯経済セクターの一翼としての協同組合
――朴元淳・横田克巳らが切り拓いた新地平とGSEF

丸山　茂樹（社会的連帯経済を推進する会）

はじめに

協同組合は「社会的連帯経済セクター」の一翼であり、その自覚のもとにすべての協同組合、ＮＰＯをはじめ地域の住民運動、社会的経済・連帯経済活動などを支持する基礎自治体と連携し、若者、女性、環境運動、労働運動などと連携して活動してこそ、その歴史的使命を果たすことができるというのが筆者の立場である。この視点から朴元淳氏（ソウル市長、ＧＳＥＦ共同議長）や横田克巳氏（元生活クラブ生協神奈川理事長）らが切り拓いてきた現代社会変革の道筋がどのようなものであるかを論じることにしたい。

もとより筆者の知見は限られたものであり、ここで述べるのも試論に過ぎないが、これから述べる実例がアジア発の世界変革運動の提唱であることに注目して頂きたい。すなわち「グローバル社会的経済フォーラム」（Global Social Economy Forum＝頭文字をとってＧＳＥＦジーセフと呼ぶ、以下同じ）が初めて二〇一三年に組織され、アジア（韓国・ソウル）で一度、ついで北米（カナダ・ケベック州モントリオール）、西欧（スペイン・バスク州ビルバオ）において、二年おきに世界大会が行われてきた。二〇二〇年一〇月には中南米（メキシコ・メキシコシティ）で第五回大会を開く。主題は「持続可能な包摂的開発と福祉のための社会的連帯経済」である。

日本の協同組合は農協、生協、信用金庫など事業規模が大きく、NPOの組織数は五〇〇〇〇団体をこえ、様々な分野でバラエティに富む活動を行っている。しかし自分たちが「協同組合セクター」「非営利セクター」の一員であり、世界の「社会的連帯経済セクター」の仲間であるというアイデンティティが乏しく、横断的な連帯関係が希薄である。

多くの組織は目前の経営や活動に忙しく、現代世界が直面する危機に共に手を携えて取り組むに至っていない場合が多い。自分たちは「営利目的の市場経済セクター」や「国家等による公共経済セクター」に並列・対抗する「社会的連帯経済セクター」であるという認識は広がっていない。現代社会の変革における自分たちの立ち位置、役割、使命についての共通認識が形成されていないのが現実だ。いったい何故であろうか。日本の社会運動に通底する縦割りに分断されている理由についても紙数の許す限り触れたい。

1 「ソウル宣言」と「GSEF」の意義

「ソウル宣言」は二〇一三年十一月五~七日に韓国・ソウルで開かれた第一回グローバル社会的経済フォーラムで採択された。その要点と意味するところを要約すると次のとおりである。(注1)

現代の世界は、貧者と富者の格差の増大、金融危機、気候変動など環境危機、核戦争の危機、疾病や災害の危機など人類の生存を危うくする様々な危機に直面している。これらの危機は、「市場原理主義への過度の傾斜と、ほとんど規制のない金融世界化の結果であるという事実を否定することはできない」という情勢認識から出発。これらを解決するためには、従来の「市場経済」や「公共経済」の在り方のみに目を奪われることなく、「多元的な経済」があるということ、これに着目するよう呼びかける。すなわち、人々が所有し、人々自身の目的のために、市民社会自身によって管理運営する経済を創り発展させることに着目しよう。それは今全世界に芽を吹いている「社会的経済」の運動である、と云う。格差、社会的不平等、社会的排除、環境や生態系の破壊などの諸問題を解決する新しい「希望」として今、「社会的経済」が浮上してきたと指摘するのである。人々自身とそれを後押しする基礎自治体による「社会的経済」こそが「湧き出ずる希望と明るい暮らしをもたらす人類への贈り物」であることを我々は確信している、と宣言したのである。これを現実のものとするために志を同じくする者が世界的にネットワークをする必要がある。そのための具体的で実践的な一〇項目の実行課題を提案している。例えば、そのうちの第六項目を見ると「我々は皆、リアルタイムで、インターネット及びその他の意思疎通手段を通じて社会的経済に関連した情報を交換し、社会的経済の新しい研究成果を討論し、共有する。各都市の自治体政府はこのような情報に立脚し、政策を随時調整することができるように努力する」とあり、これは既に実践されている。つまり「ソウル宣言」は今日の世界的な危機を解決するための提案であると同時に、具体的な組織化と行動を提唱した宣言なのである。

歴史的にみると、「ソウル宣言」の翌年の二〇一四年十一月に再び韓国・ソウルにおいて第二回大会を開き「GSEFのアイデンティティ、ビジョン、会員規定、組織規定、財政規定」などを定めた「GSEF憲章」を採択し、事務局をソウル市内に置き、恒常的な国際組織としての体制を整えた。二年後の二〇一六年九月にはアジアを離れ北米カナダ・ケベック州のモントリオールにおいて第三回大会を開き、「社会的経済」と「連帯経済」は別個の運動ではなく相携えて接続連携するとした「社会的連帯経済」を含む「モントリオール宣言」を採択している。二〇一八年一〇月には舞台を西ヨーロッパへ移し、スペイン・バスク州のビルバオで第四回大会を開いた。この大会では社会的連帯経済の社会的価値を広め持続可能な発展をはかるための「競争力の強化」をいかに図るかをテーマの一つに掲げた。また、連帯経済大陸間ネットワーク（RIPESS）、モンブラン会議、国際労働機構（ILO）など他の国際諸組織との相互乗入れ、積極的連携、若い世代の参画の促進、国連のSDGsへの関与実践を含む「ビルバオ宣言」を採択し、次回の第五回大会を中南米のメキシコ・メキシコシティで二〇二二年一〇月に開くことを決めた。(注2)

現代世界の危機は、一九九〇年代の初めにソ連型社会主義体制が崩壊して以後、世界を支配してきた新自由主義的なリーダーシップが、世界の諸問題を解決できないという現実に由来している。ソ連型の社会主義のみならず、西欧や北欧に定着したかに見えた福祉国家論、主要産業国有化論、ケインズ主義もまた、サッチャー、レーガン、中曽根らの新自由主義の潮流の批判にさらされた。すなわち財政危機、国際競争力の欠如、非能率であるという批判によって社会民主主義の政治勢力は後退を余儀なくされているのが現実である。

雑駁ではあるが、伝統的な社会主義・共産主義運動の低迷の中で、しかも新自由主義も行き詰まるなかで編み出されたのが、政治的民主主義のみならず人々が生きるコミュニティの日常生活、経済生活や仕事の現場における実際の民主主義を試みる様々経験の中から見つけ出されたのが「社会的連帯経済」であった。そしてそれを実現するには新自由主義勢力に対して、国際的な連帯をもって対抗しようとするのが、GSEFの戦略なのである。

2 朴元淳氏と横田克巳氏のイニシアティブ

ではこの新しい戦略はどのようにして編み出されたのであろうか。キーワードは幾つかあるがその一つは「参加型市民社会主義」である。朴元淳氏は二〇〇〇年九月から十一月までの三か月間日本に滞在し、北海道から九州まで一〇〇以上の団体を訪問して、インタビューし資料を収集して日本の市民社会を微細に至るまで観察した。その記録を『韓国市民運動家のまなざし—日本社会の希望を求めて』(風土社、二〇〇三年九月刊。韓国語の書名は『朴元淳弁護士の日本市民社会紀行』図書出版アルケ二〇〇三年）にまとめられている。これをいち早く翻訳者を組織し出版したのが当時、生活クラブ生協神奈川のシンクタンクである参加型システム研究所長の横田克巳氏（元生活クラブ生協神奈川理事長）であった。同書の中で朴元淳氏は日本と韓国の市民運動を比較して次のように述べている。

「何より日本の市民団体は全国的ネットワークをもっておらず、みすぼらしくもある。韓国の場合、ある地域、あるいはある分野の市民運動を知りたいと思えば、たやすく紹介することができる。それだけおたがいによく知っているということである。これまでの長い連帯の歴史を持っているからだ。とりわけ、全国のしかるべき市民団体が加入している市民社会団体連帯会議が全国的に組織されており、相互のネットワークも比較的うまくいっている。ところが日本の場合、第三世界支援と国際交流を専門とするNGOの協議会はあるが、市民団体全体のネットワークはなかった。このため筆者は、分野別の市民団体の協議会や特定の市民団体会員の住所録、マスコミ報道、市民団体に関する本、活動家の個人的な紹介を通じて訪問先のリストを自分で直接つくっていかなければならなかった。こんなバラバラに存在していては、強い政治的影響力を行使することはむずかしいだろうと判断された。」（中略）「けれども地域へ入ってみると、日本の市民運動家は地域ごとに多様な活動を繰り広げており、日本の市民社会の奥の深さと健康さを確認することができた。とくに生協は印象的だった。主婦が中心になり消費者としての組織体の主体となり、有機農産物の購入だけでなく、一歩進んで地方議会に「代理人」を送り出す草の根の政治を少しずつつちかっている姿は韓国では見られないものであった。」（中略）「こうした点から韓国の市民運動は日本の地域運動から学ぶ点が多い。韓国でも地方自治の歴史が蓄積されつつあり、これまで学生運動、労働運動に携わってきたが故郷に帰り地域運動をはじめる人も増えているから、韓国の地域運動も活性化される可能性が高まった。それでも日本社会が蓄積してきた草の根の地域運動の歴史は韓国の市民運動が学ぶべき良い経験に満ちている」

朴元淳氏は韓国でもっとも影響力のある市民団体と評価されている「参与連帯」のリーダーを辞して市民運動団体とその人材育成のために「美しい財団」を組織する。この財団は資金を集めて市民運動団体を支援する部門と、リサイクルショップ「美しい店」という社会的経済モデル事業の部門からなるが、大きな成功をおさめた。さらに二〇〇六年には市民運動のシンクタンク「希望製作所」を組織する。そして前述の日本の経験を韓国に伝える作業として横田克巳著『愚かな国のしなやか市民―女性たちが拓いた多様な挑戦』（ほんの木、二〇〇二年六月）を韓国で翻訳出版するとともに横田氏をソウルに招いて大規模なシンポジウムを開催する。

横田氏のこの本の主な内容は次のとおりである。

第一章　横田克巳、生活クラブ運動三十年
第二章　班別予約共同購入の思想
第三章　ワーカーズ・コレクティブをつくろう
第四章　神奈川ネットワーク運動のめざすもの
第五章　参加型福祉とコミュニティ・オプティマム
第六章　生き方・死に方と、老後のあり方
第七章　市民の作る政府とオランダモデルに学ぶ

一瞥して実際におこなってきたのは「生協運動」にとどまらず、労働者自主管理協同組合である「ワーカーズ・コレクティブ」運動、市民参加型政治を実践する「地域政党のネットワーク」運動、市民自身による福祉専門の協同組合である「福祉クラブ生協」運動、等の実践結果の記録であり、彼が支えとした自分の哲学が語られている。

この著作の要約は困難であるが著者は「生活クラブ運動の歴史は、政・官・財による管理型産業社会の強まりに対するチャレンジャーとして生まれ、試行錯誤しながら自己決定・自主管理システムの前途に孤立感を深めることになりました。その営みは、常識→非常識→良識へ、という実践的運動循環の持続が困難な状況へと拡がることを意味し、改めて生活者・市民による参加型システムの可能性が問われているのだと思います」と述べている。

これに見られるように、消費生活の協働、暮らしの協働、仕事（労働）場づくり、市民がつくり管理運営する福祉、困りごとの助け合い、市民参加型政治など人々の生活のすべての領域において「参加型システム」を構築し、実態を築いてきたてきたことの記録である。

朴元淳は生活クラブ生協神奈川を四回も訪れて、横田克巳と語り合いリサイクルショップ「WE21ジャパン」（生活クラブ生協の組合員たちによるリサイクルショップ）等もつぶさに調査見学し、今日、韓国の全国に展開しているリサイクルショップ「美しい店」の参考にしている。（「美しい店」は現在では財団から分離独立して社会的企業となっている）。

このような韓国と日本の社会運動のリーダーの交流と実践のなかから、参加型システムすなわち横田克巳の言葉では「市民資本セクター」、朴の言葉では「社会的連帯経済セクター」の創造と発展こそが低迷する社会運動に希望をもたらす灯であることが確かめられる。そして二〇一一年に朴元淳氏はソウル市長選挙で初当選し、先に述べたように二〇一三年に第一回グローバル社会的経済フォーラムの開催に向かうのである。

3 歴史の文脈の中から

これまでGSEFとこれを組織してきた朴元淳氏や横田克巳氏のことを述べてきたが、こうした新しい社会変革の方向性を歴史の文脈でとらえた場合にはどんなことが言えるであろうか。やや恣意的な選択かもしれないが筆者が重要と思われる文献や人物について述べる。

レイドロー

本書の執筆者の多くが触れるであろう『西暦二〇〇〇年の協同組合』においてA・F・レイドローは第四章において「組合員の積極的関与」「民主的参加」などの必要性を強調し、第五章の将来の選択において四つの優先分野について述べている。第一の優先分野は「世界の飢えを満たす協同組合」、第二は「生産的労働のための協同組合」第三は「保全者社会のための協同組合」、第四は「協同組合地域社会の建設」である。

このうち筆者が特に注目するのは第四の「生産的労働の

ための協同組合」すなわち、労働者協同組合やワーカーズ・コレクティブである。労働者生産協同組合は、その重要性が幾度も強調され実践が試みられてきたが、苦難に満ちた歴史をたどってきた。レイドロー報告の一部を引用して、困難ではあるが重要であることを繰り返し強調したい。

「新しい労働者協同組合は、あるいは再生された古い労働者協同組合は、各種協同組合のなかの単なるもう一つの組織だということではなくなっている。つまり労働者が同時に所有者となる新しい産業民主主義の基本構造を形成している。そしてこの種の協同組合は東西ヨーロッパのいくつかの国々や第三世界全体にわたって、また南北アメリカのいくつかの地域で取り入れられ、まさに世界的なものになりつつあると報告は指摘している。」「労働者生産協同組合は、労働者と職場との間に新しい関係を築き、もう一つの産業革命をもたらす最良の手段である。」

マルクス

マルクスは一八六四年九月に創立された「国際労働者協会創立宣言」の中で協同組合とロバアト・オウエンを高く評価している。なかでも労働者協同組合こそが資本主義を根底的に批判・克服するものだと激賞している。

「…所有の経済学に対する労働の経済学のいっそう大きな勝利が、まだそのあとに待ちかまえていた。われわれが言うのは、協同組合運動のこと、特に少数の大胆な「働き手」が外部の援助を受けずに自力で創立した協同組合工場のことである。これらの偉大な社会的実験の価値はいくら大きく評価しても評価しすぎることはない。それは議論ではなく行為によって次のことを示した。すなわち、近代科学の要請におうじて大規模にいとなまれている生産は、働き手の階級を雇用する主人の階級がいなくてもやっていけるということ」（中略）

「自発的な手、いそいそとした精神、喜びにみちた心で勤労にしたがう結合労働に席をゆずって消滅すべき運命にあるということ、これである。イギリスで協同組合制度の種子を播いたのは、ロバート・オーエンであった。」

シャルル・ジッド

イギリスにおいては、労働者協同組合は失敗しているとウエッブなどによって宣告されるが、フランスでは試行錯誤しつつも継続されてきた。以下に引用するのは一九〇〇年にパリで開かれた国際協同組合同盟（ＩＣＡ）第五回大会におけるジッドの報告の一部分である。〔日本では翻訳出版されていないので畏友・鈴木岳氏（生協総合研究所）に原文を頂き土田修氏（ルモンド・ジャパン、東京新聞社社友）に翻訳して頂いた。」

「生産者協同組合、それはあらゆる協同組合の形態の中で、フランスの特質といわれる類型のことだ。事実、生産者協同組合はわが国最古であり、半世紀の間に最も大きな希望を生み出した類型であるだけでなく、小さな領域の中で、恐らく自然淘汰によってエリートたちの多くを集めた類型でもある。一八九九年七月の労働事務所の統計によると、労働者生産協同組合は二四六団体を数えた（この中に農業関係の団体は含まれていない）。

　この数字は他国の合計数を上回っており、特筆すべきことに、その数字は急速に増加する傾向にある。一八九七年一月一日には一八四団体にすぎなかったのだ。二年半の間に三分の一以上増えたことになる。労働者生産協同組合は事業受注などさまざまな方法で国やパリ市から援助をうけている。確かにそれはまずまずの成功を収めることのできた理由の一つだ。だが労働者協同組合を一流の団体にすることのできた人たちは並外れた能力の中に、それに大部分の協同組合を諮問委員会の下に統合することとの合意とその規律の中にその理由を探すべきだ。フランスではこうした団体の必要性はあまり認識されていない。というのもフランスには他の部門の「協同」がほとんど存在しないからだ。そのことはフランスの生産協同組合がどれも同じタイプであるということではない。反対に多くの異なった形態の団体が存在する。それは次の四類型に分けられる。

(a) 自律型協同組合　そこではすべての構成員が株を持つこと、労働者であること、団体のためにのみ働くという三つの特徴に集約される。そしてそれは外部資本や労働力を調達する必要がないということだ。これは純然たる形態ではほとんど存在していない。最初は純然たる形態であっても、一般的にそこから逸脱する傾向にある。とはいえ「連合主義的」社会主義に最もふさわしいものだ。

(b) 同業組合的協同組合　それは職業集団によって、職業集団のために設立され、この集団のすべての構成員に（時には組合加入者だけに）開かれている。この形態はルイ・ブランと一八四八年の社会主義者の理想にかなり即応している。

(c) 準経営者協同組合　その起源は慈善家経営者らのイニシアティブの恩恵を受けており、最初は利益を配分していたが、経営者を完全に排除してしまう最終段階に至る途中経過といえる。だが経営者を排除した後でも、この協同組合は代表者に与えられる権限や多額の報酬という点で〝経営者的な〟特徴を残している。もっとも影響力があり、最も知れ渡っている生産者協同組合がこの形態に属している。これはギースのファミリステール［J・B・ゴダンがシャルル・フーリエのファランステールを基にエヌ県ギースに設立した］を例にあげれば十分だ。

(d) 準資本主義協同組合　それは借用によってだけでなく、資本─株式の形式で利益を得ることで外部資本に助けを求める。この形態は全く新しいものだ。というのもそれは塗装業者の協同組合「Trevail（労働）」の代表のビュイッソン氏によって始められ、それ以来、他の団体によって模倣されてきた。この形態の先達たちは、この方法によって協同組合が大きな生産高を上げることを可能にし、そのうえ労働、資本、能力の三つを結びつけることで『l'Association integrale』のフーリエ主義思想を実現していると考えている。

英国で起きていることとは違ってフランスの生産協同組合は、資本の提供であっても、商品の注文であっても、消費社会に対していかなる貢献を果たすことも、それを追い求めることもなかった。それぞれは小さな世界であり、まったく没交渉でお互いを認識することもなかった。」（以下、略）

おわりに

最後に本書の主題である「二〇三〇年の協同組合」について述べて締めくくりたい。日本では農協も生協も漁協も協同組合という名前は同じでも別個の法律によって組織されてきており目的も理念も異なっている。そのことだけが理由ではないが協同組合同士の連帯関係が乏しく協同組合セクターという経済的にも政治的にも一塊《かたまり》の勢力に形成されてこなかった。しかし二〇一八年四月に日本協同組合連携機構（JCA）が組織され農林水産業、消費購買、金融、共済、福祉、医療、住宅など幅広い分野の約六五〇協同組合参加している。しかし当事者も語っているように「農協、漁協、森林組合、生協、信組や事業協同組合は多岐にわたりますが、地域の組合員の仕事くらしにかかわる同じ『協同組合』だという認知は高いとはいえません。しかし一つの協同組合ではなしえないことが異なる協同組合が連携することで、協同組合の価値と可能性、役割を広げるとともに、国民理解に向けて「協同組合」を広く発信できます」（馬場利彦代表理事専務）

これは新しい出発点であり新しい可能性が開けたと云えるかもしれない。しかし、本稿の冒頭で述べた通り、筆者は、協同組合のみならずＮＯＰを含む社会的連帯経済セクターを形成することによってこそ、国家公共経済セクターや営利市場経済セクターを牽制し、対抗できるという立場である。それは単なる構想ではなく、すでに韓国・ソウルで実践され、国際的に展開されている現実なのである。「社会的経済基本条例」（注２の拙著に全文がある）を制定し実行している。また最近の韓国の運動については白石孝編著『ソウルの市民民主主義』（コモンズ、二〇一八年）、宇都宮健児著『韓国市民運動に学ぶ』（花伝社、二〇二〇年）などに紹介されているので是非ご一読いただきたい。

ところでなぜ日本の協同組合運動や社会運動は立ち遅れてしまったのであろうか。私見では歴史と世界から学ぶこと、とりわけ日本が侵略し、支配したアジアの人々への加害の歴史に真剣に向かいあってこなかったことが、その一つであることに思い当たる。第二次世界大戦を裁いた東京裁判はアジア侵略と植民地支配を対象にしなかった。そのことも一因であろうが、朝鮮の植民地支配、満州侵略、中国・アジアへの侵略戦争であったことへの反省が乏しく、国民感情やそのアジア蔑視思想にまで深く掘り下げることがなかった。一例をあげれば、日本の協同組合人のほとんどが一九三〇年代の協同組合が「前線の兵士に慰問袋」を送ったり「家計を節約して国債を買う」運動をして戦争協力をしたことを知らない。反省のための事実（ファクト）すら知らないのだ。歴史を知らない者は未来へもまた無知になるという言葉があるが、今日の危機は強欲資本主義ともいうべき新自由主義体制、国家政策や国際関係からきている。同時にこの体制は国家や企業による権力支配の強制だけでなく、市民たちがそれを文化的・思想的に受け入れていることで成り立っているこに注目する必要がある。

Ａ・グラムシのいう知的・モラル的・文化的なヘゲモニー闘争に負けてているのだ。協同組合が市民社会におけるこのヘゲモニー闘争の拠点になりうるか否かが問われている。

支配的勢力のヘゲモニーに不服従の人々が集い、オルタナティブを創造する根拠地……この陣地を縦横につくり、他の社会的連帯経済と結ぶ。個人から仲間へ、点から線へ、やがて面となってコミュニティを「創り変え」て、地方自治体をもリードする。ＧＥＳＦが唱えている社会変革の戦略を、西暦二〇三〇年までに日本において先進モデル地域をどれほどまで作ることができるであろうか。改革派協同組合人の力量が問われる一〇年である。

【注】

（1）「ソウル宣言」および「ＧＳＥＦ憲章」の全文は、ソウル宣言の会編集『「社会的経済」って何？』（社会評論社、二〇一五年二月）に収録している。

（2）「モントリオール宣言」「ソウル特別市社会的経済基本条例」の全文は、丸山茂樹著『共生と共歓の世界を創る—グローバルな社会的連帯経済を目指して—』（社会評論社、二〇一七年一〇月）に収録している。

18. 日韓生協間提携から社会的連帯経済へ

柏井　宏之（共同連東京）

地図上の朝鮮国に黒々と
　墨をぬりつゝ秋風を聴く　　啄木（注1）

日本と韓国は、官治型政治と市場の二極しかない時代が長く続いた。協同組合は非営利組織ではあるが、国策に沿う事業か、市場の類似化が進められ、ヨーロッパ社会に一九六八年の反システム運動から生まれた「新しい労働」が雇用労働に代わる第三セクターに育つことはなかった。しかし二〇〇七年、韓国で成立した「社会的企業育成法」によって「脆弱階層」をキーワードとする社会的排除に対する就労を軸とするソーシャルインクルージョンが押し出された。さらに協同組合基本法、ソウル市のＧＥＳＦ２０１４の開催によって、韓国は普遍主義の価値で国際的な位置を高め、アジアにおける市民社会の先進社会に大きく変わっていく。同時に「地域生命体」運動にみられる独自の価値観はアジアの伝統的価値観とも深くハーモニーして、今日のＳＤＧｓを進める流れを支えている。

日韓の協同組合間交流に始まった市民交流の一九八〇年代からの歩みと社会的連帯経済の前半史を振り返ってみたい。後半は、パルの人たちが進めた「ソウル宣言の会」と「希望連帯」に期待して―。

一九六〇年の青年学生の同時代体験

一九六〇年、青年学生の日韓の同時代体験は、国境を越えた友情と連帯の感情を育てた。韓国の四・一九学生革命は、ソウル市内に今日、民主主義のために闘った革命墓地として立派に記念されているが、日本の三〇万人の国会包囲デモとしての六・一五闘争には何の評価もなく忘却にさらされている。この差は大きく深いが、圧政と闘った共通体験はさまざまな分野に日韓民衆連帯を育てた。

韓国では一九六〇年にソウルと釜山に生まれた信用協同組合が発展したが、生協は軍事政権が認めず、法制化は一九九九年まで遅れた。一九八〇年には「光州民衆蜂起」があり、その暗黒時代直後から自治性の強い京畿道の信協が生協づくりを支援するべく来日した。

「一九八三年三月、日本を訪問した発安信用協同組合の呉益善氏と半月信用協同組合の李健雨氏が海外市民活動センターの野村かつ子さんの紹介で、生活クラブ東京を訪問したのが以後に続く長い交わりの第一歩です」と『海峡を越えた友情』(注2)は書き出す。一九八三年七月、生活クラブの折戸連合事業委員長が訪韓、九月には呉丙光事務局長を団長とする一五名が生活クラブに使節団として来日、東京、神奈川、埼玉をまわった。一二月に韓国信協京畿道連合会と生活クラブ連合会の「協同組合間提携の覚書」を交わした。一九八五年、東京の河野専務理事と鈴木了一理事会担当が訪韓、生協づくりセミナーに参加した。一九八九年にも「覚書」を交わして一九九〇年から毎年研修生が来日、各単協の現場で実務研修と組合員活動を見聞した。

河野栄次の「生活協同組合づくり」を進める一一の提案

河野栄次の韓国の仲間に送った〝楽しく、明るく、おおらかに「生活協同組合づくり」を進める一一の提案(注3)〟の項目を書き出してみる。①「生活要求」のまとめ方、②問題発見のための実態調査─市場調査と生活実態調査、③問題解決のための行動計画の策定、④社会に向けての主張と、生活実利の獲得、⑤仲間づくり─地域での組織づくり戦略、⑥活動への参加は、〝考える世界〟へのいざない、⑦目的が共通していれば、活動方法は自由で多様、⑧活動の点検・総括は、まずはじめに〝評価ありき〟、⑨経済行為は、常に〝まるはだか〟、⑩「長期構想」(みんな夢)は力の源泉、⑪「自分で考え」、「自分でつくる」。

私が東京で担当した崔珉竟(チェミンキョン)は、城南市の活動家だった。そこはソウル市が漢江大開発の時、川べりに居住していた住民を強制移住させられた人たちの多い急な坂の多い町だった。住民教会の李牧師は四月革命を闘ったあと貧民運動の指導者として活躍された。牧師が獄中から解放されて教会のテラスからそのお祝いに駆けつけたおおぜいの住民に手を振る姿にふれる機会があった。それは六〇年反安保の中でカメラマンをやめ生活クラブを創った岩根邦雄の姿と重なる。すでに生活クラブ生協は、集団指導制と分権化の下で、躍進期から安定期に入っていた。組合員は委員会活動に活発に参加していたが事業のシステム化になれてしまっていたので、彼の鋭い問いと対話はその慣れを問い直す契機を与えてくれた。京畿道・城南の地域にもどって住民生協として予約班別共同購入にもとづく班活動を積み上げ、五年もたつと事業的にもしっかり自立するまでになっていった。私たちが草創期の韓国生協づくりからまなぶ時代に入ったのである。

なぜなら住民生協は、住民教会が貧民運動や外国人の労働権保全、居場所づくりに取り組み、自活センターの高齢者・障碍者・シングルマザー・生活困窮者への就労支援と社会連帯の取組みを他の地域に先駆けて進めていた。地域社会のさまざまな当事者のステークホルダーと交わる大切さを生協運動の内外に創りだしていた。私たちの同質体質を脱却するために異質なものとまじりあう大切さは交流して初めて気づかされる時代になっていた。

生協間交流では、大阪のSコープと原州生協との提携も深い。二〇一七年、「第七回日韓社会的企業セミナー」で訪韓した時、大統領府・青瓦台の崔ヒョクチン社会的経済秘書官はSコープとの交流についてなつかしげに語った。

「姉妹提携」の条文に時代変化の差も

一九九五年、「敗戦・光復五〇年」の年、龍仁信協の金正根理事長にお世話になって「歴史の旅」を行なった。一九九七年には生活クラブ東京と住民生協との「姉妹提携」を結んだ。それはオーソドックに玄界灘を越えて「協同組合間協同」を中心としたものだった。まだNPO法も生まれていなかった。その直後にアジア経済危機が韓国を直撃した。

二〇〇九年、翌年韓国で創立二五周年を迎えるバルン生協の呉承鉉（オスンヒョン）常務理事が生活クラブ神奈川との「姉妹提携」を提案してきた。日韓「一〇〇年の中に二五年にわたるオルタナティブな市民交流の時代」が重い意味をもつというのである。二五年とは一九八五年、安養生活消費者協同組合の設立と信協の生活クラブとの出会いをさす。七店舗、組合員九〇〇〇人の伝統ある生協でドゥレ生協連合会の主力メンバー。神奈川ではそのため事前調査を行ったが、「脆弱階層」の子どもたちを支援する話に出会った。安養市の低所得者や親がいない子や障害児、不登校児の「地域児童センター」は、ビニールハウスで暮らす老人と少女をきっかけに生まれたという。そのため、「姉妹提携」の条文のなかに「社会的包摂」のテーマが入った。その条文は次の通り。

4　日本と韓国の社会的・文化的・歴史的な状況についての相互理解を深め、それをベースとした地球的市民のレベルにおける共通認識の共有をめざし、グローバルなテーマとなりつつある「社会的包摂・環境・平和・地域生命」の分野を重視して交流します。

生協間の交流の状況

独立派生協の韓国との生協間交流は、私の知る範囲だが、次のとおりである。

・生活クラブ連合会　　韓国・生協全国連合会
・グリーンコープ　　ドウレ生協　ＡＰＬＡ　フェアトレード
・パルシステム　　ＩＣＯＯＰ生協
・生活クラブ東京　　住民生協
・Ｓコープ大阪　　原州共同社会経済ネットワーク
・生活クラブ神奈川　　バルン生協
・生活クラブ埼玉　　ハンサリム城南龍仁
・生活クラブ千葉　　京畿南部ドウレ生協
・生活クラブ長野　　春川生協
・生活クラブ北海道　　東北幸福生協
・生活クラブ大阪　　釜山生協
・生活クラブ奈良　　幸福生協
・生活クラブ横浜みなみ　　ソウル南西幸福生協

貧民運動や障害者運動を包む社会的経済連帯会議の陣型

二〇〇七年に「脆弱階層」を規定した「社会的企業育成法」が成立した。それは経済が交換や再分配だけでなく、連帯や互酬性にもとづく社会・経済活動、それらをつうじた新しい公共空間を作り出していくうねりだ。韓国では、貧民運動や障がい者運動の当事者を包む在野の有力な中間組織が社会的経済連帯会議（法制化後は共同社会連帯会議に名称変更）を形成したことが制度改革を大きく前進させる基盤となった。日本も格差社会と新しい貧困が広がっていたが、ジャンテ招請で見せた社会的経済への連帯は研究所間のネットワークにとどまり、労働組合も協同組合も縦割りの運動の中にまい戻り、反貧困ネットワークの非正規や派遣労働者、シングルマザーや障がい者の当事者を包むネットワークの連帯へはつながらなかった。「生活困窮者自立支援法」はよく似た法制にみえるが福祉の支援に限るため、地域社会に「共に」という価値観が拡がらなかった。その点で、社会改革は韓国の方が先行、一歩も二歩も前進した。その意味で、韓国の社会組織との交流は、日本の縦割りの同質的議論の平板さを打破する刺激的な異質さに触れるものとなっている。

また韓国の生協運動が掲げた「地域生命体」運動は、日本の〈独立派生協〉が取組んだ規模をはるかに超える価値として、例えばドウレ生協のシンボルマークが〈包胎〉であるように、第二世代の協同組合の功利主義的な価値を突き抜けるものを創りだしている。それがBSE輸入牛肉に対する一〇〇日にわたる無名の市民がろうそくデモで立ち尽くす、政治革命とは異なる生命体を意識したキャンドル市民革命となって韓国社会を変えていくことに連なっていく。

ドウレ生協とハンサリム研究所で「新しい労働」をめぐる議論

私は二〇〇七年、ドウレ生協の金起燮常務理事の招きで「新しい労働」をめぐる論議に中村久子（神奈川ワーカーズ・コレクティブ協議会）と出かけた。その議論の仕方は、資本主義も社会主義も生産力主義でその脱却を「生命体」運動から批判した「ハムサリム宣言」（一九八九年）をまとめたモイムという議論形式の場だった。リベートとも熟議とも違い、テーマをいろんな角度から論じる十数回の議論をまとめた報告を批判的に検証する議論方式である。その秋にはハンサリム研究所から同じ「新しい労働」で呼ばれた。それは「生命体運動」のなかに「新しい労働」はどういう役割を果たすのかの議論であった。私はその時逆に「東学」のレクチャーをお願いして朴孟洙から『東学農民革命百年』(注4)の本をいただいた。「一八九四年の時点こそ朝・中・日の東アジア三国の歴史的進路を決定づける分岐点」とする視点から書き出されている。とくに印象的なのは「執綱所」の自治政府の権力の形成だ。「弊政改革案」を提示、全羅道中心に「貪官除去」と各種の収奪構造を撤廃していく。日本の「戦後民主主義」は闘い取ったものでない点との差は歴然なのだ。

社会運動家であった朴元淳弁護士の苦難時代

二〇〇三年、社会運動家であった朴元淳弁護士が日本各地を回った感想『韓国市民活動家のまなざし』(注5)のなかで「日本の市民運動は分散孤立型だ」「総論に強く各論に弱いのが韓国、総論に弱く各論に強いのが日本の市民運動」を残している。丸山茂樹先輩に多くの紹介があるが、二〇〇九年、私は日本希望製作所のカンネヨンを通じて、朴弁護士に会う機会を得た。当時は李明博保守政権時代で冷遇され事務所を縮小、その訪れた事務所の廊下には、アメリカ輸入肉ＢＳＥのデマを飛ばしたとして国家から告発されたのに抗議、自らの動く顔写真を吊るして、弾圧に屈しない気持ちを表現されていて感銘した。これは百日間にわたるキャンドルデモとなって、韓国の「食料主権」を確立する闘いとして広がり、また裁判でも朴元淳弁護士が無罪となって勝利した。こうした苦難の時代があって現在があることを知ることによって運動の大切さが実感される。

当事者団体を包む形の日韓社会的企業セミナー

一九九五年から毎年、交流してきた共同連と韓国友権益研究所の日韓障害者国際交流大会は、「社会的企業育成法」の成立によって二〇〇九年から「日韓社会的企業セミナー」と名を変えた。ＥＭＥＳのジャック・ドゥフルニを招いた「第一回セミナー」は、この集会は当事者を包む韓国の在野の「社会的連帯経済会議」が有識者の議論を組織したこと、前日の有識者会議でドゥフルニ報告が経済的多元主義を強調したのに対し、金起燮報告は、想像力を通して市場や国家が及ばない領域に社会的排除される人々がどう社会を創りだすかと提起したことである。(注6)

二〇一〇年、「第二回日韓社会的企業セミナー」は、共同連第二八回大会として大阪・東京で開かれた。基調報告を斎藤共同連事務局長、金ジョンヨル友権益研究所所長からあり、反差別連帯の地である大阪では、福原宏幸教授が東日本大震災と原発事故後の施策として、阪神大震災後に実施された「中間的労働市場」(準市場)の必要性を強調した。西成のエル・チャレンジが知的障がい者の就労への入札に福祉の加点を加えた「総合評価制度」の紹介があった。韓国から六五名が参加、キムジナーでの障がい者交流は盛り上がった。東京では、オリンピックセンターと衆議院国会内と横浜で開催した。民主党が政権交代を果たした中で、内閣府の社会的企業への見解をただした。山内健生内閣府審議官は「検討をすすめる」として、「会社法からくる議論、もう一つは非営利法人制度、協同組合やワーカーズ・コレクティブなどからの議論がある。どちらのサイドからもかなり強硬な反対意見もある」と実直に語った。基調報告のチャン・ウォンボン教授が三五三認証社会的企業の登場を背景に「再分配・市場交換・互恵の複合体としての社会的企業のインセンティブ構造」に触れ「社会的必要を解決するための代案的実行」の主体・社会的企業の役割を強調した。その迫力ある発言をいくつか紹介しよう。

「社会的企業は市民社会において多様な社会的必要を充足させるための国家と市場の空白をうずめる最も積極的な形態の共同生産の主体として登場した媒体」、「社会的企業を媒体に自分たちの社会的必要を解決するために積極的な代案的な実行の行為者として登場することができた」、「何より市民社会の力量は、このような混合構造形成において最も重要な変数になっている」とし、「その構造内で市民社会は、国家と市場に対する同等な共同生産の主体として登場することもできるが、その反面、国家行政のための質の低い下位パートナーとして動員の対象となったり、利潤メカニズムによって市場化される退行の可能性を持っている」ことを警告した。社会的企業が福祉国家の民営化手段として転落し安い費用で国家福祉を代替しているのではないかと、ヨーロッパの非営利組織の市場化批判を紹介したが、それはNPO法施行以降の私たちのあらゆる福祉行政の安上がりな民間委託に突き刺さる言葉だった。この集会の後、ソウルの社会的企業センター長となるイ・ウネとチャンは荒川の企業組合あうんを訪れ、フードバンク、隅田川医療相談、シングルマザーと膝を突き合わせて交流したのも忘れがたい(注7)。

二〇一一年、「第三回セミナー」はソウルで開かれ、社会的企業育成法に依る予備二年間と認証三年間の支援費の期限切れを迎えて切迫していた。認証社会的企業五六五、雇用人員一万五千人、脆弱階層比率七〇%、予備社会的企業一四〇〇、まち企業が生まれつつあった。何よりこの危機を救うものとして、五人以上で設立できる「協同組合基本法」が孫鶴圭民主党代表から提示され一二月末には超党派で成立、韓国のダイナミックな動きとなった。

二〇一二年、東京で「第四回セミナー」。「生活支援戦略」を構想中の厚労省に「労働統合型の就労支援」を盛り込もうとする共同連に呼応して開催され、金ジョンヨル社会的企業中央会代表が来日、自ら障害者生産共同体リドリックス重度障害者の就労の場を職員七五名中五三名を確保したと報告した。また京畿道広域自活センター長が、自活事業から転換した一三の社会的企業と一つの予備社会的企業の事業連合で四〇〇名を雇用、「協同組合基本法」で可能になった社会的協同組合への転換を進めるという。そこへ熊木生活困窮者自立支援局長が駆けつけた。社会保障審議会特別部会に厚労省案で日本での「認証」の可能性に初めて踏み込むことに触れた。また共同連は昨年、ソウル市が仁川に造った家庭から出る小型家電のリサイクル事業のSRセンターを視察、そのセンター長を招請して講演、厚労省と東京都労働局で勉強会を提案、とくに厚労省では熊木室長の司会で韓国の社会的企業の実態の勉強会を行った。この時点での厚労省の「多様な働き方」には日本型社会的企業の法制化への可能性が一番高かった時期であった。その後の政局の激変によって、就労への出口なき訓練・教育の「中間的就労」へ大きく舵を切る動きになっていく。(注8)

二〇一四年はソウルの革新パーク（社会的経済支援センターと協同組合支援センターがある）を会場に「第五回セミナー」。協同組合があらゆる街と業種に立ち上がっていく報告を目の当たりにし、二〇一五年の東京・明治大学での「第六回セミナー」では韓国から自治体で取り組むさまざまなまちづくりの報告と、企業組合あうんの中村光男運転の大型バスで、法制のない中で進められる取組み、多摩地方のワーカーズ・コレクティブのまち事業、千葉の労働者協同組合の「生活困窮者」への取組みを見学した。

特記すべきは二〇一七年のソウルでの「第七回セミナー」。革新パークを会場に、「社会的企業の社会的価値（社会的課題の解決）創出の事例」をテーマに開かれた。韓国の法制度の発展拡充の中で今回は「日韓障害者社会的企業国際シンポジウム」の名称となった。この時ほど日韓市民社会の社会運動の実践差が広がったことを感じたことはない。なぜならそのポスターは一つの扉をくぐり抜け、さらに次に進もうとする足があり、躍動的に描かれている。

基調発題は文在寅大統領の「新政府が目指す社会的経済の方向」で大統領府・青瓦台の崔ヒョクチン社会的経済秘書官の予定であったが、国会審議のため前日の昼食会で交流することになった。前回訪れた城南の社会的企業振興院本部長として出会った人である。生協中央会を経て原州医療生協専務理事から社会的企業振興院本部長となった人。昼食会で神戸大学の農業政策を学びSコープの名をあげて原州との交流を語ったことは前述した。

二〇一六年、神奈川で「やまゆり園事件」が起こった。植松聖をめぐって多くのことが報道されたが、日本だけが障がい当事者を隔離する大型施設の持つ問題に迫った人は少ない。分離教育を当たり前にしている私たちの社会にある「分ける／切る」発想についてなぜ議論が起こらないのか。

二〇一七年春、NPOわっぱの会の「社会的事業所研究集会」は、金起燮（ハンサリム生協連合のビジョン策定委員）と大阪・西成で多くの社会的企業を創る冨田一幸（エル・チャレンジ）の議論を行なった。韓国では原州を社会モデル化していったが、日本では「切らない、分けない」西成の経験や共同連の実践を日本の社会運動の共有財産にはしえていないのを踏まえて企画された。原州キャンプという中から生まれた「生命体運動」や「新しい労働」の幅広いかつ思想的質とその共有化の中から「賃労働ではない生活の労働」を生み出しつつある韓国社会。他方、冨田は両面刷りの図を示した。コミュニティには〈流域〉と〈地域〉があること、とりわけ〈割れる流域〉には「仕事にまつわる様々な問題が噴出、「はたらきたいなあ！」という大阪で中間労働市場（準市場）をつくる課題が取り組まれ、〈地域〉には「こんなんあったらいいなあ！」と「すまい／くらし」にまつわる様々な問題に西成で社会的企業をつくってきたことを具体的にあげた。私たちの〈地域〉論には〈流域〉、とりわけ〈割れる流域〉が抜けていることの指摘は重要である。

安倍政権は、「人口減少社会」に対し、保守の側からの地域での「互助」を打ち出している。それは「我が事　丸ごと共生社会実現本部」の上からの「共生社会」の主張として「生活困窮者自立支援法」の議論に上乗せさせられて福祉の現場に持ち込まれてひさしい。それは戦前、大政翼賛会の根っこになり、戦後民主改革の中で解散させられた町内会組織の現代的復活版である。国家が「草の根保守」の互助を育てることによってもの言えぬ翼賛を創りだしていく、それは私たちが今フクシマに見ている光景である。

日本社会が急速になえていったのはこの一〇年である。今回の平山提案の出版も、協同組合が丸ごとそうした流れにのみこまれないために、対抗・対案を創りだそうということから始まった。なぜなら日本の生協は、戦前の大政翼賛会の産業報国会の建物と大量の紙などをもらって再出発している。

日生協がだす『西暦二〇〇〇年の協同組合』の「はじめに」を書く中林貞男日生協会長は「わたしも（レイドロウ）氏の意見に懐疑的で、今日の困難を乗り切るには迫力が欠けている」というが、彼は産業報国会から来た人である。

安倍内閣は、「満州国」の実力者岸信介の「統制経済」「統制社会」の丸ごと人を支配するノウハウを継承している。私たちはそれを越えて、東アジアに〈生命・包摂・環境〉の「地域社会」づくりに眼を向けた地球市民の「連帯」を拡げたい。

今年の協同組合の総代会が、コロナ災害で一変した社会が必要とする「共生」を、協同組合を道具にして多様にネットワークして外に拓き、〈地域〉〈流域〉につくりだす二〇三〇年に向けての年であってほしい。

【注】

（1）石川啄木が「韓国併合」の一九一〇年九月九日に作った風刺歌

（2）韓国信協京畿道連合会と生活クラブ連合会の共同編集交流記録誌。（一九九四）。十年余の交流に五六回の異業種間の協同組合間交流が行われ、金鐘鎰、李漢善、李慶國、野村かつ子ら五五人の人たちが発言している。

（3）『海峡を越えた友情』第三章これからの良き関係のために

（4）サブタイトル「革命の野火、その黄土を尋ねて」著者金恩正／文艾敏／金元容　監修朴孟洙（つぶて書房）

（5）サブタイトル「日本社会の希望を求めて」（参加型システム研究所編／風土社）

（6）〝社会統合に向かうアジアの実践の現段階―「日韓社会的企業セミナー」と日本の法制化〟拙稿（先駆二〇一〇）

（7）チャン・ウォンボンさんを悼む―現場を大事にした研究者（NPOわくわくかんリボン便り　第二三三号）

（8）『社会的企業の展開―日韓市民交流とその比較』拙稿（大原社会問題研究所雑誌六六二号二〇一三）

19. 闘え！ 協同組合
――分断と自己責任社会から協働統治の社会運動を進め「生きづらさを変えていく」

瀬戸　大作（避難の協同センター・反貧困ネットワーク事務局長）

私は現在、パルシステム生活協同組合連合会に所属しながら、いくつかの社会運動団体の事務局長を担っている。原発避難者支援の「避難の協同センター」、現在の日本社会において拡大する貧困問題を解決するために活動する団体や個人を結び付ける「反貧困ネットワーク」他にも「日韓市民交流を進める希望連帯」の設立にも関わり年間三～四回の韓国の社会政策、連帯経済や住民連帯などの現地調査を実施、市民民主主義にチャレンジする韓国の社会運動に学びながら、日韓市民によるさらなる平和と友好の相互交流、連帯を進めている。

1 原発事故被害者の分断と切り捨て、路頭に迷う避難者の現実

二〇一一年三月一一日までは、パルシステムで事業部門の責任者として事業の急速拡大などに尽力してきた。しかし、三・一一の東日本大震災と福島原発事故で、私の人生が変わってしまった。被災者支援でパルシステム福島の事業再建と仮設住宅の居場所づくりに通い続けた。大熊町から会津若松の応急仮設住宅に長期避難したお年寄りが「もう故郷に帰れないだよな。でも故郷にもう一度帰って、墓で死にたい」と、泣きながら何回も話す。

原発事故による避難者の多くが、災害救助法に基づく

借上住宅制度（みなし仮設）を利用して生活をしてきた。二〇一七年三月、この制度に基づく政府指示の避難区域以外の避難者約二万六〇〇〇人の住宅提供が打ち切られた。わずかに続いてきた低所得者向けの家賃支援も二〇一九年三月に打ち切られた。区域外避難者は、子どもや家族を守るため、賠償も支援もなく避難を決断した人が多い。二〇一一年一二月、ようやく認められた賠償も一律少額で、避難に伴う経費をカバーするには程遠い額であった。孤立し、困窮化しているケースも多い。中には、高齢者、障がい者を抱えている人や、シングルマザーで頼る人がいないという人もいた。

二〇一七年三月末の原発避難者の住宅提供打ち切りを控え、二〇一六年六月から、避難当事者に応急みなし仮設住宅を退去する事を郵送文書で通告し、福島県、都道府県の担当者が避難者に戸別訪問が一斉に開始された。これがきっかけになり、精神的に参ってしまって四〇日間の入院を余儀なくされた避難者が出た。中央線のある駅から「これから死のうと思う」の連絡。シングルマザーで保育園に通う子どもがいる。真夜中の緊急保護をおこなった。原発事故被害者が東京の街のなかで孤立し、苦しんでいる。パルシステムでの仕事ができなくなるかもしれない。一瞬悩んだが、避難者の絶望を知っている私は逃げるわけにいかない。当時の専務理事に意思を伝え、七月一二日、避難先での生活支援や、そして政府や自治体への支援の継続要望などを目的に「避難の協同センター」を設立した。

以降、現在に至るまで、自主避難者の個別相談と同行支援などに忙殺されている。当センターに寄せられる相談は深刻な内容が多い。住宅支援打ち切りで転居を迫られ、転居費用と前払い家賃で、非正規のダブルワークを強いられ、トリプルワークを決断した母子避難のお母さん。避難後、身体を壊し、病気療養して貯金を切り崩し、残高も殆どない。生活保護を受給すれば、家賃や初期費用は支給されるので、「ずっとじゃないから」と当事者の方のプライドを考慮しながらすすめてみる。ご高齢の方が県内の応急仮設住宅にいるが、帰還しても病院もないし、介護などのケア施設も不充分で、四月からは二重、三重の困難が待ち受けている。一人ひとりと向き合えば向き合う程、制度の壁が立ちはだかる。

五四歳になる一人の母親が二〇一七年五月、生田緑地公園内の木に洗濯物用ロープをかけ、首を吊った。子どもたちと福島県から東京に母子避難していた。彼女は、二つ三つと仕事を掛け持ちし、必死に子供の学費を捻出した。しかし心身共に追い詰められてしまった。「私が死んでも、子どもたちにお金が渡るようにお願いします」。私が支援を続け、住宅確保にこぎつけた方だった。私は、精一杯の気持ちを込めて言った。「とにかく、生きて行こうね」。しかし彼女は簡単なメモを残して逝ってしまった。「家族をバラバラにしたのは私」「原発事故さえなければ」。彼女にDVを繰り返していた夫は何もしなかった。私たちが遺品を整理した。

当時、多くの避難者支援連絡会におけるNPOや協同組合の「寄り添う」とか「福島を忘れない」の向き合い方に強い違和感を感じていた。避難者が現在置かれている相談を日々受け、個別解決に奔走している日常にあって、何故に避難者が置かれている「本当の危機」に向き合いきれないのか。「本当の危機」に陥った時に本気で寄り添う事ができる協同組合が必要だと強く感じていた。パルシステムは以降、「避難の協同センター」の活動を支援頂き、日常活動を保障、自らも保養活動に取り組み、会員生協のいくつかが甲状腺エコー検診にとりくんでいる。避難者支援組合員カンパに取り組み、私たちの活動に多大な支援を頂いている。

現段階では、事情があり避難先の国家公務委員住宅を退去できない自主避難者へ家賃二倍相当の懲罰請求をおこない、強制退去を迫っている。当事者の方は言う。「私たちは何も悪いことはしていません。それなのになぜ損害金を払わなければならないのですか。公営住宅に応募できないのは、非正規の仕事にしか就けないのは、収入が低いのは、すべて自己責任なのでしょうか。私たちの実情を詳しく聴くこともなく、〝原発事故から八年を経過したのだから自立して当然だ〟と言われ、一方的に二倍の損害金請求を続けているのです。私たちは、原発事故の被害者です。国、行政の無策の被害者であるのです。私たちは、何も悪いことはしていません」。

昨年九月の原発群馬訴訟控訴審の口頭弁論で国が、避難指示区域外からの自主避難者の損害発生を認めることについて、「(避難指示区域外に)居住する住民の心情を害し」「我が国の国土に対する不当な評価」などと、自主避難者と県内滞在者を分断する主張をした。福島には避難していない人たちもたくさんいる。合理的な線引きによって強制避難の線引きがなされたわけではないのに、そこに人がいるということが安全キャンペーンに使われ、被害者同士を分断させ賠償額や避難区域の線引きによって分断されている。

県営住宅を強制退去になる日に心中を図り、娘を殺害した二〇一四年千葉県銚子市での悲しすぎる事件、殺害してしまったお母さんは何回も生活保護利用の相談にいったのに断られ続けた。発見した現場で、うつぶせになった娘の横で、母親は、娘の運動会を撮ったDVDを見ながら、「これ、うちの子なの」「首を絞めちゃった」「生活が苦しい」「お金がない」「このDVDが終わったら、後を追って死ぬんだ」と穏やかに話したという。所持金は二七一七円、預金残高は一九六三円。もしかしてどこかの生協の組合員であったかもしれない。

私たちは、原発事故避難で冷えた身体を、少しずつ少しずつ身体を温めてきたのに、温めきれないうちに、帰還を迫る。また身体を冷やしてしまう。「暖めあい支えあう」支援を続けていく。

2 生きづらさを抱えた当事者同士が分断され、不寛容が広がり当事者の声が封じ込まれている

一二月三一日と一月四日に、避難の協同センターも参画する、東京アンブレラ基金主催の「大人食堂」開催に関わった。東京アンブレラ基金とは、世代、国籍、SOGI……あらゆる分断を越えて、誰も路頭に迷わせない東京をつくるため、八団体協働で緊急一時宿泊時の宿泊費拠出をおこなっている。ちなみに東京都内のネットカフェでは四〇〇〇名が暮らしている。パルシステム本部を会場とした一月四日には、六四人の方が来場。三〇人の方に相談を行い、うち住まいのない一三人の方に「♯アンブレラ基金」から緊急宿泊支援費を支給した。六日以降に生活保護申請同行などのフォローアップを行なった。会場で行われた参加者アンケートの結果によれば、四五％程度が二〇〜四〇代の人々であった。就労状況については、約半数が失業中であったが、残りの半数は非正規雇用など何らかの仕事をしていた。ところが、収入状況もあわせてみると、参加者の七割前後が生活保護を下回る水準にあると推測された。住まいの状況も多様だったが、ネットカフェやカプセルホテル、簡易宿泊所や路上など、不安定な状況にある人が約半数だった。「正社員の仕事と安定した収入」「結婚と出産と子ども、家庭」「貯金とローンを組んで家を買う行為」バブル崩壊後の就職氷河期の世代の多くは無縁だ。「自己責任」を刷り込まれ誰にも頼れず、ネットカフェや路上で彷徨う。現金五円の状態でたどり着くしかなかった。大人食堂の来場者の大半が二〇代〜四〇代であった。生活協

同組合での日常では見えてこない現実があった。

昨年末のクリスマスイブ、東京江東区で、無年金の高齢の兄弟が人知れず餓死しているのが発見された。オリンピック・パラリンピックが近付くなか、ホームレスの人を道路や公園などから排除する動きが広がっている。そして、賃金が低く契約打ち切りの不安におびえる非正規労働者、限られた正社員の椅子を得るために競争を強いられ疲弊する若者、大学卒業と同時に多額の奨学金返済を背負いこむ学生たち、障害年金を打ち切られた障害者、トリプルワークで深夜に帰宅するシングルマザー、原発事故から九年が経つ今、住宅支援打切りで追い詰められる避難者、DVや虐待で仮の住まいに身を寄せる女性や子どもたち、児童虐待などの重大事案の対応を担いつつ待遇引下げで生活不安を抱える非正規公務員。ところが、貧しいこと、報われないことは「自己責任」、努力が足りないからだと喧伝され、また、「真に支援が必要な人」だけを社会保障の対象として選別する政策によって、生きづらさを抱えた当事者同士が分断され、不寛容が広がり、当事者の声が封じ込まれている。

「政治と社会の責任を個人に押し付ける自己責任論や、生きづらさを抱える者同士を分断させる政策に惑わされず、ひとりひとりが、地域で出会い、つながり、共に生きること、分野の壁を越えて、多様な市民が連携し、地域発・当事者発で、声を上げて行動し、地域から政策を実現しながら、全国的な動きを作ること、そして、地域において、公助を担う行政と市民社会とが連携・協働して取り組み、生きづらさを変えていく。声を上げ、連帯して、これらの政策の転換を求めていく」（二〇二〇年反貧困ネットワーク全国集会　集会宣言より引用）

昨年一〇月の台風一九号接近の際に、台東区が区の避難所の利用を、路上生活者（ホームレス）の利用を「区民ではない」として断った事件があった。後日に参加した私が住む練馬区のカトリック教会でのイベントで、このような討論がされた。「台風一九号の際に、カトリック教会自身、門を開けなかった。自らが変えないといけない」「知らなかった事はありえない。私だったらどうする。いろいろな人がいる想像力を持つこと」。協同組合はこのような場合にどう向き合うか。パルシステムの会議室に路上生活者を対象にした「大人食堂」を開催する際も賛否があったと聞いている。ホームレスの人々を無原則に生協の事務所に入室させるのか。私自身も躊躇が確かにあったけれど開催する事ができた。パルシステムでも貧困問題についての論議がおこなわれる。しかしその場にいるのは支援者の集まりでしかない。それだけでは伝わらない事がある。「死にたい」と呟くひとりひとりと向き合え！相談とか繋ぐで終わらせるな。現場に出向き、当事者と向き合え。少しで多くの当事者が「生き続ける」ことを選択できるように、協同や自立支援の言葉で終わらせては何も解決しない。「大人食堂」にボランテイア参加してくれた組合員と職員が当事者の現実をリアルに知った。「闘え！協同組合」カトリック教会での論議を自らの事と今後も考えていきたい。

3 韓国の市民民主主義と住民連帯における協同組合の役割を学ぶなかで

はじめて韓国に訪問したのは、一九九〇年代前半だったと記憶している。勤務している生協で、韓国で、地域生協を創設したメンバーとの交流を開始した。全斗煥軍事政権に抗議する一九八七年の「六月民主抗争」を戦った学生や市民運動家が地域で生協づくりを開始したのだ。教会の敷地を間借りした当時の小さな生協事務所に出向き、宅配事業のノウハウを伝えた。ボロボロのトラックでソウル市郊外の組合員宅に一緒に配送にもいった。ノウハウも金もないが、民主主義と「夢と哲学」を生き生きと語る姿は印象的だった。

あれから二〇年が経過、二〇一四年にソウル市で開かれたGSEFに参加した。ソウル市では、朴元淳氏が二〇一一年に市長に就任以来、社会的経済の推進においても目覚ましい動きを見せていた事を知った。朴市長はGSEF大会で発表した〝ソウル宣言〟で「社会的経済は草の根の参加型民主主義を土台に据えることが大事だ。持続可能なエネルギーへの転換、ローカルフード・システムの構築、フェアートレード、社会的弱者への福祉等々。これらをどう実践するかを考える際に決定的に重要なことは、「人々のために…」に止まらず、人々自身の意思による決定、決めたことへの人々の自発的参加によらなければ土台が崩れ、危機を克服できない」と指摘していた。

韓国の生協は、二〇年を経て「社会的連帯経済」の一翼を担い、社会的課題の解決に向けた活動を展開していた。二〇年を経て「韓国に教える立場から韓国から学ぶ」、少なくても連帯経済の分野では学ぶ立場に変わった。この二〇年の間、韓国の社会活動に取り組む人々は、日本の社会運動や協同組合を学ぶ為に、何回も訪日していた。一方で私たちの側は、「日本の方が優れている」などの過信なのか、韓国やソウルで取り組まれている「市民民主主義の実践」を学ぶ事を怠っている。日本の協同組合は政治に距離を置く。その理由は何かと考える。

日本では、例えば協同組合運動、労働運動、脱原発運動、貧困格差問題、住民福祉それぞれが『たこつぼ』的になり閉鎖的運動化している。それぞれが時には批判を繰り返す。政治への不信は政権与党だけでなく野党にも向けられる。結果的に政治と市民の距離が離れ、政治に対する信頼感が失われている。そのような現状をつくりだしている事が私たち自身にもあるのだと、自覚した方が良いと、最近考えている。

二〇一八年四月に反貧困ネットワークで共に活動していた白石孝さんが「ソウルの市民民主主義」が詳しく紹介している。朴元淳市長のリーダーシップと市民の参画で、自治体改革が進んでいる。選挙公約作成から多くの市民社会運動家や労組、研究者が関わり、就任直後にはソウル市職員も含めて政策が詰められた。日本との共通課題である「格差と貧困の解消」、貧困を解消するために職員がまちへ出かけて弱い立場の市民のニーズを探る「チャットン福祉」、生活保護捕捉率を日本の三倍以上に引き上げた事に衝撃を受けた。働きがいのある仕事を創り出し、非正規雇用をなくす。ソウルのあらゆる地域で「住民連帯」「居住福祉ネットワーク」「社会的経済ネットワーク」が組織され、幸福や経済を分かち合う実践が続いている。「誰よりも市民の力を信じ、市民の力に依拠して住民運動・市民運動と連携し政治をおこなう」。市民民主主義の哲学が貫かれている。

朴元淳市長は、「協同組合都市―ソウル構想」を策定、格差社会の解消のために、一〇〇〇万人のソウル市民が何らかの協同組合の組合員として民主的な経済の参加者となり、市内GDPの五%、雇用の八%を協同組合が担うことを目指した。二〇一二年に「協同組合活性化支援条例」を制定、二〇一四年には「社会的経済基本条例」を制定して、協同組合だけでなく、コミュニティビジネスや社会的企業をソウル市が人的経済的にバックアップ、「協同組合」の育成・発展、「参加型経済」を通じて社会の諸問題の解決を目指している。各地域で「住民連帯運動」が様々な団体が連携し、取組まれている。

政策的には社会民主主義、福祉国家路線を明確にした事が大きい。朴元淳市長の『二〇一八年の挨拶』での言葉に希望連帯の可能性を見出す事ができる。「自己責任が声高に叫ばれる時代に終止符を打ち、共同体を回復させて社会的連帯と友情の時代を切り開く」「都市を優先して人をないがしろにしていた『失われた一〇年』に終止符を打ち、人のために存在する都市を作ることを皆さまに約束する。

この六年間、ソウルは市民の暮らしに投資してきた。この六年間、ソウルは債務を半分に減らし、福祉予算を二倍に増やした。普遍的福祉の時代が始まり、必要とする人のもとへこちらから訪ねていく福祉制度へと、パラダイムシフトを成し遂げた」。結果的に、パククネ政権を倒した「ろうそく市民革命」の中でも、ソウル市は重要な役割を果たした。市民が予算の使い方を提案し、市民の代表が予算の使い方を決定する市民参与予算制度の創設、形式的市民参加ではダメ、「市民に権限を与える」「市民＝住民主体で地域をつくる」。目指す福祉国家実現のためには「（内需や消費を拡大する）国内産業の育成と（福祉のための）税財源の獲得がポイント」と白石さんは強調している。

【冠岳住民連帯における草の根住民自治と協同組合】

私は二〇一四年以降、現在までパルシステムと事務局を務める「日韓市民交流を進める希望連帯」で毎年、視察団を組織し韓国を訪問している。視察企画するなかで重要視するのは「住民連帯運動」だ。韓国の大切な友人：姜乃栄（カンネヨン）さんらが組織してきた「冠岳住民連帯」にも定期的に訪問している。「冠岳住民連帯」は、貧困地域である冠岳の団体や貧困者が集まりできた住民組織である。その組織は、貧困層を支援し、組織することをミッションとしていた。社会的弱者だけを組織する住民組織運動は限界があるのではないか。貧困問題や、様々な問題を解決する為にも、地域運動をしなければならないのではないかと、一九九九年度からまちづくり運動へと転換する。冠岳住民連帯の活動を特徴づけるものは、地方自治への積極的な取り組みである。従来の運動が、政府と対決することによって住民らの意識改革を図っていたのに対して、冠岳住民連帯では地方自治への住民参与という方法でこれを達成しようとしている点で注目を集めている。冠岳でも再開発以前から教会や保育所、放課後保育や寺子屋などを中心とした住民運動が進められてきた事がベースにある。

「今の資本主義の問題をみんな言っている、これを乗り越えるというか、克服するために代案社会が必要だとか協同性の回復だとか言っている。ただ、そもそもどんな代案社会なのかと問われるとあんまり、曖昧になっていると思う。その部分をきちんと、若者やわれわれが、どういう社会に生きたいのか、どういう社会をつくりたいのか、そういうことを若者同士が議論しないといけない」「貧困地域での住民組織化で大切なことは、住民自身が主体となって権利を知ることだ。当然、社会的自立や政治自立も必要であるが、経済的自立が最優先的に重要な課題のため、その対策として生産者協同組合を組織化した。経済的自立が、貧困層から脱皮することになるため、行政だけに頼るのではなく、自分たちで乗り越えることが本当の自立と言えるし、それが生産者協同組合運動の目的だった」。隣人の幸福を追及する為に、彼は、隣人が韓国で経済的自立を図ることができる仕組みを仲間たちと模索する。それが代案的な働き方である社会的企業であり、さらに協同組合なのだと。

【韓国の「農業者と連帯する普遍福祉＝公共給食」生協協働事業の貢献】

二月一四日、パルシステム地域活動主催の公開学習会「ソウル市のオーガニック農産物を使用した学校給食無償化と公共給食の取り組みを学ぶ」を開催した。今日の企画づくりのきっかけは、昨年一〇月に、「日韓市民交流を進める希望連帯」のソウル市調査での衝撃的な体験を日本の生協に紹介する事にあった。ちなみに現段階でも日本の生協はどの組織も視察に訪れていないという。

ソウル市では小中高の児童生徒約九〇万人のうち七二万人に学校給食が提供されており、二〇二一年からは全校に拡大される予定だ。驚いた事は、社会的弱者に対する「食の正義」を実現すること。それまで給食費を払えない貧困家庭は、給食費の受給申請を出さなければならなかった。「無償給食が実施されれば、ご飯を食べる時に差別を受けずに友だちと付き合える」。朴ソウル市長は二〇一一年に給食無償化を公約にして初当選。社会的弱者に対する「食の正義」を実現し、地域循環型農業や都市型農業を促進するため、「公共給食」という名目で保育園や地域の福祉施設、児童福祉センターにも無償の給食を提供した。しかも食材は、都市農業政策の一環として無農薬・無化学肥料で遺伝子組み換えゼロの有機栽培作物を使っている。選別福祉ではない。普遍型福祉を政策的に徹底している。

オーガニック給食を実現するためには有機栽培農家との連携や流通システムの整備などが必要だが、重要な役割を果たしているのは韓国の生活協同組合。講演会で報告した、チョン・ソンオクさん（ソウル市東北四区公共給食センター長）は韓国のハンサリム生協職員だ。江北、蘆原、道峰、城北区役所と都農相生公共給食協同組合（ハンサリム＋幸福中心生協＋首都圏生態育児共同体生協コンソーシアム法人）が契約締結し運営を代行し、地域における三生協協働事業をすすめている。放射能・GMOフリー、親環境、ローカルフード、センターでの残留農薬検査、産地直取引システム構築で新鮮度を高め、流通費は減らし、仕分けセンターや一週間前の予約注文から受注→納品→施設ごとのピッキング→D1供給のジャストイン配送まで生協の物流システムのノウハウを生かしている。江東区では、行政と都市有機農家とが連携して、ローカルフードセンターを開設し、フードバンクとも連携している。

農産物・水産物・畜産物・加工食品を網羅し、自治区毎に自治区単位の産地が直接つながる事が特徴、食材が不足する時は、生協の物品供給で補填する。（消費者価格の一二％引き）

「子どもたちには健康を、農民には希望を」。公共給食の拡大はオーガニック農産物の生産拡大と農業者拡大に貢献、現在、有機農産物流通の四割弱が公共給食なのだ。「農業者と連帯する普遍福祉＝公共給食」。ここが凄い。

現在に至るきっかけになった「学校給食法改正運動」の歴史的経過を聞いた。給食施設の設置から献立、調理、配食等すべての過程を民間に委託するなかで様々な問題が起きた。食の安全と輸入食品、衛生面や給食無償化への無関心など、それに対し「直営・国産・無償化の三大要求運動」が農業者と市民の連帯運動が起きる。「子どもたちには健康を、農民には希望を」その運動に生協が大きな役割を果たした。二〇一〇年三月、市民運動の歴史上初めて二二〇〇の市民団体が結集した「親環境無償給食草の根国民連帯」が発足。無償給食を公約化する政策キャンペーンが展開された。

第一　親環境無償給食は教育だ
第二　親環境無償給食は普遍的福祉の実現だ
第三　親環境無償給食は地域経済を活性化する
第四　親環境無償給食は親環境農業を拡大する
第五　親環境無償給食は子どもたちの幸せだ

親環境無償給食を公約に採択した候補らが大多数当選。地方自治レベルで親環境無償給食が初めて制度化され、具体的な政策として推進される機会を持つことになった。

＊住民自治の象徴＊選挙政治のモデル（熾烈な政治的対立を乗り越え、市民の力で社会的合意を成して行く、選挙政治のモデル）＊市民の参加⬇農民と保護者と市民社会が力を合わせて作った成果なのだ。韓国の市民革命と参加民

主主義の力強さに驚かされる。

さて、この話を聞いた私たちはどうするか、大きなヒントを得たオーガニック給食と学校給食に留まらない公共給食の無償化が有機農業の希望と拡大に繋がる。普遍型福祉に貢献できる。生協が組織の枠を超えて連帯して役割を果たす。日本でも実現に向けて働きかけを開始しようと動きはじめようとしたら、新型コロナウイルス感染が拡大し、現段階では社会運動や協同組合の組合員活動の殆どがストップしてしまった。

4 生活困窮世帯への包括的支援に大きく踏み出した

深刻な調査報告がある。「こくみん共済ｃｏｏｐ」。イギリスのチャリティー団体「Charities Aid Foundation（ＣＡＦ）」が二〇一九年に発表した人助けランキング（一カ月の間に見知らぬ人、あるいは助けを必要としている見知らぬ人を助けたか）で日本が一二五カ国中、最下位だったことを受けた独自調査だ。日本社会が助け合いにあふれていると考える人は、わずか二％。過去一カ月の間に見知らぬ困っている人を助けたことがあるのは一四％。反対に知らない人に助けを求めることが出来ると回答したのも四％と、人を助けるのもＳＯＳを出すのも苦手な日本人の実態が、最新の調査で明らかになった。前出のＣＡＦの調査同様、今回も「過去一カ月以内に知らない人で、困っている人を助けた」人の割合はわずか一四％。他にも寄付一二％、ボランティア八％と、チャリティ活動全般への関心の低さがうかがえる。また、手助けをしなかった理由として最も多かったのが「そのような場面に出会わなかった」で、七五％を占めている。

ＩＣＡ大会（一九八〇年）で採択された『西暦二〇〇〇年における協同組合―レイドロー報告―』は、「協同組合が事業組織であると同時に教育組織でなければ、社会における協同組合の潜在的役割はその大部分が失われることになる」と指摘している。この原則は組合員、役職員という協同組合の内部のみでなく、さらに地域社会に対し、協同することの本質と利点を知らせる重要性を説いている。人助けランキング最下位の現実を協同組合自身が正面から受け止めることができているだろうか。

生協が主催する貧困問題を討議する会議や研修会で当事者の「生きづらさ」を直接聞く場は稀だ。常に「一歩、距離を置いた支援」のスタンスを崩さなかった。しかしこの二年間でパルシステムは自らが支援の主体として、生活困窮世帯への包括的支援に大きく踏み出している。パルシステムが中心となって設立した（一社）くらしサポート・ウィズの事業として、展開に共生の社会づくりを視点とした新たな事業モデル「居住支援」と「給付型奨学金の伴走支援」を新たにスタートさせ、二〇二〇年一月より「パルシステム給付型奨学金」のモデル事業を開始している。

この一〇余年間で急速に深化した不平等の両極化と「現代化された貧困」、そして人間疎外という「生の苦痛」絶望社会に若者たちを追い込んできた大人の責任。一方で、韓国の各地域で住民連帯運動をベースに連帯経済が胎動している。生協がネットワークのハブになり、横で繋がりあう住民連帯型の連帯経済をつくることができないであろうか。生活困窮者支援共同基金。居住支援ネットワーク、有機給食、原発被害者支援の保養や甲状腺検診も共同出資の協同組合が良いに決まっている。その為に、地域の団体と連携と協働事業コンソーシアムをつくる。これからも積極的に関わりたい。協同組合こそが地域にでかけていけ！当事者に学べ！必死に支援している小さき支援者の実際を学べ！闘え！協同組合！

5 新型コロナ感染危機 当事者の叫びを軸に 大きな連帯行動で「支えあう」

新型コロナウイルス感染拡大の混乱による失業や生活困窮が今、すごい勢いで広がっている。生活困窮者、失業者、フリーランスで仕事を失った方など、これから住宅問題が中長期的に深刻化している。かつてのリーマンショックの時のように、派遣労働者や社宅に住んでいる労働者が一気に住まいを失い、路上に出る状況が現出している。二〇〇八年末から二〇〇九年明けまで日比谷公園で開催された「年越し派遣村」では、当時、一五万人の非正規労働者が職を失うと言われていた。一二月三一日から一月五日まで開催された派遣村には、住む場所も職も所持金も失った五〇〇人以上の人々が訪れ、寒空のテントでともに年を越した。

「年越し派遣村」の時と違うのは、新型コロナウイルスの集団感染影響で支援団体の多くが炊き出しを中止している。炊き出しがなくなった地域の路上生活者が他の地域の炊き出しに参加し、配布する食料が不足している団体もあるという。海外では、医療従事者だけでなくホームレス支援団体のスタッフが感染していると聞く。所得低下、学生のアルバイト減少によって、奨学金の返済困難や春学期・前期の学費支払いが困難となる学生も多数出ている。

私は反貧困ネットワークの事務局長を担っている事から、「コロナ災害緊急アクション」を三月二四日に立ち上げた。各分野から集まった参加者が、居住、雇用と労働、女性、奨学金、被災者など様々な分野で切羽詰まった状況が報告された。とりわけ必要なのは、例えば「住まいを追われた後の対策」だけでなく「住まいを追われない対策」を重視していく事に力点を置くことだ。奨学金などの学資金が返済できず大学を辞める事態にしない事だ。生活保護基準の緩和、「住居確保給付金」大幅拡充、災害救助法「みなし仮設住宅」制度の応用適用、家賃滞納者や被災者への立ち退き行為禁止、貸与型奨学金の最低一年以上の返還期限猶予などの具体的提案など、それぞれの電話・メール・直接相談の状況、現場の声を集め、さらには実現可能な政策提案、そして個別救済も含めた資金つくりを進めることにした。四月一六日には国会議員、それに厚労省・国交省などへの要請も行っている。

それぞれの取り組みを横軸で繋ぎ、大きな連帯行動に発展させ、可視化と社会的影響力は持ち得ること、当事者の叫びを軸に政策提案を大胆におこない政治を動かす事に集中したい。

第五章

産業組合、生産合作社など覚書

宮澤賢治
賀川豊彦

20. 敗戦復興期の生産合作社運動と企業組合
――日中戦争期の中国工合運動と「満州」農事合作社運動の影響

樋口　兼次（白鴎大学名誉教授）

生産合作社・企業組合・生産協同組合

生産合作社は、生産協同組合の中国語訳である。敗戦直後の日本で生産合作社運動が全国的に展開され、その結果企業組合制度を誕生させた。

生産協同組合は、組合員（個人）が出資（貨幣その他の物的・非物的資本）と労働を持寄り、協同して事業を行う協同組合である。旧ソ連におけるコルホーズ、中国における合作社、集体企業も生産協同組合の形態である。

生産協同組合には、組合員が生産者（自作農、小生産者、商業者等）であるものと非生産者（労働者・市民、失業者、難民等）であるものの両者が含まれる。協同組合は、生産協同組合と利用協同組合（生協や農協などのように組合員が組合の共同施設（事業）を外部から利用する形態の協同組合）に二分される。

生産協同組合の位置づけをめぐっては古くから所説があり、識者が都合で使い分けて論じてきたため、いまだに定義があいまいのままである。古典的文献に遡ってみよう。

オッペンハイマー（F.Oppenheimer）は、協同組合を構成員が買手であるか売手であるかにより二分し、後者に生産協同組合を含めた。ヴィゴディンスキ＝ミュラー（W.Wygodzinski und A.Müller）は、協同組合を信用組合、消費者組合、生産者組合の三形態に分け、生産者組合を購買組合と生産的組合に区分し、さらに生産的組合を生産的助成組合（利用組合）と生産組合に区分した。グリュンフェルド（E.Grünfeld）は、協同組合の構成者を都市中産階級、農村中産階級、都市消費者・プロレタリアートの階級により分類し、都市消費者・プロレタリアートの協同組合の中に労働者生産協同組合を含めた。バーリ（O.E.Burley）は、協同組合の機能面から、生産組合、流通組合、信用組合、消費組合に区分した。

生産組合は、組合員が独立して生産を行うことなく組合に完全に合体して一個の経済体となるものであり、組合員が一部の生産加工を残す場合や消費組合が生産を行う場合などは生産的組合として生産組合と峻別すべきとする見解もある。

生産協同組合は、協同組合の基準原則＝相互扶助と協同組合原則に従いつつ、利用協同組合とは異なる形態と機能をもつ協同組合である。したがって協同組合を利用協同組合と生産協同組合に大別し、その構成員の属性や機能により細分化することが適当と思われる。Producers' coopérative（produktive Genossenschaft ,coopérative de producteurs）は文字どおり「生産者の協同組合」と読めば生産者を構成員とする協同組合という意味になり、利用協同組合か生産協同組合かという基本的機能の違いは明確にならない。「労働者協同組合」という言い方も労働者生産協同組合なのか労働者による生活協同組合、保険協同組合などの利用協同組合なのか峻別できない。Productive coopérative（Erzeugergenossenschaft, coopérative de producteurs）は生産的協同組合でも生産者協同組合でもなく、生産協同組合というのが正しいといえよう。(注一)

舶来モノとしてのレイドロウ報告

日本で生産協同組合に対する関心が高まったのは、産業組合法制定から一世紀、企業組合、農林水産部門の各生産協同組合制度の誕生から三〇年あまり経た一九八〇年代に入ってからのことであった。レイドロウ報告『二〇〇〇年の協同組合』が労働者生産協同組合にフォーカスを当てたが、日本ではこれを機に労働者生産協同組合のブームが巻き起こった。労働者生産協同組合は日本には存在しないという誤謬の断定に立って、西欧の経験をどのようにして移植するか、「舶来モノ」にこぞって飛びついた感がある。一九八一年日本協同組合学会設立大会は「労働者生産協同組合の現代的意義」をテーマとして開かれたが、日本における生産協同組合の実態についての言及は皆無だった。筆者は当時、企業史の視点から生産協同組合の歴史を調べていて、近代日本社会に労働者管理企業が広く存在した事実を掴んでいたので、学会等で問題提起を試みた。「戦後日本における生産合作社」（日本協同組合学会一九八二年）、「現代における労働者生産協同組合の可能性」（社会政策学会一九八三年）、「戦後日本における生産合作社運動と企業組合」（日本協同組合学会報告二〇一九年）などが主な報告であるが、聴衆の関心は低かった。これまで、大正、昭和初期のアナキズム型工場自主管理運動の研究を除き、日本の生産協同組合に対する関心は驚くほど低調というほかない。

事実、日本の現代史には多くの生産協同組合の経験がある。大正・昭和初期の労働者生産協同組合の多様な実践、戦後復興期の生産合作社運動、企業組合、ワーカーズコレクティヴ運動、全日自労の運動などである。こうした日本の歴史的事実にかかわらず、その後もスペインのモンドラゴンなど海外のエピソードが語られるに過ぎなかった。所詮外界のビジョンの連想であれば社会にしっかりと根を張ることは難しい。上から観念的に変革を論じるからである。まず生産現場で労働者自身が生産管理してゆく下からの変革運動に注目する必要がある。（注2）

戦前における生産組合の経験

産業革命期から第2次大戦の敗戦までの時期に、多くの生産協同組合が試みられたが、協同組合運動として一般化されず、法制度も実現しなかった。

(1) 産業組合法の「製産組合」の挫折

明治一〇（一八七七）年ごろから各種の協同組合が芽生え、明治二〇年代半ば以降、産業革命期には生産協同組合も存在していた。その事実をもとに農商務省の官僚たちは、近代的協同組合制度の導入のためドイツの産業組合をモデルにして産業組合法案を立案し、法案に「製産組合」を盛り込んだ。しかし社会主義の萌芽とみなす議会の反対で削除され、「生産組合」（名前は生産組合であるが実態は利用組合）とすることに落ち着き、労働者や民衆の間で取り組まれていた生産協同組合は、法的根拠も社会的支援も得られることなく放置されたのであった。

(2) 大正、昭和戦中期の生産協同組合

大正一〇（一九二一）年の凶作をきっかけとして小作争議が頻発する農村で、小農・小作による共同経営体が普及した。大正一四（一九二五）年、農林省の調査によると、全国で七万八〇〇〇組合、組合員数一九〇万に達したという。小作共同経営体は村落単位の農民により組織され、共同採取圃の経営（苗圃、挿秧、病害防除、施肥、収穫等の農作業工程を包括）を民主的な総会の決定に基づいて運営した。産業組合に倣い運営され、農事実行組合、共同経営組合、共同組合、共同耕作組合、農業組合など様々な名称で呼ばれた。

また、この時期には、都市部においても労働者生産協同組合が本格的に誕生する。

大正九（一九二〇）年の生産協同組合測機舎を皮切りに、岸和田紡績の労働者による自転車製造工場、灘の製樽生産協同組合、十三鉄工、神戸印刷工組合自治工場、尼崎ゴム自治工場などが次々に誕生した。賀川豊彦の指導による「イエスの友大工生産協同組合」もこの時期に生まれた。

昭和に入ってからは、全国各地に結成されるようになり、最も多いときには八〇社に達したといわれている。昭和二（一九二七）年総同盟日本縫工組合産業部が作業服製造工場を立ち上げた。協調会や各地警察の工場監督部署の資料によれば、東京、大阪等大都市の工場地域で昭和初年に数十の労働者生産協同組合が誕生した。

(3) 労務出資生産組合「測機舎」の成功

なかでも注目されるのは「測機舎」である。欧米先進国にも多くの例をみない本格的な労務出資支配による生産協同組合である。出資者は金銭出資とともに労働従事の義務を負い、平等の発言権、選挙権をもった。社員総会により理事・監事の役員を選挙し事業計画と予算を決定し、事業運営の細部にわたり職工が全員で討議して民主的に運営された。

組合員は全員が生産、販売、事務等の労働に分担従事し、労働に応じた給与を受けるとともに決算で剰余金が発生したときは労働従事の量に応じて労務配当を受けた。測機舎の代表西川末三の妻松子（旧姓神川マツ）は、ロシア文学者で平民社に関係し、神田錦輝館事件（明治四一（一九〇八）年）で大杉栄、荒畑寒村、管野スガなどとともに逮捕された経歴を持つ人物で、測機舎の組織理念の形成に大きな影

響を与えた。[注3] マツは測機舎について、後に次のように語っている。

測量機械ほど精密を生命とするものはない。このような精密機を製作するには完全な設備と優秀な技術が必要なるのは勿論だが、更に重要なのは適切な工場組織にある。測機舎はこの根本問題の解決に少なからず苦心したが、その結果労務者自ら工場を管理経営することにした。労務出資の生産組合です。従って資本主義企業の如く搾取者もなければ被搾取者もない。

かつて、ロバートオーエンが労働階級の向上と幸福のために労働問題の理想を掲げて世界の労働界に一大警鐘を与えましたが、百年後の今日、彼の祖国イギリスを遠く離れた極東に於て、我測機舎が労務出資の生産組合として生まれ、苦闘十有五年欧米諸国にも其比を見ざる好成績を挙げて居るとは、地下に眠むれる氏の霊はいかばかりか満足するでしょう。[注4]（一部誤りを訂正）

彼らは欧州における生産協同組合に関する知識をもっており、それを日本の法制度を援用し応用・具体化した。民法の組合、合名会社における「労務出資」の概念を具体化し、参加する職工の労務出資額を算定し、金銭出資と合わせて測機舎の出資としたことは画期的な実践であった。[注5]

測機舎は、欧州から移植された制度やその模倣により創り出されたのではなく、一九二〇年前後における日本資本主義の構造変化に伴う熟練職工の高度化と労働支配の矛盾の発展のなかから生み出された。そして、職工たちは、自分たちの理想として描き出した工場組織を日本の法制度を利用し具体化するだけの知的水準を獲得していた。職工自らが彼らの直面する生活苦の打開と生産的労働の主体の獲得運動の延長線上で生み出したということができる。

日本における最初の本格的な労働者生産協同組合、測機舎は大正九年麻布笄町で操業を開始し順調に発展し、日本を代表する測量機械メーカーになったが昭和一八年に軍の命令によって株式会社となった。山村喬は、測機舎の株式会社化を「株式会社に脱し去った」[注6]と批判したが、株式会社への組織変更は、測機舎の意に反した軍の命令、国家総動員体制のために外部から強制されたためであった。株式会社となっても株主は全員労働に従事し、資本家的支配を排除した「労働者工場」であった。戦後の高度成長期以降世界的な測量機械メーカーに成長し、ソキアブランドとして今日なお存続している。

戦後の生産合作社運動と企業組合

(1) 敗戦の焼跡から立ち上がった生産合作社運動

敗戦の焼跡から生産合作社は立ち上がった。

満州、台湾を含む中国各地、朝鮮、樺太・千島列島など、外地・植民地からの引揚げ者、復員兵、戦争で夫を失った女性、工場閉鎖や軍事会社閉鎖による失業者、戦災で作業物と仲間を失った職人や労働者など人々の生活は困難を極め、引揚者に支給される更生資金や食糧配給で最低限の生活すら維持できない状態にあった。人々は、歯を食いしばって悲しみに耐え、地縁、親類縁者、同業の仲間と助け合いながら、わずかな金と罹災を免れた建物、機械、道具、身近に入手できる材料を持ち寄って生活物資を生産し、田畑を耕し、破壊された作業場を立て直し、必死で生活の立て直しを始めた。生産合作社は、次のようにさまざまなグループにより結成されていった。

a　満州、朝鮮、中国など海外植民地からの引揚者

b　戦争で夫を失った女性たち

c　復員兵や失業者

d　戦災で焼失した作業場の職人や小工場の労働者

昭和二二（一九四七）年一〇月時点のデータでは、生産合作社二二二社の内訳は、引揚者によるもの一五三社（六九・二％）、戦災罹災者によるもの一一社（四・九％）、復員者によるもの五社（二・二％）、その他四三社（一九・四％）、個人経営からの転換九社（四・〇％）で、引揚者の生活再建のためのものが大部分を占めた。(注7)

生産合作社は敗戦の年の暮ごろに東京と静岡で立ち上がった。ともに焼け跡の瓦礫を片付け、町を再建するため土木建築を仕事とする生産協同組合であった。東京では、建築関係の仲間数人が製材と建築の事業を生産協同組合形式で計画し、これが翌年「東京土建合作社」として実現した。静岡市では、戦時中鉄鋼会社に勤務し敗戦とともに失職した仲間が土木事業を計画し、土工、大工、左官など現業労働者らとともに運営する生産協同組合「静岡再建合作社」を設立した。この二つの計画は、個別に生み出されたものであったが、ともに「合作社」と名乗り、同様の形態を整えるに至るには「再建合作社必成会」というグループの助言があった。

再建合作社必成会は、昭和二〇（一九四五）年一〇月に

中野区打越町に発足した。

会の中心的存在であった杉山慈郎、国井長次郎は戦時中情報局の嘱託で、堪能な語学を生かし情報誌の編集にたずさわっていた人物である。[注8] 彼らは日中戦争当時、東亜研究所[注9]が入手していたニム・ウエールズ(NymWales エドガ・スノウ夫人)の『民主主義支那の建設』[注10]に着目して生産協同組合の普及を考えた。杉山らは、抗日戦争時に上海で生産破壊された工場の移転・再建と罹災した市民の生活再建の方法として始められた工業合作社方式が、敗戦後の日本の失業問題の解決と生産の再開、経済体制の民主化に役立てることができると考えた。彼らは、賀川豊彦、鈴木真洲雄(日本協同組合同盟)等の協同組合運動指導者、平野義太郎(中国研究所)、松本重治(民報社長)、三輪寿壮、三宅正一、山名義鶴、山口シズエ(社会党)らも説得し、加えて有馬頼寧、渋沢敬三、船田中など保守ラインを通じて政府部内に理解者をつくることにも成功し、彼らから支援金を引き出し、情報局閉鎖により得た退職金を出し合い資金をつくり普及宣伝活動を開始したのであった。

彼らがなぜ「生産合作社」という名称を用いたのか、生産合作社協会は次のように記している。

> 合作社は、『Co-operatives』の中国語訳で、日本語では協同組合であるが、それまでの日本の協同組合は、信用や流通の機能に偏り、協同生産(生産協同組合)までは発展しなかったし、農業や小企業の事業者の協同組合(産業組合)が中心であった。今や、失業者、労働者、女性など一般個人の協同生産こそ必要であり、そのための組織の名称は「新しい酒は新しい革袋に盛る」にふさわしい新しいものにする必要がある。抗日戦争時に中国で活発に行われた「工業合作社」の名称から「生産合作社」の名称を用いた。[注11]

昭和二一(一九四六)年三月には、全国の三五〇社以上が加盟して日本生産合作社協会(東京神田区神保町)が設立された。同協会発足当時、三〇〇社の社員総数六・五六〇人(一社平均社員数二一人)、生産品は、農産加工品、土建・建設・電気工事、製材・木工、食糧品、繊維・衣料、水産加工、窯業、機械工業、雑貨など市民生活の必需品のあらゆる分野に及んだ。また、共同耕作を合作社で始めたグループも多数存在し、山形、福島、新潟、長野、千葉、山梨、愛媛などの農村部にも広く普及していった。

(2) 合作社原則と組織形態

生産合作社は次の四つの原則を定めた。

①資格ある勤労者は、その事業の経済条件が許す限り誰でも社員となることができる。（勤労者に対する門戸開放の原則）

②社員は勤労を提供する義務があり、出資だけの参加は認められない。（社員の従事義務と持分出資者の否認の原則）

③一社員の持株数は制限され、かつ議決権は持株の多少に拘らず一人一個に限られる。（一社員の出資制限と議決権平等の原則）

④持株に対する剰余金の配当は制限され、勤労に応じて公正に配当される。（利益配当制限と勤労配当の原則）

なお、生産合作社を構成する主体（組合）は、勤労者（失業者や女性など無業者を含む）個人である小生産者（商工業の個人事業者）が含まれる。これらの原則は、協同組合原則と一致していて、ニム・ウエールズの著書[注12]の中国工業合作社の原則とも概ね一致している。

生産合作社のほとんどは任団体であった。生産活動は組合員の共同行為として行われ、組合資産は社員の出資持分に応じた共同所有となる。生産合作社が多額の債権、債務を伴い、多額の資産を保有すると法人化の必要性が生じてくる。また、電力、生産資材の割当てや企業許可等の戦時統制が当時存続しており、法人化が必要となるケースも少なくなかった。そこで生産合作社協会は、有限会社および株式会社の定款を改良して合作社原則を具体化した。主なポイントは、①定款に合作社四原則を明記、②会社名に「合作社」の文字を加え、「有限会社〇〇合作社」等と表示、③社員（株主）の資格を「勤労を提供する者」に限定し「単に持分を有する者」を排除、④社員以外の者への持分譲渡制限規定を明示、⑤一社員の持分を出資総額の五分の一以下に制限、⑥議決権、選挙権を「一人一票」、⑦剰余金の「勤労配当」を明記するなどである。

(3) 生産合作社法案

日本生産合作社協会は、生産合作社の普及活動を行う一方で法制度の実現に向けて運動を展開した。激しいインフレと傾斜生産方式により資金や資材が枯渇するなかで、戦後雨後の筍のように生まれた弱小企業の経営危機が顕在化し、いわゆる「中小企業危機突破大会」が頻繁に行われた。

その中心的役割を担ったのは全日本中小企業協議会（略称「全中協」）で、全国の中小企業団体を保守から革新まで幅広く結集し、経済民主化とその担い手としての中小企業の育成を掲げて大きな政治的影響力をもっていた。そこで日本生産合作社協会は、全中協に加盟して他の中小企業団体と共同行動しつつ経済復興会議にも加盟して立法運動を展開した。(注13) その結果、生産合作社法案は、経済復興会議の経済緊急対策のなかに「勤労者が組織する生産組合的な企業形態を制度化してこれを助長すること。」という一項目が盛り込まれた。その趣旨は次のように述べられている。(注14)

第一は、「経済緊急対策」において、生産組合的な企業形態の制度化とその育成策を早期に実現すること。

第二に、「合作社」は日本語の「協同組合」であるが、中国工業合作社と同様の「勤労者が組織する生産組合的企業形態」を目指すものであるから従来の協同組合と区別するため「生産合作社」という言葉を用いるが、この名称にはこだわらない。

第三に、「生産合作社」とは、一つの事業所に勤労者集団が自分たちの資本、生産手段、技術をもち寄り、自らの経営で共に生産を行い、製品は他の企業と競争しながら販売し、そこで得た利益は勤労者自身が享受する。勤労者が生産手段を所有し、自らの管理と経営により、自らのために行う生産の組織である。

第四に、生産合作社は、経営の民主的体制の確立につながり、国民経済の再建に有効である。特に失業対策、農村工業振興、零細企業の維持に効果的である。

経済復興会議の要望は、政府の「緊急経済対策」のなかに盛り込まれ、商工協同組合法の抜本改正時に制定予定の新法に加えられるということになった。商工協同組合法は、戦時統制組織となった商工組合が昭和二一（一九四六）年一二月にGHQの命令で解体され、それに代わり過渡的に立法された商工業の協同組合法で、新たに立法された独禁法との整合を図る必要が生じたため全面改正が必要となっていた。経済復興会議によって提案された合作社法は、新しい協同組合法の立法時、中小企業の協同組合と勤労者による生産協同組合を合わせて制度化する道筋が固まってゆき、政府の経済緊急対策の一項に決まっていったのである。

このように、戦後の復興期に民衆の間で生まれ全国に普及された生産合作社の法制度化の動きは、生産合作社協会の法案立案、経済復興会議の提案、政府の経済緊急対策へ盛り込むというプロセスを経て具体化されたのである。

〔資料〕

生産合作社法案の骨子

1.目的

生産合作社は、合作社原則にもとづき勤労者の共同により自主的に事業を経営し経済的社会的地位の向上を図り併せて生産力の発達と社会の福祉に寄与することを目的とする。

2.合作社原則

①資格ある勤労者はその事業の経済条件が許す限り誰でも社員となることができる。（自由加入の原則）

②社員は何れかの面で勤労を提供することが必要で、単なる資本だけの参加は許されない。（従事義務の原則）

③一社員の持分数は制限され、かつ議決権は持分の多少拘わらず一人一固に限られる。（議決権平等の原則）

④持分に対する利益の配当もまた制限せられ、剰余金は勤労に応じて公正に分配される。（出資配当の制限、勤労配当優先の原則）

3.法人とする。

4.社員は出資一口以上を保有する。

5.出資は有限責任とし、脱退時に持分の払戻しを請求できる。

6.合作社は生産その他の事業活動を行う。

7.生産合作社はその名称の中に合作社という文字を用いなければならず、合作社でないものは使用してはならない。（名称使用制限）

8.社員の資格は成年に達した個人とする。

9.合作社の設立は、五人以上の発起人の同意により行政官庁の認可を受ける。（注15）

なお、合作社法と並行して、会社法学者による協同会社構想も研究されていた。京都帝大の大塚一郎教授を中心とする「新企業形態研究会」は、昭和二二（一九四七）年に「協同会社法制定要綱」をまとめている。なお、この案は日本協同党、協同主義協会（吉沢磯次郎世話人）の案としても公認された。（注16）この協同会社は労資合作の企業方式のもとに、労・資・経の三者が均等に経営権を共有する。社員は、出資した者＝出資社員、経営者及びその補助員＝経営社員、労働従事者＝労務社員の三種とし、出資社員総会、労務社員総会とそれらの連合総会を設け、会社の決定に参加するというものである。これは、フランスの労力協同会社やスイスの労資同権株式会社などを参考にして立案されたもので、企業の民主化を確立し経済の再建に資するとされた。大塚案は、労務社員の出資形態と金銭出資の関係、出資社員総会と労務社員総会の関係等不明瞭な点が多く、生産合作社法案に比べて完成度が低いものであるが、当時、企業の民主化、労資協同の模索が多方面で行われていた。

商工協同組合法の部分改正で行うべきとする本位田祥男の見解もあった。商工協同組合では組合員の経営を組合自らが集約的に行う「協同経営」が可能であったが、組合員の事業をすべて組合に集約する「全部的協同経営」までは認められていない点に注目し、組合員資格に事業者だけでなく労働者も加えて生産合作社法を実現できるという見解であった。(注17)

(4) 合作社法案から企業組合へ

当時の戦後復興政策の立案と推進は、GHQ経済科学局反カルテル・トラスト課のアドバイスのもとに商工省産業復興局が行っていた。GHQ経済科学局反カルテル・トラスト課の課長E・Cウェルシュは、財閥解体と同時に、商工組合や統制会などの戦時統制組織の解体を進め、経済民主主義の徹底を図るよう商工省に指示した。ウェルシュが積極的に取り組んだのは中小企業庁の設置と民主的な協同組合の育成と法制度の整備であった。中小企業政策や協同組合は、独占禁止政策を経済的基盤から推進するものとして位置づけられた。アメリカの中小企業庁(Small Business Agency 略称SBA)をモデルに設置された中小企業庁は、GHQの日本の民主化の担い手として中小企業を育成するという使命をもたされ戦時統制経済の組織であった商工組合の解体、過渡的な商工協同組合の民主的な協同組合への改革と混乱した経済再建の具体策の立案にかかわった。中小企業庁は、商工省と共同して商工協同組合法の改正を急ぎ、同法に代わる新法のなかに合作社制度を盛り込むことになった。昭和二二(一九四七)年一一月に参議院鉱工業委員会に合作社小委員会が設置され、(注18)「商工協同組合法の改正」の草案は、国会と商工省の調整により昭和二四(一九四九)年二月「中小企業等協同組合法案」として固められ国会に提出された。新しい「中小企業等協同組合法」は、非農林水産業部門の協同組合として、中小企業者を構成員とする協同組合(事業協同組合)と市民や個人を構成員とする協同組合(信用協同組合、火災共済協同組合、企業組合)の両者を含むものになった。(注19)「中小企業等協同組合法」の「等」は、中小企業だけでなく「勤労者その他の者」が協同組合の主体となることを表している（同法第一条）。

昭和二三（一九四八）年一一月に制定された水産業協同組合には、漁業生産組合が一足先に立法され、その内容は合作社協会の提唱した内容と同じである、と生産合作社協会は評価した（注20）。

片山内閣において社会党が生産合作社法案を支持し、日本協同党の支持もあり、中小企業庁で立案されていた新協同組合法案のなかに「企業組合」を加え、「中小企業等協同組合法」が成立したのである。同法により、中小企業の共同化を図るための「事業協同組合」、中小企業者だけでなく、勤労者が集団で設立することができる信用協同組合及び企業組合が制度化されたのである。

企業組合の関係条文を要約的に整理しておこう。

〔資料〕

「企業組合」の関係条文

（中小企業等協同組合法昭和二十四年法律第百八十一号）

略

1. 法の名称　「中小企業等協同組合法」の「等」は、事業者以外の「勤労者等の個人」が主体となる企業組合や信用協同組合が含まれることを意味する。
2. 法の目的　中小規模の商工サービス業その他の事業を行う者、勤労者その他の者が相互扶助の精神に基づき協同して事業を行うための組織について定める。
3. 組合の種類　事業協同組合（旧商工協同組合法から）、信用協同組合（旧市街地信用組合法から）、協同組合連合会、企業組合（合作社法案から）の四種
4. 有限責任制の法人
5. 基準原則
①組合員の相互扶助を目的
②組合員の任意加入・脱退
③議決権選挙権の平等
④出資配当の制限
⑤直接奉仕の原則
⑥特定政党のための利用禁止
6. 組合員の資格は定款で定める個人
7. 組合事業は定款で定める商工サービス業その他の事業
8. 組合員は組合事業と競業禁止

9.従事組合員の支配

①組合員の三分の二以上は組合事業に従事する。（従事比率）

②組合事業の従事者の二分の一以上は組合員でなければならない。（組合員従事比率）

10.公証人による定款認証により設立（準則主義）

(5) 企業組合

非農林水産部門の生産協同組合の一般法

昭和二四（一九四九）年になってようやく企業組合制度は立法化された。企業組合の誕生の前年暮れには漁業協同組合法が制定され、そのなかに漁業生産組合が制定され、企業組合の制定の後に生産森林組合、農事組合法人が制定されすべての産業部門の協同組合制度と生産組合制度が制定された。

企業組合の特徴を要約しておこう。

①四人以上の個人が集まれば設立できる。

②企業組合を設立することができる者は、事業者であれ、労働者であれ無業者であれ制限はない。

③一組合員の保有できる出資口数は四分の一以下に制限される。

④実施できる事業に制限はなく、商業、工業、鉱業、運送業、サービス業その他の事業で定款で定める事業を行うことができる。なお、事業は営利的な事業から非営利的な事業まで幅広く実施できる。中小企業等協同組合法第一条に「事業を行うための組織」と書かれており、「行う」という表現は「事業を営む」（営利を伴うもの）から「行う」（非営利的な物）まで幅広く実施できることを意味する。また生協など利用協同組合のように、組合員のための共同利用事業を行うのではなく、第三者を対象として、つまり一般市場を対象として事業を行うことができるのが生産協同組合の特徴である。中小企業等協同組合法によれば、「企業組合は、を行うことができる。」と定められており、定款で定めればどのような事業も行うことができる。農林業、水産業もできる。

⑤組合員の相互扶助を目的とする。

⑥協同組合原則にもとづく事業体である。

a組合員の加入脱退が自由であること。

b組合員の議決権、選挙権は、出資口数の多寡にかかわらず平等であること。

c剰余金を配当は、出資に応じて行う配当は制限される。

d組合は、事業を行うことにより組合員に直接奉仕することを目的とし、特定の組合員の利益のみを目的にしてはならない。

e組合は特定の政党のために利用してはならない。

⑦従事組合員が支配する事業体である。企業組合の組合員の三分の二以上は、組合の事業に従事しなければならない（従事比率、従事組合員の支配）。また、組合の事業に従事する者の二分の一以上は組合員でなければならない（組合員比率、雇用従事者を制限し従事組合員により支配される）。また、組合の出資口数の二分の一以上は組合の事業に従事する組合員の所有でなければならない（組合員出資比率、出資のみの組合員を制限し、従事組合員の支配を求めたもの）。

⑧有限責任制の出資事業体である。企業組合の組合員の責任は、出資額を限度とする有限責任である。なお、組合員が企業組合を脱退するときは、出資口数に応じた持ち分の払い戻しを請求する権利が保証される。

⑨企業組合の設立は、中小企業等協同組合法制定時は、会社と同様に公証人の定款認証による任意設立主義であったが、昭和二六年改正で行政庁による定款認証に、昭和三〇年改正で行政庁（都道府県知事）による認可制に変わった。この場合、都道府県知事は、設立手続き、定款、事業計画が法令に違反する場合と事業を遂行するための経営的基礎を欠く等目的を遂行することが著しく困難と認められる場合以外は、設立を認可しなければならないという制限認可制になっている。同改正時に中小企業団体中央会も認められ、いわゆる中小企業の組織化指導体制が確立してゆく。

企業組合について、『中小企業年鑑』（昭和二〇～三一年）は、次のように解説している。

企業組合は生産協同組合で、戦後生産合作社協会により制度化されたもので、大正年間から測機舎などの典型的なものが存在した。企業組合には、①フランスの労働者生産組合的なもので、経営者と労働者が一つの経営体をつくるもの、②引揚者の集団が結成したもの、③零細個人事業者が集まってつくるものの三つの類型がある。(注21)

企業組合は、協同組合の原則により運営される事業体である。企業形態の分類からみれば、パートナーシップ（同志的個人の共同会社や合名会社など。）に属し、ある理念を共有するひとびとの協同性に大きな意義を求めるものである。

なお立法論的には、旧商工協同組合法の商工業の利用協同組合、旧市街地信用組合法の信用組合を引継ぐとともに、合作社法を取込み、商工部門の協同組合法として体系づけられたということができる。また引揚者や戦争被害者などの自助的な組織を下から求める市民運動を出発点として国際的な協同組合の支援と占領軍の民主化政策に助けられ実現した。それゆえに労働者・市民と小生産者（事業者）が共に利用できる生産協同組合制度として実現したものであった。

(6) 綜合企業組合と反税闘争
——亜種の企業組合による混乱の拡大

企業組合が制度化されると、それまで会社制度を利用したり、任意団体だった生産合作社は次々に企業組合に移行していった。一九五五年一一月、中小企業庁調査によれば、企業組合の構成員別に区分すると、①経営者と労働者であった者が設立した労働者生産組合的なもの一七・八％、②引揚者が集まって新たに結成したもの五八・六％、③零細個人事業者が集まって一つの企業単位となったもので同一業者の組合一五・八％、異業種の組合四・九％となっている。(注22)

引揚者が設立した合作社から移行した企業組合が六割を占めていたのであったが、上記類型の③の内、異業種の零細個人事業者による企業組合の中に「綜合企業組合」という変わった方式の企業組合が現れた。これは、「分散型企業組合」とよばれ、勤労者の協同生産を目的とした本来の企業組合を形式的に模倣し、企業組合の制度上の利点のみを利用しようとする亜種の形態であった。

疑似的生産組合としての「綜合企業組合」方式の発想は、旧ソ連のコルホーズや戦後中国の大躍進前の合作社（後の「集体企業」）の初期段階をモデルに考えれたのではないかと推測される。例えば、コルホーズ（Колхоз）においては、完全な集約形態であるコムーナ（Коммуна）、不完全な中間形態であるアルテリ（Артель）、自家耕作を残しながら部分的な共同耕作を行うトーズ（Тоз）の三形態があり、中央指令で強制された農業共同化に対応できない地域ではトーズにも至らない実体のない集団がコルホーズを偽装するものまで存在した。第二次大戦後の中国の合作社においても、完全な集団経営の「集体形式」、自作農が農閑期に農産物の共同加工を行う「分散形式」、集体と分散の両方をあわせもつ「混合形式」がある。企業組合における「綜合企業組合」は、「分散型」と呼ばれており、コルホーズや中国の「分散形態」合作社と酷似しており、これらを模倣した可能性がある。(注23)

綜合企業組合は、一定地域内の小売、飲食、サービス店をもって組織されるのであるが、各店舗の活動をそのまま維持継続しながら、形式的に企業組合本部の営業所という形にし、店主は企業組合の「〇〇営業所長」、家族従業員は企業組合の従業員ということにするというものである。一つの事業所に集中して共同事業が行われるものを「集中型」企業組合というのに対して、組合員の事業所がそのまま維持される綜合企業組合は「分散型」と呼ばれる。綜合企業組合は、小規模な個人事業者の組織化による経営改善と資金借入の円滑化を目的に工夫されたものであったが、節税に利用されるようになった。

分散型の形式を採用する主な理由は、税制改正によりそれまで非課税だった小規模店舗に対して大幅課税が行われるようになった負担軽減対策で、個人事業者に対する事業税負担が増加したため法人化による節税効果が見込まれたことである。さらに、事業所得課税と賃金課税の差が大きかったことである。個人事業者として各店舗が独立している場合は、店舗ごとに所得税が課税されるが綜合企業組合の営業所にすることにより店舗の売上は企業組合全体で計算され、各店舗の店主と家族従業員に対する賃金が支払われる。事業所得の大部分を労働賃金に転嫁することにより、事業所得税と賃金所得税の差が節税となる。

企業組合が制度化された時期は、ドッジラインとシャウプ税制により大幅増税が行われ、小規模企業にとって重い税負担がのしかかっていた。事業者の場合は所得税・住民税のうえに事業税が付加され、扶養控除、専従者控除もなく、個人事業者にとってはわずかな収益＝事実上の労働対価に対して二重課税になる。そのうえ個人事業税と法人税の間の不公平に対する不満が高まっていた。そのような環境下で京都、福岡、島根などでは民主商工会や生活擁護同盟が中心となり綜合企業組合が結成され、法人化による所得税、事業税の減税を勝ち取り、組織は急速に拡大していった。(注24)

たとえば共栄企業組合は、福岡市に本部を置き、九州のみならず東京中野区、大田区にも支部をもち全国に三千数百人の組合員を擁する巨大組織に成長し、九州の全商連の中心的存在であったという。(注25)綜合企業組合の「節税運動」に対して国税当局は、法人税脱税容疑で綜合企業組合に対する強制捜査を行い、共栄企業組合の場合は役職員五〇名を逮捕する挙に出た。(注26)企業組合の課税をめぐる混乱を調整するため、企業組合と税務署の懇談会が設けられたが、問題は解決に至らなかった。(注27)結局、昭和二八（一九五三）年の所得税法改正により、①形式の如何を問わず所得を実際に取得した者に所得税を課税する、②法人の営業所のうち一定数のものが「仮装法人事務所」と認定されたときは、その法人の全営業所を個人事業とみなす、という厳しい扱いに変更されることになった。このような、あきらかに企業組合を狙い撃ちにした所得税法改正により、節税活動を主な活動として生まれた綜合企業組合は大幅に制限されることになった。その影響は、脱税とは無関係であった一般の企業組合に対する社会的信用を失わせ、企業組合は個人商店の反税団体であるという烙印を押されてしまう。初代中小企業庁長官を務めた蜷川虎三は、吉田茂首相と対立して長官を辞任した直後に、「企業組合は労働者生産組合の形式であるが、税金対策として宣伝され過ぎて本質が理解されているか疑問だ」と述懐している。(注28)

生産合作社運動の成果として誕生した企業組合制度は、その亜種としての綜合企業組合の反税闘争利用とその挫折によって、本来最も期待された中心的課題である「勤労者による生産協同組合」の本格的な展開を待たずに混乱の運命をたどることになる。

この事件を契機として、企業組合を含む中小企業等協同組合法は、行政庁による認可制へ移行するとともに、中央会制度の復活による中央集権的指導体制が復活してゆく。戦後の民主改革の流れのなかで、国家による認可制と中央集権的指導体制の否定など国家の介入が排除され、農林水産部門の協同組合法よりも民主的な法といわれた中小企業等協同組合法は、変質を余儀なくされてゆくのである。(注29)

一九五〇年代の後半には鮎川儀介の資金とリーダーシップにより中小企業政治連盟（中政連）が誕生し、戦前型の統制組合の復活＝中小企業団体法が制定され、そのなかに中小企業等協同組合が中小企業団体として規定されたことにより、企業組合、信用組合も「中小企業団体」という枠にくくられてゆくことになる。

しかし、一九六〇年代以降、全駐留軍労組の反基地闘争による駐留軍要員解雇の受け皿（自動車修理工場の企業組合等）、炭労の閉山解雇労働者の自主創業の受け皿（海産物加工品．機械修理．飲食店、旅館などの企業組合）、食糧配給公団解散で従業員が米販売店を協同開業するなど多くの労働者の自主生産に活用された。多くの小零細個人事業者の生産協同化、倒産会社の労働者による自主再建、中高年失業の働く場づくり、女性のワーコレ運動、働く場づくりなど幅広く展開され、東日本大震災の復興において企業組合を活用して地域産業を再建するプランが提案されるなど[注30]、一九九〇年代以降多様な主体により活用され地味ではあるが多くの市民に活用され今日に至っている。

(7) 生産合作社運動の成功と混乱のコンテキスト――日中戦争期の二つの合作社運動の影響

戦後復興期の生産協同組合（合作社＝企業組合）運動の成功と挫折は、戦前の中国における二つの合作社運動、すなわち上海事変以降の工業合作社運動と満州における合作社運動と深い関わりがある。戦時期の日中における戦争を含む人的交流、情報の交流関係は、協同組合運動においても顕著にみられる[注31]。

① 中国工業合作社運動の推進グループと日本生産合作社協会

中国においては、古くから人民の間に隣人相助、協同自治が成立し、宋代には治安を掌る「保甲」、経済生活の調和を図る「社倉」、教育を訓督する「社学」の三役とこれらを統括する「郷約」という農民の自治的相互扶助組織が定着していた。清朝末期から辛亥革命前後になると、近代的協同組合思想が直接あるいは日本経由で流入した。それは互助、共済社、協作社、会社など様々に訳され試みられた。一九一九年に、シュルツ型信用協同組合である上海国民合作儲蓄銀行が設置され「合作」の語が初めて用いられ、Co-operative society を「合作社」と訳すようになった[注32]。

辛亥革命により成立した国民党政府は、伝統的な人民自治組織を基礎におくことなく西洋型の協同組合（合作社）の組織化を始めるが、工業合作社運動が労働運動と連携し、やがて階級闘争に傾くようになるにつれて、これを警戒し、農村改革と国民党支持基盤の確立に力点を置きながら合作社運動を展開してゆく。しかしながら、これは富農地主層中心の施策となって社会的に定着、浸透しなかった。一方、共産党の支配地区では手工業、農民の間に合作社は徐々に浸透していった。
第二次上海事変（一九三七年）頃から、日本軍の攻撃で破壊された工場を再建しながら労働者・市民の生活を守り抗日戦を継続するため、合作社を活用する計画が登場する。このプランは、ニュージーランド人レウィ・アレー（Rewi Alley 国際的な協同組合運動家）により構想、立案されたものであった。上海参事会主席工場監督官に就任していたアレーは、日本軍により破壊された工場を再建し、労働者を守るため、工場を日本軍の及ばない山間地へ移転させるとともに民主的企業を育成し、民衆が率先して抗日戦に立ち上がる体制を整えるため工業合作社の推進を呼びかけたのである。駐支駐英大使アーチボールド・クラーク・カー卿、宋美齢（蒋介石夫人）等に合作社構想への支援を要請し、孔祥煕財政院長から五〇万米ドルの支援を引き出すとともに、中国合作社の指導体制を整えていった。
一九三九年には延安で毛沢東と会談し陝西省など共産党支配地域にも合作社を積極的に展開した。(注33)
アレイは、日本軍占領地域以外の地域を五つに分け、技師と組織者を派遣した、と蒋介石夫人宋美齢は記している。陝西省寶雞では合作社が急速に普及し、三ヶ月のうちに靴、食糧品、毛布、タオル、縫帯、ガーゼ、印刷の合作社が生産を開始したという。(注34)
上海事変をきっかけに上海から始まった中国工業合作社運動の情報と人脈は、戦後の生産合作社運動の基礎となった。
杉山慈郎、国井長次郎ら生産合作社運動指導層は、戦前すでに工業合作社運動の情報を入手しており、戦後になってレウィ・アレーを中心とする中国工業合作社推進グループと直接連絡を取り、国際的な協同組合運動の連携と支援を取り付ける工作に成功した。さらにＧＨＱの協力、日本の協同組合関係者や官僚などの幅広い協力関係を作って運動を展開した。生産合作社推進グループは、ニム・ウエールズ著『中国民主主義建設』を翻訳して合作社を具体化した。著者のニム・ウエールズの夫であり、サダデー・イブニングポスト特派員エドガ・スノウ（Edgar Snow）が敗戦の年の一二月に来日した時、杉山らは直接会って当時の中国における合作社の状況を聞いた。さらに、上海事変以降、本格的な抗日戦争に向けて中国人とともに工業合作社運動を推進したレウィ・アレイから重要な情報と支援を取り付けた。アレイの友人で極東委員会ニュージーランド代表であったジェームス・バートラム（James Bertram）を通じてGHQのウォーカー工業部長、コーエン労働部課長、ハンター財閥処理委員らの支持をとり付けた。日本生産合作社協会の発足式（一九四六年三月）には、エドガ・スノウ、ダレル・ベリガンなどが祝辞を寄せた（注35）。戦後の生産合作社運動は、杉山・国井グループとスノウ、ベリガン、中華民国工業合作社推進グループの連携と支援で行われたのである（注36）。

② 満州合作社運動と
戦後の生産合作社＝企業組合の人脈

一方、中国東北部においては、一九三〇年中華民国成立頃から農民は「農務会」、商工民は「商務会」という自治組織が鎮（町）屯（村）単位に組織され、省の行政単位である県自治指導部は、これら自治組織を育成しつつ農工商民の安定を図ろうとしていた。

満州事変の翌一九三二年、満州国政府産業部は満鉄調査部とともに農村実態調査を行い、戦乱で疲弊した農村部の再建と安定化のため農村工業育成と農産物流通の近代化施策を立案し、その一歩として協同組合型の交易市場「糧穀交易所」を設置（後に合作社の運営に移行）し、続いて日本の産業組合をモデルとして朝鮮で推進した金融協同組合を参考にして一九三四年に「金融合作社法」を制定し、奉天省を手始めに各地に金融合作社を設立していった。

しかし金融合作社は、一県一社、一社当たり五万八〇〇〇戸という広域大規模なもので、金融合作社の融資は、部落長はじめ一〇人の連帯保証人による保証貸付という方法を採ったため資金貸付が地主、富農層に偏在して行われ、本来重視されるべき貧農は貸付対象から除外されてしまい、挙句の果てには貸付資金が富農から高利で転貸されるという不正まで行われたという。多くの農民の離反を招いて出資が十分に集まらず、結局政府が全額出資せざるを得なくなり半官半民の公社のような組織になっていたという（注37）。

このように政府肝煎の合作社制度は成果をあげることができず、金融合作社（一九三四年）、農事合作社（一九三七年）、両者を統合した興農合作社（一九四〇年）というように次々に改変されたのであるが、こうした満州国政府の上から制度を押し付ける植民地型協同組合政策に異議を唱え、自治的生産組織による農民の救済を目指す協同組合運動グループが運動を展開していた。橘樸（注38）の思想に共鳴する日本人の青年達は、満州北部の浜江省綏化県に現地農民とともに「浜江コース」と呼ばれる本格的な協同組合運動を展開しようとした。先住民と移住者が対等な立場で共同して理想的な開拓村を創る、かつてオッペンハイマーが主張した「移住組合」に影響を受けた橘の満州における試みには、佐藤大四郎など若者の多くが共鳴した。

彼らが推進したのは、農事合作社とその下部組織である実行合作社であった。

農事合作社は、①優良種子、種畜の配布、②改良農具の配布、③小麦、米、綿花、亜麻、煙草の栽培の奨励と作物転換の実施、④米、麦、大豆、綿花等主要農産物の生産販売の統制、⑤農家副業を推進した。その下部組織である実行合作社は、村落単位の少人数の農民で組織され、零細農民の協同耕作、農産品加工、副業生産などを行う小規模な生産協同組合であった。綏化県合作社の「実行合作社の組織方針」によれば、根強い屯（集落単位）の伝統的結集力、屯民の強靭な連帯性を利用することが必要で、組織的行動に不慣れな農民の協同耕作は、屯単位の実行合作社が相応しいとされた。(注39)

満州における合作社は、帝国日本が満州の植民地支配の政策として上から移植・推進させたが、反面において、満州国の自治機関の日本人職員や渡満した日本人が地元中国人と協力しながら、農民のための協同組合を下からつくり上げようとする協同組合運動の側面もあった。

当時の満州においては、「糧桟」と呼ばれる半封建的な土着的商業資本が農産品流通機構を通じて満州農民を支配し収奪しており、糧桟による農産物の「買いたたき」と中間搾取を排除し、農産物価格と農民所得の安定を図る必要から、農産物の農商間の販売斡旋、小農に対する小口資金貸付などの施策を徐々に整備する段階であった。満州国政府は、日本の武力侵攻による農村破壊と農業恐慌により窮乏化した農村を復興して植民地社会を安定させるとともに、戦時統制経済の確立と食糧増産を達成ため協同組合を活用しようとして上から協同組合組織化政策を展開しようとしたのである。

協同組合運動の推進にかかわった人々は、傀儡政府の政策推進に一定程度加担しつつ、満州農民の自発的組織の形成と生産力の向上を通じて当面の生活の安定を図り、その先に農民の解放を夢みた。満州国の官吏養成を目的に設立された大同学院卒の若者や日本で学生運動の前歴をもつ若者(注40)が多数自治機関や合作社に就職しており、彼ら職員は、農村と農民の実態を詳しく調査し、合作社の改革にも熱心に取り組んだ。彼らの中には、ソ連のコルホーズに似た経験ができることに魅力を感じたという。(注41)

満州の合作社は、上からの協同組合組織化政策の推進と下からの自発的な協同組合運動が交錯しながら進行したのであるが、それゆえに必然的に衝突を免れず、やがて運動は軍により弾圧されることになる。(注42)

濱江省綏化県の合作社運動は、合作社運動の先鞭をつける存在であり、左翼運動前歴をもつ職員が多数参加していた。進藤甚四郎の証言によれば、大塚譲三郎という満州国日系官吏が前歴学生の合作社への就職を支援したという。進藤も学生運動で検挙され釈放された後、大塚の世話で佐藤大四郎の「浜江コース」の合作社に警察の監視付き状態で就職したという。進藤ら若者は、満州国の農事合作社の活動を通じて北満の農民の実態を学び、ひいては中国革命を学びたいと望んだ。日本にいるよりも、早く、正確に世界の情勢を学ぶことができると考えたという。合作社の実務を通じて農民と接触し日本軍部の横暴とそれに分譲する土着の地主の農民収奪の実態を知るにつけ、合作社の活動を少しでも貧農に有利に作用するように方針や方法を改革するようになり、さらに日本の侵略戦争へ反対するグループの結成の秘密工作に取り組んだと記している。(注43)

彼らは、浜江省綏化県において、農村に身を置き、農民とともに協同組合運動を組織した。そして貧農層に重点を置き、農民の生活の安定を目的に屯子（部落）の人民の連帯とそれによる創造性を引き出し培養するという理念を具体化しようとし、次第に北満農民の支持を得ていった。(注44)しかしながら、彼らが農民と共に建設してきた農事合作社は興農合作社へ統合されたうえ活動を制限され、これに対する抗議行動に立ち上がった指導者の活動は分断され、関東軍憲兵隊のフレイムアップにより弾圧され、各地の合作社運動指導者が検挙され合作社運動は壊滅した。一九四一年、ゾルゲ事件で満鉄調査部の尾崎秀実が逮捕され、中共諜報団事件で中西功らの逮捕に続き、浜江省合作社連合会の佐藤大四郎、北安省連合会の進藤甚四郎等合作社運動関係者も多数逮捕され運動は壊滅した。合作社事件である。

合作社運動で関東軍憲兵隊に検挙された人物には、戦後日本の「生産合作社」運動や協同組合運動にかかわった人々が少なからず存在する。進藤は合作社事件で逮捕、起訴され奉天刑務所に長期投獄されたのち、戦後帰国し東北で生産合作社運動を指導したが、やがて合作社運動からは手を引き、その後企業組合を反税闘争に導いた。(注45)

進藤は戦後の生産合作社運動の初期の段階で運動から

去ったが、その背景には、合作社運動に対する共産党中央の強い批判があった。

豊原一郎（豊田四郎）は、「中小商工業者の性格と動向」と題する論文[注46]を発表し、そのなかで、合作社運動を評価した信夫清三郎の主張[注47]を批判した。信夫は、戦時統制下の企業整備の際、小規模の業者が地縁的、人的に結合した経営協同体の概念に近いものの中に小所有者的性格から抜け出して新たな協同精神の中に自らを発見せんとしている注目すべき動きを見付けて、ここに工業合作社の発芽があると指摘した名和統一の見解を継承して、中小工業が大資本に抗して自らの存在を維持するためには、一方において経営協議会によって資本と経営を分離しつつ民主化し、他方においては経営の合同を図って大規模な組織と小規模な工場とを結合すること以外にはない。いいかえれば合作社原則を具体化する以外に途はない、と主張して、合作社に高い評価を与えたのであった。これに対し、豊原は、地主的財閥的独占資本＝天皇制官僚統制の廃棄を戦略目標とする当面の段階において、中小商工業に協同組合主義的傾向を植えつけてそのもとに合作社運動を展開することが可能であると教え込むことは、かれらにも早、民主主義革命が終了したかのごとき幻想を抱かしめ、結局のところ資本主義の矛盾に眼をおおい、協同の名の下に中小工業や農民を大資本と地主の下に再編成し、破局を避けんとする協同組合主義に堕するものであり、小ブル的ロマン主義である、と真向うから批判したのである。

豊田のこのような主張は、講座派、労農派問わず左派の一般的見解に共通しているのであるが、その背景にはマルクスの生産協同組合（協同組合工場）に関する解釈の問題がありそうである。マルクスの記述を教条的に引用する傾向のある受手側の問題とともに、マルクスの協同組合工場に関する見方が様々に分かれていることが問題を複雑にしているように思える。例えば「第一インターナショナル創立宣言」のなかでは協同組合工場を高く評価し、「ジュネーブ大会代表あての指令」では、協同組合は資本主義社会できないと批判し、社会的生産を自由な協同組合労働の巨大な調和のとれた制度に変えるには、全般的社会的変化、社会機構の基礎の変化、社会の組織された力、すなわち国家権力が資本家、地主から生産者自身に移ることによってのみ達成しうるような変化が必要であると述べる。「ブリュメール一八日」においても、労働者階級による権力の獲得を基礎にしない協同組合運動を批判している。ベルンシュタインがいうように、「マルクスは、時に協同組合を評価し、時に懐疑的になり一貫していない」のであり、フランスにおける内乱において示されたように、労働者階級の長期にわたる闘争、環境と人間をつくりかえる一連の歴史的過程＝革命と変革を経過しなければパリコミューンの生産協同化の体制はできない、という見解が大勢を占める。ベアトリス・ポッターの、資本不足、販路の不足、経営管理能力の不足という「三つの病」により生産協同組合は必然的に失敗するという「生産協同組合の死の宣告」につながっている。さらに、フランツ・オッペンハオマーの『移住組合論』における部分的な労働者協同組合工場は成功しない、とする批判的見解が引用されるのである。

豊原論文に代表される左派の生産合作社＝生産協同組合批判は、協同組合運動に大きな影響をもっていた賀川豊彦の共産主義批判(注48)への警戒感とも重なっていたと思われるのであるが、国民運動への広がりをみせた生産合作社＝企業組合運動を反税闘争へ振り向け、利用するという戦術的過ちにつながったのではなかったか。民主商工会や生活擁護同盟において、企業組合に対して「弾圧ばかり気にして企業組合に閉じこもるのは正しい路線ではない」とか「企業組合は同盟員を戦わない組織に引き抜く敵」といった主張まで現れたという。(注49)

こうした局面にもかかわらず、生産合作社＝企業組合には、多くの善良で良心的な人々が参加し、関与して運動を形成した。生産合作社協会の機関紙『合作社通信』には、満州合作社運動の影響をうかがわせる多数の痕跡をみることができる。その多くは、合作社に対する大きな期待であった。

例えば、「半田再建合作社」の代表桜井久男は、蒙疆（モンゴルと旧察哈爾省・綏遠省一帯に日本の傀儡政権「蒙疆聯合委員会自治政府」が置かれた）から引揚げた仲間や帰還軍人が集まって結成されたが、彼らは満州における「把頭」（親方）と「工力」（労働者）が相互に苦甘を共にする水平的関係に近い「帮」（バン）と称する組合があり、そのような関係を生産合作社に具体化しようと考えたという記述がある。また、合作社通信には、「××興農合作社」などの名称が散見され、満州の合作社運動と戦後合作社運動のかかわり知ることができる。

合作社＝企業組合の指導者の多くは、戦前からの生協運動の活動家の中から生まれてきたといわれる。(注50)大西信治、猪俣清一郎などは、戦前から生協運動にかかわり、満州合作社を経験した後、戦後生協運動のリーダーとなった。

また、上海事変以降のレウィ・アレイによる工業合作社運動の様子は、満鉄調査部の上海支部にいた中西功ら(注51)中国の事情に通じた人物を介して、満州合作社運動にまでもたらされていたと推測されている。満州国の農業政策大綱の策定には、日本の農林省の幹部、農業経済学者、日満農政の専門家による「農政研究会」が策定したが、このメンバーのなかには東畑精一、近藤康男などの名もみられ、(注52)戦後の農業問題、協同組合運動に大きな影響を与えた人物も満州合作社の施策立案にかかわりをもっていた。

まとめ

戦後日本の生産協同組合運動は、日中戦争期の中国においてほぼ同時に生まれた二系統の協同組合運動に大きな影響を受けた。生産合作社＝企業組合の形成過程においては、上海系の工業合作社運動＝抗日戦と復興を目指す協同組合運動の情報と支援により民衆の運動は成功した。一方、満州合作社運動＝現地農民とともに立ち上がった反植民地協同組合運動の流血の経験は、企業組合の本来の目的である市民・勤労者の生産協同組合運動に十分に活かされることなく、却って企業組合の反税闘争への政治的利用によって混乱を招く結果となった。

明治以来、人々のなかで試され努力され構築されてきた近代的生産協同組合運動は、敗戦後の民主主義のなかで市民のイニシアチブにより漸く法的形態を獲得したのであるが、市民的理解の浸透とともに多様な実践が反復される熟成の時間も与えられないまま、企業組合は混迷した。しかしその後企業組合は、米軍基地撤去運動や炭鉱閉山闘争に立ち上がった労働者、非営利市民事業、失業対策などさまざま工夫され、人々のなかで実践試行されてきた。こうした多くの人々の成功と失敗の歴史を総括し労働・市民の運動形成に活かしてゆくことが不可欠と思われる。

（二〇一〇年一一月一〇日）

【注】

（1）協同組合の分類に関する主要な基礎的参考文献
Franz Openheimer "Die Siedlungsgenossenschaft" (1913)
E.Grünfeld "Das Genossenschaftswesen" (1928)
W.Wygdzinski und A.Müller "Das Genossenschaftswesen" (1911)
H.Fuchs "Das Begriff der Produktivgenossenschaft und ihreIdeologie" (1927)

国弘員人著『協同組合』政治教育協会（一九四七）
（2）拙著『労働資本とワーカーズコレクティヴ』時潮社（二〇〇五）において日本の労働者生産協同組合の歴史を一通り論じた。松田匡著『新しい左翼入門』講談社新書（二〇一二）で、生産点で下から対抗戦略を組み立てる運動の重要性を論評されている（一三五頁）ので参照されたい。最近の労働者生産協同組合研究のレビューは、小関隆志「労働者協同組合」『大原社会問題研究所雑誌』五〇〇号（二〇〇〇年）参照
（3）神川マツと夫西川末三については鹿子木直著『いのちの軌跡』朝日カルチャーセンター図書出版室（一九九九）一〇二頁参照。マツの思想については、鈴木裕子著『広島県女性運動史』ドメス出版（一九八五）参照
（4）西川松子著『測機舎を語る』測機舎（一九三六）
（5）この点に関しては、前掲『労働資本とワーカーズコレクティヴ』（四九-五四頁）に詳しく論じたので参照願いたい。
（6）山村喬「中小商工業と協同組合」『中央公論』一九四六・八号所収
（7）昭和二二年一〇月中小企業庁調査データ、本位田祥男著『商工協同組合』日本評論社（一九四八）二二九-二三〇頁。
（8）杉山慈郎は東京大学独文科、国井長次郎は東京外国語学校、慶応義塾大学仏文科卒
（9）企画院付属の研究所、一九四〇年以降満鉄調査部と共同で「華北農村慣行調査」を行った。
（10）"China Builds for Democracy" ニム・ウェーズ著『民主主義支那の建設』東亜研究所（一九四二）
（11）日本生産合作社協会『自ら起て　生産合作社のつくり方』（一九四六・一二）
（12）前掲ニム・ウェーズ
（13）昭和二二（一九四七）年七月、協会は全国から二八〇名の会員を集めて総会を開き、合作社法と合作社金庫の設立を決議している。
（14）昭和二二（一九四七）年一〇月生産合作社協会が経済復興会議に提案した「生産（或は工業）合作社の制度化及び助長に関する要望」
（15）生産合作社法案（経済復興会議、日本生産合作社協会ガリ版刷り資料）
（16）「協同会社法構想」新企業形態研究会（ガリ版刷り）
（17）前掲本位田『商工協同組合』二二八頁
（18）日本生産合作社協会機関紙『合作社通信』第三四・三五号（一九四七・一二）
（19）『合作社通信』第五五号（一九四九・一）
（20）同紙
（21）（社）中小企業研究所編『中小企業年鑑』復刻版『中小企業資料昭和二〇年～三二年』図書出版（一九八七）一一二頁
（22）同書一一二頁
（23）国弘員人著『協同組合』政治教育協会（一九四七年）七七-七九頁において、コルホーズと中国の合作社の不

完全な分散型の形態があることに言及し、樋口兼次・范力共著『現代中国の集団所有企業』時潮社（二〇〇八年）において合作社の諸形態を分析した。
（24）全商連史編集委員会編『民商・全商連の三十年』（財）政治経済研究所（一九八一）六八頁
（25）進藤甚四郎著『民商・全商連のあゆみ①』東銀座印刷出版（一九七六年）一三一頁
（26）『中小企業運動の史記』東京中小企業家同友会創立二〇周年記念史料集①（一九七六）五三頁
（27）倉持清「企業組合課税の問題点」『中小企業協同組合誌　中小企業団体連盟（一九四九・七）
（28）蜷川虎三著『中小企業解決』時事通信社（一九五〇）八六頁
（29）稲川宮雄著『中小企業等協同組合法の解説』日本経済新聞社（一九四九）
（30）大内秀明他編著『協同の力で復興を！』変革のアソシエ（二〇一二）
（31）范力著『日中戦争交流研究』古汲書院（二〇〇二）において「戦争交流」という興味深い論点が提起されている。
（32）菊池一隆著『中国初期協同組合運動史一九一一―一九二八』日本経済評論社（二〇〇八）一七頁
（33）ピーター・グラード著『忘れられた王国一九三〇～四〇年代の香格里拉・麗江』社会評論社（二〇一一年）の由井格解題でレウィ・アレイ、ニム・ウェールス工業合作社について紹介している。
（34）エドガ・スノー著『民族の再建』日本生産合作社協会訳　工業新聞社刊
（35）『合作社通信』第一号（一九四六・五・一）
（36）生産合作社運動の形成については、国井長次郎編著『合作社運動　国井長次郎著作集第二巻』土筆社（一九九一年）に多くの資料が収められている。
（37）進藤甚四郎著『どっこい生きてきて』東銀座印刷出版（一九八七）一四一頁
（38）本名橘孝三郎、一九三一年に茨城県常磐村（現在の水戸市）に「自営的農村勤労学校愛郷塾」（愛郷塾）を設立。アナキズム、トルストイなどの影響受ける。五・一五事件で無期懲役一九四〇年恩赦で釈放。
（39）「農業政策大綱」（一九三七）大西信治著『満州農村合作社運動の記録（生協運動五〇年　第二部』龍渓書舎（一九八〇）四三頁に収録
（40）「大陸に渡った数多の民主運動者」（同書四七頁）
（41）同書三八頁
（42）満州合作社運動、満鉄調査部事件主要参考文献
『興農合作社関係資料』（復刻版DVD）不二出版（二〇一〇）
「合作社事件」研究会編・解説『十五年戦争極秘資料補巻㉞「合作社事件」関係資料　不二出版（二〇〇九）
関東憲兵隊司令部編『在満日系共産主義運動』（復刻版）『満州共産主義運動叢書第3巻』（一九六九）
田中武夫著『橘樸と佐藤大四郎』龍渓書舎（一九七五）
大西信治著『満州農村合作社運動の記録』龍渓書舎

（一九八〇）
小林英夫他著『満鉄調査部事件の真相』小学館（二〇〇四）
小林英夫他著『論戦満州国　満鉄調査部事件』（二〇一一）
松村高夫他著『「満州国」における抵抗と弾圧　関東憲兵隊と「合作社事件」』小樽商科大学、日本経済評論社（二〇一七）

（43）前掲進藤『どっこい生きてきて』一四一－一四三頁

（44）前掲田中『橘樸と佐藤大四郎』三頁

（45）前掲進藤著『どっこい生きてきて』

（46）日本共産党中央委員会『前衛』一九四六・六所収。豊原一郎は豊田四郎のペンネーム（筆者が本人に確認）。慶大助教授から党本部に移り宣伝部長を歴任、『日本資本主義発達史（上）』青木文庫四三（一九四七）等がある。

（47）信夫清三郎『新経済建設と協同組合』中央公論一九四六・四所収

（48）賀川豊彦著『協同組合の理論と実際』コバルト社ラッキー文庫（一九四六）、同著『社会革命と精神革命』清流社（一九四八）『人格主義の本質』清流社（一九四九）で共産主義、マルクス主義批判を展開している。

（49）前掲進藤『民商・全商連のあゆみ①』には、こうした大阪、京都生活擁護同盟の機関紙記事、幹部の記述がある。

（50）前掲進藤『民商・全商連のあゆみ①』一二九頁

（51）中西功著『民主主義日本の道標』川口書店（一九四六・一一）によれば、中西は上海の東亜同文書院中退後、中国共産主義青年団、中共に加盟、その後、満鉄調査部に勤務し満州における組織活動に従事し上海に転勤し、この間、満州合作社運動に表裏で関わったとされる。

（52）前掲大西『満州合作社運動の記録』四〇頁

21. 過渡期における協同組合と株式会社との歴史的役割の共通性

境　毅（生活クラブ京都エル・コープ職員）

はじめに

私が設立にかかわった京都エル・コープ（一九九三年設立、二〇〇七年に生活クラブ連合会に加入）は、設立準備中にソ連が崩壊し、ソ連崩壊後に最初に設立認可された生協です。大学に入学して以来、ずっと政治運動にかかわってきた私は、自身の政治経験にもとづいて活動を総括する中で、商品からの貨幣の生成が、商品所有者たちの無意識のうちでの本能的共同行為による、という『資本論』初版本文価値形態論の記述に気づき、そういうことなら、国家権力を掌握してプロレタリアートの独裁を実施しても、商品・貨幣をなくすことはできないことを知ったのです。ではどうするかということで、政治権力奪取を直接にめざすのではなくて、市場を迂回して、商品から貨幣を生成しないような交易関係を創り出すことが大事だと気付き、たまたま準備中であった生協設立運動の前段階である京都協同組合運動研究会（一九八八年九月に結成）に参加しました。

この研究会には、自然食品を扱っていた店舗の経営者や職員、また、当時の社会党の活動や、さまざまな市民運動の限界を体験して、もっと日常的な運動を創り出そうという立場の人たちの一〇名位の集まりでした。

このころは一九七〇年から始まり、八〇年代に急速に拡大していった日本の生協運動の伸びが天井に突き当たったところで、今頃なぜ生協かということで研究会をまず発足させたのですが、そこでたどり着いたのがレイドロウ報告

(『西暦二〇〇〇年の協同組合』)でした。この報告の四つの優先分野のうち、とりわけ、第二の働く人の協同組合と、第四の協同組合地域社会の建設、に共感し、このようなことが実現できる生協なら、いまからでも設立したいということでまとまりました。

ですので、設立当初は、職員労働をワーカーズ・コレクティブで、と考えていたのですが、実際準備会で配送を始めてみて、これはなかなか難しいということがわかりました。しかし、共同購入運動で作り出すものとして、産直運動だけでなく、働く場づくりと地域づくりを当初から掲げました。

私は、設立以来非常勤理事として生協に関わりながら、生協だけでなくもっと広く社会運動に関わろうとして、一九九八年から、大阪府の高槻市で引きこもりサポートのニュースタート事務局関西の活動に関わり、その関係で高槻市の富田でコミュニティカフェ(カフェコモンズ)の開業準備中(二〇〇五年に開業)に、生活クラブ東京が主催したイタリアの社会的協同組合の視察旅行に加えていただいて、その帰結として、共生型経済推進フォーラム(ここで共同連の斎藤縣三さんと知り合えたので、二〇一〇年に経営不振に陥っていたカフェコモンズを障害福祉の事業所として再建できました。)の結成にもかかわって、社会的企業の促進に努力してきました。そして、二〇〇八年のリーマンショックで、世界経済の分析が問われていると考えて、しばらく中断していた信用論の研究を再開し、また共同連の活動で韓国の障害者運動とも連帯したりできましたが、中国が私の視野に入ってきたのは、社会主義理論学会が二〇一二年に南京市で開催した中日社会主義フォーラムへの参加がきっかけでした。その後、二〇一四年にソウル市で開催されたGSEFにも参加でき、ソウル宣言の会の活動を通して、この論集に寄稿されている多くの生協関係者とも面識ができました。

中国への関心は、まず天安門事件の再調査から始まりました。事件当時は天安門の広場で学生が多数虐殺されたという報道がなされ、そして改革派の趙紫陽が失脚させられたりで、以降私は中国への関心を失っていたのです。再調査して分かったことは、天安門広場での虐殺はなく、学生たちは軍と交渉して撤退していること、死者はむしろ天安門に向かう北京市の街路での衝突によるものであることがわかりました。あと、この事件にもかかわらず、中国が高度経済成長を遂げていることにも関心を掻き立てられました。そして、私が描く迂回路線の実験場として、現代中国が最適ではないかと考えたのです。

その際の問題意識は、後述するように、マルクスが資本主義から社会主義への過渡期の生産システムの中に、労働者協同組合と共に株式会社を想定していることでした。中国が高度経済成長をなしとげたのは、社会主義市場経済のもとでの資本主義の発展によるもので、中国の経済的土台は国家資本主義です。でも株式会社が、社会主義への過渡期の生産システムであるならば、中国で株式会社を高度に発展させることは、ある意味社会主義の物質的条件を形作るものと言えます。このような問題意識から、「協同組合のアジア的共生」というテーマの中に、株式会社をも視野に入れる必要があるのではないかということで、今回の寄稿を考えました。

第一章では、株式会社の歴史的役割についてのマルクスの説と、その日本への応用である大西説とを紹介します。第二章では、中国における株式会社の発展の歴史とその特徴について概括します。

1 株式会社とは何か

(1) 資本主義から社会主義への移行についての従来の見解

マルクスは、革命後の政治経済体制について、『資本論』やその他の著作では明示的には述べてはいませんが、唯一例外は『ゴータ綱領批判』で、そこでは政治権力を奪取したのちの過渡期の経済について述べています。有名な労働に応じた分配ですが、この過渡期の後の経済システムについて、マルクスは協同組合的社会と述べているだけです。ここから過渡期の経済も国有企業（これについては『共産党宣言』でも明記されています）と協同組合という二種類の企業形態によって構成されるという理解が生まれます。たとえば、日本共産党の中国評価においても、株式会社への言及はないし、また協同組合運動に携わっている人々にとっては周知のレイドロウ報告『西暦二〇〇〇年の協同組合』（日本経済評論社一九八九年）も、協同組合地域社会構想の中に株式会社は含まれてはいません。

しかしながら、ソ連崩壊後市場導入に踏み切った中国が、国有企業の株式会社化をなしとげ、また農村の人民公社を解体したのちの郷鎮企業の株式会社化によって、高度経済成長を遂げているという現実を前にして、改めて株式会社の歴史的役割についてのマルクスの提起に立ち帰ることが必要でしょう。

（注）日本共産党は、二〇二〇年一月に開催された第二八回大会で、綱領の一部改定をしました。その内容で最も重要なのは、中国への評価の変更です。綱領から次が削除されました。

「今日、重要なことは、資本主義から離脱したいくつかの国ぐにで、政治上・経済上の未解決の問題を残しながら『市場経済を通じて社会主義へ』という取り組みなど、社会主義をめざす新しい探求が開始され、人口が一三億を超える大きな地域での発展として、二一世紀の世界史の重要な流れの一つとなろうとしていることである。」（『日本共産党第二八回大会決定集』八九頁）

この削除によって、共産党は、中国を、いろいろ問題はあるが、社会主義に向かう国としての評価を取り下げたのです。この点について、志位委員長は、報告で、「中国にあらわれた大国主義・覇権主義、人権侵害を深く分析し、『社会主義をめざす新しい探求が開始』された国とみなす根拠はもはやないという判断を行いました。」（同パンフ六三頁）と述べています。ここで問題にされているのは、中国の政治的動向だけで、肝心の経済についてのは何の分析もありません。むしろ削除された原文は「市場経済を通じて社会主義へ」という経済面での新しい試みについての評価も含んでいたはずです。

高度経済成長を続け、モバイル革命によるデジタル経済では、先進国を追い越した中国では、国有企業も株式会社化され、民間企業も含め、株式会社が一般的な企業形態となっています。この事態の評価のためには、株式会社の果たす役割についての理解が欠かせません。

⑵ 株式会社の歴史的役割についてのマルクスの提起

マルクスの時代にも、各種の協同組合がありました。マルクスは後述するように、労働者協同組合を高く評価しましたが、『資本論』第三巻、第二七章では、株式会社の歴史的役割について次のように述べて、株式会社も労働者協同組合と並ぶ過渡期の生産様式として位置付けているのです。重要な問題提起であるにもかかわらず、あまり顧みられてはいないので、少し長いですが、以下に引用しておきます。引用文献は、エンゲルスが編集した現行版ではなくて、マルクスのノートからの翻訳である、大谷禎之介訳『マルクスの利子生み資本論』第二巻（桜井書店二〇一六年）を採用しています。

「株式会社の形成。これによって第一に、生産規模のすさまじい拡張〔が生じ〕、そして私的諸資本には不可能な諸企業〔が生まれる〕。同時に、従来は政府企業〔だった〕ような諸企業が会社企業〔社会的企業〕になる。第二に、即自的には社会的生産様式を基礎とし、生産手段および労働力の社会的集中を前提している資本が、ここでは直接に、私的資本に対する会社資本〔社会資本〕〔直接にアソシエート〈連合〉した諸個人の資本〕の形態を与えられており、資本の諸企業が、私企業に対立する会社企業〔社会企業〕として〔現れる〕。それは資本主義的生産様式そのものの限界の内部での、私的所有としての資本の止揚である。第三に、現実に機能している資本家が（他人の資本の）たんなるマネージャーに転化し、資本所有者は単なる所有者、単なる貨幣資本家に転化すること。……（中略）……株式会社では機能と資本所有とが、したがってまた労働と生産手段および剰余労働の所有とが、全く分離されている。資本主義的生産が最高に発展してもたらしたこの結果こそは、資本が生産者たちの所有に、といっても、もはや個々別々の生産者たちの私有としての所有ではなく、アソシエートされた〈連合した〉生産者としての彼らによる所有としての所有に、直接的な社会的所有としの所有に、再転化するための必然的な通過点である。それは他面では、資本所有と結びついた再生産過程上のいっさいの機能の、アソシエートした〈連合した〉生産者たちのたんなる諸機能への転化、社会的機能への転化である。」（『マルクスの利子生み資本論』第二巻二九〇～二頁）

このころはまだ、証券市場が未発達で、アメリカのように、ウォール街を支配している証券会社の諸団体による株式大企業の設立（ヨーロッパの場合、大企業は商業銀行が与信しました）のような事態は当然マルクスの視野には入っていません。それがかえって、中国の、証券市場に頼らずに国有企業を株式会社へと改革していった経過を追うには、この分析は役立つのではないでしょうか。

(3) 株式会社と対比された、労働者協同組合についてのマルクスの評価

この株式会社の歴史的役割の叙述に続いてマルクスは労働者協同組合についても次のように述べています。

「労働者たち自身の協同組合工場は、古い形態の内部では、古い形態の最初の突破である。といっても、もちろん、それはどこでもその現実の組織では既存の制度のあらゆる欠陥を再生産しているし、また再生産せざるをえないのではあるが。しかし、資本と労働との対立はこの協同組合工場の内部では止揚されている。たとえ、はじめにはただ、労働者たちがアソシエーション〈連合体〉としては自分たち自身の資本家であるという形態、すなわち生産手段を自分たち自身の労働の価値増殖のために用いるという形態によってでしかないとはいえ。この工場が示しているのは、ある生産様式から、物質的生産諸力とそれに対応する社会的生産諸形態とのある発展の段階で、新たなある生産様式が、自然的に形成されてくるのだ、ということである。協同組合工場は、資本主義的生産様式から生まれる工場システムがなければ発展できなかったし、また資本主義的生産様式から生じてくる信用システムがなくてもやはり発展できなかった。信用システムは、資本主義的私的企業がだんだん資本主義的株式会社に転化していくための主要な土台をなしているのであるが、多かれ少なかれ国民的な規模で協同組合企業がだんだん拡張して行くための手段をも提供するのである。資本主義的株式企業も、協同組合工場と同様に、資本主義的生産様式からアソシエートした生産様式への過渡形態とみなしてよいのであって、ただ、一方では対立が消極的に、他方では積極的に止揚されているのである。」（同書二九六～七頁）

（注）訳語問題について。従来の翻訳では、「associirt」も「kombiniert」とともに『結合』と訳されていますが、両者を「連合」と「結合」というように訳し分けるべき、と武田信照が指摘しています（武田信照『株式会社像の転回』、梓書房、二〇〇二年、一七八頁）。また、田畑稔は、コンバインドな労働をアソシエィテッドな労働にしていくことが、運動の基本的内容をなす（田畑稔『マルクスとアソシエーション』、新泉社二七頁）と述べています。なお、〔　　〕内は訳者大谷禎之介による補充で、〈　〉内は訳語問題での筆者の補足です。

この記述は、一九八〇年代に入って、日本でもマルクスのアソシエーション論が研究されるようになって、ワーカーズ・コレクティブやワーカーズコープなどの協同組合関係の実践者以外にも周知のものとなりました。

(4) 大西広の日本おける株式会社の可能性についての考察

マルクスの株式会社についてのこの評価は、日本の株式会社には無縁のように理解されかねません。日本では、巨大株式会社は資本主義の牙城のようにしか見えません。しかし、社会主義理論学会で一緒に中国の学会に参加した大西広慶応大学教授は、日本の株式会社も次の社会への過渡的な企業形態として捉えています。

大西は、『格差社会から成熟社会へ』（大月書店二〇〇七年）で、「成熟社会における企業――市場と株式会社がもたらす社会主義」を構想し、「『株式会社と大衆的な証券取引を基礎とした社会主義』――これが私の提案である。」（『格差社会から成熟社会へ』一四五頁）と述べています。その内容は、第三回中日社会主義フォーラム報告「株式会社による『社会化された企業による社会』としての社会主義」（二〇一二年九月）で次のように具体化されています。入手しにくい冊子なのでたくさんの引用をしておきます。

「全国民経済を覆う社会経済システムの中にも新たな社会を先取りしたものはいくらでも存在し、わたしはいわば常識的に現在の『株式会社』それ自身を将来における基底的な企業形態と想定できるものと考えている。」（フォーラム報告冊子一四一頁）

「上場企業に資料の公開を義務付け、さらにその範囲を拡大しようとのこの変化は、それら企業を一種『社会的所有物』と看做したものと理解できるからである。」（同書一四一～二頁）

「これは結局ウオッチングという方法によって社会の全構成員の意志を企業に反映させるという意味で『企業の社会化』と言える。つまり、『社会化』といえばすぐ狭義の『所有変革』だけを思い起こすのではなく、何が全社会構成員の意志を実際に反映できるのかをこそが考えられなければならず、もしそうするとまったく別の『社会化』概念＝『社会主義』という言葉の語源を形成する概念に行きつくこととなるのである。」（同書一四二頁）

「ところで、こうして情報公開に注目すると、この公開義務は株式会社制度、特に株式上場制度と深く結びついている。大衆株主が株式市場に上場された株式を売買する制度が有効に機能するには企業業績が正しく公共に知られる必要がある。それによってはじめて『潜在的株主』としての全社会構成員が当該企業の株式を購入したり売却したりできるからである。………こうして経営者は全社会構成員の日々の厳しい監視の下におかれている。これが『会社が全社会構成員のコントロール下におかれる』ということである。政府役人の監視ではなく、こうして全社会構成員の監視の下におかれることとなっているのである。

このように考えた場合、問題となるのはこの情報公開＝『監視』が株主権限の保障の要請にその根拠を置いているということである。『株主権限』が『潜在的株主としての全社会構成員の権利』に拡張した結果であるのだから、これは『企業を労働者のものに』という『社会主義的理念』と異なった思想的起源を持っているように見えるからであるが、私の考えでは『社会主義的理念』とは厳密には企業で働く労働者の統制権ではなく、『社会の統制』をこそ重視するものであった。それでこそ真に『社会化』と言えるというのが私の立場である。……この意味で経営者の経営手腕の監視は直接には全社会構成員によるものこそが本来の『社会主義』理念に適合的であると私は考えている。」（同書一四二〜三頁）

「したがって、『株式会社制度』にはその発達によって新たな可能性が拓かれつつも、やはり依然として改善されるべき問題が存在する。しかし、このことを逆に言うと、大衆株主の利益を守りながら、株式制度の改善をすることができることを示している。こうした方向性で、市場システムを前提とする真に『社会化された企業による社会』、すなわち『社会主義社会』の建設を構想することは可能である。」（同書一四五頁）

中国研究者として長い研究歴を持つ大西にとって、日本の株式会社についてのこのような考察も、私からすれば、中国の株式会社の特徴に学んでいると同時に、中国への提言でもあるように思われます。

2 中国の株式会社の歴史と現状についての点描

(1)「四つの現代化」

一九七八年末に鄧小平が指導した改革開放路線とは「四つの現代化による改革開放路線」(中国共産党第一一回三中全会決議)でした。この「四つの現代化」(工業・農業・軍事・科学技術)というスローガンは実は一九五四年に周恩来が提起したものでした。しかしこの方針は、一九五八年、毛沢東による大躍進(急速な社会主義建設)の提起によって無視され、大躍進破綻の後の調整期に再度復活します。しかし、この動きも、一九六六年から一〇年にわたって展開された文化大革命によって、封印されてしまいました。このような歴史的経過を踏まえるならば、一九七八年の改革開放路線のもとでの「四つの現代化」は、一九五四年に提案され、その後実施はできてはいなかった経済発展の途への立ち帰りだったのです。

三度目の正直となった一九七八年以降の「四つの現代化」はまず農村から始まります。

(2) 郷鎮企業の発展

郷鎮企業の理解には人民公社の解体についての知識が不可欠です。アーサー・R・クローバー『チャイナ・エコノミー』(白桃書房二〇一八年)によれば、一九五〇年代末に組織された人民公社とは、人口三万人を一つの公社にして、人々が誕生してから亡くなるまでの面倒を見る協同組織でした。

その解体は、安徽省の村の農民が、秘密裏に公社を解体して農地を分割して「生産責任制」を採用したことに始まります。この動きを見て、省の第一書記の万里は農地を耕作者に提供する改革を進めました。四川省の第一書記の趙紫陽も、同様の決定を行いました。(『チャイナ・エコノミー』三六～七頁)

国のレベルでは、一九七八年の改革開放路線で農産物価格引き上げがあり、人民公社の運営形態の柔軟な形の模索を認めましたが、まだ個人での耕作は否定していました。

「一九八〇年には、趙紫陽が首相に、万里が第一副首相に就任し、農村政策の責任者となった。二人は人民公社を解体し、世帯による耕作に戻す方針を強硬に決定。

一九八二年末までには、ほとんどすべての農業共同体が消滅し、農民世帯は個別の農地を耕作する権利を与えられた。」（同書三七頁）

これにより農業生産は飛躍的に発展していきます。そして豊かになって資金をためた農民たちは、地方政府と一緒になって、農村で日用品や農機具などを生産する郷鎮企業と呼ばれる起業を始めます。

「郷鎮企業は農村の『集体〈集団〉』、つまりは町や村の政府が公式に所有しているか、非公式に資金を提供している企業だ。郷鎮企業とは国有企業とは見なされない。国有企業は中央政府が省あるいは市の政府が所有している企業である。」（同書三八頁）

全国的な統計としては、「一九八五年までに、集体企業の従業員は四〇〇〇万人に達した。また、郷鎮企業も含めた農村部のさまざまな形態の企業の従業員は、合計で七〇〇〇万人となった。」（同書三九頁）これがピークでその後競争にさらされ、「二〇〇四年までには、集体所有の郷鎮企業の多くが、その企業の経営陣による買収という形で民営化された。」（同書三九頁）

以降は、郷鎮企業というのは地方を基盤とした民間企業のことで、一九九〇年代中盤以降は、都市の民間企業が大規模となり、郷鎮企業の相対的な重要性は低下したと分析されています。

趙紫陽の失脚と、江沢民の登用があり、以降、経済発展の重点を農村から都市へと移しました。一九九八年には国有企業が所有していた住宅が私有化され、都市住民は市場価格よりもずっと低い価格で住宅を購入できました。二〇〇三年までには、都市部の世帯は住宅の所有や購入、売却、不動産の担保化などを自由に行えるようになりました。

次いで、二〇〇二年胡錦濤と温家宝がリーダーになり、都市部に偏った政策を修正しました。二〇〇六年には、九年間の義務教育が農村部で無償になり、二〇〇七年には、健康保険と最低収入保障制度が都市部から農村へ拡大されました。二〇〇九年には、農民の年金制度も導入されています。

これらの施策により、絶対的貧困層が、八億四〇〇〇万人から八四〇〇万人に減少しました。人口比でみれば、八四％から六％への低下で、人口の半分は農村にいることを考慮すれば、胡錦濤時代には都市と農村とのバランスを取った時代と言えます。

(3) 中国の株式会社の現状

中国の株式会社の現状について、『チャイナ・エコノミー』の記述から紹介しましょう

まず、国有企業と民間企業ではどちらがより重要か、という問題を取りあげて次のように述べています。

「中国には急速に成長している大きな民間セクターがあり、経済産出量と雇用の面では半分以上を占め、その割合も共に増えている。しかし、民間企業は一般的に小規模だ。中国の大企業は圧倒的に国有が多く、資本集約的な産業は国有企業が支配している。」(『チャイナ・エコノミー』一二〇～一頁)

これは二〇一六年ころまでの状況です。そして、二つ目の重要度という点については次のような観点を挙げています。

「中国企業の現状は、『民間セクターは大規模で成長しているが分散し、おそらくは縁故主義的で、一方の国有企業は縮小してはいるが、資源が集中していて政治的な力が強い』ということだ。」(同書一二一頁)

民間セクターの発展は、郷鎮企業に担われてきました。それが株式会社として組織されるようになった後に、国有企業の改革が日程に上り、国有企業の株式会社化が実施されて行きます。この歴史的経過については紙数の関係で省略し、出来上がっている体制を見ましょう。

(4) 株式会社化された国有企業の構造

『チャイナ・エコノミー』によれば、典型的な中国の国有企業集団は、一番上の層には、非上場の親会社があり、国資委(国務院国有資産監督管理委員会＝ＳＡＳＡＣ)を通じて政府がコントロールしています。二番目の層は子会社で、親会社である企業集団が株式のすべて、あるいは過半数を所有し、この中には、中国あるいは海外の株式市場に上場している企業もあります。多くの場合、この層の子会社の中には、金融子会社が一社含まれています。三番目の層は、企業集団が少数の株式を持つ子会社、または合併会社。これらの会社の存在により、周辺領域の事業に加わることができます。四番目の層は、企業集団とは株式による関係はないが、さまざまな契約関係などによって縛られている企業です。

この構造は、中央の国資委が所有する国有企業集団でも、省または市が所有する国有企業集団企業でも同様です。(同

書一三〇〜一頁）

まとめ

中国の株式会社は、独特の存在です。国有企業集団は、株式会社の形式をとっているとはいえ、依然として国の支配のもとにあります。また民間の大企業には、従業員持株会社がみられます。米中貿易摩擦で有名になったファーウェイも従業員持株会社です。アメリカにも従業員持株会社はあり、本山美彦『ＥＳＯＰ―株価資本主義の克服』（シュプリンガーフェアラーク東京二〇〇三年）が参考になります。現在、グローバル化と、株式会社は株主のものという株価至上主義とによって、株式会社は激しい競争にさらされています。それによる不安定な経営状況から、アメリカにおいても株式会社は、株主だけのものではなくて、労働者、地域・顧客、そして株主、という三者の利害を考慮しようという動きがみられます。株式会社の歴史的役割について、改めて検討すべき時期が来ています。

22. 賀川豊彦の協同組合思想と実践から学ぶ

亀井　隆（元・賀川豊彦記念松沢資料館事務長）

私は首都圏の大学生協と日本生協連に勤務した元生協職員である。私が賀川豊彦を深く知るようになったのは日本生協連に在籍していた時で、二〇〇九年の『賀川豊彦献身一〇〇年記念事業』での講演や出版物からで賀川豊彦の生涯や協同組合思想に感銘を受けた。

当時の生協は事業のことばかりが語られていて、生協の理念が忘れられているように感じていた私は、職場の仲間と「賀川豊彦研究会」を作り研究会を開催した。この研究会は翌年からは「JCCU協同組合塾」に名称を変更し、年に四回ほど協同組合全般をテーマとし研究会を継続した。（研究会の内容はウェブにアップされている。「JCCU協同組合塾」検索で）

二〇一三年三月で六〇歳定年を迎える予定の私は再雇用

はじめに

賀川豊彦（一八八八年—一九六〇年）は、大正、昭和初期に現在の協同組合につながる神戸購買組合・灘購買組合（現コープこうべ）、東京学生消費組合（現大学生協）、東京医療利用購買組合（現東京医療生協）、中ノ郷質庫信用組合（現中ノ郷信用組合）の創設に深く関わり、また、共済事業（協同組合保険）の実現にも大きな貢献したことから、日本の「生協の父」「JA共済の父」といわれる。

戦後まもなく結成された日本協同組合同盟（一九四五年十一月創立）の会長を務め、一九五一年に創立した日本生活協同組合連合会でも会長として亡くなる一九六〇年まで務めた。

制度で日本生協連に継続勤務するつもりだったが、賀川豊彦記念松沢資料館が職員（事務長）を募集しているとの情報を偶然にも知り、その事務長職の一般公募に応募した。運よく採用いただき、その後五年間松沢資料館に勤務した。以上のような経歴を持つ私ですが、本書『西暦二〇三〇年における協同組合』に賀川豊彦の協同組合思想と実践から継承すべきことについて考えてみたい。

賀川豊彦の著作は全集二四巻（キリスト新聞社）ほか膨大な出版物があるが、一般書店や図書館で手に取りにくいため、研究者以外の方には賀川豊彦がどんな協同組合思想であるかを知る機会が少ないかと思い、著作から多く引用させていただくことにした。

1　賀川豊彦が世界に与えた影響

⑴『西暦二〇〇〇年における協同組合』より

本書『西暦二〇三〇年における協同組合』は、一九八〇年の国際協同組合同盟（ＩＣＡ）モスクワ大会に報告されたレイドロウ博士の有名な報告書『西暦二〇〇〇年における協同組合』をモデルにしたようである。

その『西暦二〇〇〇年における協同組合』で、レイドロウ博士は、第一章「一九八〇年大会における展望」の中の「研究の背景と目的」で以下のように問題意識を提起している。(注1)

協同組合の歴史を振り返ると成長と変化の三つの時代があった。初期の時代は。「信頼の危機」—協同組合が組合員から信頼を得られるか、次は「経営の危機」—協同組合は事業体として効率的で近代的な経営ができるか、以上の二つの危機は克服してきたが、現在直面しているのは、「思想上の危機」である。協同組合の目的は何なのか。協同組合が他の企業と同じように商業的に成功していても、それ以上のことは何もしないとしたら、それで充分なのだろうか。もし協同組合が他の企業と同じような事業の技術と手段を使おうとするなら、組合員の支持と忠義を求めることに対して、それで充分正当化できるのであろうか。

また、第三章「協同組合の理論と実践」の中で「協同組合の性格」を以下のように記述し、賀川豊彦について言及している。(注2)

今日、協同組合人の間に、理論や思想を軽視し、その代わりに「事業優先」という強い傾向が存在する。しかし、これは間違った態度である。どのような組織や制度も、まず第一に、人々が信じ、支持したいと思う考えや概念に基づいて設立されるからである。……（中略）……社会的、経済的システムとしての協同組合は、特定の概念や社会理論に依拠しているのではなく、相互扶助、より大きな力を求めて団結した弱者の結合、利益および損失の公正な分配、自助、共通の問題をかかえる人々の連合、人間が金銭よりも重要なこと、搾取のない社会、さらにユートピアの追求、といったような多くの考え方や概念の寄せ集めにもとづいている。様々の人々が次のようなモットーを用いて協同組合組織についての見解を表明してきた。すなわち「一人は万人のために、万人は一人のために」、「慈善や利潤のためでなく、奉仕のために」、「中間商人の排除」、「原価サービス」、「みずからのために事業を行う人々」等々。**偉大な日本の指導者であり、社会改革者であった賀川豊彦は協同組合運動を「友愛の経済学」と呼んだ。**

レイドロウ博士は、ロッチデール公正開拓者組合（一八四四年創立）、国際協同組合同盟（一八九五年創立）以来、歴史を重ねてきた協同組合は、信頼の危機、経営の危機を克服し発展してきたが、協同組合は思想上の危機に直面していると指摘し、協同組合の本来の性格に立ち返る必要があると提言した。この重要な提言で、「偉大な日本の指導者であり、社会改革者であった賀川豊彦は協同組合運動を『友愛の経済学』と呼んだ。」と賀川豊彦に尊敬の念を込めて言及した。

(2)『BROTHERHOOD ECONOMICS』（友愛の経済学）

協同組合の性格を述べるために、レイドロウ博士が言及した『友愛の経済学』とは、一九三六年に米国で出版された賀川豊彦の協同組合思想がまとめられた出版物『BROTHERHOOD ECONOMICS』のことである。

賀川豊彦は、一九三六年四月に米国のロチェスター神学校の招きで「キリスト教的友愛と経済再建」という表題のもとに四回にわたって講演を行った。その講演内容が収録され出版されたものが『BROTHERHOOD

ECONOMICS』である。翌年にはロンドンでも出版され、さらにその後、一七言語、二五カ国で出版され世界的に注目を集めた本である。

一九二九年の世界恐慌から出口を見いだせない米国では、ニューディール政策を推し進めたルーズベルト大統領の招きで、賀川豊彦は一九三五年の一二月から一九三六年にかけ約半年間、全米で五〇〇回ほどの講演会を行った。自由資本主義の欠陥を協同組合の普及により改善を図ろうと期待され招かれたものだった。聴衆者は七〇万人以上にも及んだと言われる。ロチェスター神学校での記念講演もこの期間中に行われたものであった。

フランスとドイツは、国境の資源問題をめぐって戦争を繰り返してきた。第二次世界大戦後、戦勝国フランスの外相ロベール・シューマンは、一九五〇年に係争地アルザス・ロレーヌ地方の石炭資源の共同管理提案、俗にいうシューマン・プランを提唱した。これはまさに賀川豊彦が提唱した『BROTHERHOOD ECONOMICS』の精神であった。この精神はＥＣ（欧州共同体）の創設（一九六七年）につながった。さらにＥＵ（欧州連合）に発展（一九九二年）した。

一九七八年に欧州議会のエミリオ・コロンボ議長（イタリア外相）は、日本国会より招待をうけた。訪日に際して、以下のメッセージを送った。(注3)

世界のすべての国に民主的なつながりがなければ永続的平和はない。平和への意思がなければ人類の未来はない。共同体を求める精神が世界に広がってこそ、人類はどこでも意見の一致を、またその可能性が生まれる。**競争的経済は、それが国際経済の協調と協力という英知を伴ってこそ、賀川豊彦の唱えた「友愛の経済」への方向に進むことができるのである。**そのためには、自分だけの利益を図るだけでなく、すべての人々、とくに恵まれない人々の利益を図るよう民主的な考慮をすべきである。

賀川豊彦が提唱した『BROTHERHOOD ECONOMICS』に見る協同組合思想は、欧米に大きな影響を与えていたことがわかる。一九七八年にコロンボ議長が、一九八〇年にレイドロウ博士が賀川豊彦について、欧米に大きな影響を与えた人物として言及しているが、当時の日本は高度成長下で賀川豊彦は忘れられていたので、さぞ日本の関係者は驚いたことだろう。

2 賀川豊彦の実践　救貧・防貧運動

(1) 神戸スラムでの救貧・防貧運動

賀川豊彦は徳島中学の時、クリスチャンとなり宣教師の薦めで入学した明治学院で二年学んだ後、神戸神学校に進んだ。ちょうどその頃、結核により余命宣告を受けた。残る命を貧しい人々のために尽くす覚悟で、神戸のスラムに入ったのが一九〇九年であった。

当時日本最大のスラムといわれた神戸の葺合新川のスラム街で、伝道と合わせ、無料給飯、無料宿泊所、病者保護、無料治療、児童愛護、無料葬式執行、無利子貸与、職業紹介などあらゆる救貧活動を同労者（救霊団、のちイエス団）と行った。スラムで困っている人を救ってみても、次から次へとスラムに落ちてくる人がたくさん出てくるので、「大阪湾の水をおたま杓子でかい出すことができるか」と賀川豊彦が冗談話で語ったと同労者・武内勝がのちに伝えている。(注4)

救貧活動に限界を感じていた賀川豊彦は、米国のプリンストン大学・神学校に一九一四年～一九一七年まで留学した。渡米中にニューヨークで六万人のデモに遭遇し、衝撃を受けた。資本家に対抗するには労働者が団結する必要があることを学んだ。留学から帰国した賀川豊彦の活動は、「救貧」から「防貧」活動に方針を変換した。最初に手掛けたのは、労働運動であった。当時、東京では鈴木文治らを中心に友愛会が活動を行っていた。賀川豊彦は友愛会の活動に参加し、一九一九年には友愛会関西同盟会を結成した。たちまち指導者となり、労働者の権利や労働組合の啓蒙活動に取り組んだ。一九二一年には川崎・三菱造船所の大争議を指導した。しかし、官憲の介入などによりこの争議は敗北に終わった。

その後、ロシア革命（一九一七年）の影響を受けた急進的な共産主義者等が、労働運動の主導権を握るようになった。賀川豊彦は、暴力による革命には反対で、議会主義・非暴力主義であったので、労働運動から身を引き、高い小作料に苦しむ農民のために杉山元治郎と農民組合運動を起こし、一九二二年には日本農民組合を創立した。やがて農民組合も急進的な共産主義者が主導権を握るようになり、賀川豊彦は農民組合運動からも身を引かざるをえなかった。

賀川豊彦は、以前より労働者・市民の生活の安定のためには労働運動などの政治闘争だけではだめで、協同組合が必要であるとの信念を持っていた。一九二〇年には労働運動と並行して消費組合運動を起こし、大阪に購買組合共益社を設立した。そして翌年一九二一年に現代までつながる日本の生協のパイオニアともいえる神戸購買組合と灘購買組合を設立した。一九二一年に出版された賀川豊彦著『自由組合論』(注5)で当時の考えを以下のように記述している。

「無理をして造った社会はすぐに潰れる。それが真実の社会であるためには必ず自由なる成長によって出来上がった社会でなければならない。」

「あるものは、労働組合の無用をとなえ直接行動によって打倒し、後に立法組織によって社会改造すればよいと考えるものがある。私は賛成できない。順序正しく、労働組合の成長するまで待って社会改造を行なんとするものである。」

「私は労働の自由を主張する。強制されたる今日の賃金奴隷の苦痛より自由と喜びの労働の自由に入らねばならぬ。我らは労働の自主権即ち産業管理権を叫ぶものである。」

「憎悪を教えることは、すべての社会運動において失敗である。社会運動の根本的動機は愛でなければならない。暴行によって生まれた社会は征服の社会である。」

「資本主義は、民衆の私利・私欲を種にその不完全な社会組織につけこんで金儲けをしている。それで、互助の精神と奉仕の精神が盛んになり資本主義制度に信用が無くなったときに、社会は階級闘争なくして新しき社会に進み得るのである。」

(2) 東京・本所でのセツルメント・協同組合運動

次に紹介したいのは、関東大震災での賀川豊彦の働きである。一九二三年九月一日の関東大震災の報が神戸に伝わったのは翌日だった。賀川豊彦は、その日の夕方東京に向かい、四日朝横浜に上陸し徒歩で東京に入り、惨状を視察した。その後、神戸に帰り、関西地方全般に救援を訴え、義援金を集めた。

その後、義援金と神戸で集めた救援物資を携えて上京。東京の下町でことに被害のひどかった本所深川地域を見て回り、本所松倉町を活動の拠点とすることにした。当初は東京基督教青年会（YMCA）の事業として始められたが、翌年二月には、YMCAより建物設備一切が賀川豊彦に譲与され、「本所基督教産業青年会」と名称を替えた。
当時の活動を著作『地球を墳墓として』(注6)で、以下のように記している。

私の第一にしたい仕事はセツルメントである。此の冬を通じて罹災者の困苦を自ら体験し、バラックの苦悩を自らも一緒に味ひ、これを科学的に調査して、世間に訴えることである。つまり、私は「眼」になりたいと云うことであった。……（中略）……その上もしも、私達が少しでも、塵ほどでも罹災者の苦しみを我等の背に負わせて貰うことが出来るなら、これほどうれしいことは無いのである。それで罹災者達が自ら自己の互助の力で立ち得るようにお助けすることが出来るならそれも結構である。

即ち組織する仕事が私達の仕事である。窮して居る人々の現状に触れて何からお助けして善いかを見ると共にお金を出さなくとも困窮して居る人々の自力でそれを突破し得る方法を考えて差し上げるのである。これが真に親切なセツルメントウォークである。

震災の応急措置が一段落した一九二七年に、それまでの救済的事業を発展的に解消し、セツルメント事業を協同組合の精神的・経済的基盤の上に基礎づけようと新たな活動が進められた。近隣の労働組合関係者、有志により江東消費組合が本所基督教産業青年会を事務所として創立された。江東消費組合は日常生活物資（米、味噌、醤油、薪炭）の取扱いから始まった。ロッチデール原則に倣って、現金主義、市価主義を励行し、六ケ月決算では購買高配当を行うことができた。ところが一九二九年から五年は、東京市復興計画による区画整理のため組合員の異動が激しく、且、深刻な不景気の襲来によって組合の経営は非常な打撃を受けた。

この当時のことを賀川豊彦は自伝小説『石の枕を立てて』(注7)で次のように記している。

本所では、近所の人の生活費を軽減しようと、新たに小さい消費組合が生まれた。……（中略）……組合員は主として近所のバラックに住んでいる人々のみなので、出資払込みも僅か一口二円とし、労働者階級にのみ奉仕せんと計画した。……（中略）……

大阪、神戸の経験で消費組合が非常に困難であることを知っていた新見は、毎月若干の損害は始めから見越していた。僅かの品物を一々配達せねばならない労働者向きの消費組合では、配送費だけが損になることがよくわかっていた。

しかし、産業組合を作らないで、単なる社会主義運動だけでは、絶対に社会改造ができないことを知っていた新見は、どんなに苦しくてもその損失を補填しようと覚悟していた。そして、主事の木村君も必ず成功してみせると意気込んでいた。（文中の新見は賀川豊彦、木村は木立義道のことである。）

一九三四年頃から経済も落ち着き組合経営も上向きになり、一九三六年に栄養食配給事業を開始してからは大きく発展した。

本所付近は家内工業者、小企業者等が多く、母親達も仕事に従事し多忙で、手間をかけた栄養的な食事を作れないことがわかり、配給調理工場を設けて、一日三食二六銭で朝・昼・夜配給した。最盛期には、一日延二万食を配給する盛況を示した。一九三八年には栄養食配給所は国民の体位向上に役立つことや生活様式の能率化を図る点などから、厚生省労働局は国策として普及促進するようになった。江東消費組合月報『自助と協同』（一九三九年一一月一日）に賀川豊彦が寄稿した文章から当時の協同組合思想をうかがうことができる。（注8）

共産主義が暴力を用い、革命によって目的を達せんとするに反し、協同組合は意識の開発と教育的手段すなわち相寄り相助け、いわゆる自主自助の方法に依り、現代経済組織を人類愛の精神に則り極めて穏健に其の革新を計るという手段によって、新しい時代を孵したいと望んでいるのである。

卵を孵すまでには二十一日を待たなければならぬ。それで、私は日本の産業組合が思ったほど早く発達しなくとも、なお牝鶏が卵を抱くだけの熱心さをもって、努力して行く元気を持っている。

協同組合運動は意識的経済運動である。すなわち、組合員の一人一人が、搾取と専制を離れた協同扶助の互助愛を意識しなければ、協同組合運動は持続することが出来ない。互助運動は即ち精神運動である。

賀川豊彦は、こうした協同組合思想に基づき、本所基督教産業青年会を事務所にして、東京学生消費組合（一九二六年）、江東消費組合（一九二七年）、中ノ郷質庫信用組合（一九二八年）、東京医療利用購買組合（一九三二年）を同志と共に次々設立した。これらは、現在、大学生協、地域生協、信用組合、医療生協として発展し引き継がれている。

3　賀川豊彦の協同組合思想

神戸のスラムと震災後の東京・本所での実践を経て出版されたのが、『BROTHERHOOD ECONOMICS』（一九三六年）である。日本語訳『友愛の政治経済学』より賀川豊彦の協同組合思想を見てみたい。賀川豊彦は、自由資本主義の問題点を以下のように指摘する。（注9）

今日の貧困は物の欠乏によるのではなく、豊富さから生じている。物財や機械の過剰生産、過剰な労働や〔支配的〕知識層の存在からくる苦しみである。富はごく一握りの人々の手に集積し、社会の一般大衆は、失業、不安、従属、不信の世界に蹴落とされている。

資本主義の搾取システムを暴力革命によって改革しようとしたレーニンの共産主義については、政治構造は変えられても、経済革命はうまくいかないと指摘する。なぜなら、経済革命は人間の意識の変革なしには実現できないと、唯心論の立場から唯物論的経済観を退けている。

牧師であった賀川豊彦は、キリスト教には兄弟愛の教えがあり、中世においても教会内やギルドで兄弟愛は実践されてきたが、近代に入りプロテスタンティズムは徐々に兄弟愛を失い、信仰の自由だけを獲得し、奴隷制度が復活し、また利己主義を生み出してしまったと歴史を振り返る。

幸いにして、新しい経済秩序の運動が生まれた。それは協同組合運動である。最初に協同組合に挑戦したのは、ロバート・オーエンであった。そして協同組合の原則を確立したのは一八四四年に生まれたロッチデール公正開拓者組合であった。ロッチデールの生協運動は、モノではなく人格を第一とし、利潤追求を目的とせず互助による生活の向上を目的とし、搾取のない計画された経済を目指すものであった。協同組合運動は愛と兄弟愛のキリスト教精神と合致するものであった。

資本主義は無限に自然資源がある間はまだよいが、自然を使い果たしてくると、悲惨と貧困の恐ろしい状態が起こる。そうなると、生活を護り、経済を適正に公正に調節するために、兄弟愛の運動が不可欠になる。協同組合システムがなければコントロールできない。

賀川豊彦は、経済には七つの価値（生命、労働、変化、成長、選択、秩序、目的）の要素があり、それに対応し、保険協同組合、生産者協同組合、販売協同組合、信用協同組合、共済協同組合、利用協同組合、消費協同組合の七つの協同組合を組織することにより、経済をコントロールし、また資本主義の搾取を取り除くことができると展開する。

更には、協同組合国家の構想を提案する。この協同組合国家は、各種協同組合と労働組合などの代表からなる産業議会と社会議会の二つの議院と一つの内閣から構成される。

そして、「友愛に基づく世界平和」を提唱する。世界平和に対する脅威の大部分は経済的なものであり、それらは人口過剰、自然資源の欠乏、国際金融の問題、貿易政策の摩擦、運輸政策の問題である。これらを解決するには、非搾取と計画的な経済に基づく協同組合運動を拡げ、国際化していく必要があると、友愛に基づく世界平和を提唱する。

賀川豊彦は、『BROTHERHOOD　ECONOMICS』で資本主義、共産主義に代わる第三の道を示した。

賀川豊彦の協同組合思想（理論）の代表的なものとしては、『BROTHERHOODECONOMICS』のほかに『産業組合の本質とその進路』（一九四〇年）、『協同組合の理論と実際』（一九四五年）、『新協同組合要論』（一九四七年）などがある。戦後出版された『新協同組合要論』で賀川豊彦は再建日本の道標として以下のように記している。(注10)

日本もこの敗戦のどん底から立ち上がろうとすると、国家社会主義的な国営の方向をとるとともに、国民の一人一人が協同組合によって自治的組織をつくらなければならない。協同組合は国民の互助愛を意識経済に移そうとするもので愛が基本である。資本主義が搾取を根本とするのに対し、あくまで助け合いの愛を基本とする。この点で協同組合は資本主義に対する矯正の道である。

協同組合は、決して機械的事務的な組織ではなくして、精神運動である。指導者と組合員の美徳が進めば進むほど成長発展する。協同組合の運用は、運用する者の意識的社会的意義の自覚いかんによって決定する。私が協同組合とは、意識的経済運動であると主張するゆえんはここにある。

4 賀川豊彦の協同組合思想と実践から継承すべきこと

(1) 賀川豊彦の協同組合思想の継承

一九三六年に出版された『BROTHERHOOD ECONOMICS』で資本主義について「今日の貧困は物の欠乏によるのではなく、豊富さから生じている。物財や機械の過剰生産、過剰な労働や〔支配的〕知識層の存在からくる苦しみである。富はごく一握りの人々の手に集積し、社会の一般大衆は、失業、不安、従属、不信の世界に蹴落とされている。」という賀川豊彦の分析は、現在の金融資本主義、巨大IT企業「GAFA」が世界を支配する今日と全く同じではないだろうか。

また、資本主義の搾取システムを暴力革命によって改革しようとしたレーニンの共産主義については、「政治構造は変えられても、経済革命はうまくいかない。無理をして造った社会はすぐに潰れる。それが真実の社会であるためには必ず自由なる成長によって出来上がった社会でなければならない。」と指摘したが、賀川豊彦が予見したように一九八九年にソ連は崩壊した。

賀川豊彦は「協同組合は意識の開発と教育的手段すなわち相寄り相助け、いわゆる自主自助の方法に依り、現代経済組織を人類愛の精神に則り極めて穏健に其の革新を計る」という社会改革の方法を主張したが、現代につながる協同組合が一九二〇年代に生まれて約一〇〇年後の今日、日本の協同組合は課題は抱えつつも着実に前進してきたのでないだろうか。

資本主義革命であるフランス革命（一七八九年）は自由、平等、友愛を旗印にして近代の幕を開けた。自由という価値を優先した資本主義国家が生まれ、そして平等という価値を優先させた共産主義国家が出現した。貧富の格差を生む資本主義国家、自由を制限する共産主義国家に対し、近年は北欧のスウェーデンやフィンランドなどのように、友愛（助け合いや分かち合い）という価値を優先する国家も出現しはじめているように思う。国連のSDGs（持続可能な開発目標）の考え方も同じ方向を向いている。世界の歴史は賀川豊彦の協同組合思想の方向（第三の道）に向かっているように思う。

⑵ 賀川豊彦の実践から学ぶ

賀川豊彦は協同組合思想の啓蒙家であっただけではなく、実際に協同組合を設立し事業を推進し実現させていく役割を果たした。

第一に、賀川豊彦は日本の協同組合を立ち上げるためのインキュベーターの役割を果たしたことだ。どんな起業も最初は困難が伴うものだが、賀川豊彦は神戸、東京で消費組合の設立を指導しただけでなく、資金面からの援助を惜しまなかった。ベストセラー『死線を超えて』の三部作は版を重ねて約四〇〇万部ともなったが、その印税で初期の困難を支えた。

また、戦後、日本協同組合同盟が設立された際には、資金のない日協同盟に賀川豊彦は個人名義により当時の金額で百万円を調達し日協同盟の財政を支えた。賀川豊彦がいなかったら、産声をあげた日本の協同組合は育たなかったかもしれない。（賀川豊彦著『死線を越えて』の印税は現在の金額にすると約一〇億円になるという。印税は賀川豊彦の社会改革運動に使われた。）

第二に、賀川豊彦は協同組合を広めるための広報・宣伝マンの役割を果たしたことだ。賀川豊彦は、論文として先に紹介した協同組合論のほかに『医療組合論』『日本協同組合保険論』『漁業組合の理論と実際』等を発表するだけでなく、一般国民に協同組合がどういうものかわかるように小説を書いた。『死線を越えて』は神戸のスラムの実態を世に知らしめるために書いたものだが、『乳と密の流る郷』は農村の実態と協同組合の必要性を、『海豹の如く』は漁業の実態と漁業組合の必要性を伝える内容となっている。

無医村の多い農村に医療組合を普及させるために、敢えて「医療組合はこれだ」とわかるように、都市部に「東京医療利用購買組合」の設立認可の申請をした。その際、日本医師会は猛烈な反対運動を起こした。このニュースが新聞紙上で大々的に報道された。これがきっかけで「医療組合」が全国に伝わり、医療組合運動が全国に広がった。賀川豊彦はマスコミを味方につけるという高等戦術を使って全国の無医村の医療組合設立に成功した。

以上のように、賀川豊彦は、協同組合思想の啓蒙家であるだけでなく、今でいうベンチャー精神を持った起業家であったと思う。そもそも戦前においては、協同組合そのものが先進的な新しい組織でありベンチャーであった。当時は知識人や作家など多くの文化人が協同組合の組合員として積極的に参画していた。

あとがき

一九四〇年、賀川豊彦は著作『産業組合の本質とその進路』で、産業組合法成立から四〇年経ち大きく成長した農村の産業組合に対して以下のように指摘した。[注11]

「日本の産業組合は今日まで雛壇に飾られたように倫理運動の自覚も、意識経済の根本的認識も持たずして発展してきた。そのため組合員数だけは増加したけれども、組合意識においては誠に欠けたものがある。」

「社会成員の一つ一つが、この全体意識に目覚めて、搾取を離れた互助友愛の経済組織を結成せんとする運動が協同組合の組織である。……（中略）……この兄弟意識の社会的自覚が　なければ、あらゆる産業組合も何等の効用をもつものではない。」

日本の産業組合は明治時代に政府主導でつくられた経緯はあるが、賀川豊彦は産業組合は本来どういうものか、産業組合の本質を説いて指摘した。現在の日本の協同組合は、生協組合員が約二七〇〇万人、すべての協同組合を合わせると約六五〇〇万人という。もし、賀川豊彦が生きていたら、現在の協同組合に対してどのように指摘するだろうか。

昨年（二〇一九年）、協同組合陣営は日本協同組合連携機構（JCA）を設立した。各種の協同組合が一緒になったのは、戦後の日本協同組合同盟以来である。また労働者協同組合法の法制化が目前となってきた。

「西暦二〇三〇年」に向けて、賀川豊彦の協同組合思想とベンチャー精神を協同組合関係者に改めて学んでいただき、日本の協同組合運動の前進にチャレンジすることを期待したい。

私は生協職員現役の頃、生協は資本主義社会の中の一角を担当する存在としか思っていなかった。また日本の協同組合は法律で縦割りになっているので農協や漁協などとの横のつながりもなく生協という世界しか知らなかった。

賀川豊彦の協同組合論を最初読んだとき驚いた。生産から販売、信用、保険、利用、共済、消費のすべての分野を協同組合化し、協同組合国家をつくるというので、夢物語を語っているのか？　賀川豊彦は「見果てぬ夢」を語るドン・キホーテのようだと思った。

その後、調べていくと賀川豊彦が実際に七つの分野の協同組合づくりにチャレンジしていたことを知った。その結果として、他国ではあまり例のない大学生協や医療生協が日本では設立され発展している。また、『保険制度の協同組合化を主張す』（一九三六年）を発表し当時の産業組合と大きな運動を起こした。戦後になって共済（協同組合保険）が実現した。

賀川豊彦全集の編集者の武藤富男は解説で、「賀川豊彦は資本主義を敵として闘った。」と書いている。賀川豊彦は、人間よりお金を大事にする資本主義を「人格を第一とし、利潤追求を目的とせず、互助により生活向上を目的とする」協同組合社会の実現に生涯をかけた。

賀川豊彦は著作『新協同組合要論』の序に以下の文章を記している。(注12)

人類に協同組合社会をつくり得ないという理由はない。人類は、いまや進化の過程にある。私はその日のためにあらゆる努力を惜しまない。三十年近く、私は日本の協同組合運動のためにたたかってきた。左翼からも右翼からも烈しいい圧迫を受け、愚者のごとく組合運動のために努力してきた。

一九四七年九月九日

中国のことわざに「飲水思源」という言葉がある。水を飲むときは苦労して井戸を掘った人のことを思って飲みなさいという意味である。後世の私たちは、賀川豊彦はじめ先達の苦労を思い、協同組合社会の実現を日指し、未来を切り開いていかなければと思う。

【注】

（1）『西暦二〇〇〇年における協同組合』日本生協連発行、一九八〇年　一〇－一二頁

（2）『西暦二〇〇〇年における協同組合』日本生協連発行、一九八〇年　六七頁

（3）『NEWS　LETTER』NO.31　駐日欧州共同体委員会代表部広報部、一九七八年

（4）『賀川豊彦とボランティア』武田勝、村上盛嗣、神戸新聞社、二〇〇九年　二三八頁

（5）『自由組合論』賀川豊彦全集　第一一巻、キリスト新聞社、一九八二年　四、九、一六、二四、三二頁

（6）『地球を墳墓として』賀川豊彦全集　第二一巻　キリスト新聞社、一九八二年　二九九–三〇〇頁
（7）『石の枕を立てて』賀川豊彦全集　第一九巻　キリスト新聞社、一九八二年　三五七頁
（8）『回想の江東消費組合』江東会編集、一九八二年　四–五頁
（9）『友愛の政治経済学』監修：野尻武敏、翻訳：加山久夫、石部公男　日本生協連出版部、二〇〇九年　一九頁
（10）『新協同組合要論』賀川豊彦全集　第一一巻、キリスト新聞社、一九八二年　四八二頁
（11）『産業組合の本質とその進路』賀川豊彦全集　第一一巻キリスト新聞社　一九八二年　一三七頁
（12）『新協同組合要論』賀川豊彦全集第11巻キリスト新聞社、一九八二年　四八一頁

23. 産業組合と賀川豊彦、宮澤賢治、柳田国男

平山　昇（仙台・羅須地人協会・東京支部）

1　賀川豊彦と産業組合

⑴　産業組合事始

産業組合というのは、一九〇〇年に成立した「産業組合法」によって規定された今でいう協同組合のことで、一九四八年に「消費生活協同組合法」ほかができるまで、日本の協同組合は産業組合と呼ばれていた。日本で最初につくられた消費組合は一八七九年に東京に設立された共立商社で、大阪共立商社、神戸共立商社とつくられ、それらは日本に紹介されたイギリスにおける消費組合を模範として知識人を中心に試みられたわけだが、まだ労働者も消費者もいない時代の消費組合はやがて解散した。その後、自由民権運動や帝国議会の開設を経て、日本の資本主義は日清戦争とそれによる賠償金によって発展の契機を得て、あわせて労働者階級も形成され出して、それらを背景にして、社会政策的な施策としての工場法や協同組合法が模索され、全権公使としてドイツに赴任した品川弥二郎と留学した平田東助はドイツにおける協同組合制度を知り、一八九四年にシェルツエ式の信用組合をモデルにした信用組合の法制化案を提出するも、農商務省の横井時敬はライファイゼン式の協同組合を対案し、結果的に一九〇〇年にライファイゼンの農業協同組合をベースにした「産業組合法」が成立した。

このほか同時代に、高野房太郎、安部磯雄、片山潜らのアメリカ帰りの労働運動家、社会主義者も欧米の社会主義思想とともに、主にイギリスのロッチデール型の消費組合

を日本に紹介して、労働組合期成会や平民社の運動の中で試行錯誤された。安部磯雄や片山潜は、アメリカ留学中にイギリスにも渡ってロッチデール型の消費組合を知り、平民社の石川三四郎は一九〇四年に『消費組合之話』という冊子を出すのだが、それは安部磯雄が留学から持ち帰ったイギリスはロッチデール関係の本からの翻訳と解説で、明治の官僚たちが書いた協同組合の解説書とくらべても遜色はない。しかし、まだ消費者がいないところでの消費協同組合はうまくいかず、平民社の運動ともども禁圧されてしまうわけだが、発行の翌年に賀川豊彦はこれを読み、後の賀川豊彦の協同組合づくりのモチーフとなって後代につながっている。

アメリカに渡って働きながら労働運動を学び、ＡＦＬのオーガナイザーの資格を得て帰国した高野房太郎は、一八九七年に「労働組合期成会」を立ち上げると片山潜らと鉄工組合を組織して、そこで共済制度と労働者向けの売店「共働店」を試みた。当初の労働運動は、自然発生的な抵抗やストライキを除けば、労働者自身による相互扶助をめざしたのであり、その形態は「共済制度と共働店＝消費組合」であった。こうして一八九八年に高野房太郎は消費組合共営合資会社を設立し、一八九九年には消費組合共営社を設立した。

しかし、明治政府は一九〇〇年に「産業組合法」を成立させたのと併せて、同年「治安警察法」を成立させて労働運動と社会主義運動を抑圧し、また労働運動内部での片山潜と高野房太郎との対立や運営の未熟さもあって労働者による協同組合づくりは不可能となって失敗した。片山潜は『日本の労働運動』に、「明治三三年三月治安警察法と産業組合法出でたり。前者は労働者の為に悲しむべき法律にして、後者は労働者の為に悦ぶべき法律なり」と書いた。その後、高野房太郎は中国に渡り青島で客死し、やがて片山潜はソ連に渡りクレムリンの墓に入った。

産業組合には、自作農などの小生産者に資金を供給する「信用組合」、生産物を共同販売する「販売組合」、商品を共同購入する「購買組合」、生産設備を共同使用する「利用組合」の四種類があったが、大正期に都市の無産階級の間に消費組合運動が始まるまでは、日本の産業組合は農村における信用組合が大半であり、組合員は地主層が中心であった。

大正期に入ると大正デモクラシーの高揚の中で、賀川豊彦は労働運動と併行してロッチデール型の消費組合運動をおこし、一九一九年に購買組合大阪共益社を、一九二一年神戸購買組合と灘購買組合を立ち上た。そして一九二一年に神戸の三菱造船所と川崎造船所でストライキが起こると、賀川豊彦はこれを指導することになり、「産業管理は暴力による工場占拠ではない。一産業に従事する全労働者の合意的決意による建設的企図である。………暴に報いるに愛を以ってし、悪に報いるに最善を以ってしたのが工場管理である」と説いて日本初の試みとして「工場管理」の方針を決定した。「工場管理」の方針に驚いた知事は軍隊を導入してストライキをつぶし、その後の賀川豊彦は友愛会の中央委員になり、杉山元治郎らと日本農民組合を立ち上げた。

また東京では一九一九年に吉野作造が組合長のロッチデール型の家庭購買会がつくられ、日本のクロンシュタットと言われた月島には一九二一年に企業立憲協会の岡本利吉によって労働者協同組合の月島共働社がつくられ、一九二四年の野田購買利用組合など会社購買会的な職域組合も広がって行った。しかし一九二五年以降、コミンテルン系の日本労働組合評議会が消費組合運動に階級闘争理論を持ち込み、「消費組合は階級闘争の中の経済闘争機関である」として、賀川豊彦や友愛会系の階級闘争論にもとづかない協同組合を「小市民的」、「協同組合主義」と言って批判して介入戦術を行い、それに嫌気をさた賀川豊彦は農民組合に力を入れ始めるわけだが、そこでもコミンテルン系の介入があり、当時賀川豊彦は「今日労働運動で、私の最も厭な傾向は………ジャコビン主義にうつって行く事でありｍます。まるで狂気ざたの様に私には見えます」と書いている。(注1)

賀川豊彦の協同組合には、ベースにD・H・コールのギルド社会主義があり、「利用、販売、購買、信用の四つのほかに、生産組合、共済組合、保険組合を作って、大体日本に於ける否、世界に於ける組合的協同の社会というものが出来るのである」(注2)とする総合的な協同組合構想であった。

賀川豊彦は、一九二三年九月の関東大震災を期に東京の本所に移り住み、一九二七年に江東消費組合を、一九二八年には中之郷質倉庫信用組合を立ち上げ、協同組合主義に基づく組合づくりをめざしていくことになる。一方、関東消費組合連盟（関消連）を中心にした階級的協同組合運動は、昭和恐慌と満州事変以降の戦争に向かう時代の中で、社会主義運動と同様に徹底的な弾圧を受けた。しかし戦前の協同組合であった産業組合は、まさにその時代に大きく拡大するのである。

(2) 千石興太郎の産業組合主義

賀川豊彦は、一九四〇年刊の『産業組合の本質とその進路』にこう書いている。「日本に於ける協同組合運動は一九〇〇年内務大臣平田東助氏がドイツの都市信用組合であるシェルツ式のものを移植したものである。それで、国民は殆ど協同組合運動が何者であるか十分理解せずして運動を始め、最初の年は十六作ったが、殆ど総てが信用組合だった。………一九一九年労働階級の間に、物価の高騰を苦しむ者が多かったので、その頃から日本に於いては初めて無産階級の間に消費組合運動が始まった。そして無産階級の組合運動が始まると共に政府が作らしめた協同組合も新しい力を得、一九三五年の四月には、五百二十万人の組合員と一万四千六百の組合が出来、信用組合だけでも十八億円に近い資本金を持つようになった。一九三九年には組合員数六五〇万を数え一万二千の農村において未組織のものはわづか二四を残すのみになった」(注3)と。柳田国男は一九三一年刊の『明治大正史世相篇』に産業組合は「三百万の組合員数」と書いているから、産業組合はその後一〇年足らずで組織を倍増させたことになる。

そして「政府が作らしめた協同組合も新しい力を得」というのがどういうことであったのかというと、そこに力を注いだのは政府というよりは「政治的に中立の立場をとり行政専門家の自負心に燃える革新官僚」であり、その代表者であった産業組合中央会主事の千石興太郎であった。千石興太郎の「産業組合主義」が公式の場で明らかにされたのは、一九二八年四月に開催された第二四回産業組合大会であり、千石興太郎の産業組合主義とは「(資本主義)に代わりうる相互協同の経済組織たる産業組合の組織を完成し、その機能を拡充して、大衆の福利を増進し、その生活を安定し、以って社会の偕和協調を実現せんことを主張するものであって、即ち産業組合に依る経済生活の統制を実現することを期するのである。」(注4)とした。

一九三〇年の金解禁によって始まった昭和恐慌により農村経済が長期的な不況におちいったことに対して、千石興太郎が中心になって一九三二年に「農山漁村経済更生計画」が立てられ、産業組合全国大会で「産組拡充五ヵ年計画」が決定され、翌一九三三年から実行に移された。一九三三年に千石興太郎は『農村産業組合と青年』にこう書いた。

「農村経済更生は先づ産業組合の更生からである」。「過去の産業組合とは違つて、唯組合自体が個々の活動をしたのではいかぬのである。即ち農村の産業組合を単位として、さうして道府県を区域とする所の地方的の連合会、更に之を基礎として全国的の連合機関、此組織に依つて我が国の全部の農業者を産業組合の傘下に集結せしめて、之に依つて初めて農業者に依る所の農村経済の運営を積極的にやる」(注5)と。

その運動のポイントは、「一町村一組合を基礎とする事業別連合会、そして系統三段階」の形成であり、産業組合事業の「利用、販売、購買、信用の四種事業の兼営」化であり、「産業組合が発展して生産者と実需者の間の中間利得の排除に成功すれば、資本主義でも社会主義でもない理想的な経済社会が生まれる」とする千石興太郎が提唱した産業組合主義イデオロギーによる、実働部隊としての産業組合青年連盟（産青連）に結集させた農村青年への鼓舞であり、婦人会もふくむそれへの参加であった。(注6)

産青連は一九二五年に長野県小県郡で最初に結成された。長野県は教育県として知られ、とりわけ上田、佐久、小諸といった東信、松本から伊那、飯田といった南信といったエリアでは青年団活動や自由大学といった教員や農村青年による自主的な学習活動が盛んな地であり、賀川豊彦も何度か伊那で講演会を行っている。そこで産業組合の拡大がいかにすすめられたのかをモデル的に長野県の下伊那における『下伊那青年運動史』（国土社一九六〇）にみると、下伊那における産業組合の形成と消滅のプロセスは以下のごとくであった。

「下伊那の産業組合青年運動は、産組の常勤役職員の親睦、事務上の研究、連絡機関として、産組郡部会のあっせんで昭和三年九月、産業道栄会の名で発足し、………これよりさき九月に上田市で聞かれた北信の役職員研究会で長野県産業組合青年同盟が設立され、下伊那は元年に産業道栄会が、その支部として県産青連に参加した」。「昭和七年になると九月に農林省に経済更生部が設置され、農林の経済基盤である産業組合ないし協同組合は、資本主義経済の是正を要求し農村の振興を叫び、経済恐慌の渦中にあった当時の農村の欲求に合致する唯一の農村経済組織体であった。………産青連の勢力は、青年団主流の反感を買うほど青年層に食いこんで行きつつあったのである」。

「八年四月には産青連の全国組織ができあがった」。

「九年九月の産組道栄会の決議と行動方針によると、（一）経済難局打開のため、産業組合町村連盟を結成し、産業組合の絶対支持と強化拡充を図る。（二）構成の区域、年齢は各村の事情に任せる。(三) 産組新聞と『家の光』購読者を普及する。(四) 青年と産組懇談会を開く。などで、産青連町村組織の促進を呼びかけている。……九年四月に下伊那連合会が結成されるにいたり、産青連の有力な母体となった。……一一月には東大助教授近藤康男を招いて「我国農村協同組合を批判して青壮年団体の任務に及ぶ」の講演をきいた」。

「下伊那産青連は、道栄会と協同組合壮年団が結合した産組の外郭団体として一〇年四月二五日、郡連合事務所で結成式を挙げた。運動方針の主な点は、(一) 農村の適正穏健なる進展を期す。(二) 農村更生計画ならびに産組五ヵ年拡充計画の達成。(三) 政党には参画せず。(四) 政治的要求を政府ならびに政党に陳情する。など、加盟村産青は二二カ村。……一〇年三月六日産組デーを催し、五月には長野市で産組全国大会がひらかれ気勢をあげた」。

「一一年には下伊那に産青連と姉妹関係の大地連盟支部が各村に結成され、……四月、伊那町旭座で開いた県産青連総会において南信三郡産青連は、組合製糸の統合拡充を要望する提案をし、肥料の配給統制、国民健康保険法の実施を要望して農本主義的な色彩をみせてきた。この時の県産青連の勢力は連盟数二四〇、盟友二万と称された」。

「一二年九月、国家総動員運動の開始とともに緊迫の度合いが強まり」、

「一四年になると産青連は協同運動を起こし、時局即応の態勢に突入した。一一月二九日、第七回飯伊座青連大会を開いて青壮年組織の統一、町村産組指導の統一、部落協同体の建設奉公供米運動などをはじめるにいたった。郡産青連は……かっての左翼青年闘士が幹部になった。四月の第一〇次県産青連大会は一、六〇〇名が飯田中学講堂を埋め、有馬頼寧の講演をきいた。二二日から三日間上諏訪における農村協同体確立運動指導者養成講習には企画院調査官勝間田清一と翼賛体制建設青年連盟の三上卓が講師として乗り込み、産青連を新体制運動に切り替える方針が決まり「職分翼賛の礎石たらん」の誓約書に署名した」。

「いよいよ一六年、第二次世界大戦突入の年、県産青連は四月二九日長野市で解散式を挙行、声明を発し、「苦闘一〇有余年、産青連の歴史を閉ずるに方り、農村協同体建設のために県下二万五千（二六〇連盟）の盟友は選ばれたる天業翼賛の戦士たらんことを誓う」と勇ましく

宣言して翼賛壮年団の翼下に包括されてしまった」(注7)。

これをさらに要約すると、まず一九二八年に長野県産業組合青年同盟が設立され、次にその支部がつくられ、そこに産業組合主義のイデオロギーが注入され、一九三三年には産青連の全国組織が出来上がり、産組新聞と「家の光」購読者を普及するなどの組織拡大がすすめられ、一九三六年には県産青連の勢力は連盟数二四〇、盟友二万と称されるまでになり、一九三七年九月に国家総動員運動が開始され、一九三九年になると産青連は時局即応の態勢に突入し、かつての左翼青年闘士が幹部になり、一九四一年、第二次世界大戦突入の年、県産青連は四月二九日長野市で解散式を挙行、声明を発し、「苦闘一〇有余年、産青連の歴史を閉ずるに方り、農村協同体建設のために県下二万五千(二六〇連盟)の盟友は選ばれたる天業翼賛の戦士たらんことを誓う」と勇ましく宣言して翼賛壮年団の翼下に包括されてしまったということになるのであろうか。いずれにせよ一〇年以上にわたって全国的に一大農民運動がなされ、「その結果、産業組合中央会、産業組合中央金庫などを頂点とし、全農家を組合員とした産業組合のピラミッド型統合体が確立することになった。現在の総合農協の四種事業の兼営型の協同組合がこの時期に形成された」わけである(注8)。

上記の産青連の行動方針に「産組新聞と『家の光』購読者を普及する」とあるように、産業組合の普及のためには農民向けにに産業組合中央会が発行した雑誌『家の光』が活用され、賀川豊彦は一九三四年から三五年にかけてそこに産業組合の啓蒙小説である『乳と蜜の流るる郷』を連載し、『家の光』は飛躍的に部数を拡大させ産業組合も拡大させた。当時、東京のある業界新聞が「賀川豊彦は産業組合運動に転向した」と書いたことに対して、賀川豊彦は「私は、二〇年も前から、消費組合を作り、信用組合を作り、利用組合を作り、又質庫信用組合を作ったり、最近は、医療組合を作ったりして苦労している」と書いている。そしてさらに、そこにこうも書く。

「我国に現在産業組合が一万五千ある。しかもその一万五千の産業組合には約七百万家族が入っている」。「皆は組合にはいれば多分少し儲かるだらうと、営利主義から組合に加入する。今の産業組合は大抵そんなものである。……今の一万五千あるところの日本の組合といふものは、残念ながらまだ組合的資本主義的搾取制度の変形である。残念な話ではあるが之は事実である」。「日本の信用組合は一万四千からあるが、大抵は村の有力者がはいって居る。有力者信用組合である。さうして、有力者信用組合に貧乏人は入れない……除外している」[注9]と。

労働運動、農民運動から無産政党まで、キリスト教への信仰とその普及以外にも社会運動に実践的に関りつづける賀川豊彦は、農村恐慌、金融恐慌から戦争に向けて動き出した時代の中で、世界平和への道を協同組合に求めた。啓蒙小説である『乳と蜜の流るる郷』もそのために書いたし、それを読んだ農村青年たちは大いに産業組合をインスパイアされたであろう。そして賀川豊彦が説いた産業組合は、営利主義や国から言われて参加する組合ではなく、他愛主義の協同組合でなくてはならないということであり、世界のどの国でもそういうものとしての協同組合がひろがれば、利己主義の経済に起因する戦争はなくせると考えたからであったわけだが、「一万五千あるところの日本の組合の多くは、賀川豊彦にとってはまだ「有力者信用組合」であったわけである。

石見尚氏は、千石興太郎の産業組合主義とその存立要因についてクールにこう書いている。

「恐慌によって打ちひしがれた農村の再建に当って、国は農林省のみならず内務省、大蔵省、文部省、商工省を動員した。それは官製的運動として、「農村経済更生運動」となったが、そのメインテーマは「農家負債整理」。その負債整理にあたって、国家主導には限界があり、信用組合を軸とした産業組合を活用せざるをえなかった。……昭和初期の農村は資本主義的な民間市場経済に急激に編入されたために、国民経済の中で最も弱い部門であった。昭和恐慌はこの弱体部門を補強する必要を迫ったのであるが、瀕死の状態におちいった農村に、市場経済を回復する仕事は国家の手にあまる仕事であった。……非常事態には異能団体の活躍の余地がある。異能手段として呼びおこされたのが、「隣保共助」と「専属取引」の両方の機能をもち、農民の協同化を促進できる産業組合にほかならなかった」[注10]。

「産業組合内部の事業の革新に基づいていることである。すなわち、組合の信用事業が農家負債整理運動の中で農家、長打の生産と生活の管理に結びついていったこと、また購買事業が化学肥料の取り扱いと配合工場で強化されたこと、米穀販売事業が農業倉庫での保管と共同集荷で販売シェアを拡大したことがあげられる。要するに産業組合の事業が、産業資本主義の発展と呼応して、近代的な流通組織に再編成されてきたことである」[注11]と。

「産組拡充五ヵ年計画」が開始された一九三三年は、一九三一年に引き起こされた満州事変から日中戦争へと向かう最中であった。また東北のとりわけ三陸においては定期的に大地震と大津波がくりかえされるわけだが、一九三三年に起こった「昭和三陸津波」からの復興、とりわけ岩手県大槌町吉里吉里集落においては産業組合を活用した新漁村建設が試みられた。一九三三年当時の日本は不況の最中にあり、国は中国への侵略を企図していたから地震の復興に金をかける余裕がなかった。そこで革新官僚といわれた官僚たちが産業組合の制度を使って被災者に産業組合をつくらせて、その産業組合に資金を貸し付けるかたちで復興資金を提供というか貸し付けたわけであり、真面目な被災者たちは、後にそれを返済したわけである。岡村健太郎氏は『「三陸津波」と集落再編――ポスト近代復興に向けて』(鹿島出版会二〇一七)にその理由を「これは一九三一年の満州事変以降軍事費が膨張し、軍事費以外の予算規模が縮小されるなかでの苦肉の策であったと言える」[注12]と書いている。農山漁村経済更生運動を推進させることについても、信用組合が中心で「農民の協同化を促進できる産業組合」が活用されたというのが現実的な背景であったのであろうし、とりわけ吉里吉里集落においてはさらに産業組合の四種兼業機能が「ポスト近代復興」の先例となった。後に書かれた井上ひさしのユートピア小説『吉里吉里人』は、この大槌町吉里吉里集落つくられた「理想村」をオマージュして書かれた小説で、そのモデルは実在したのであった。岡村健太郎『「三陸津波」と集落再編――ポスト近代復興に向けて』にはこうある。

「吉里吉里集落に産業組合が設置されたのは、震災約二ヵ月後の一九三三年五月二三日である。正式名称は、当初「保證責任吉里々々住宅購買利用組合」であった。目的としては「組合員ノ住宅、住宅用地又ハ経済ニ必要ナル物ヲ買入レ之ニ加工シ若ハ加工セシメテ又ハ之ヲ生産シテ組合員ニ売却スルコト」と、「組合員ヲシテ産業又ハ経済ニ必要ナル設備ヲ利用セシムルコト」の二つが挙げられている。このことからも、震災直後から住宅再建や産業の復興などの各種復旧・復興事業を担う主体として産業組合が措定され設立されたことがわかる。……産業組合は信用、購買、販売、利用の四種類の事業が可能で……農山漁村経済更生運動においては、産業組合の四種兼業が推奨されていた。吉里吉里産業組合では当初購買と利用の二種兼業であったのが、一九三三年一一月に信用事業が追加され三種兼業となった。復旧・復興事業を行なうにあたり、低利資金の融通を受ける際に産業組合が受け皿となり、さらにそこから各被災者に資金の融通が行なわれることとなる。そのため、産業組合における信用事業は復旧・復興事業における資金の流れを円滑化するうえで非常に重要な事業であったと言える。……大槌町では、昭和三陸津波に前後していくつもの産業組合が設立されている。このうち直接的に高所移転事業に関与したのは吉里吉里集落の保證責任吉里吉里住宅信用購買利用組合と、安波、惣川、小枕の高所移転に関与した保證責任大槌水産信用販売購買利用組合の二つである。また、保證責任大槌信用購買利用組合は大槌町全域を対象とした産業組合で、後に大槌病院の設立などにも関与している(注13)」と。

「吉里吉里集落においては、「計画要項」に見られるように、高所移転や住宅再建などのインフラ整備事業と各種産業の復旧・復興事業などの社会政策関連事業の双方を組み合わせた総合的な復興計画が作成された。……計画の実施にあたっては……吉里吉里集落の場合、震災を受けて集落を単位とした新たな「保證責任吉里々々体宅購買利用組合」が設立された。産業組合が担ったのは、住宅適地造成事業および住宅再建にかかる費用に関し、低利資金の融通を受ける際の窓口になったほか(信用事業)、住宅建設のための材料や日用品などの共同購入(購買事業)、復興趣に新たに建設された共同浴場や水道の経営(利用事業)、醤油や味噌など共同作業所で生産した商品の販売(販売事業)など多岐にわたった。」(頁二〇四―五)とあり、組合によって建設された住宅と町並み、共同浴場、共同販売所、共同製造所とその付属栈橋の写真などが添付されており、吉里吉里集落の「理想村」を髣髴とさせる。戦前の産業組合によるこの試みは、三・一一東日本大震災後の東北の復興にも大いに参考にすべきだろうと思うところである。

(3) 賀川豊彦と宮澤賢治

賀川豊彦の『乳と蜜の流るる郷』を読んだ時に、既視感があった。思い出したのは、宮澤賢治の『ポラーノの広場』である。宮澤賢治は『春と修羅』の詩人、『風の又三郎』や『銀河鉄道の夜』などの童話作家として、また一九二六年に花巻農学校を依願退職した後に「羅須地人協会」を立ち上げて、最後に「雨ニモマケズ」の詩を残したことなどが広く知られている。しかし宮澤賢治が早くから産業組合に関心をもっていて、「羅須地人協会」は宮澤賢治流の産業組合の模索であり、代表作のひとつである『ポラーノの広場』は少年たちが産業組合をつくる話であり、宮澤賢治が死の直前にまるで遺書のように投稿された詩が「産業組合青年会」であったことはあまり知られていない。「宮澤賢治と産業組合」については次章の大内秀明氏の論考『宮澤賢治と産業組合』に詳しく、私の宮澤賢治についての論考も「宮澤賢治が立ち上げた羅須地人協会は賢治にとっての産業組合であった」とする大内秀明氏の論考と基本的に同じであるから、「宮澤賢治と産業組合」についての論考は次章の大内秀明氏の論考をメインにして、ここではそれを少しだけ補足するところ。

『ポラーノの広場』は、宮澤賢治が花巻農学校に在職していた一九二四年に『ポランの広場』としてその原型が書かれて同年八月には学校演劇で上演もされたが、同年九月には学校演劇禁止令が出された。宮澤賢治は一九二六年三月に花巻農学校を依願退職した後に「羅須地人協会」を立ち上げ、その活動は一九二七年二月一日の「岩手日報」に以下のように紹介された。

「宮澤賢治氏は今度花巻在住の青年三十余名と共に羅須地人会を組織しあらたなる農村文化の創造に努力することになった。地人会の趣旨は現代の悪弊と見るべき都会文化に対抗し農民の一大復興運動を起こすのは主眼で、同志をして田園生活の愉快を一層味はしめ原始人の自然生活にたち返らうといふのである。これがため毎年収穫時には彼等同志が場所と日時を定め耕作に依って得た収穫物を互ひに持ち寄り有無相通ずる所謂物々交換の制度を取り更に農民劇農民音楽を創設して協会員は家族団らんの生活を続け行くにあるといふのである、目下農民劇第一回の試演として今『ポランの広場』六幕物を上演すべく夫々準備を進めてゐる(注14)」と。

そして宮澤賢治は、同月花巻警察署で事情聴取を受けるのだが、『ポラーノの広場』にはその体験を書いたのであろう警察での事情聴取シーンがあるから、『ポランの広場』がリライトされて『ポラーノの広場』として書きなおされたのは一九二七～八年と推定される。要は、ちょうど同じ頃に千石興太郎は産業組合主義を提起し、賀川豊彦は江東消費組合や中ノ郷質庫信用組合を設立し、宮澤賢治は羅須地人協会を立ち上げたわけである。

『ポラーノの広場』は、物語の話者となるモリーオ市の博物局に勤めるレオーノキュースト氏が、つめくさの花に導かれてポラーノの広場を探す若者たちを応援し、最後に若者たちがそこに産業組合を立ち上げる話で、最後に後年レオーノキュースト氏がそれを回顧する以下のプロットがあり、「ポラーノの広場のうた」で終わっている。

「それからちょうど七年たったのです。ファゼーロたちの組合ははじめはなかなかうまく行かなかったのでしたが、それでもどうにか面白く続けることができたのでした。私はそれからも何べんも遊びに行ったり相談のあるたびに友だちにきいたりしてそれから三年の後にはとうとうファゼーロたちは立派な一つの産業組合をつくり、ハムと皮類と酪酸とオートミルはモリーオの市やセンダードの市はもちろん広くどこへも出るようになりました(注15)」と。

『ポラーノの広場』は、花巻農学校の教員であった宮澤賢治とその教え子との学校生活を、その後の羅須地人協会の立ち上げと産業組合づくりの構想に転移させた宮澤賢治が、自らの思いを込めて書いた自伝的小説であり、『風の又三郎』や『銀河鉄道の夜』と比べると、そこには農村の青年への希望がレオーノキュースト氏の優しいまなざしで語られている。

一方、賀川豊彦の『乳と蜜の流るる郷』は、それが千石興太郎が企画した農家向けの雑誌『家の光』に連載されて広く農民に読まれ、それによって『家の光』の発行部数と産業組合が飛躍的に伸びたという産業組合の啓蒙小説であるが、それは単に産業組合の普及拡大を目的としたというよりは、あらゆる協同組合の立ち上げとそれらをつないだ協同組合社会を創るために粉骨砕身する賀川豊彦が、自らを主人公の東助に投影させて、全国の農民たちに江東消費組合や中ノ郷質庫信用組合はもとより、中野の医療組合の病院や有楽町に建てられた産業組合中央金庫の中央金ビルディングまで知らしめ、最後は東助が全国産業組合大会で生命保険や国民健康保険を産業組合的にやることを演説するところで終わる。要は、賀川豊彦が全国の農民に産業組合のイロハと到達点と希望を易しく伝えた自伝的啓蒙小説であり、明るく語られている。『乳と蜜の流るる郷』の中には天文学者の老人が出てきて、浦江さんという童話作家の女性に、「浦江さん、産業組合を宣伝するような、おとぎばなしをお書きになっては?」と語りかけ、浦江さんは天文学者に「わたしね、天の川ことを、おとぎばなしに書こうと思っていたんですが、天の川っていうのは、どんなものなんですか？」とたずね、天文学者が銀河系統の星雲について説明するプロットがある。(注16)

また、賀川豊彦の『産業組合の本質とその進路』には、富士山の麓の貧しい村から相談しに来た青年に対して、賀川豊彦が以下のように応えるプロットがある。

「………鶏を飼いなさい、一番よいにのは山羊だ、その次は兎だ、その次は豚だ、その代わりに私の言う通りに豚の肉ではハムとベーコンを造る方法を研究なさい。山羊の乳はバターとチーズになさい、兎の皮は必ず鞣になさい、さうすれば必ずあなたの村は更生する」と云って置いた。そして私はハムの加工所を御殿場に造った。………私は之を是非産業組合でやって欲しいと思ふ。村の信用組合といふものには大抵金が集って居る、其の金を利用する方法を知らぬために困って居る。それを斯う云ったものの資金に廻して欲しい(注17)」と。

農村の青年に対するこの賀川豊彦の姿は、『ポラーノの広場』における宮澤賢治に重なるわけである。だから私は『乳と蜜の流るる郷』に『ポラーノの広場』をデジャヴして、ひょっとしたら賀川豊彦は宮澤賢治を読んだのではないかと思ったところで、宮澤賢治は一九三三年九月に亡くなり、一九二四年に出版した『春と修羅』と『注文の多い料理店』はほとんど売れずにいたわけだけど、『春と修羅』は一部の詩人たちに注目され、福島出身の草野心平は宮澤賢治を自分の発行する詩誌の同人に誘い、宮澤賢治が死んだ後には一九三四年に「宮澤賢治追悼」を出し、一九三五年には文圃堂版『宮澤賢治全集』全三巻とパンフレット「宮澤賢治研究」（全六号）を出しているから、読書家の賀川豊彦の目にもふれた可能性はなくもないし、同じく読書家であった宮澤賢治は賀川豊彦を読んだかもしれない。かもしれないのふたりのシンクロだが、ここに書き残しておくところ。

【注】

（1）「現代日本思想体系6」筑摩書房
（2）賀川豊彦『産業組合の本質とその進路』（協同組合新聞社一九四〇）五四頁
（3）前掲書一五六頁
（4）石見尚『農協』（日本経済評論社一九八六）七八頁
（5）河内聡子「昭和前期の農村地域における〈共同体〉の編成とその機能」
（6）太田原高昭「産業組合運動のクライマックス」

(7)『下伊那青年運動史』(国土社一九六〇)一二二一―一二四頁
(8)石見尚『農協』)四三頁
(9)賀川豊彦『産業組合の本質とその進路』三四七―三四八頁
(10)石見尚『農協』三三頁
(11)前掲書七八―七九頁
(12)岡村健太郎氏は『「三陸津波」と集落再編――ポスト近代復興に向けて』(鹿島出版会二〇一七)
(13)前掲書』一七九―一八〇頁
(14)宮澤賢治全集』
(15)宮澤賢治『ポラーノの広場』(新潮文庫)四〇六―四〇七頁
(16)賀川豊彦の『乳と蜜の流るる郷』(家の光協会二〇〇九)一二〇頁
(17)『産業組合の本質とその進路』二〇四頁

2 柳田国男と産業組合

(1) 柳田国男の産業組合論

柳田国男は若い日には北村透谷らが創刊したロマン主義の雑誌『文学界』に抒情詩を書く文学青年であり、島崎藤村や田山花袋らとの交流も盛んであったが、一八九七年に東京帝大に入学すると農政学を学び協同組合を研究して、卒論には飢饉に備えた「三倉」の研究を書き、一九〇〇年に農商務省に奉職して、同年に法制化された産業組合法に基づく産業組合の啓発普及活動を仕事として早稲田大学で農政学の講義をし、一九〇一年には信州で産業組合の講演旅行し、一九〇二年には産業組合の解説書である『最新産業組合通解』を書いた。要は、柳田国男は日本で最初に協同組合の仕事を任された官僚であったわけだが、柳田国男が農政学を学び、産業組合の普及に取り組んだ背景には、一〇歳の頃に故郷で体験した大飢饉による飢餓の体験と、日清戦争後に急速にすすんだ日本の資本主義化のと外国との競争の中で取り残された小農や労働者の貧しさがあった。

柳田国男の『最新産業組合通解』の序文には要約すれば、下のように書いてある。

「生存競争の惨毒には見るに忍びざるものあり、手工を以て生計を営みたる者も賃銀を以て生活する所謂労役者の階級に下る。この経済上の大変動は、資本の集積、資本の勢力によるもので、殊に腕力を提供して生産に余呉する者は皆資本家と約束して賃銀の名を以て分配物の立替を乞ふしかない。このような現代文明の病的傾向は、夙に十九世紀の先覚者をして社会改良の必要を提起させて、その重要なひとつが産業組合である。産業組合は、英國には所謂消費組合（購買組合）があり、獨乙に起りたる貸付組合（信用組合）がある。産業組合に対しては、國家は唯法規を設けて之が軌道を示し能く其当初の目的を遂げて弊害に陥らざるを期するのみだが、本邦においては法規を設けて國民の注意を喚起して、直接に組合の設立を誘致する必要がある。この辺りが府当局者の意向だ」(注1)と。

そして総論における産業組合の法的規定から、各論における信用組合、販売組合、購買組合、生産組合についての詳細な解説が書いてある。生産組合は、後に利用組合とされるわけだが、柳田国男の訳では生産組合であり、産業組合法では四種の組合が一括して産業組合とされていたものが、戦後においては監督省庁が農協は農林水産省、生協は厚生省、生産組合（企業組合）は中小企業庁などに分割されて、一般協同組合法的であった「産業組合法」に比べて後退している。また、組合を立ち上げるのに必要な条件や手続きについて、柳田国男も「一〇回以上読めば分かる」みたいに書いている煩雑な書類手続きは戦後も相変わらずで、一〇〇年前に柳田国男が「この辺りが政府当局者の意向だ」と言ったとおりの状況は今も変わってはいない。それでこれを読んで、私はとても驚いたわけだが、それは私は西暦二〇〇〇年に生協を辞めた後、ＮＰＯ（特定非営利活動法人）の立ち上げとやがて清算（解散）をしたのだが、その時に参考にしたＮＰＯの「設立」から「解散」までの「手続き」を書いた解説書と、一九〇二年に柳田国男が書いた『産業組合通解』とでさほど変わるものではなかったことであった。

一九〇二年に農商務省から法制局に移動した後も柳田国男は農商務省の嘱託となって、全国各地を視察して産業組合の講演会を行い、それを一九一〇年に『時代ト農政』として出版するわけだが、一九〇七年に行われた産業組合講習会での「日本に於ける産業組合の思想」を少し長くなるが、要約すると以下のように語っている。

「元来世の中には舶来の制度と云へば一も二もなく歓迎する人と、また徹頭徹尾嫌ふ人と二派あるように思われます」。「元来農政の上で大問題と目されて居るところの大地主借地農主義―対―小地主自作農主義の議論……（英国のジョン・スチュアート・ミルの書物を見ても）

小地主自作農主義が適当だといふところであります」。「外国との競争の惨害は農業者は早晩免かれることが出来ぬ。然るに之に対して最も早く敗北し易き者は資力の不十分な小農であることは申すまえもない」。「製造業に付いては工場の職工には所謂八時間問題といふやうな労働時間制限問題を唱へる者がありますが、農業者は労働時間の制限など夢にも知らぬ。今一の点は農業者も同じく生産者企業者でありながら市場に対して些も勢力を持って居らぬ、是が大きな弱点であります。自分は生産者であるながら市場に対して少しも駆引きが出来ぬのであります」。「この農業組合の方法が行はれ普及致しましてからは、多数の識者は始めて此間に一道の光明を認めることが出来たといふのであります。即ち農業組合なるものは小農を存続せしめて之に大農と同じ利益を得せしめる方法であるのであります」。「全体御承知の通り組合なるものは対等なる人と人との間の関係であります」。「（他力事業と自力事業との区別）自力事業の中でも取別け研究に値するものは所謂社倉の制度（三倉）であります。………三倉とは義倉社倉常平倉のことであります。……義倉と申しますものは純然たる飢饉年の手当てであります。………所謂義といふ意味は……人の為にすることと、英語で申せばアルトルイスチック（利他）といふやうな意味の義であります。……社倉の社といふのは要するに町村といふ字であります。公共団体といふ字であります。……社倉とは要するに公共団体が経営して居る義倉といふ意味に外ならず、若しくは町村を一つの組合区域とする救済組合といふ意味に外ならぬのであります」。「当時……最も良く社倉の理想に合した組合を作ったのは……二宮先生であります」。「組合は小さい方が仕事は擧がるが其代りに資力が大きくなり能はぬ。幸いにして資本需給の時期及び事情の相異なって居る二三の組合が合同して更に大なる組合を作るならば、僅かの資金でも大きく仕事が出来ます」。「終に私は報徳社に限らず徳川時代の社倉義倉其他の貸付融通機関の仕事と、現在の信用組合の仕事との間に一つ甚だ異なった点があるといふことを申して置かなければなりませぬ……第一貧乏人の困窮窮乏と云ふ種類が昔と大いに違って来たのであります。……現代では此外に真面目に働きつつ尚少しづつ足りないと云ふ一種の不幸が現われて着ました。是は金銭経済時代の特色であります。昔から貧民は有るが、今日の貧窮は自覚しつつ防ぐに術の無い苦しい窮乏であります」。「実は信用組合以外の組合は昔から極めて我国には小規模にしか行はれて居りませぬ。………昔は共同購買のことは農村の問題では無かったのであります。全然市街地住民の問題であったのであります。併し今日となっては英国のロックデールの職工が購買組合を拵へた事情は、即ち日本の農業者が其肥料等を買ふのと同一の事情であります。彼は工業労働者でありますが、其精神は其まま我国の農村に適用することが出来るのであります。其購買組合の事に付いては大いに外国の先例を學ばなければならぬ点があると思ひます。併しながら右の如く申したとて日本に於て組合の思想が社倉即ち信用組合の方面ばかりにしか開けて居らぬと思ふのは誤りであります。茲に一々列挙は致しませぬが、例へば用水のためにも立派なる団体が出来て居ります。現在は公共団体の事業になって居りますが、其始めは地方農民の私的共同事業でありました。産業組合法の規定に充てて云へば生産組合に當りませうか、水の共同使用の事業は皆古来立派に発達して居ります。組合と云ふ思想は久しく我国民の間に十分に発達して居ったもので、必ずしも西洋の文物を輸入致しませんでも、我々は組合を作るべき十分の素質を具へて居るのであります。現在の産業組合は唯四種のみに限られて居りますが、私は之を利用すれば萬般の目的に亙って種々の場合に適用することが出来ると思ひます。況んや法律は元来国民の為に作ったものでありますから、社会が必要と認むれば如何やうにも之を更へることが出来ます(注2)」と。

以上が私的な柳田国男の産業組合論の要約である。生産組合を含む四種の産業組合をもってすれば「萬般の目的に亙って種々の場合に適用することが出来る」とする柳田国男の産業組合理解は、戦後に再出発して消費組合として戦前を越えて大きく拡大した現在の協同組合をしてもなお取り組むべき課題なのではあるまいか。

(2)『遠野物語』と宮澤賢治

前項で賀川豊彦と宮澤賢治の産業組合をめぐるふたりのシンクロについて書いたが、柳田国男と宮澤賢治についてもシンクロがある。柳田国男は『時代ト農政』を出版した一九一〇年に、代表作の『遠野物語』を自費出版している。『遠野物語』は柳田国男が遠野出身の佐々木喜善と出会い、佐々木喜善から遠野に伝わる「お化話」を聞かされ、それを物語としてまとめた作品であるわけだが、遠野といえば宮沢賢治の時代には花巻から軽便鉄道が通っており、そこは「風の又三郎」が登場する宮沢賢治の童話の世界の舞台でもあった。柳田国男と宮澤賢治の間には直接の交流はなかったが、佐々木喜善と宮澤賢治は賢治の晩年に親しく交流しており、『遠野物語』の「一六」「一七」にある「ザシキワラシ」と宮澤賢治の童話「ざしき童子」のストーリーのニアミスに見られるように文学空間を共有している。宮澤賢治の研究家で『宮澤賢治全集』の編集者である天沢退二郎氏は、「『遠野物語』の魅力の根源は………宮沢賢治の童話などと共通の、非人称的な〈物語〉なるものの力によって支えられているのである。………『遠野物語』のいたるところに〈宮沢賢治〉がいるし、賢治テクストのいたるところに『遠野物語』があるのだ」[注3]と書いている。

かつては抒情詩を書く文学青年であった柳田国男は、歌の別れをして官僚になった後も島崎藤村や田山花袋との文学的な交流をつづけたわけだが、一九〇六年に島崎藤村が『破戒』を出し、一九〇七年に田山花袋が『蒲団』を出して、それらが自然主義文学として大きな反響を得たことに対してふたりの作品を厳しく批判した。その頃の柳田国男は、法制局に移動後も柳田国男は農商務省の嘱託となって全国各地を視察して講演会を行っており、前述の「日本に於ける産業組合の思想」は一九〇七年に行われた産業組合講習会での話であるわけだが、そこでも語られているように、柳田国男は日本の産業組合がイギリスなどとちがって「国家権力の発動に依り」つくられた官製であることを自覚しており、それが地主のための信用組合ではなくて貧農のための四種兼業の産業組合になるためには小農たちの「協同と自助」が必要であることを認識しており、産業組合法はあっても「自助と協同の精神」をそだてなければならないということをおそらく各地での講演会をとおしても確認していたと思われる。要は、思想を輸入して法律をつくってくれるわけではないということである。それは西洋文学の受け入れについても同様であり、島崎藤村や田山花袋らの自然主義文学もそうで、それは後に自然主義というよりは日本化された私小説とされたわだが、柳田国男はその最初の批判者であったわけである。

そして、二宮尊徳の報徳会をいわば土着の産業組合だと評価する柳田国男は、産業組合に必要な「自助と協同の精神」を「近世村落における農民自治」に求めたわけだが、一九〇八年に訪れた宮崎県の椎葉村にて柳田国男はそこに「焼畑と猪狩猟で生活している山村」を見て驚き、村長からその資料を得て『後狩詞記』を書いて五十部を自費出版した。そして同年一一月に佐々木喜善から遠野の伝承を聞くと一九〇九年には岩手県の遠野を訪れ、一九一〇年六月に『遠野物語』を自費出版して、その序文に「国内の山村にして遠野より更に物深き所には又無数の山神山人の伝説あるべし願わくは之を語りて平地人を戦慄せしめよ」と書いた。後年、柳田国男は『遠野物語』を出版したことについてその意図を、「西南の生活を写した『後狩詞記』が出たからには、東北でもまた一つは出してよい。三百数十里を隔てた両地の人々に、互いに希風殊俗というものはないということを、心付かせたいというような望みもあった」と書いているから、おそらく柳田国男は「近世村落における農民自治」に先行する世界を平地から隔絶した遠野の山中に垣間見ようとしたのであろうか。

一方、宮澤賢治は一九二四年四月に詩集『春と修羅』を、同年一二月には童話集『注文の多い料理店』をそれぞれ自主出版し、少年たちが産業組合をつくる『ポラーノの広場』の原型になる『ポランの広場』を同年中に書いて農学校でそれを上演し、一九二六年三月まで岩手国民高等学校で「農民芸術論」の講義を行い、一九二六年三月三一日に花巻農学校を依願退職すると、翌四月一日から下根子桜の宮澤家の別宅に移り住んで独居生活を始めて「羅須地人協会」を立ち上げた。岩手国民高等学校での講義録である『農民芸術概論綱要』の序論に宮澤賢治はこう記す。

「おれたちはみな農民である　ずいぶん忙しく仕事もつらい　もっと明るく生き生きと生活する道を見付けたい……世界がぜんたい幸福にならないうちは個人の幸福はあり得ない……」

「かつてわれらの師父たちは乏しいながら可成楽しく生きていた　そこには芸術も宗教もあった　いまわれらには労働が　生存があるばかりである　宗教は疲れて近代科学に置換され然も科学は冷たく暗い　芸術はいまわれらを離れ然もわびしく堕落した……芸術をもてあの灰色の労働を燃せ　ここにはわれら不断に潔く楽しい創造がある　都人よ　来ってわれらに交われ　世界よ　他意なきわれらを容れよ……」と。

これを読めば、『遠野物語』の序文にある「国内の山村にして遠野より更に物深き所には又無数の山神山人の伝説あるべし願わくは之を語りて平地人を戦慄せしめよ」と、『農民芸術概論綱要』にある「都人よ　来ってわれらに交われ　世界よ　他意なきわれらを容れよ」のふたりの激情は、日本の近代をゆるがすようなシンクロであるように私には思える。柳田国男は一九二九年に出版された『都市と農村』に以下のように書いている。

「私などに取ってのうれしい発見は、労働に関する至って古風な考へ方が、まだ村だけには残って居たといふことである。………労働を生存の手段と迄は考へず、活きることは即ち働くこと、働けるのが活きて居る本当の價値であるやうに、思って居たらしい人が村だけには多かった。是が都市との最も著しい差別であって、何故に働いて居るのに尚生きられぬかといふ疑惑の、最近特に農村に於て痛切になった所以でもあるが、もと促迫無き労働に携はって居た者で無ければ、到底此様に生と労とを、一つに結び付けて見ることは出来ぬのであった。外から見た所では祭礼でも踊でも、骨折は同じであって、疲れもすれば汗もかいて居る。山野に物を採りに行く作業などは、其日によって遊びとも働きともなって居る」。

「三つの貴重なる経験をもって、少なくとも田舎人は、かえって都市住民に教うべき資格を持っていた。その一つは勤労を快楽に化する術、すなわち豊熟の歓喜とも名づくべきもので、都市ではただわずかの芸能の士、学問文章に携わる者などが、個人的にこれを味わい得るのみであるが、村では常人の一生にも、何度となくその幸福を感じ得たのであった(注4)」と。

柳田国男が椎葉村に見つけて遠野に探そうとした世界を、宮澤賢治は「イーハトーヴォ」と名付けた。それは柳田国男が「なぜに農民は貧なりや」の問いの先に求めた世界であり、宮澤賢治がその作品に描き病身の身をもって実践しようとした世界であり、ふたりにとって産業組合は共通のキイワードであったと思われる。

【注】

(1)『定本柳田國男集・第二十八巻』(筑摩書房一九六四)

(2)『定本柳田國男集・第十六巻』(筑摩書房)八一―一〇頁

(3)『現代思想』二〇一二年一〇月臨時増刊号

(4)『定本柳田國男集・第十六巻』二九八―一〇頁

3　一九三〇年代の産業組合

(1) 柳田国男と賀川豊彦

柳田国男は一九一九年一二月に貴族院書記官長を辞任すると、翌一九二〇年八月から東京朝日新聞社客員となって『都市と農村』をそこから出し、一九三一年には『明治大正史世相篇』を出して、そこには以下の一文がある。

「ことにその中でも注意せらるるものは産業組合である。二十何億万円の巨額なる資金と、二万の組合と三百万の組合員数とは、実に現代の一大偉観であるが過去三十年間において数字の上ではかくのごとく成功し、かつまた多忙に仕事もやって来たにもかかわらず、なお効果は予期せられしものの全部に及んでいない。すなわち救われねばならぬ人々の自治の結合が成就してこそ、目的は達せられるのであるのに、その点の顧みられなかった結果は、かえって比較的貧苦の危険の少ない者から、まず国家の保護を受けることになり、彼等は従順に行政庁の指導に服する代償として、機関を利用してこの通り勢力を外に張ることを得たのであった。いわゆる公式脱税会社の悪評は、若干の場合には適中していた。保険も相互の組織をもって経営することを必要と認めたのであるが、法律はあまりにその条件を限定した。そうして細かに手続を履んで、政府の認可を受けたものでなければ、保険事業をなす事ができないということに定められ、当時少しずつ発達の途にあった各種の共済事業は、いずれもこの条件に充たぬ点があって、ことごとく解散を命ぜられたのは実に借しいことであった。以前の協同の実際の利益を記憶している者は、かえって新制のただ旧きものを何の詮議もなく捨て去るのに不服であったが、統括時代の単一方針は、むしろ目ぼしい地方の有力者に新事業を与える事に汲々としたため、特徴ある各種の組合の発展は阻止され、一方無数の新設組合への参加を強要される人々は、ますます従来の自治心を喪失して行ったのであった。

しかしかように多くの弊害を内包しているとはいえ、共同団結に拠る以外に、人の孤立貧には光明を得ることはできないのであった。かくしていったん離れればなれになった人心に、最近ようやく、自治の新しい気運が向いて来て、幾多の失敗を重ねつつも、歩一歩前進の兆を示しているのは、慶賀すべき実状と言ってよかったのである。産業組合の内においても、消費組合は新たに著しく活躍し始めた。さらにそこから出発して、共同炊事を行う組合さえもできようとしている。衣食住の整理には議論もあり、困難なる障碍もあるが何にしても人が単に生産の方法にのみならず、別に消費経済の考究から生活の改善が期せらるることを、真面目に留意するに至ったのは悦ばしい新事実であった[注1]」と。

この一文のどの行も、柳田国男が産業組合の当事者を離れて朝日新聞客員として産業組合の現在を見たことの柳田国男ならではの的確なレポートと評価がある。「救われねばならぬ人々の自治の結合が成就してこそ、目的は達せられるのであるのに、その点の顧みられなかった結果は、かえって比較的貧苦の危険の少ない者から、まず国家の保護を受けることになり、彼等は従順に行政庁の指導に服する代償として、機関を利用してこの通り勢力を外に張ることを得たのであった。いわゆる公式脱税会社の悪評は、若干の場合には適中していた」とは、それに言い得て妙なところがあるのは、産業組合が柳田国男がその事始的に書いた『最新産業組合通解』に「西洋各国に在りては、産業組合法の制定は遥かに此組織の発生の後にして、人民各自に稍稍其運用を会得し事業の進境にに臨みたるの際に在りとし。然れども本邦産業組合の法制は、聊他国と状況を異にするものあり[注2]」と書いたとおり、日本の産業組合はイギリスなどとちがって「国家権力の発動に依り」つくられたいわば国家の保護対象であって、それ故に税金もかからない事業組織であったわけであり、この基本的な構造は戦後の協同組合にもつづいている。

そしてこの柳田国男の産業組合への見解は賀川豊彦も共有しており、前述したように、賀川豊彦も「皆は組合にはいれば多分少し儲かるだらうと、営利主義から組合に加入する。今の産業組合は大抵そんなものである。……今の一万五千あるところの日本の組合といふものは、残念ながらまだ組合的資本主義的搾取制度の変形である。残念な話ではあるが之は事実である」。「日本の信用組合は一万四千からあるが、大抵は村の有力者がはいって居る。有力者信用組合である。さうして、有力者信用組合に貧乏人は入れない……除外している[注3]」と書き、産業組合の無税については、「世界を巡ってみて日本ほど産業組合に力を入れて居る国は少い。私はオーストラリヤに行き『日本政府は産業組合に対して所得税を免除して居る』と言うたら、『ハアー、良い国ぢゃなァ』と言った。産業組合が政府に対して税を払わないのは当り前だと思って居るかも知れないが、これは一大特権が与えられて居るので、吾々は一大奮発しなければならぬ(注4)」と書いている。

一九三〇年代は、前述したように農山漁村経済更生運動によって産業組合が全国の農村の隅々まで広がって組織が倍増した時代であり、柳田国男も賀川豊彦もそれを前向きに受け止めながらも、日本の産業組合は国家によって社会政策的につくられたいわば保護組織であるが故に税金はかからないけど、その成立に必要な「自助と協同の精神」を欠くという問題点についてはきちんと指摘している。また、柳田国男が「産業組合の内においても、消費組合は新たに著しく活躍し始めた。さらにそこから出発して、共同炊事を行う組合さえもできようとしている」と書くのは、おそらく一九二七年に賀川豊彦が立ち上げた江東消費組合のことではなかろうかと思われるわけだが、それが消費組合である以上に四種兼業による協同組合であることを期待している。そして賀川豊彦は、協同組合運動と江東消費組合について以下のように書いている。

「生産、消費、信用とあらゆる方面に於いて、組織的な協同組合運動をやる以外には、資本主義経済を、是正し得る道はないと考へる」。「利用、販売、購買、信用この四つが許されてゐる処で、利益といふものを積み立て、それを共同資金に廻して、救済的方面に向け、その救済施設の救済的機関に利用組合を作ってほしい。一例を挙げれば、東京市本所区に江東消費組合がある。組合員は最初六十三名で、一年間に一千八百萬円儲かった。この救済組合の施設を力説したい。利用組合は、只今では、江東消費組合の名で利用してゐるが、今後は、産婆も雇入れて、貧乏した場合は救済する。又、将来は、組合員の託児場の施設までやりたいと思ふ(注5)」と。

柳田国男と賀川豊彦のふたりは産業組合に期待を持ちながらも、その後はそれぞれの道を歩んでいく。一九三〇年に朝日新聞社論説委員を辞任した柳田国男は「郷土研究」いわゆる民俗学へに集中していき、一九三五年に行われた日本民俗学講習会においてその冒頭で、「郷土研究の目的は果たして何であるか。それを実行することが、果たして今日の更正運動に、直ちに何らかの便益をもたらすとでもいうので、その用に急務を叫ばれるのであるのか」と語り、民俗学の方法については、乏しい文書資料から演繹によって時代の文化を概括する弱点から「できるだけ多量の精確なる事実から、帰納によって当然の結論を得、かつこれを認むること、それが即ち科学である」と語るわけだが、そこにおいてもなお「私は元来が農民史を専攻してみようと思って、学問を始めた人間である。今でもその方面に知友は多く、また農村近年の出来事に対して、最も深い関心を抱いている」と述べて「なぜに農民は貧なりや」を根本問題としていると語っているわけだが、それを読めば柳田国男においては、郷土生活の研究、民俗学は産業組合研究の延長にあることが分るのである。(注6)

一方、千石興太郎の提起した産業組合主義による農村経済更生運動を「これは一大特権が与えられて居るので、吾々は一大奮発しなければならぬ」とした賀川豊彦は、大奮発して自らの協同組合主義の実現に運動を集中していく。

(2) 統制経済と賀川豊彦の十字架

一九三〇年代という時代は、農村経済更生運動によって産業組合が全国化して組織が倍増した時代である一方、一九三一年に満州事変が、一九三六年には二・二六事件が、一九三七年には盧溝橋事件が起こされて日中戦争が始まり、一九三八年には国家総動員法が公布され、産業報国会運動が起こされるという戦争に向かう時代であった。左翼運動は弾圧され、消費組合運動でも左派系は「一九三四年、日本消費組合連合会は危機打開のための全国大会を開くが、各単組代表の出席者がその場で全員検挙され、さらに一九三七年には東京の二〇数人をはじめ各地で指導者が一斉検挙される。日本消費組合連合会は解体同然となり、さらに翌年、日本消費組合連合会を支えていた関東消費組合連盟も解散に追い込まれ、労働組合系の自主的な消費組合は消滅させられてしまう」(注7)時代でもあった。

階級闘争理論に基づく消費組合運動について、賀川豊彦は「日本の無産者消費組合運動の過去における重大な誤謬は此処にあった。地域を単位として組織しながら、無産階級性を強調し過ぎた為めに、組合員の密集を妨げ、或者は絶えざる弾圧にあって、組合を必要以上に貧困にして行ったのである。元来消費組合運動は、協同社会の建設運動であり、従ってそれ自体協同社会の基礎組織であり、さういう意味で資本主義の旧殻を破って行く運動なのであるから、それは対外的には資本主義企業と経済闘争を行っても、内部的には闘争を目的とした軍隊組織ではなく、融和を目的とした平時的大衆組織でなければならない。それでなければ消費組合運動の発達は覚束ない」(注8)と書くわけだが、一九三〇年代を通じて賀川豊彦の活動に目立つのは、産業組合的には医療組合や国民健康保険組合の創設といった総合的な協同組合づくりの構想と、海外にまで広がるキリスト教の伝道と協同組合運動の普及のための講演である。ひとつは欧米からの招待による講演と伝道の旅であり、もうひとつは満州や中国への伝道の旅である。

一九三五年一二月に米国基督連盟の招きで行ったアメリカでの協同組合の講演録は『Brotherhood Economics（友愛の政治経済学）』として一九三六年に日本を除く世界中で出版された。日本では『友愛の政治経済学』は二〇〇九年にやっと発行されたわけだが、その結論は「世界の経済体制を協同組合化する努力をいますぐ始めよう。これが達成されたとき……世界平和の確立への唯一の確かな基盤を見出すであろう」ということであり、それは私が本文で多数引用している一九四〇年刊の『産業組合の本質とその進路』の「世界に於ける経済機構を協同組合化し、それに依って一日も早く世界平和を確立しなければならぬ」という結語とほぼ同じである。賀川豊彦にとって戦争への道に抗する唯一の手立ては世界中に協同組合を広めることであり、日本で翻訳されなかった『友愛の政治経済学』を日本向けにリライトしたのが『産業組合の本質とその進路』であったのだと思われる。

そして賀川豊彦のもうひとつの伝道と講演の旅は、アジアとりわけ満州と中国であった。先に引用した『伊那青年運動史』には、「一九三八年三月は三日間、賀川豊彦巡回講演を行い、四月には満州移民の送出が始まり……」の記述があり、同年五月に賀川豊彦は満州伝道に行い、その後も一九四〇年、一九四二年と満州伝道は継続されている。

そしてもうひとつ注目される旅は、一九三八年一一月からのインドのマドラスにおける世界宣教大会への旅であり、そこで賀川豊彦はガンジーを訪ねてこう質問した。「あなたが私の立場にいたら、あなたはどうするかを知りたいのです」と。ガンジーの応えはこうであった。「私なら異端の考えを表明し、銃で撃たれるでしょう」と。日中戦争の開始以来、中国人にわびる賀川豊彦の言動は国家権力からずっとチェックされつづけていた。そして一九四〇年八月、『産業組合の本質とその進路』が出版されて間もない頃に賀川豊彦は反戦運動嫌疑で憲兵隊に拘引され、巣鴨刑務所に勾留されて激しく尋問された。そして賀川豊彦がそこから釈放されたのは、外務大臣松岡洋右のとりなしによってであたわけだが、それが出来たのは、賀川豊彦は一九三八年五月の満州伝道の際に南満州鉄道総裁であった松岡洋右から晩餐会に招かれて親しくなっていたからであった。先の賀川豊彦のガンジーへの質問は、それを背景にしたものだと思われる。

『産業組合の本質とその進路』を読んだ時に、私は一九四〇年五月という太平洋戦争開戦の前年に、よくこれだけの協同組合論を出版出来たものだなと驚かされた。そこに書かれていることはまさに『友愛の政治経済学』そのものなのだが、『友愛の政治経済学』は日本では翻訳出版されずに、『産業組合の本質とその進路』が出版されたことの違いを読むと、そのキイワードは「統制経済」にあったと思われる。賀川豊彦は前著にはない「組合国家を論じて国家改造に及ぶ」と「統制経済に於ける産業組合の役割」という章を加えてこう書いている。

「ムッソリーニが昭和九年から実行するギルド国家といふものも、協同組合或は日本でいふところの、産業組合といふものを基礎にしている」。「協同組合といふものは唯単に搾取なきといふだけでなく、統制経済といふものが加わって居る」。「今のやうな議会は、速やかに解散してしまって今度は協同組合の代表者を選んで、共同組合の組合長なり専務理事といふものの中から選挙し議会を組織するやうにすればよいと思ふ」。「ムッソリーニは偉い男だと思って居る。真の国家といふものは……組合中心でなくてはならぬ。而も真の理想といふものは、国民それ自身の生活といふものを能く熟知している組合の代表者が真の国家の会議といふものを組織しなければならぬといふことはムッソリーニに気が付いた」。「断って置くが、私はムッソリーニやヒットラーのやうな独裁主義に賛成してゐるのではない。然し、この独裁者から、全く消費組合や他の協同組合を疎外して国家社会主義の運用が出来ないと云ふことを注意したいのである」と。

世界恐慌に発する資本主義の危機から脱するための手立ては、アメリカにおけるニューディール政策があり、ドイツやイタリアにおけるファシズム型統経済があり、最左翼にはソ連における国家主導の五ヵ年計画による社会主義経済があった。とりわけ一九二八年に始まるソ連の五ヵ年計画は日本の官僚や軍人に大きな驚きと影響を与え、日本でも産業合理化運動が提起され、一九三一年に「重要産業統制法」が制定され、同年さらに「工業組合方」、一九三二年には「商業組合方」が制定されて国家統制が広がったわけだが、これを推進したのは岸信介に代表される革新官僚たちであった。

一方、前述したように千石興太郎の産業組合主義は、「（資本主義）に代わりうる相互協同の経済組織たる産業組合の組織を完成し、その機能を拡充して、大衆の福利を増進し、その生活を安定し、以って社会の偕和協調を実現せんことを主張するものであって、即ち産業組合に依る経済生活の統制を実現することを期する」とするわけだが、要は、産業組合主義と統制経済は馬が合うのであり、それは石見尚氏が指摘するようにそこには常にコーポラティズムへの誘惑もあるわけである。

そして賀川豊彦の協同組合主義は、翻訳されなかった『友愛の政治経済学』にある「現代の協同組合の基本原則の一つはそのサービスをコミュニティ全体へ広げることである。真の協同組合とは、その活動の広がりにおいて、全コミュニティ的なものである。古い組合はそのサービスを自分の組合に限定していた（注9）」を本質とするものであったわけだが、時代はそれを許さず、賀川豊彦は『産業組合の本質とその進路』の最終章において、「非搾取制度と統制経済を基調とする協同組合国家の成立は、これを及ぼして国際化する必要がある。若しこの運動を国際化し得るなら、世界平和は立所に来るであらう」と統制経済を語って出版許可を得て、自ら重い十字架を背負ってその時代を生きたのだと私は思うところ（注10）。

一九三七年に日中戦争が勃発すると産業組合中央会は戦争協力の声明を出し、一九三九年には現在の食糧管理法につながる「米穀配給統制法」が公布され、「産業組合は政府の統制機関と化し、一九四〇年には全購連、全販連、日柑連が合併して全購販連となり、一九四三年には農業団体法が公布され……農会や産業組合ほか五団体を統合して官製農業会が設立され……産業組合中央会も中央農業会に統合された（注11）」。

また、若槻武行はこう書いている。

「戦時体制が強化されると、活動の自由が奪われ、一九四二年の食糧管理法で米などの生活必需品は配給となる。社会運動弾圧で外堀を埋められ、食管法で本丸を抜かれ、さらに男子職員は徴兵される」。「弾圧は市民消費組合にも及び、一九四三年には当時、江東消費組合の組合長をしていた賀川豊彦や、福島消費組合専務理事の関誠一などのキリスト教徒の指導者まで、反戦活動容疑で逮捕されるようになった。こうして、戦時体制に協力的だった産業組合中央会と全国消費組合協会のみが生き残り、単位消費組合のほとんどは解散するか、または解散はしなかったものの廃業同然の状態に追い込まれるのだった（注12）」と。

【注】

（1）ちくま文庫『柳田国男全集二六』「明治大正史世相篇」三四五―三四六頁
（2）『定本柳田國男集・第二十八巻』一〇頁
（3）『産業組合の本質とその進路』三四七―三四八頁
（4）前掲書二〇二頁
（5）『産業組合の本質とその進路』四八―五一頁
（6）柳田国男『郷土生活の研究』（筑摩書房一九六七）
（7）若槻武行『協同の炎、永遠に』（東京六法出版二〇〇九）九九頁
（8）『産業組合の本質とその進路』三〇三頁
（9）『友愛の政治経済学』八七頁
（10）『産業組合の本質とその進路』三七七頁
（11）石見尚『農協』一四七頁
（12）『協同の炎、永遠に』九九頁

4　一九四〇年体制と西暦二〇三〇年における協同組合

(1) 一九四〇年体制と生協

「世界に於ける経済機構を協同組合化し、それに依って一日も早く世界平和を確立しなければならぬ」という結語を読めば、一九四〇年という対米開戦が予測される時代の中で『産業組合の本質とその進路』を出さねばという賀川豊彦の出版意図は痛いほど理解出来るが、一九四〇年という年はそこに産業組合を位置づけるという賀川豊彦の期待を押しつぶして国家的な統制経済体制がつくりだされた年であった。その主役は統制経済をめざす革新官僚の代表であった岸信介であり、岸信介は一九三六年に商工省から満州国に転出すると、満鉄総裁の松岡洋右や関東軍参謀長の東條英機らとならぶ満州国政府最高首脳の一人として、国会の無い統制経済国家の満州国で、ソ連の五ヵ年計画にならった満州国産業開発五ヵ年計画を実行して辣腕をふるい、一九三九年に商工省に呼び戻されると、一九四一年に組閣された東条内閣では商工大臣になった。

そして一九四〇年以降の戦時体制の中でつくられた統制経済のシステム、それをつくった官僚と法律と重化学工業を中心とした企業群や産業は、軍国主義が倒された後も戦後まで生き残って戦後の経済復興に活用された。戦前の産業組合が戦後社会の中で農協として再生するのもそういった背景があり、野口悠紀雄氏はそれを「一九四〇年体制」としている。これまで日本は戦争に負けてアメリカによる占領政策の下に民主化されて、戦後民主主義の下に生まれ変わって経済成長をもたらしたとされるわけだが、野口悠紀雄氏は「戦時期に作られた国家総動員体制が戦後経済の復興をもたらし、戦時期に成長した企業が高度成長を実現した」とする。(注1)

では、戦後の日本の協同組合はどうなのであろうか。農協は一九四〇年体制の継続なのかもしれないけど、生協は戦後新たに制定された「消費生活協同組合法」に基づいたロッチデール型の協同組合であるから一九四〇年体制とは無縁であるのか。前述したように戦前の産業組合は一九四〇年には七〇〇万組織を達成していたが、現在の日本の協同組合の総組合員数はその一〇倍近くになった。生協の拡大の要因には七〇年代以降の班別共同購入方式もあるけど、やはり最大の拡大要因は日本経済の高度成長であり、当時衰退した欧米の産業や協同組合を尻目にバブル期にいたるまで急速に事業の拡大がつづいたわけだが、その背景にあったのもやはり「ジャパン・アズ・ナンバーワン」と称された一九四〇年体制による日本の産業力だったのではあるまいか。しかし野口悠紀雄氏によれば、この日本の成長も一九九五年頃をピークにあらゆる指数が低下し始め、その要因はこれまでの重厚長大産業を基幹とした一九四〇年体制が情報化を背景とした新しい産業にそぐわなくなったためであり、そのために新しい産業分野で日本は中国や韓国に追いつかれ、追い抜かされる現状となっているという。

さらに野口悠紀雄氏は、「経済政策において安倍晋三内閣がおこなおうとしているのは、戦後レジームからの脱却ではありません。まったく逆に戦時経済体制への復帰です。その基本的な方向は、市場の働きを否定し、経済活動に対する国の関与を強めようとするものです」と書くわけだが、安倍晋三首相はこの発想をどこから得たのかといえば、それは祖父の岸信介の統制経済からであるだろう。岸信介は、戦後はA級戦犯になるも保釈されて国会議員になり、やがて首相になってアメリカと安保条約を締結して首相を辞任するも、東京裁判とポツダム体制を批判して、やり残した仕事として死ぬまで改憲をめざしていたという。また岸信介は戦中に、「国防国家」の実現のためには「国民生活がある程度不自由になってもやむを得ない」としたそうであり、安倍晋三首相も祖父と同じく国家主義的発想と強権的な手法で改憲をめざしている。

私的話で恐縮だが、西暦二〇〇〇年に生協を辞めた私が協同組合の本を作ろうと思ったのは、安倍政権による所謂「モリカケ」問題が起こった頃のことであった。「モリカケ」問題はその後も「統計改竄」や「桜疑惑」から「検事長定年延長」へとつづいて、安倍政権の下で日本の民主主義は危機にあるわけだが、それでも安倍政権が歴代ナンバーワンの長期政権をつづけられるのは、産業における一九四〇年体制はとっくに終わっているのに、安倍政権と同様に相変わらずこれまでの成功体験にすがりたいと思う日本人が多いからなのではあるまいか。

戦前の産業組合は、一九〇〇年の法制化から四〇年経った一九四〇年には七〇〇万組織を達成したわけだが、それは柳田国男や賀川豊彦が指摘したように、その多くは協同組合の成立に必要な「自助と協同の精神」を欠くという問題点をもった謂わばぐるみ組織であった。そして戦後に、それまでの四種兼業という産業組合から新たに省庁別の管轄となった各種協同組合は、総組合員数で戦前の一〇倍近い規模になったわけだが、ともすれば戦前を繰り返しかねない時代の中で、あらためてその社会的役割など考えてみたいと思ったわけである。

全労済協会の二〇一六年版の「勤労者の生活意識と協同組合に関する調査報告書」で「社会問題や暮らしの向上に熱心な団体」についてのアンケート結果があって、それを見ると最下位は協同組合、その次は労働組合になっている。要は「社会問題や暮らしの向上」について、生協はあまり期待されていないということなのであろうか。その背景には、生協も共同購入が盛んだった時代には「生協は民主主義の学校です」と言われ、生協のスローガンは「平和とよりよい生活のために」であったものだけど、一九七〇年代後半からの共同購入事業の拡大につづいて八〇年代以降の新自由主義と規制緩和がすすむ時代には、共同購入よりも市場適合的な個別配送化がすすみ、さらにかつての欧米の生協もそうであったように県域を越える事業連合化による生協の巨大化がすすんで、事業も運営も機能化されたことが協同組合への期待の低下につながっているのではあるまいか。一九四〇年体制による戦後日本の成功体験からの転換は、生協においても必要だと思うところである。

⑵ 西暦二〇三〇年における協同組合

協同組合の危機ということであれば、一九八〇年の国際協同組合同盟（ＩＣＡ）モスクワ大会におけるカナダのレイドロウ博士による報告『西暦二〇〇〇年における協同組合』が思い出される。西欧では一九六〇年代後半から成長の限界によって産業社会が行きづまり、経済と協同組合も停滞し出す一方で、多国籍企業の活動が拡がりだしたわけだが、そこでレイドロウは協同組合の危機に対して、「協同組合が他の企業と同じように、商業的な意味では成功していても、それ以上のことは何もやらないとしたら、それで充分なのだろうか。……さらに、世界が奇妙な方向へ、あるいは時々当惑させられるような方向へ変化していくとしても、協同組合がその轍を踏んでいくべきなのか。そうではなくて、別の道へそれて、別の種類の経済的・社会的な秩序を創ろうとしてはいけないのだろうか」と警鐘を発し、最後に、協同組合が取り組むべき課題として、「①世界の飢えを満たす協同組合、②生産的労働のための協同組合、③社会の保護者をめざす協同組合、④協同組合地域社会の建設、の四つの優先分野」を提起した。（注2）

しかしその頃、産業社会の衰退期にあって協同組合も経営に行きづまって倒産や株式会社化がすすんだ欧米の協同組合に対して、七〇年代の不況を克服して八〇年代の「ジャパン・アズ・ナンバーワン」に向かっていく日本の産業社会の中で日本の生協も大きく拡大していく最中にあったせいか、大方の生協では「レイドロウ報告」はスルーされた感があり、とりわけそこで提起された「生産的労働のための協同組合」の生産協同組合については「亡霊の復活」とする批判さえあった。一方、そこで報告された生産協同組合とりわけスペインのモンドラゴン協同組合は一部の生協や研究者たちに強いインパクトを与えて、モンドラゴン協同組合やイタリアの社会的協同組合などが研究され出した。一九九〇年代に入ると非協同組合の「非営利団体」やヨーロッパにおける「社会的経済」が研究され始めて、二〇一四年には韓国のソウル市に協同組合を中心にした地域経済と社会を模索する世界各地の自治体が集まって「ＧＳＥＦ（Global Social Economy Forum）」が結成され、世界的に新自由主義による格差の拡大がすすむ中で、旧来の社会的経済よりも幅広い「社会的連帯経済」の試行錯誤と国境を越えたその連帯が広がってきている。これらについては本書でもふれられているから、私は以下をもって「西暦二〇三〇年における協同組合」へのささやかな提起とするところ。

賀川豊彦の協同組合構想は、私的には賀川豊彦がシンパシーしたD・H・コールのギルド社会主義を四種兼業の産業組合で活かそうとしたもので、一九三五年に世界的に出版されながら当時の日本では翻訳されなかった『友愛の政治経済学』に、「真の協同組合とは、その活動の広がりにおいて、全コミュニティ的なものである。古い組合はそのサービスを自分の組合に限定していた」とあるように、賀川豊彦にとっての協同組合とは単に購買生協のことだけでなくて「全コミュニティ的なもの」であり、むかし研修で行ったコープこうべの協同学苑で賀川豊彦の総合的な構想と実践を描いた「賀川豊彦関連事業展開」の大きなレリーフを見た時には感動したものであった。

ロッチデールの当事者であったホリヨークが書いた『ロッチデールの先駆者たち』と賀川豊彦の『友愛の政治経済学』とレイドロウの『西暦二〇〇〇年における協同組合』には、共通した協同組合の思想がある。レイドロウは一九八〇年に、協同組合の優先課題として「生産協同組合」や「協同組合地域社会の建設」を提起したわけだが、賀川豊彦は一九三五年に「協同組合は全コミュニティ的なものである」と書き、ホリヨークの『ロッチデールの先駆者たち』によれば、二八名の設立者の半数がオウエン主義者であったロッチデールの先駆者たちは、一八四四年にロッチデール公正先駆者組合を創って、その目的を以下のように宣言した。

本組合の目的と計画は、一口一ポンドの出資金で十分な資金を集め、組合員の金銭的利益と家庭状態の改善をはかることにある。このために、次のような計画と施設の建設を実行に移す。

・食料品、衣類等を売る店舗を設置する。

・多数の住宅を建設または購入し、社会的家庭的状態の改善に努力しようとする組合員の住居にあてる。

・失職した組合員、あるいはひきつづく賃金の引下げで苦しんでいる組合員に職を与えるため、組合の決議した物品の生産を始める。

・さらに、組合員の利益と保障を増進せしめるため、組合は若干の土地を購入し、または借り入れし、失職していたり、労働に対して不当な報酬しか得ていない組合員にこれを耕作させる。

・実現が可能になりしだい、本組合は生産、分配、教育および政治の力を備える。換言すれば、共通の利益に基ずく自給自足の国内植民地を建設し、同様の植民地を創らんとする他の諸組合を援助する。(注3)

さらに「禁酒ホテルを開く」ともあり、これを読むと、当初の先駆者たちの大きな目的に「失職した組合員に職を与えるための国内植民地（コミュニティ）の建設」があり、店舗というか共同購入はそのひとつであったたことがわかるのである。

一九三五年当時の賀川豊彦の協同組合論の水準は世界的にも高く、戦前に賀川豊彦は全米をはじめ世界中でその普及を説いたわけであるが、最近のことだけど、「（モンドラゴン協同組合の）アリスメンディアリエタ神父が日本にいたらどうだったか」と問う方がいたので、私は「日本には賀川豊彦がいましたよ」と応えたことがあった。若き日にスラム街で「歯ブラシ工場」や「一膳飯屋」を試み、やがて謂わば金融機関である「質庫信用組合」までを試みた牧師の賀川豊彦は、アリスメンディアリエタ神父の大先輩であったと思うわけだが、日本の研究者はやはり西洋の最新事情を学びたがる。

前述したように、柳田国男は文学仲間の田山花袋が西洋の自然主義文学を自己流に適応して私小説という別物をつくりだしたことを批判して、自らは日本の昔に立ち返って『遠野物語』を対置したわけだが、西洋の理論から演繹をして日本の現状を説明しようとする傾向は、その後ロシア革命以降のマルクス主義の移入においても起こったし、この先もまだつづくであろう。日本における最初の協同組合研究者であり、かつ役人としてその普及につとめた柳田国男がその後に民俗学を立ち上げて追い求めたものは、人々の協同性の原点であると思うわけだが、現在、柳田国男の巨大な思想的営為を引き継いで、柳田国男の方法をベースに論考をすすめる研究者に柄谷行人氏がいる。柄谷行人氏は、「柳田国男は購買生産組合、共同耕作組合、開墾組合、商業や金融をふくむ協同組合の設立を唱えた」と柳田国男の産業組合論を理解して、それに必要な「自助と協同の精神」のベースになるものとして柳田国男が追い求めた人々の協同性の原点である「山人」について、「山人的なものは、もっぱら文学・文学評論において追及されてきた。それは山人の原遊動性が、経験的な探求を許さないものだからである。しかし、私自身は、抽象力（思考実験）によって、この問題に接近できるのではないか、と考えている」(注4)と書いて、この間「交換様式」を媒介にした壮大な「思考実験」

を行っている。

一方、山人的なものや産業組合をもっぱら文学において表現してきた文学者がいるとすれば、前述したようにそれは宮澤賢治であったであろう。宮澤賢治は若くして詩や童話を書き始め、それらは妹のトシに読み聞かす以外には読者はおらず、トシが死んだ後には圧倒的な孤独のの中でたくさんの詩作をなし、農学校に職を得てからは『ポランの広場』などの劇を創作しては生徒と上演会を行い、やがて農学校を辞してひっそりと羅須地人協会を立ち上げた。

宮澤賢治の読み方には、詩や童話の作品そのものに惹かれて読む読み方と、「イーハトーヴォ」や「羅須地人協会」や「雨ニモ負ケズ」に代表される宮沢賢治の理想や生き方に共鳴して読む読み方があって、作品行為論的な読み方と産業組合論的な読み方ではかみあわないと思われがちだが、宮澤賢治の短くも永遠な生涯とすべての作品は、賢治がイーハトーヴォと名付けた共同体的世界につながっている。そして、その入口こそが賢治がそこをあえて「羅須」という意味不明さのままにした羅須地人協会なのであり、まだ「明かしえぬ共同体」への道なのであろう。こう書くと難しそうだけど、賢治の詩と童話の世界になじめる人なら簡単だ、誰でもささやかでいい、仲間を誘って羅須地人協会を立ちあげることによってその道は開けるであろう。

おわりに

西暦二〇三〇年、今から一〇年後における日本は、果たしてどんな社会になっているであろうか。産業社会と産業民主主義の二〇世紀においては、大きくなった協同組合は社会的経済の担い手であり、「政治的中立」の原則は協同組合の社会的役割と一体であった。一方、一九八〇年に「レイドロウ報告」がなされた背景には、欧米の先進国における産業社会と産業民主主義の終焉と、現在のグローバリゼーションへとつづく多国籍企業の登場と、それによる格差と貧困の拡大があった。「レイドロウ報告」から四〇年が経ち、世界中で新自由主義というさらなる市場経済化がすすんでおり、協同組合は新しい道が求められている。これまでの社会的経済が社会的連帯経済となったのは、格差と貧困の拡大だけでなく、民主主義の破壊までふくめて、協同組合が時代に対応していくには、これまでの協同組合間の事業中心の提携から、より地域に開かれた社会的連帯が必要な時代になったということではなかろうか。

今回産業組合を顧みて思ったことは、戦前の産業組合は予想外の健闘をしていたというのが印象であった。それは例えば、四種兼業という産業組合のあり方をベースに、賀川豊彦はそれに生命保険から国民健康保険まで協同組合でやろうとしていたし、柳田国男は購買生産組合、共同耕作組合、開墾組合、商業や金融をふくむ協同組合の設立を唱えていた。「レイドロウ報告」が日本の総合農協を高く評価していたのも、農協には四種兼業という産業組合が引き継がれていたからであろう。

そして農協はつぶされようとしているけど、昨今の日本にの政治状況は、いまだに一九四〇年体制がつづいているどころか、時代は戦前のそれに復古させようとするかのような政治状況になっている。「西暦二〇三〇年における協同組合」には、一九四〇年体制のパラダイムを超えてコミュニティ型の総合協同組合が可能となるような、新たな協同組合法の立法化も含めて考える必要があるだろう。

新自由主義が跋扈する中、「今さえよけりゃ」「自分さえよけりゃ」の風潮が広がり、とりわけ原発がそうだけど、目先の利益が追求されて、過去と未来は捨てられようとしている。柳田国男と宮澤賢治の世界にあるものは、明治維新以来の近代日本への異論であり、未来の為に、遠い過去にあったであろう自治と協同の原点につながろうとする視野であった。「西暦二〇三〇年における協同組合」のヒントは、そこにあると思うところ。最後に「レイドロウ報告」から再度以下の一文を記して、本文のしめとしたい。

「協同組合が他の企業と同じように、商業的な意味では成功していていても、それ以上のことは何もやらないとしたら、それで充分なのだろうか。……さらに、世界が奇妙な方向へ、あるいは時々当惑させられるような方向へ変化していくとしても、協同組合がその轍を踏んでいくべきなのか。そうではなくて、別の道へそれて、別の種類の経済的・社会的な秩序を創ろうとしてはいけないのだろうか」。

【注】

（1）野口悠紀雄『戦後経済史』東洋経済新報社、二〇一五

（2）日本生活協同組合連合会『西暦二〇〇〇年における協同組合』

（3）G・J・ホリヨーク『ロッチデールの先駆者たち』（財団法人協同組合経研究所一九六八）四六‐四七頁

（4）柄谷行人『世界史の実験』（岩波新書）一八二頁

24. 宮沢賢治と「産業組合」のイーハトーヴォ

大内　秀明（東北大学名誉教授）

1 「イーハトーヴォ」が目指したもの

（1）宮沢賢治の研究は沢山あります。とくに文学関係の作品については、おそらく日本の作家のなかでは、最も研究が進んでいる作家の一人でしょう。そして、文学作品のなかに出てくる人物や事象についても、いろいろな角度から研究が行われています。しかし、ここで取り上げる「産業組合」については、まだ十分に検討されていない、というより研究の空白部分ではないかと思われます。

まず「産業組合」ですが、これは戦前の呼称であって、現在は使われていない。現在は、一般に「協同組合」と呼ばれる組織、団体のことで、戦前は農業団体を中心に生産協同組合だけでなく、広く生活協同組合まで含む組織の名称だったようです。日本では一九〇〇（明三三）年に、当初は信用事業が中心だったようですが、「産業組合法」が公布されました。それ以前は、頼母子講や無尽講、報徳社などの勤倹貯蓄の組織、また地域の販売・購買の組合などが自発的に誕生していた。こうした「土着型の協同組合」組織を、品川弥二郎や平田東助などが、ドイツの協同組合を参考にして法制化したものだそうです。

その時点では、まだ信用事業を中心とした農村組合だったので、組合員も富裕な地主や農民が中心だった。しかし、一九〇五（明三八）年に「中央会」が創設され、さらに各県に分会が組織され、系統化が進んだ。こうした盛り上がりを背景に、中央会が一九二三（大一二）年に「国際協同組合同盟」（ＩＣＡ）に加入、また中央金庫法が公布、設立され、さらに全国購買組合連合会も設立されました。日本でも、労働運動の盛り上がりと共に生協運動もまた活発化し、「日本一のマンモス生協」として有名な神戸の灘生協も、一九二一（大一〇）年に賀川豊彦の指導のもと「神戸購買組合」「灘購買組合」として誕生しました。一九二四(大一三)年には、利用事業の兼営も許可されて「醸造工場」を設置し、味噌・醤油の製造・販売も開始したのです。

当時は、第一次大戦後の「大正デモクラシー」の時代であり、一九一七（大六）年のロシア革命で民主主義や社会主義の運動が高揚し、その中で日本でも「産業組合」の名前で協同組合運動が始まっていました。しかし、間もなく戦後景気が終わり、一九二三（大一二）年には関東大震災があり、一九二五年には治安維持法が成立、政府の労働運動、農民運動への弾圧も厳しくなります。一九二七年には金融恐慌が起こり、さらに一九二九年の世界大恐慌につながった時代でした。そうした中で、とくに東北農村は凶作の年がつづき、農民は疲弊のどん底に突き落とされ、娘の身売りなどが続出する惨状を呈していました。宮沢賢治は、大正が昭和に代る一九二六（大一五・昭元）年、花巻農学校を依願退職し、「本物の百姓」を目指して、地域の農民たちの「自由学校」である「羅須地人協会」を始めたのです。この辺の事情は、拙稿「宮沢賢治の〈羅須地人協会〉――賢治とモリスの館開館十周年を迎えて」（「仙台・羅須地人協会」編）に詳しく書きましたので省略します。

（２）では、宮沢賢治は当時の「産業組合」、つまり協同組合の運動に、どのように関心を寄せ、運動に関わっていたのか。まず、賢治が花巻農学校を退職し、羅須地人協会を始める二年前、一九二四（大一三）年に「産業組合青年会」という詩を書いています。左に一部引用しますが、ここで賢治が産業組合に関心をもち、とくに若い組合員である青年会活動に期待を寄せていることがわかります。この青年会活動は、一九三〇年代に入って、さらに活発になり、一九四〇年には「農村共同体建設同盟」に発展したといわれています。それだけに政府の弾圧も受けて解散させられますが、賢治は早くから青年会の活動に注目、それに期待を寄せていたのでしょう。とくに彼は、死の直前一九三三（昭八）年九月初め五日に、右記の「産業組合青年会」を『北方詩人』（福島県須賀川市の北方詩人会）に発表するために送っていたのです。それは一〇月一日に発表され、賢治の遺書だったようにも思われます。

祀られざるも神には神の身土があると
あざけるやうなうつろな声で
さう云ったのはいったい誰だ　席をわたったそれは誰だ
　……雪をはらんだつめたい雨が
　　闇をぴしぴし縫っている……
　　　（十行略）
部落部落の小組合が
ハムをつくり羊毛を織り医薬を頒ち
村ごとのまたその聯合の大きなものが
山地の肩をひととこ砕いて
石灰岩末の幾千車かを
酸えた野原にそそいだり
から靴を鋳たりもしよう
　……くろく沈んだ並木のはてで
　　見えるともない遠くの町が
　　ぼんやり赤い火照りをあげる――
しかもこれら熱誠有為な村々の処士会同の夜半
祀られざるも神には神の身土があると
老いて呟くそれは誰だ

それだけではなかった。死後一九三四年に雑誌『銀河』に発表された「ポラーノの広場」ですが、その初稿、最初の草稿として書かれた「ポランの広場」でもまた、産業組合の活動を題材にして、一九二四（大一三）年に書かれているのです。さらに花巻農学校の生徒と一緒に、演劇「ポランの広場」の脚本を書き、それを上演しました。みずから「風の又三郎」「グスコーブドリの伝記」「銀河ステーション」とともに、自伝的な「少年小説」としていた「ポラーノの広場」の初稿は、さらに一九二七年頃に「羅須地人協会」の活動の中でも推敲が続き、それが賢治の死後ですが、上記の通り『銀河』に発表されたのです。こうした経緯からすると、羅須地人協会の活動も、砕石工場の技師としての仕事も、賢治にとっては「産業組合」、その青年部の地域活動と深く繋がっていたように思われてなりません。

さらにまた、賢治の「羅須地人協会」の活動の夢、つまり彼の理想郷である「イーハトーヴォ」の夢は、じつは協同組合としての「産業組合」、とくに青年部の活動を通じて「ポラーノの広場」に実現されると考えていた。青年部の若い農民たちが「立派な一つの産業組合をつくり、ハムと皮類と酢酸とオートミル」を製造する。それらを「モリーオの市やセンダードの市はもちろん広くどこへも出るようになりました」と賢治は『ポラーノの広場』の最後で述べて、『ポラーノの広場の歌』を皆で合唱し乾杯するシーンにつなげている。

ちなみに『ポラーノの広場の歌』は、『つめくさの灯ともす夜のひろば　むかしのラルゴをうたいかわし　雲をもどよもし夜風にわすれて　とりいれまぢかに年ようれぬ』と歌われますが、これは「羅須地人協会」の立ち上げを前に講義された『農民芸術概論綱要』の中の「農民芸術の綜合」にある『つめくさの灯ともす宵のひろば　たがいのラルゴをうたいかわし　雲をもどよもし夜風にわすれて　とりいれまぢかに歳よ熟れぬ』とほぼ同じです。ここからも、賢治にとっての「羅須地人協会」とは、若い仲間による「産業組合」づくりにあったことが推察されます。

そして、『ポラーノの広場の歌』を皆で合唱し乾杯するというシーンは、ウィリアム・モリスの代表作『ユートピアだより』の最後のシーンにも通底するでしょう。「イングランドで一番美しい村」といわれるロンドンからテムズ川の源流、コッツウオールズの教会で秋の収穫を祝う祭りの光景です。モリスの共同体社会主義（コミュニタリアニズム）の夢が、田園の小さな教会の賛美歌と共に歌われている。賢治の「ポラーノの広場」の合唱もまた、賛美歌四四八番です。日蓮宗の南無妙法蓮華経が、なぜ賛美歌なのか？　面白い論点です。

（3）その点で紹介したいのは、賢治の盛岡高等農林のクラスメイトであり、寮友、親友だった高橋秀松の影響です。彼は敬虔なクリスチャンで、宮城県の名取出身、高等農林を卒業後、賢治は花巻農学校、秀松は茨城の水戸農学校で教鞭をとった。その後、『貧乏物語』で有名な河上肇が学部長だった頃の京大の経済学部の選科生として勉強し、安田財閥系の金融機関で働きました。賢治とは生涯の友として、お互いに励まし、かつ刺激し合った親友です。賢治も「羅須地人協会」を始めた時点で、新聞社のインタービューに「そこで少し東京と仙台の大学あたりで自分の不足であった『農村経済』について少し研究したい」と漏らしたそうですが、親友・秀松からの影響もあったのではないか。二人は、ともに当時の「産業組合」の活動に深い関心を寄せていたと思う。

クリスチャンの秀松は終戦の直前、故郷の名取に戻る。名取町長から初代、続いて第二代の名取市長でした。また、仙南地域の農協活動に熱心に取り組み、宮城県農業共済組合連合会理事長を務めるなど、自ら賢治との交友を回想しながら「新しい農村建設に意を用いている」と書いています。賢治と秀松、二人の交友を辿り、さらに秀松の戦後の農協活動を調べることは、戦前の「産業組合」、そして戦後の「協同組合」運動を正しく継承し発展させる意味からも、大変意義あることだし、大切なことでしょう。(注1)

（4）宮沢賢治が花巻農学校を依願退職して、花巻下根子の宮沢家の別荘で始めた「羅須地人協会」活動は、まだ十分に明らかにされていない部分が沢山あります。当時の官憲による厳しい取り締まりもあり、また周囲が弾圧から身を守るためもあって、いわば「不都合な真実」が長い間隠されてきたからです。

しかし、その真実が明らかになる中で、「羅須地人協会」は下根子桜の別荘での「集会」形式の活動としては、たしかに約二年半の短期間で終わってしまった。しかし、賢治自身もそうだし、教え子たちも強く再開を願っていた。ましてや賢治が途中で挫折し、転向したり、変節したりしたわけでは決してない。賢治精神の夢や理想は、有名な岩手のドリームランド「イーハトーヴォ」として、具体的には「産業組合青年会」の活動の中に託されていたように思われます。「羅須地人協会」、その「集会」は活動の一部の形式に過ぎなかった。

例えば、賢治の「花巻・羅須地人協会」は、彼の後輩だった松田甚次郎の山形県新庄「最上・協働村塾」だけでなく、岩手県水沢出身の伊藤七雄による伊豆大島の「大島・農芸学校」など、私塾としての「自由学校」のネットワークを形成していた。その中心が花巻・羅須地人協会だったために、一九二八（昭三）年の三・一五事件に関連して、とくに警察から狙われたように思われます。それだけに「不都合な真実」として事実が隠蔽されることにもなった。それを常識的な倫理観や道徳観で批判しても仕方がないし、とくに党派的、教条的な批判は慎むべきでしょう。むしろ、厳しい時代の中で、賢治が「イーハトーヴォ」実現のために、非常にユニークな組織と運動のネットワークを作っていたことこそが高く評価されるべきです。

自費出版のためあまり知られていませんが、『賢治と一緒に暮らした男――千葉恭を尋ねて』（鈴木守著）という、大変精緻な研究書があります。(注2) 賢治が、下根子桜の「花巻・羅須地人協会」を始めて、一般には「独居自炊」生活を続けたとされている。しかし、真実は同居人の千葉恭がいた。千葉恭は八ヶ月もの長期間、時折は実家に帰ってはいたが、賢治を助けて起居をともにしていた。にもかかわらず、賢治の下根子生活については、当初は「自炊生活」、さらに「独居自炊生活」として、年譜などで紹介されるようになった。鈴木氏は、こうした「不都合な真実」により賢治の羅須地人協会の活動が隠蔽されたと批判しています。

たしかに千葉恭の賢治との同居生活は、厳密な検証で明らかにされました。ただ、八ヶ月の長期ですが、千葉は時折実家に戻り、農業を手伝っていた。また、独居の賢治の生活を助けていただけですから、賢治が「独居自炊」生活を続けていた、と広義に表現しても間違いではない。大事な点は、千葉恭が同居し、生活を助けていた事実、その千葉恭の存在が殆んど明らかにされてこなかった。さらに千葉恭の活動が、無視されてしまったことだろうと思います。「不都合な真実」は、千葉恭の存在と彼の活動が隠蔽されてしまったことではないかと思います。

そこで鈴木氏の綿密な検証を利用させて頂きながら、千葉恭の存在と彼の活動について紹介しましょう。彼の略歴は、以下のとおりです。

一九〇六（明三九）年一二月　岩手県真城村（現・奥州市水沢区）に生まれる。

一九二四（大一三）年三月　水沢農学校卒。

同年一〇月　穀物検査所　花巻出張所　検査員

一一月　穀物検査所で宮沢賢治と会う。

以後、花巻農学校や豊沢町の宮沢家で賢治と交流。

一九二六（大一五）年六月　穀物検査所を退職、その直後から下根子桜の別荘に寄寓。約八ヶ月間、寄寓し、その間に松田甚次郎にも会う。

一九二七（昭二）春（推定）下根子桜から実家に戻り帰農、地元で「研郷会」を組織。

以後は、下根子桜に賢治を何度も訪問、活動報告、指導を受ける。

一九三二（昭七）三月　穀物検査所宮守派出所に正式復職

以後、岩手県内の穀物検査所に勤務、転勤を続ける。

一九六三（昭三八）年　江刺支所長を最後に退職。

一九九〇（平二）年九月二九日死去（八四歳）

賢治と千葉恭との交流は、賢治が花巻農学校で収穫した米の検査のために、穀物検査所を訪れて千葉と面接したことから始まった。さらに、賢治が学校の宿直の時など、二人の交流が深まっていった。しかも、賢治は花巻農学校を辞職、「羅須地人協会」を立ち上げる。千葉は検査所を辞任する、ここで二人の事情がマッチして、下根子桜で一緒に暮らすことになったようです。賢治が千葉を誘っての同居ですが、もともと羅須地人協会の活動が、伊藤与蔵の「賢治聞書」(注3)などからわかるように、下根子桜の近所の農民が中心になっての私塾だし、地域での共助型「共同生活」の色彩を持っていた。千葉の同居も水沢の実家に帰ったり、同居したりして、協会活動に参加していた。そのため外部からは、「共産村」の活動に見られたのではないか?

その点では、賢治の「自炊独居」を一方的に強調し、他方で千葉の同居を形式的に考えるのも疑問です。羅須地人協会に特有だった共助型「共同生活」の側面こそ、ここでは重要だろうと思います。そこには、賢治らしい共同、共助、共学、そして共生の精神が生かされていたのではないか?さらに千葉は賢治との同居を止めて、水沢の実家に戻り、農業を始める。「村で農学校を卒業して働いている青年は三十二名もありましたので、稲作も済んだある夜役場に集まって、何とか農村日本の美風を保って行きたいと相談しました。その結果先ず農村は味気なく殺風景だから、文化による向上で農民の土に親しむ道を講じ、それと共に農会の機能を活発に活動するよう促進させることであると、各人担当研究員として組織し農会を守り立てて行くこととしました。そして実地農業技術の透徹であり、農業経営の理想化と自然に親しむ芽生えの昂揚であることを強調しました。それでこれを組織化する必要に迫られ、研郷会と云う名称の下に組織して水稲関係は水稲の担当者の意見、副業関係は副業担当者の意見によって、農民の働く力を増進させること、それと共に一方青年によって農民劇を、子供には童話会を開催して文化により土に親しみ土地を去る心を抑えることに腐心しました。」(『四次元』五号(宮沢賢治友の会))このように述べて、千葉は「研郷会規則」を紹介し、最後に「こうした方法で色々の問題が解決して行き、青年の離村も苦い顔もなくなり、水稲其の他の収穫等も多くなり模範村となったことだけは記して置きます。」と書いています。

なお『四次元』には、「宮沢先生を追って」と題して六回にわたって連載され、賢治との関係が詳しく回想されています。こうした賢治と千葉との関係からすれば、伊藤七雄の「大島・農芸学校」、松田甚次郎の「最上・協働村塾」と共に、否それ以上に賢治との関係からいえば、千葉は下根子桜の羅須地人協会との関係が強いはずです。しかも、水沢の真城村の「村会」とも関連した「研郷会」の活動は、賢治が「ポラーノの広場」で書いた「産業組合青年会」の活動とも重なってくる。賢治のイーハトーヴォの夢を、千葉が賢治の協力の下に、水沢の真城村の「研郷会」で実現しようとした、そんな感想を持ちます。「ポラーノの広場」も改めて読み直してみるべきでしょう。

(5) つぎに賢治の「産業組合」との関連を探る上で、注目しなければならないのが、上記一九二八（昭三）年六月の伊豆大島への旅行です。この旅行は、もっぱら詩作「三原三部」として有名ですが、賢治が伊藤七雄の「大島・農芸学校」設立の相談のための訪問でした。大島訪問に先立ち、賢治は仙台に立ち寄りました。盛岡中学時代の修学旅行で初めて訪れた仙台、その後何度も降り立つ機会があった仙台ですが、「東北産業大博覧会」を最終日六月七日に詳しく見学しています。この東北産業大博覧会ですが、四月一五日から六月八日までの五五日間に亘り仙台商工会議所が主催して行われ、名取川・広瀬川水系に面した会場は、第一会場が川内（現在の仙台二高の一部）、第二会場が西公園桜ヶ丘、第三会場が東公園榴ヶ岡に分かれ、入場者総数が四四万八六五一人に上り、戦前の仙台では最大規模のイベントだったそうです。賢治は、そこで何を見たか？

父・政次郎への手紙ですが、「十一時仙台へ着きまして、すぐ博覧会へまゐりました。水産加工品はとくに注意して数回見ましたが、ただいまのところは、いかにも原始的なものばかりで仕事の余地ありとは思はれますが、確かに今后の数年の間には、一方で著しく進んでゐる菓子その他精製工業の技術から影響を受けて細かなものは沢山出るやうになると存じます。但し農産製造品との連絡はまだ当分着くまいと思はれます。いずれ詳しく東京で調べてまた申しあげるか新法を作るかいたします。」この文面から察するに、賢治は単なる見物で博覧会を訪れたのではない。わざわざ最終日に駆けつけ、水産加工品を「とくに注意して数回」も見ている。さらに農産加工品との関連も調べている。土質改良や肥料設計の農業生産から、むしろその加工に重点を移し、素材生産から加工生産へ、第一次生産から第二次生産、そして博覧会としての第三次産業の購買、販売の面を念頭に置いて調査し、見学していたのです。明らかに産業組合の活動を強く意識しての見学であり、調査だったのです。

さらに賢治は、その日の夜行列車で水戸に立ち寄り、「茨城県立農事試験場」を訪問しています。当時の試験場は東茨城郡酒門村にあり、そこには試験場とともに、修業年限一ヶ年の練習生制度が設置されていた。農学校や高等小学校の卒業生に対して農業技術者の養成を行っていました。賢治は、大島・農芸学校のための資料などを集めようとしたのでしょう。ただ、わざわざ水戸に下車して試験場を訪問したのは、賢治の親友である上記の高橋秀松氏との関連を無視できないでしょう。盛岡高等農林を同期に卒業、調査にも同行し、賢治は花巻農学校、秀松は水戸農学校兼茨城県立農業教員養成所にそれぞれ赴任し、ともに農学校教育に従事していた。しかし、官製の農学校教育の限界も感じていた。ただ秀松は、一九二〇（大九）年に京都大学経済学部の選科生として京都に移りましたが、賢治は秀松との縁もあって、わざわざ水戸を訪れたと思います。

なお、農事試験場の練習生制度ですが、当時の授業内容として、各種農作物の授業・実習のほか農業法規や農政、さらに農会経営や「産業組合」に関しての授業科目が並んでいる。賢治としては、農業技術の専門分野よりも、練習生の制度、産業組合や農会経営などの授業科目に興味を示し、そうした資料を収集して大島の伊藤七雄のもとを訪れ、「大島・農芸学校」の設立に協力したものと思われます。早稲田の建設者同盟などの縁もあり、三宅島出身の浅沼稲次郎との関係など、水沢出身の伊藤は療養を兼ねながら大島・農芸学校を企画した。大島の場合は農業よりも漁業、そして水産加工など産業組合との連携も充分に考慮して、賢治は伊豆大島を訪問したと思います。

(6)以上、賢治の羅須地人協会との関連で、彼の「産業組合」への関心や関連に絞って概観しました。すでに触れたとおり、文学作品としては詩作「産業組合青年会」とほぼ同時の「ポランの広場」、その発展としての「ポラーノの広場」がありますが、続いてとりあげます。(注4) それにしても詩作「産業組合青年会」は、「ポランの広場」と共に書き始められ、「春と修羅（第二集）」として準備された沢山の詩作とともに、賢治は発表の日を待ちながら推敲を重ね、懐の中に温め続けていた。イーハトーヴォの理想郷の夢を描いた「ポラーノの広場」と共に、死の床にあった賢治は、最後のメッセージとして「産業組合青年会」を、われわれに送ったのではないか？

戦後、親友だった上記、高橋秀松の仙台の南部地方での農協活動に加えて、地元・花巻でも「この南城共同村塾の主力メンバーの中から産業組合運動に情熱を傾け、戦後は花巻農業組合の組合長の激務の合間に絵筆を執って油絵を描いた照井又左ェ門も出た。又、この地方のリンゴ生産者が技術向上を目的にして集まり、資材の共同購入、共同出荷による有利な市場対応を目指した〈ポラーノの広場〉花巻果樹農業協同組合の生産者組合が生まれた。」［阿部弥之「岩手の農業と宮沢賢治」『修羅はよみがえった』（宮沢賢治記念会、二〇〇七年）］という指摘もある。花巻農業高校の教育実践と共に、賢治精神の継承を高く評価しなければならないでしょう。

2 羅須地人協会とイーハトーヴォ

（1）賢治の花巻・羅須地人協会との関連から、彼の「産業組合」への関心や関連作品について概観しました。そこで上述のとおり、文学作品としては詩作「産業組合青年会」（一九二四年）と共に、ほぼ同時期の「ポランの広場」、その発展としての「ポラーノの広場」があります。(注5)「ポラーノの広場」は、その初期形ともいえる「ポランの広場」から出発し、花巻農校で上演された戯曲もあるし、何度かの改作を経て後期形といえる「ポラーノの広場」へと手が加えられ、「メルヘン的な体験」から「ノスタルジックな回想調」に変化したと解説されています。また、花巻・羅須地人協会での体験も加わり、自伝的な「少年小説」として、とくに「産業組合青年会」の成功の賛歌が加わるファンタジックロマンの色調が強まっていたように思います。

さて、後期形の書かれたのは、一九二七〜二八年頃だそうですが、とくに一九二八年の三・一五事件を頂点として、官憲の弾圧が強化されました。花巻・羅須地人協会もそれに巻き込まれましたが、そうした中で自伝的小説が書かれたとすれば、賢治の思想的な立ち位置を確認する上でも、きわめて重要な作品でしょう。「ポラーノの広場」は、彼の理想郷である「イーハトーヴォ」の空間だし、そこで「産業組合青年会」の活動が生き生きと書き込まれている、そして最後は、組合活動の成功を祝っての「賛美歌」の合唱で終わる。その上で、さらに詩作「産業組合青年会」にも手を入れて、それを一九三三年九月五日、二一日の自らの死を直前にしながら、賢治は福島県の須賀川にあった「北方詩人」編集部に送付したのです。ある意味で、賢治の遺言だったのが「産業組合青年会」ではないかと思います。

(2) そこで「ポラーノの広場」ですが、先ず「話者」であるレオーノキュースト が、イーハトーヴォのすきとおった風、青い空、そして美しい森に飾られたモリーオ市(盛岡のイーハトーボ的転位)の博物館の下級職員だった頃のことを、今は首都の巨大な建物の中で回顧する。その年の五月から一〇月までの五ヶ月間の出来事を、「一、遁げた山羊」「二、つめくさのあかり」「三、ポラーノの広場」「四、警察署」「五、センダード市の毒蛾」、そして「六、風と草穂」と順番に語るのです。輪読にもふさわしい作品です。

その年から三年後に、キュースト は首都トキーオ(東京の転位)の大学に移り、それでも協力を続けていた「青年会」のメンバー達は、「立派な一つの産業組合」をつくり上げました。その後、数年経ったある日のことです。一通の郵便で「ポラーノの広場」の歌の楽譜(讃美歌四四八番)を受け取る。その譜を読みながら、彼は青年たちの成功を祝う饗宴を遥かに回想します。

つめくさ灯ともす　夜のひろば
まさしきねがいに　いさかうとも
むかしのラルゴを　うたいかわし
銀河のかなたに　ともにわらい
雲をもどよもし　夜風にわすれて
なべてのなやみを　たきぎともしつつ、
とりいれまじかに　年ようれぬ
はえある世界を　ともにつくらん」

大筋を紹介すれば以上ですが、産業組合の成功にむけての軌跡を、一から六までの順を追って、具体的にチェックしてみましょう。

(1) レオーノキュースト が、毎朝その乳を絞って、パンを食べるために飼っていた一匹の山羊が逃げ出してしまった。教会の鐘が鳴り、緑豊かな地方都市モリーオの町を、山羊を探して歩く。賢治が昔、高等農林時代に敬虔なクリスチャン高橋秀松を案内した散歩の情景と重なるでしょう。山羊は、ある少年ファゼーロが、引き止めて

くれていて、キュース트の手に無事に戻る。その少年は昔話に出てくる「ポラーノの広場」を探していた。ここから二人の交流が始まります。

(2)　一〇日ほど後、ファゼーロがやってきて、ミーロも加わり「ポラーノの広場」探しが始まる。地図を頼りに夕闇の迫る森の中を進むと、その先に「小さな円いぼんぼりのような白いつめくさの花があっちにもこっちにもならび」、つめくさの花の灯りが付いたようだ。灯りには番号が付いていて、それを道標にしながら広場へ向かう。幕末、ヨーロッパ原産のこの草が日本にたどり着き、「馬や牛を養い、道路や野原を護り、風景に緑色の地を塗り、人の心を和ませた」（井上ひさし「つめくさのみちしるべ」）さらに「空中の窒素を取り込む能力がある上、根が深いので土の深層にある養分を吸い上げる」緑肥、まさに東北の伝統的な有機農法に深く根ざした田園風景です。

(3)　それから五日目の夕方、またファゼーロが来た。二人は、つめくさの花の灯りから樺の木の林を抜けたところで、すでに県会議員の山猫博士も来ていた「ポラーノの広場」に到着した。「誰だって見付けた人は行っていい」広場では、すでにオーケストラがワルツを演奏し、自分の選挙運動に利用しようとしている山猫博士は、すっかり酩酊していた。「酒を呑まずに水を呑む」ファゼーロ達との間には、しだいに険悪な雰囲気が拡がりはじめた。ついに山猫博士とファゼーロの決闘になってしまう。しかし、この広場には、決闘の道具となる剣もなければ鉄砲もない。食卓ナイフを使っての決闘なので、酩酊した山猫博士が簡単に敗北、「ええと、我輩はこれで失敬する。みんな充分やってくれ給え」との台詞を残して去る。

(4)　この地方政治の暗部をさらけ出したような決闘劇は、それだけで終わらない。警察の介入が待ち構えていた。翌々日、イーハトーヴォ警察署からキューストに呼び出しがかかる。容疑は、決闘劇よりも、ファゼーロが行方不明になっている事件だった。取調べの控え室での不安な心理が細かく描かれます。上述の三・一五事件の前後、花巻警察署で取調べを受けたとされる賢治の貴重な体験が役立ったような場面が続きます。取調室に呼び込まれ、ファゼーロの所在を厳しく追及される。しかし、ファゼーロと決闘したのは県会議員の山猫博士、彼はどうしたのか？　彼がファゼーロの捜索願を出したのか？　そうではないようだ。山猫博士もまた行方が不明なのだ。

(5)　一九二二年七月、盛岡に毒蛾が大発生、当時の報道から賢治の童話「毒蛾」は、盛岡の事件に取材して書かれた。さらに、その原稿に手を入れて組み込んだものが、（五）の内容だと解説されています。では、なぜモリーオでなく、センダード（仙台の転位）にしたのか？賢治は、イーハトーヴォとポラーノの広場が、モリーオの近郊にある以上、毒蛾の発生をモリーオにはできなかった。さらに、政治家の山猫博士が姿を隠した場所として、東北一の大都市・仙台、一九二八年には合併で人口が二倍、面積は三倍に急膨張し、東北産業大博覧会も開催された仙台を、賢治が選んだのではないか？

キューストは八月三日から二八日間イーハトーヴォ海岸地方、北のサーモ（鮫の転位）からシオーモ（塩釜の転位）への海産鳥類の卵採集を命ぜられていた。三〇日には毒蛾が大発生したとされるセンダードに入り、彼は床屋に行った。そこで、たまたま隣の席に山猫博士が座り、毒蛾の被害から彼を追跡して、真相を究明することになる。ポラーノの広場の林で、彼は木材乾留会社を操業したが、薬品の値上がりで大きな欠損を出してしまった。それを税務署に届けなかったので、部下が密告して株主の反感が高まり、責任追及の場が、あの日の広場での決闘劇になったのだ。これが山猫博士の弁明だったのです。

(6) 九月一日、ファゼーロが役所にキューストを尋ねてきた。彼もセンダードの「革を染める工場」から八月一〇日に戻ってきていた。工場の技師の助手を勤め、その技術を使ってポラーノの広場の森の工場で新しい仕事を始める。山猫博士の工場では、木精（メチール）も混入した混成酒を密造していた。それが露見して会社の株が暴落、土地を沢山所有しているセンダードに彼は逃げ込んだのだ。そんな営利企業の工場を止めて、「産業組合」の新しい協働事業として皆で働こう。ポラーノの広場には、若い仲間が揃って待っている。

つめくさの広がる農場、周囲の森林、その第一次農林生産品を、ファゼーロたち若者が森の工場で「鉄の缶」「素焼きの壷」で第二次加工する。革の生産、ハムの生産、酢酸の生産、「あのときは会社だなんてあんまりみんなでやったから損になったんだけれどもおれたちだけでやるんなら、手間にはきっとなるからな。十瓶だって二十瓶だって引き受けると町の薬屋でも云ってくるからな。」

こうして新しい「ポラーノの広場」が出発する。ここでは産業組合が、第一次、第二次、第三次にまで及ぶ「六次産業」と呼べる業種構成、ブラックな営利企業に対置される協同組合としての業態、雇用労働に対する協働労働のワークスタイル、まさに地域の協同組合のビジョンが浮かび上がる。そして、「ファゼーロたちの組合は、はじめはなかなかうまく行かなかったのでしたが……それから三年の後にはとうとうファゼーロたちは立派な一つの産業組合をつくり、ハムと革類と酢酸とオートミルはモリーオの市やセンダードの市はもちろん広くどこへも出るようになりました。」賢治のファンタジックロマンは、上記の通り最後は賛美歌の合唱曲でもって終わっています。

(3) まず、詩作「産業組合青年会」、そして「ポランの広場」が書かれたのが、ともに一九二四年であり、そのあと「農民芸術概論綱要」が書かれます。そこでは「農民芸術の総合」の場として、「つめくさの灯りともす宵のひろば」を設定しているのです。「農民芸術概論綱要」ですが、当初は花巻農学校に併設された「岩手国民高等学校」の講義科目「農民芸術論」のために準備された。しかし、それだけでなく「地人芸術」の自由教育の場として旗揚げされた下根子桜の「羅須地人協会」の「集会」で、地域の農民たちにも語られていたことが、伊藤与蔵氏の証言（上記拙著『賢治とモリスの環境芸術』参照）などで明らかです。ただ、羅須地人協会の「集会」活動は、三・一五事件に関連の当局による弾圧も加わり、約二年半で中断され、そのまま再開されず、賢治は他界した。このことだけを取り上げ、賢治の夢は挫折し、失敗に終わり、さらに思想的に変節し転向した、と評価される傾向も強い。賢治も、下根子時代を回顧し、反省の気持ちを漏らしてはいます。しかし、賢治自身や協会のメンバーが、会の解散を自ら宣言したこともなければ、その消滅を容認しているわけでは決してない。皆、活動の再開を強く期待していた。(注6) 賢治の早過ぎた死が、活動の再開をゆるさなっただけではなかったか？

さらに「羅須地人協会」そのものは、賢治精神にもとづく私塾であり、自由学校だった。すでに紹介した松田甚次郎の「最上・協働村塾」、伊藤七雄の「大島・農芸学校」、千葉　恭の「水沢・研郷会」など、さらに広げれば東京や大阪の労働学校や九州では堺利彦の農民学校などとも組織的に繋がる社会的教育のネットワークも形成されようとしていた。それだけに、上記三・一五事件や続く岩手の陸軍大演習への天皇行幸にも関連した当局の弾圧で、とくに賢治の花巻・羅須地人協会が狙われたともいえます。にもかかわらず協会そのものは、とくに解散も消滅もしなかった。

むしろ、形を変えて活動が継承された点を見落としてはならないように思います。

上記、一九二四年に書かれた「産業組合青年会」との関連をみれば、賢治は早くから地域の協同組合としての産業組合、とくにその青年部である青年会の活動に多大な関心と期待を寄せていたことがわかります。賢治のユートピアであるイーハトーヴォ、それが実現される「四次元空間」とも言える「ポラーノの広場」、それは「産業組合青年会」の活動に託されていたし、東北の農村社会の改革だった。賢治は、改革のシナリオのビジョンとして先ず詩作「産業組合青年会」を書き、さらに「戯曲」として花巻農学校で「ポランの広場」上演した。そして、ファンタジックロマンとして自伝的童話「ポラーノの広場」を書いていたのではなかったか。そこに登場するファゼーロをはじめとする若者達の共育の場として「協働村塾」があり、「農芸学校」があり、「研郷会」があり、そして「羅須地人協会」そのものもあったのです。そして、さらにそれは、「農民芸術概論綱要」にもみられるW・モリスなどの「ロマンス」や「アーツ&クラフツ運動」に通底するものがあるように思うのです。(注7)

(4) さらに賢治は、羅須地人協会の集会が中断に追い込まれ、また病気に倒れて実家で臥床した後、一時回復して岩手県一関市松川の「東北砕石工場」の仕事を手伝いました。これに対しても、賢治が「本統の百姓」になりそこない、工場技師に変身、一介の営業サラリーマンに成り下がり、モーレツ社員として働きすぎてワークホリックで過労死した、と言わんばかりの評価もあるようです。しかし、砕石工場の経営責任者の鈴木東蔵(一八九一~一九六一)については、伊藤良治『宮沢賢治と東北砕石工場の人々』(国文社二〇〇五年刊)により詳細かつ綿密に解明されましたが、東蔵は長坂村の尋常小学校を卒業し、はじめ村役場の書記を勤めていた。その時期(一九〇九~一九一四)、「終始役場の宿直を引き受け、そこに青年たちが寄り集まって囲炉裏を囲み、語り合う夜をつくる中心になっていった。そしてその影響は強烈だった。そこから青年たちの目が開け、まとまりが生まれ、村の文化活動が花開く足場となった事実は、今なお語り草になっている。そこに東蔵がいるから集まって語り合う楽しい夜学会。賢治童話〈ポラーノの広場〉づくりを想起させられる。」(一四一―一五頁)と、はっきり書いてあります。

さらに、その後は地方記者として活動し、東蔵自身にも『農村救済の理論及び実際』（一九一七年）、『理想郷の創造』（一九二〇年）、さらに『地方自治文化的改造』（一九二三年）の三著作もあります。伊藤氏の紹介の限りでは、「産業組合」への直接の具体的関与は不明ですが、当時は経済更生運動もあり、どの村でも農事実行組合や産業組合が組織され、活発に運動していた。実際、長坂村の青年会活動から、上記『理想郷の創造』などでは、例えば秋田の山田村、伊豆の稲取村、尻屋村などにおける村落共同体の活動を取り上げて評価するなど、賢治の「ポラーノの広場」の産業組合のユートピアに通底するものがあった。その上で東蔵は、陸中松川の地域資源の活用として一九二五年に「東北砕石工場」を立ち上げた。そして、当時すでに「肥料の神様」と呼ばれ、新聞などでも話題になっていた宮沢賢治に協力を依頼することになったのです。こうした経緯からすれば、むろん少年時代から「石コ賢さん」と言われた岩石好きもあったでしょう、しかし賢治と東蔵を結ぶものは、二人の「産業組合」のビジョンにもとづく地域の産業振興だったと思われます。

（５）さて、賢治と東蔵の間には、一九二九年末から書簡のやり取りがあり、翌年には賢治の病気も回復して九月、陸中松川の砕石工場を見学に訪れています。生憎、東蔵が不在でしたが、賢治は工場への献策を書き、東蔵もそのための融資を依頼する。こうしたやり取りの後、一九三一年二月、東蔵が花巻に来て賢治は工場の「技師」として嘱託されます。この点についても、賢治が百姓への道を捨てて、工場のサラリーマンに転進、モーレツ営業マンとして酷使されることになった、と見られています。しかし、賢治と東蔵の間に共有されている産業組合のビジョンからすれば、賢治が東蔵の営利的企業に労働力として雇用され、そこで雇用労働として賢治が働き、営業活動に酷使させられたかのように見ることはできないと思う。理由を摘記します。

①宮沢家が間に入り、工場への信証金として五〇〇円を融資する。
②技師としての嘱託も現物（石灰）で年六〇〇円を支給する。
③職務も実行組合や産業組合などへの石灰の説明、宣伝、調査など。

こうした契約内容を宮沢家が東蔵と結び、わざわざ恩師の関豊太郎氏の賛否を問い、賛成の確認をとった上で、賢治が働くことになった。融資の協力、現物支給、産業組合への説明・宣伝の活動など、いずれも営利企業との雇用契約ではなく、産業組合にも共通する生産、さらに購買・販売活動だった。ただ、当時は一九二九年世界大恐慌の時期であり、産業組合の活動といえども困難を極めた。その中での賢治の献身的奮闘だったのです。

ここで東蔵と契約したのが賢治ではなく宮沢家だった点については、病身の賢治を心配し宮沢家、とくに父の政次郎の意向が反映されていると思います。ただ、何度かの家出同然の出奔があり、また「自炊独居」などと紹介されてきた下根子桜の生活など、賢治は宮沢家から独立する傾向が強かった。しかし、すでに紹介しましたが一九二八年六月の大島行きの際、仙台や水戸に立ち寄り、賢治は産業大博覧会での見学調査の内容など、父親・政次郎に詳しく報告している。その報告内容など、産業組合の活動とも関連し、父子の間に事業活動について、内々の協力関係が生まれているように感じられる。宮沢家もまた、一九二六年には従来の質屋、古着の店を廃業し、新たに「宮沢商会」を開業している。建設材料の卸、小売、電動機具や自動車部品も扱うように変わった。その上で、賢治と父・政次郎との関係も変化し、産業組合の活動では協力する部分が生まれたのではないか？

（6）そうした流れからすると、東北砕石工場の場合も、賢治は産業組合の活動との関連で東蔵の考え方に共鳴し、宮沢商会も産業組合との関連を含めて、営業活動に関係して関与したのではないか？そうした中で、東蔵と賢治の契約についても、父・政次郎が十分に関与して上記のような契約内容に合意したのであろう。そして、賢治の営業活動についていえば、たんに営利企業の営業活動ではなかった。例えば、賢治が積極的に岩手、宮城、秋田を中心に営業活動を行った一九三一年の五月時点では、とくに宮城県内各地を回っていますが、県の農務課に連絡し、農会や産業組合連合会のルートで足を運んでいます。

一例にすぎませんが、五月五日付けの鈴木東蔵あての封書では、賢治は次のように報告しています。

「拝啓　只今宮城郡農会へ参り出荷延期の申訳並に粒に関する諒解を得度色々申出候処先方大分強硬にて稍々当惑仕候」とした上で、以下のように交渉をまとめたので諒解を求めています。

「一、工場より直接各注文者へ出荷延引及粒子の大さに関し諒解を得ること（右は小生発信可致候）

二、徴留分全部を茲四日中に発送のこと（但しこれは到底不可能に候間可成敢急ぐこと）就中先に

東北本線仙台駅下し　七郷村分及

仝　北仙台駅下し　根白石農会の

分を交互に発送のこと。

三、価格は微粒十貫二十六銭とすること。

四、発送と同時に県及宮城郡農会宛に必らず通知を発すること」

以下、引用を省略しますが、要するに宮城県の場合、県の農務課から郡農会、または産業組合の系統を通して取引の交渉が行われていて、明らかに産業組合の活動として、技術指導とともに営業が行われていたことが分かります。とくに戦前から東北大学の研究者らに助成活動を行っていた財団法人「斎藤報恩会」の小牛田にあった「農業館」の技師たちの協力を得ながら活動していた。また、売り込みの商品も、賢治が盛岡高等農林で専攻した土壌改良のための石灰粉末などであり、だからこそ「技師」の肩書も必要だし、恩師・関教授の賛同も必要だったように思います。また、上掲の書簡でもわかる通り、仙台周辺の根白石村、七郷村などの農会とのきめ細かな連絡の記録も残されています。（注8）

ただ、当時は一九二九年世界大恐慌の渦中であり、そこに東北農村も巻き込まれざるを得なかった。東北砕石工場もまた、賢治の献身的な努力の甲斐もあり、一時的には大量な受注に成功しながらも、大恐慌の嵐には勝てる筈もなかった。そして、「産業組合」活動に伴う営業の苦労が病苦に重なった。その結果、病気が再発し、悪化した。手帳に「雨ニモマケズ」を書き残し、最後には一九三三年九月五日、詩作「産業組合青年会」を自ら送付して他界したのです。まさに賢治の死は壮絶だった。

(7) 以上、作品「ポラーノの広場」を中心に、「産業組合青年会」の活動の流れを追ってきました。一九二四年、詩作『春と修羅』、童話『注文の多い料理店』とほぼ同時に書かれた「産業組合青年会」の活動は、他でもない賢治の理想郷であり、彼の「ロマンス」の「イーハトーヴォ」の世界だった。それはポラーノの広場の四次元空間における

「つめくさ」の舞台の祝宴として描き出され、そこに流れる讃美歌の調べもまた、仏教とキリスト教の宗教的対立などを超えた自然崇拝の賛歌だったように思います。

「産業組合青年会」は、詩作『春と修羅』の第二集に予定されていて、賢治の懐に収められ推敲を重ねられていた筈です。上述の通り、当初「ポランの広場」の上演だけは花巻農校でも実現しましたが、すでに学校など音楽会や演劇の上演活動も、「集会や結社の自由」が厳しく制限された治安維持法の時代だった。しだいに学校演劇も禁止される。「農民芸術」の価値を殊のほか重視する賢治からすれば、官制の農学校での自由な教育の限界を痛感していたに違いありません。花巻農学校を辞職して、「本統の百姓」になりたい彼の真意は複雑だったのでしょうが、自由学校のような地域の農民達の自発的な教育の場を求めることになった。すでに紹介した新庄の松田甚次郎「最上・協働村塾」、水沢の千葉恭「研郷会」さらに伊藤七雄の「大島・農芸学校」など、花巻・羅須地人協会のネットワークが広がっていた。花巻・羅須地人協会は、すでに述べたように当局の弾圧もあったし、賢治の病気も重なって、集会形式の活動そのものは二年半ほどで終焉を迎えた。しかし、賢治のロマンスである「イーハトーヴォ」は少しの揺らぎもなかった。活動の形式が変化し、父親の理解や協力をえながら、上記のように「産業組合」の事業活動と結びついた東北砕石工場の技師としての活動となって持続されたのではないか?石灰の販売活動は過酷だったし、モーレツ社員並みの営業活動だった。結核に侵された身で過酷な活動が死期を早めたことも否定できないでしょう。「雨ニモマケズ　風ニモマケズ　雪ニモ夏ノ暑サニモマケヌ」丈夫な体を望んだのでしょう。しかし、賢治が「イーハトーヴォ」の夢とロマンスを捨てたわけでは決してない。

花巻・羅須地人協会の集会活動は停止を余儀なくされたにしても、ファンタジックロマンとしての「ポラーノの広場」は改定、改稿を続け、推敲が重ねられていました。そして詩作「産業組合青年会」もまた、賢治の懐で温められ続けていた。しかし、賢治は自ら死期の迫るのを感じたのでしょう。上記の通り一九三三年九月五日、須賀川の『北方詩人』編集部に送稿されました。それから二週間余の二一日に賢治は亡くなり、「産業組合青年会」は一〇月一日に印刷刊行されました。それはまた、我々に送られた賢治の遺書だったように思われてなりません。

(付記) 本編は、「二一、イーハトーヴォ」が目指したもの」、および「二二、羅須地人協会とイーハトーヴォ」に分かれているが、「二一」は『変革のアソシエ』No.27に掲載したものに今回手を入れて、書き下ろしの「二二」とともに一体化した。

【注】

(1) 賢治と秀松については、『賢治学』第六号の拙稿「宮澤賢治と高橋秀松―二人の友情と産業組合」を参照のこと。

(2) 鈴木守氏は、自費出版の形式で、他に『羅須地人協会の真実――賢治・昭和二年の上京』『羅須地人協会の終焉――その真実』『宮沢賢治と高瀬露』『「涙ヲ流サカッタ」賢治の悔い』があり、いずれも数学者らしい精緻極まりない検討が施されている。

(3) 拙篇著『賢治とモリスの環境芸術』(時潮社) 所載

(4) 本稿を準備するにあたって、濱田英作教授が拙著『賢治とモリスの環境芸術』(時潮社、二〇〇七年) について、〈「ポラーノの広場」と「農民芸術概論綱要」との関係性について触れられないことは残念である〉[「宮澤賢治と三人の天童子」(『二一世紀アジア学研究』第一四号、平成二八年三月)所収] との貴重なご指摘が念頭にあった。

(5) 先稿でも指摘したが、詩作「産業組合青年会」をはじめ、これまでの賢治研究では彼の「産業組合」に対する関心に触れたものは少ない。しかし、特に「ポラーノの広場」は、産業組合青年会のサクセスストーリーであり、彼のイーハトーヴォの具体的内容を知る上では、最も重要な作品であることは指摘するまでもない。

(6) 賢治の花巻・羅須地人協会について詳しくは、筆者が代　表の仙台・羅須地人協会編『宮沢賢治の「羅須地人協会」―賢　治とモリスの館開館十周年を迎えて』(二〇一四年四月刊) を参照のこと。

(7) モリスなどアーツ&クラフツ運動における「ロマンス」については、吉村典子「イギリス十九世紀の芸術と社会―社会主義にむかう工芸家たち」、『ウィリアム・ド・モーガンとヴィクトリア・アート』(淡交社刊) を参照。

(8) 宮沢賢治による当時の宮城県内の販売営業活動の詳細については、メルマガ『宮沢賢治　Kenji Review930、および931』を参照のこと。同メルマガは、賢治の活動を逐次、詳細に追いながら整理されていて、体力的に資料検索など限界を感じている研究者には非常に便利であり、心より謝意を表したい。

おわりに

――杞憂であれば幸いだが――

一年前の同じ頃に『時代へのカウンターと陽気な夢』という労働運動の本を作った。その出版記念会が終わった初夏の頃に、版元の社会評論社に柏井、樋口、下山、平山の四名が集まって、次は協同組合の本を作りたいと相談し、手分けして関係者に執筆依頼を行い、晩夏の頃に今回の全執筆者の半数くらいのメンバーが集まって編集会議を行なった。そこで書名の『西暦二〇三〇年における協同組合』と原稿締切り日を決めて、内容は各執筆者におまかせで、章立てなどは集まった原稿を見て決めようといったゆるめの本づくり企画を立てたわけだが、ゆるくて心配された原稿の集まりが思いのほかよかったのは、それぞれの執筆者における協同組合への思いや熱意、さらには近年急激にすすむ「奇妙な方向へ、あるいは時々当惑させられるような方向へ変化していく」日本の政治状況への危機感などが、その背景にあったとものと思われる。しかし、協同組合には「政治的中立」という原則があるから、生協人はそれを盾に、政治的なことには「さわらぬ神」的に関らない。

協同組合の「政治的中立」という原則は、二〇世紀初頭に成立した産業民主主義のパラダイムにあるもので、そこでは労働組合と消費生協と政党がそれぞれ生産と消費と政治を分業させて、労働組合は企業と一体となって産業社会を成立させ、産業社会の拡大は人々を豊かにするというものであったわけだが、フォーディズムと呼ばれる二〇世紀の産業社会は、一九六〇年代から行きづまりを見せ、あわせて欧米では協同組合も停滞した。一九八〇年のレイドロウ報告『西暦二〇〇〇年における協同組合』は、やがて露になるグローバリゼーションと新自由主義経済への協同組合からの最初の対案であり、その後の「社会的経済」から「社会的連帯経済」へという「参加＝連帯」への流れは、拡大する格差の底辺にいる人々による地域における新しい協同組合運動につながっている。そしてこの流れは、例えば社会的連帯経済の実現をめざすＧＳＥＦ立ち上げの中心になった韓国をみれば、社会的連帯経済はこれまでの協同組合が大きくなってつながれば自然とそうなるというよりは、格差の是正や雇用や仕事起こしを求める人々による多様な協同組合の試行錯誤と、公正で透明な民主主義を実現する闘いをとおして実現されるものであることが分かる。

最近、森永卓郎氏がネットに、「インド建国の父であるマハトマ・ガンディーは、貧困や格差をなくすためにどうしたらよいのかを考え抜いた結果、たどりついたのが〈近くの人を助ける〉という隣人の原理だった。近隣の人が作った農産物を食べ、近隣の人が作った服を着て、近隣の人が建てた家に住む。そうすれば、その地域に雇用が生まれ、経済が回りだす。そうした地域内経済を広げていけば、世界から貧困をなくせるとガンディーは考えたのだ」というガンディーの「隣人の原理」について書いていた。新しい協同組合というのは、例えば昨今、地域で任意のボランティアと贈与によるこども食堂や、本文で瀬戸大作さんが報告しているような原発被災者や新型コロナ災害で解雇された非正規労働者などの社会的弱者への救済活動などが広がっているが、そういった「参加＝連帯」をめざした共同運動は新しい協同組合と社会的連帯経済の萌芽であるだろう。地域の人々が自らの得意を生業にして贈与と互酬による相互扶助を実践するガンディーの「隣人の原理」は、新自由主義とグローバリズムの対極にあるもので、いわば「共同運動型協働組合」というもので、それは「贈与と互酬による相互扶助」を目的として競争や事業の拡大を目的にするものではないから、働く者の内部に正規と非正規といった格差を制度化することもない。いま日本に必要なのは、そういった小さな共同運動を法人化できるように、韓国にあるような少人数から届出制でつくることが出来るような一般協同組合法であろう。

この地域に任意につくられる多種多様な「共同運動型協働組合」は、全国連合会による系統性をもつというよりは、地域毎につくられる「共同運動型協働組合」のプラットフォームでつながって、今では巨大化した消費型協同組合の地域支部とも連携して、やがて地域地域に複合的な「コミュニティ型協同組合」を形成するであろう。前著の『時代へのカウンターと陽気な夢』に書いたが、労働組合においては大企業の正規労働者中心の企業内労働組合から、非正規労働者や失業者も参加して仕事起こしや自主生産機能をもつ地域をベースにしたコミュニティユニオン型の「コミュニティ型労働組合」にこそ可能性を増すだろう。そして、この「コミュニティ型協同組合」と「コミュニティ型労働組合」の連携こそが、レイドロウの言う「協同組合地域社会」の誕生であり、ロバート・オウエンの夢の実現でもあるだろう。しかしそれは、これまでの協同組合や労働組合が自覚的にそれをめざさなければ自ずと形成されるものではない。「共同運動型協働組合」の運営は直接民主主義であり、そこでは「政治的中立」の原則よりは、「私はあなたの意見には反対だが、それを主張する権利は命をかけて守る」というヴォルテールの至言こそ原則であり、その実践こそが民主主義を強めるであろう。

今年で、一九〇〇年に日本に産業組合法が出来てから一二〇年が経った。産業組合法は、国家によって社会政策的につくられた保護法であり、本文に書いたように柳田国男や賀川豊彦は、国から与えられたが故に「自助と協同の精神を欠く」というその弱点を危惧したが、産業組合は一九四〇年には七百万組織を達成して戦時統制経済に組み込まれた。そして戦後に、産業組合は新しい協同組合法の下で農協や生協として生まれ変わり、戦後民主主義の中で経済の高度成長とともに成長し、一九八〇年代における生協の急成長は、レイドロウ報告をスルーするほどではあったが、それは日本の協同組合が先進的であったというよりは、どちらかというと産業社会のサイクルが欧米より遅れていたせいもあったからではあるまいか。G・D・H・コールの『協同組合運動の一世紀』（家の光協会一九七五）を読めば、イギリスの生協は日本の生協が一二〇年かけてやってきたことを、一九四〇年代にはすでにやり終えていたことが分かる。

本文にも書いたが、「一九四〇年体制」という言葉がある。戦後の日本は、一九四〇年につくられた統制経済体制を引き継いで、一九八〇年代には「ジャパンアズナンバーワン」にまでいたるわけだが、一九九〇年代にそれは行きづまり、日本は成功体験から逃れられないまま長期低落しつづけているという話である。それに対して現在の政権がめざしているのは、新しい時代を切り拓くというよりは「一九四〇年体制」への回帰である。今回私は戦前の産業組合を顧みたわけだが、オリンピックが中止になり翌年末からアメリカと戦争を始めることになる一九四〇年とそれから八〇年経った二〇二〇年は、国民の犠牲を当然のこととする国家主義を切り口に見れば、非常によく似ているというか、戦前とあまり変わっていないのではあるまいか。当時最大規模になった産業組合は統制経済に組み込まれるわけだが、保護法の下にある協同組合は緊急事態ともなれば国家によるコーポラティズム体制になじみ易いのである。

この本の編集作業を始めた三月以降、あれよあれよと言う間に新型コロナウィルスの感染が拡大して百年に一度のパンデミックとさえ言われ、現時点では終息は見通せず、世界中で一九三〇年代の世界大恐慌を上回る恐慌と大失業が現実化しつつあり、世界的な食糧危機や戦争さえ起こりうる状況になってきている。戦後の生協は成長するほどに生協規制にさらされてきたわけだが、戦前の産業組合と同様に、生協や農協は食料品の生産や物流機能を持っていてこれは統制経済には役に立つ。だからもし戦争や食糧難になって経済が統制化されるようになるとすれば、おそらく生協は国家によるコーポラティズム体制の一員として迎えられるであろう。この誘惑は生協規制にさらされてきた生協にとっては魅力的であるが、戦前のそれはファシズムと戦争への道であった。杞憂であれば幸いだが、これが一〇年後に予想される日本の協同組合のひとつの姿である。

もうひとつの道は、二〇三〇年に向かって日本の協同組合は協同組合間の連携を強め、SDGsの課題をやりきって社会的責任を果たすというのが現実的な道であろうけど、私的には、日本が奇妙な方向へ、戦前の国家主義に戻ろうとするかのような時に、協同組合がその轍を踏んでいくべきなのか。そうではなくて、別の種類の経済的・社会的な秩序を創ろうとしてはいけないのだろうかを問う道、社会的連帯経済への道である。韓国の協同組合をはじめ、世界の協同組合による社会的連帯経済の模索が始まっている。新型コロナウィルスへの対応を見れば、根底に民主主義をふまえた韓国の対応は世界的に評価されるが、それを直視しない日本人は多い。対韓ヘイトにまでつながるその構造は、日本の民主主義の未成熟の裏返しであり、その遠因は明治維新以降の日本の近代化の在り様にあると思われる。さいわいに日韓の生協間交流は一九九〇年代から始まり、本書第四章「日韓生協間提携から社会的連帯経済へ」にあるところまできている。日本における民主主義の見直しと新しい協同組合への道は、日本とアジア、とりわけ韓国の協同組合との共同作業を通して実現し得るであろう。

本書の企画編集にあたり、柏井宏之さんと樋口兼次さんから多くの助力を得た。とりわけアジアへの視点と日韓生協間提携はそうであり、韓国から金起燮さんのご協力も得られた。この本のコンセプトは「時代へのカウンターと陽気な夢」、困難な時代であればこそ、未来への陽気な夢を見て生きたいものである。最後に、生協を辞めてちょうど二〇年の一介の素浪人のつたない企画に、協同組合関係者である多くの執筆者の方々から得がたいご協力をいただいた。また、社会評論社の松田健二社長とＬｕｎａエディットの本間一弥氏からは多くの助言をいただいた。深く感謝にたえない、ありがとうございました。

（二〇二〇年四月二二日　平山昇）

【執筆者紹介】

※本書掲載順、氏名・生年、出身地、学歴、職歴、代表作・近著（各項目任意）

□横田　克己（よこた　かつみ）
一九三九年　茨城県生まれ。水戸工業高校電気科。元生活クラブ生協神奈川理事長、現同名誉顧問。『オルタナティブ市民社会宣言』『愚かな国の、しなやか市民』

□下山　保（しもや　まもつ）
一九三八年　山形県生まれ。山形県立山形工業高校。パルシステム生活協同組合連合会初代理事長。

□若森　資朗（わかもり　しろう）
一九四九年　富山県生まれ。明治大学工学部中退。パルシステム生活協同組合連合会元理事長。

□野々山　理恵子（ののやま　りえこ）
一九五九年　長野県生まれ。南山大学文学部人類学科。生協パルシステム東京前理事長、パルシステム生協連合会前副理事長、（一社）協働舎結代表理事理事長。

□柏井　宏之（かしい　ひろゆき）
一九四〇年　朝鮮京畿道水原郡生まれ。関西学院大学法学部。共同連、共生型経済推進フォーラム。『勃興する社会的企業と社会的経済』（同時代社）

□村上　彰一（むらかみ　しょういち）
一九五九年　熊本県生まれ。生活クラブ生協・東京専務理事。

□志波　早苗（しば　さなえ）
一九五六年　東京都生まれ。立教大学。（一社）くらしサポート・ウィズ事務局、立教大学・明治大学兼任講師。共著『東日本大震災後の協同組合と公益の課題』

□藤木　千草（ふじき　ちぐさ）
一九五六年　東京都生まれ。日本女子大学。（一社）ワーカーズ・コレクティブぷろぼの工房代表、明治大学兼任講師。共著『小さな起業で楽しく生きる』（ほんの木二〇一四）

□伊藤　由理子（いとう　ゆりこ）
一九五六年　東京都三鷹市生まれ。和光大学人文学部人間関係学科。生活クラブ連合会常務理事。

□堀　利和（ほり　としかず）
一九五〇年　静岡県生まれ。明治学院大学社会学部。日本社会事業学校。非営利活動法人共同連顧問、季刊『福祉労働』編集長。『私たちは津久井やまゆり園事件の「何」を裁くべきか!?』（社会評論社二〇二〇）ほか

□佐藤　孝一（さとう　こういち）
一九四九年　岩手県生まれ。早稲田大学法学部卒。元公益財団法人生協総合研究所研究員。

□柳澤敏勝（やなぎさわ　としかつ）
一九五一年　青森県生まれ。明治大学大学院博士後期課程単位取得中退。明治大学商学部教授。共訳『社会的企業』（日本経済評論社二〇〇四）

□加藤　好一（かとう　こういち）
一九五七年　群馬県生まれ。明治学院大学。生活クラブ連合会会長。

□白井和宏（しらい　かずひろ）
一九五七年　神奈川県横浜市生まれ。中央大学法学部、英国ブラッドフォード大学、ヨーロッパ政治研究修士過程修了。（一社）市民セクター政策機構代表専務理事。訳書『遺伝子組み換え食品の真実』『変貌する世界の緑の党』ほか

□古沢　広祐（ふるさわ　こうゆう）
一九五〇年、東京都生まれ。大阪大学理学部、京都大学大学院農学研究科、農学博士。国学院大学名誉教授、ＮＰＯ「環境・持続社会」研究センター代表理事。『共生社会の論理』（学陽書房）、『みんな幸せってどんな世界』（ほんの木二〇一八）

□金　起燮（キム・キソブ）
一九六三年、韓国江原道原州市生まれ。韓国延世大学卒業後、神戸大学大学院で有機農業運動と協同組合運動を勉強、博士。元韓国ドゥレ生協連合会専務理事、現日本グリーンコープ共同体顧問。『生命《いのち》の「社会的経済」―幸福に向かう共生の道のり―』（地湧社二〇二〇）

□丸山　茂樹（まるやま　しげき）
一九三七年　岐阜県恵那市生まれ。韓国国立ソウル大学。元生活クラブ生協連合会・国際担当、現参加型システム研究所：客員研究員。「共生と共歓の世界を創る」（社会評論社）

□瀬戸　大作（せと　だいさく）
一九六二年　神奈川県生まれ。明治学院大学中退。パルシステム連合会職員、避難の協同センター、反貧困ネットワーク、日韓市民連帯を進める希望連帯事務局長。

□樋口　兼次（ひぐち　けんじ）
一九四三年　東京都生まれ。慶応義塾大学。元中小企業研究所長、白鴎大学名誉教授、ハリコフ国立経済大学客員教授。『労働資本とワーカーズコレクティヴ』（時潮社）

□境　毅（さかい　たけし）
一九四一年　徳島県国府町生まれ。京都大学中退。京都エルコープ元非常勤理事。『モモと考える時間とお金の秘密』（書肆心水二〇〇五）

□亀井　隆（かめい　たかし）
一九五二年　千葉県君津市生まれ。明治学院大学文学部中退。元賀川豊彦記念松沢資料館事務長・公益財団法人賀川事業団雲柱社常務理事。

□平山　昇（ひらやま　のぼる）
一九四九年　東京都生まれ。明治学院大学文学部中退。元生協職員、ＳＯＨＯダルマ舎。共著『時代へのカウンターと陽気な夢』（社会評論社二〇一九）

□大内　秀明（おおうち　ひであき）
一九三二年　東京都生まれ。東京大学経済学部・同大学院、経済学博士。東北大学名誉教授、仙台・羅須地人協会代表。『自然エネルギーのソーシャルデザイン』（鹿島出版会二〇一八）ほか

ダルマ舎叢書Ⅲ
西暦二〇三〇年における協同組合
コロナ時代と社会的連帯経済への道

2020年6月1日　初版第1刷発行
2020年9月15日　初版第2刷発行

共同編集——柏井宏之、樋口兼次、平山　昇
装　幀———中野多恵子
発行人———松田健二
発行所———株式会社 社会評論社
東京都文京区本郷2-3-10
電話：03-3814-3861　Fax：03-3818-2808
http://www.shahyo.com
組　版——— Luna エディット .LLC
印刷・製本—倉敷印刷株式会社

ダルマ舎叢書Ⅰ

時代へのカウンターと陽気な夢

労働運動の昨日、今日、明日

【共同編集】小野寺忠昭・小畑精武・平山　昇

自主生産と地域ユニオンによるコミュニティ型労働組合の形成へ。23人の執筆陣が自らの運動体験を省みて、明日に向かって＜陽気な夢＞の弾丸《タマ》を撃つ！

A5判360頁／定価＝本体2,500円＋税

第1章　東京東部の労働運動
　小畑精武、小野寺忠昭、平山　昇

第2章　総評解体と闘う労働運動
　川副詔三、小野寺忠昭、平賀健一郎、関口広行、小畑精武

第3章　企業別労働組合から社会的労働運動へ
　要　宏輝、鳥井一平、嘉山将夫、須永貴男、中村　登、
　都筑　建、岩元修一、大場香代

第4章　新しい労働運動の構想
　小野寺忠昭、小畑精武、堀　利和、白石　孝、志村光太郎、平山　昇

第5章　労働運動への提言
　大内秀明、鎌倉孝夫、樋口兼次、伊藤　誠

コラム　小野寺忠昭、井谷　清、水谷研次

ダルマ舎叢書Ⅱ

原発のない女川へ　地域循環型の町づくり

篠原弘典・半田正樹編著

「原発のない女川へ」。それは、選び取る意志の問題であり、実現可能な、まっすぐにのびる現実的未来として目の前に広がっている。

A5判238頁／定価＝本体2400円＋税

第1章　原発の「安全神話」はいかにして作られたか　小出裕章、石川徳春

第2章　原発の「経済神話」　田中史郎、菊池登志子

第3章　原発の「地域社会分断」作用　西尾　漠、篠原弘典、半田正樹

第4章　地域循環型社会をめざして　半田正樹

ダルマ舎叢書続刊

大内秀明著　**日本におけるコミュニタリアニズムと宇野理論**

平山　昇著　**文学と共同体――土着社会主義の水脈を求めて**